Landwirtschaft Bayern

Landwirtschaftliches Wochenblatt für Mittelfranken

Landwirtschaft Bayern

Landwirtschaftliches Wochenblatt für Mittelfranken

ISBN/EAN: 9783742892058

Hergestellt in Europa, USA, Kanada, Australien, Japan

Cover: Foto ©Lupo / pixelio.de

Manufactured and distributed by brebook publishing software
(www.brebook.com)

Landwirtschaft Bayern

Landwirtschaftliches Wochenblatt für Mittelfranken

Probenummer.

Landwirthschaftliches Wochenblatt

Erscheint jeden Donnerstag einen halben Bogen stark und kann durch alle Postboten bezogen werden.

Preis fürs ganze Jahr sammt Postaufschlag 1 fl. Inserate werden die gespaltene Petitzeile oder deren Raum auf 4 kr. berechnet.

für Mittelfranken.

(Früher landwirthschaftliche Mittheilungen.)

Organ des landwirthschaftlichen Kreis-Comité für Mittelfranken.

Nr. 1 u. 2. (Doppelnummer.) Ansbach, Februar 1867. I. Jahrgang.

Einladung zum Abonnement.

Es sind sowohl bei der im Monat Oktober v. Js. zu Gunzenhausen stattgehabten landwirthschaftlichen Kreisversammlung, als bei anderen Veranlassungen Vorschläge wegen der Wahl eines neuen Organes für den landwirthschaftlichen Kreisverein gemacht worden. Keiner der gemachten Vorschläge hat bisher zu einem erwünschten Resultate geführt; dagegen wurde vielfach der Wunsch ausgesprochen, es möge nach dem Vorgange anderer Kreise eine eigene landwirthschaftliche Wochenschrift für Mittelfranken auf Abonnement gegründet werden. Der Unterzeichnete, als Redakteur der früheren landwirthschaftlichen Mittheilungen für Mittelfranken, hat es mit Genehmigung des landwirthschaftlichen Kreis-Comites für Mittelfranken unternommen, obigem Wunsche nachzukommen, und beehrt sich hiermit die ersten Nummern als Probe „des landwirthschaftlichen Wochenblattes für Mittelfranken" mit der Bitte um freundliche Aufnahme aufzulegen. Gleichzeitig wird dieses Blatt zur Benützung für landwirthschaftliche Anzeigen jeder Art empfohlen.

Ansbach, im Januar 1867.

Carl Classen.

Die Grundbedingung des landwirthschaftlichen Fortschrittes.

Die Landwirthschaft ist unstreitig das wichtigste Gewerbe; von ihrem Betriebe hängt vielfach das allgemeine Wohl und Wehe ab, das lehrt uns die Geschichte hinlänglich. Will also ein Staat vorwärts kommen, so darf die Förderung des landwirthschaftlichen Fortschrittes nicht seine letzte Sorge sein. Von dieser Anschauung ausgehend, hat es sich auch unsere hohe Staatsregierung längst zur Aufgabe gemacht, den **landwirthschaftlichen Fortschritt** mit allen ihr zu Gebote stehenden Mitteln anzubahnen. Sie hat, wohl erwägend, daß ein direktes Eingreifen in den landwirthschaftlichen Betrieb nicht zum Ziele führe, sich darauf beschränkt, die dem Fortschritte entgegenstehenden Hindernisse aus dem Wege zu räumen. Als solche wurden die verschiedenen Grundlasten rc. erkannt, welche durch das Ablösungsgesetz beseitigt wurden. Weiter erfreuen wir uns einer umfassenden Culturgesetzgebung; aber trotz allen diesen Segnungen will der **landwirthschaftliche Fortschritt** noch nicht viel heißen. Warum wohl? Jene wohlthätigen Gesetze sind der Zeit vorangeeilt, unserer Landbevölkerung aber geht der Grad von Durchbildung, Einsicht und gutem Willen noch ab, der erforderlich ist, um den größtmöglichen Nutzen für sich und Andere aus der betreffenden Gesetzgebung ziehen zu können.

Eines folgt aber aus dem Anderen, und so wird eine bessere Schulbildung, namentlich ein systematischer Fortbildungsunterricht bessere Einsicht, und diese auch den guten Willen hervorrufen. Wir betrachten somit als **Grundbedingung des landwirthschaftlichen Fortschrittes eine sorgfältigere Schulbildung, insbesondere einen gut organisirten landwirthschaftlichen Fortbildungsunterricht für die ältere Jugend.** Ein solcher Unterricht wurde längst angestrebt.

Geistliche, Lehrer, Aerzte, Beamte nahmen sich der Sache mit großem Eifer an, die hohe Staatsregierung ließ es nicht an Anregung fehlen, und stellte namentlich dem landwirthschaftlichen Verein nach Thunlichkeit Mittel behufs Förderung der Sache zur Verfügung.

Wie weit wir hierin gekommen sind, ist aus dem letzten Jahresberichte des landwirthschaftlichen Kreiscomité ersichtlich. Nach demselben wurde im Jahre 1865 im ganzen Kreise an 36 Werk- und Sonntagsschulen landwirthschaftlicher Fortbildungsunterricht ertheilt. Einen besonders erfreulichen Anfang hat namentlich im abgelaufenen Jahre das landwirthschaftliche Bezirkscomité **Ansbach** mit der Errichtung einer **landwirthschaftlichen Winterschule** hier gemacht. Dieselbe wird von 14 Söhnen wohlhabender und einsichtsvoller Oekonomen, die ein Opfer nicht scheuen, besucht, und ist der bisherige Erfolg vollständig befriedigend.

Auch glauben wir, daß in anderen Städten des Kreises, wie Dinkelsbühl, Rothenburg, Windsheim, Erlangen, Nürnberg, Fürth, Schwabach, Weißenburg und Eichstätt, wo sich entsprechende Lehrkräfte finden, ähnliche Einrichtungen getroffen werden könnten. Allein das Resultat wird dennoch verschwindend klein bleiben, gegenüber von dem, was eigentlich zur Hebung des Gesammtlandwirthschaftsstandes geschehen dürfte.

Wie diese allgemeine Hebung zu erreichen wäre, darüber sollen nun in Folgendem Vorschläge gemacht werden.

Bisher betrachteten es die meisten Landwirthe als das größte Unglück, wenn ihre Söhne Militärdienst thun mußten. Kein Mittel blieb unversucht, um militärfrei zu werden. Trotzdem genießt jeder **brave und tüchtige Soldat**, wenn er in Urlaub kommt oder als ausgedient für immer wieder nach Hause kehrt, allgemeine Achtung; denn die militärische Erziehung und Ordnung haben einen unverkennbaren günstigen Einfluß auf ihn ausgeübt. Er weiß sich überall mit Anstand zu benehmen, ist pünktlich in allen Verrichtungen und von den meisten Vorurtheilen gründlich befreit, daher auch für den Fortschritt leicht zugänglich. Es wäre daher gewiß für die allgemeine Volksbildung und insbesondere für den landwirthschaftlichen Fortschritt von großem Gewinn, wenn der Gesetzesentwurf über den **allgemeinen Wehrdienst** angenommen würde. Doppelt erleichtert und segenbringend müßte aber dieser Dienst werden, wenn die Vorübungen hiezu schon lange vor der Einreihung beginnen, und der erste Grund in der Volksschule gelegt würde. Daß dieß von großem Werthe, und bei einigem guten Willen auch durchzuführen wäre, wird wohl kaum bezweifelt werden, und finden wir hierüber in der Schrift:

„Die Armee der Zukunft“ oder Gesichtspunkte zu einer Militär-Organisation im Geiste der Volkserziehung von einem deutschen Offizier. Leipzig, Verlagsbuchhandlung von J. J. Weber 1864 genug Anhaltspunkte.

Es fragt sich nur, wie wir diese Vorschläge für unsere Zwecke verwerthen können.

Die Denkschrift des bayerischen Volksschullehrervereins, Reform des bayerischen Volksschulwesens betreffend, erschienen bei Carl Junge in Ansbach 1864, kommt uns bei unseren weiteren Betrachtungen gleichfalls sehr zu statten. Sie gliedert die künftige Volksschule in Elementar- (Werktags)- und Fortbildungsschule, und bezeichnet als Unterrichtsgegenstände für die Zeit vom 6. bis 13. Lebensjahre: Religionsunterricht mit biblischer Geschichte, deutsche Sprache, Lesen, Schreiben und schriftliche Aufsätze, Rechnen, weltkundlichen Unterricht, Geographie, Geschichte, Naturlehre und Naturgeschichte, Gesang, Zeichnen und Turnen. Wir glauben, mit diesem Programm für die künftige Elementarschule kann sich Jeder zufrieden stellen, dem der landwirthschaftliche Fortschritt am Herzen liegt. Daß zugleich das Turnen als Lehrgegenstand aufgezählt ist, damit wird uns die Begründung unserer weiteren Vorschläge nur erleichtert. Die oben erwähnte Schrift: „Die Armee der Zukunft“ will als militärischen Unterrichtsstoff für die Schule aufgenommen wissen: Rein gymnastische Uebungen, aber nach militärischen Kommando's ꝛc. Sicher kann dieser Anforderung beim Turnen Genüge geleistet werden, und Niemand wird sich besser zum Instruktor eignen als der Lehrer selbst, dem ja die angestrebte allgemeine Wehrpflicht am Ende so gut gilt wie jedem Anderen. Also bis zum 14. Jahre wäre durch die Elementarschule gründlich vorgearbeitet. Wir kommen nun zum Hauptpunkte, nämlich zur Fortbildungsschule. Die erwähnte Denkschrift des bayerischen Volksschullehrervereines bringt als Dauer für die Fortbildungsschule die Zeit vom 14. bis 16. Jahre in Vorschlag, will einen Schulzwang eingeführt wissen, und empfiehlt als Unterrichtszeit für den Sommer 1½—2 Stunden an Sonn- und Feiertagen, für den Winter wöchentlich 2 Stunden an je zwei Abenden. Als Unterrichtsgegenstände sind bezeichnet: Deutsche Sprache, Rechnen, Weltkunde, Zeichnen, Bekanntmachung mit den Grundzügen unserer Staatsverfassung und mit den jedem Staatsbürger unentbehrlichen Gesetzen, Landwirthschaftslehre und Landwirthschaftliche Buchführung. (Schluß folgt.)

Die Beseitigung des Flurzwanges, sowie der Ueberfahrtsrechte.

Der Flurzwang steht dem landwirthschaftlichen Fortschritt sehr entgegen. Wo er herrscht, muß flürlich gebaut werden, d. h. die Betheiligten sind an das Herkommen an die Dreifelderwirthschaft gebunden, sie können nicht beliebig bauen, was ihrem Vortheile entspricht. Der Flurzwang kann aber nur auf solchen Markungen seine Herrschaft ungehindert ausüben, in welchen es an den nöthigen Feldwegen fehlt. Außer dem Flurzwang kommen dann noch als eine weitere Folge des Mangels an Feldwegen die lästigen Ueberfahrtsrechte in Betracht. Sie räumen den Berechtigten die Befugniß ein, auf den Aeckern der Belasteten fahren und mit dem Pfluge umkehren zu dürfen. Aecker, welche mit solchen Servituten belastet sind, haben bei gleicher Bonität immer einen geringern Werth, als die daneben liegenden Berechtigten, oder überhaupt von solchen Servituten freie Grundstücke; denn jene, nämlich die Belasteten können nie rechtzeitig bestellt werden, weil man gezwungen ist, hiemit immer so lange zu warten, bis die Berechtigten fertig sind. Damit wird häufig die günstige Witterung versäumt. Außerdem wird durch das Ueberfahren und Umkehren der Boden sehr fest und ist aus diesen beiderlei Ursachen immer eine vermehrte Arbeit und geringere Ernte zu erwarten.

In manchen Gemeinden werden solche Belästigungen noch nicht sehr empfunden, weil man gegenseitig friedlich gesinnt ist und es gerne beim Herkommen läßt und weil auch die alte Dreifelderwirthschaft noch als das Beste erkannt wird. Es gibt aber auch viele Gemeinden, in welchen bitter über diese Zustände und ihre Folgen geklagt wird und wo die daraus entstandenen Streitigkeiten nicht ausgehen. Das sicherste und bewährteste Mittel zur gründlichen Beseitigung solcher Zustände ist nun unstreitig die Arrondirung; sie ist um so mehr zu empfehlen, als mit ihrer Einführung außer der Beseitigung des Flurzwanges, der Ueberfahrts-Rechte rc. noch mehrfache andere Vortheile erreicht werden. Die Arrondirung wird durch ein seit mehreren Jahren bestehendes Gesetz unterstützt; der landwirthschaftliche Verein hat namhafte Preise für die ersten gelungenen Beispiele von Arrondirung ausgesetzt, er läßt es nicht an Belehrung und Aufmunterung fehlen und dennoch liegt in Mittelfranken noch kein einziges Beispiel einer Arrondirung im Sinne des Gesetzes vor. Woran dieß liegt, wollen wir heute nicht näher untersuchen. Da jedoch mit Sicherheit anzunehmen ist, daß auch in der nächsten Zeit noch keine Arrondirungen vorkommen werden, so dürfte hier wenigstens zur Sprache kommen, wie sich in vielen Fällen der Flurzwang, die Ueberfahrtsrechte rc. beseitigen lassen.

Wir wählen zu unseren Vorschlägen folgendes Beispiel:

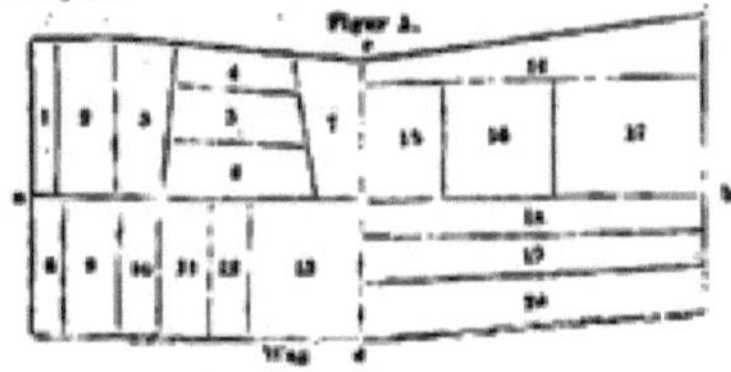

Fig. A stellt einen Theil einer Feldmarkung mit zwanzig Parzellen dar, in welcher außer den Parzellen 8 bis 13 und 20, die an den Hauptweg stoßen, kein Betheiligter eine Zufahrt hat. Entlang der Grenzen a b und c d, müssen also sämmtliche Betheiligte das gegenseitige Umkehren aufeinander mit dem Pfluge, und das Befahren dulden. Am schlimmsten sind namentlich die Besitzer von 3 und 7 daran, welche die Anwandäcker für die Parzellen 4, 5 und 6 bauen. Eben so ist es bei den Parzellen 14 und 18, auf welchen die Besitzer von 15, 16 und 17 umwenden. Wie sehr sind schon Bestellung und Erndte auf diesem kleinen Fleck erschwert, und welche mannigfachen Nachtheile und Verdrießlichkeiten müssen nicht aus einer solchen ungünstigen Feldeintheilung entspringen! Wie mit Leichtigkeit geholfen werden kann, ist aus der folgenden Fig. B ersichtlich:

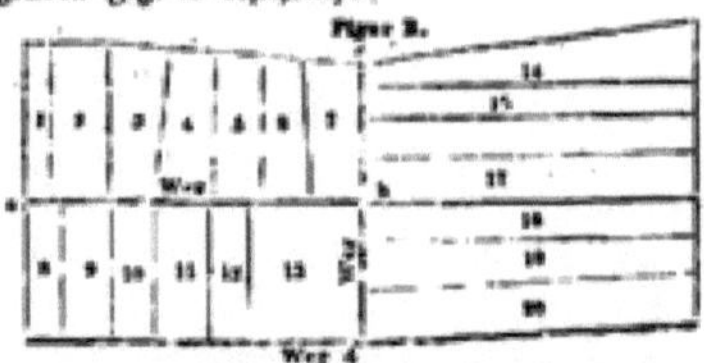

Wir haben hier dasselbe Feld vor uns; nur sind jetzt entlang der Grenzen a b und c d — 12 Fuß breite Wege angelegt und die Grenzen der Parcellen 4, 5 und 6, sowie 15, 16 und 17 so verlegt, daß sie auch auf die neuen Wege stoßen. Dieses Verfahren ist gewiß einfach und bietet so viele Vortheile, daß man sollte hoffen können, es werde bei den vielen Gelegenheiten hiezu allenthalben Anwendung finden. Allerdings muß hiebei jeder Betheiligte ein Opfer bringen, denn er hat auf die Breite seines Grundstückes, mit dem er an den neuen Weg stößt, einen Streifen Land von 6 Fuß Breite abzutreten, weil der ganze Weg 12 Fuß breit werden soll. Eine billige gegenseitige Entschädigung ist hier jedenfalls angezeigt, die sich am richtigsten darnach bemessen läßt, daß man:

1) den Gesammtwerth der zu den Wegen erforderlichen Fläche durch Schätzung erhebt und ferner bestimmt
2) welchen Antheil es jeden Betheiligten nach Verhältniß seines Flächengehaltes trifft,
3) wieviele Dezimalen derselbe in der Wirklichkeit abtritt, und
4) wie groß hienach die Schuldigkeit und die Forderung eines Jeden ist.

Folgendes Beispiel wird die Rechnung klar machen. Angenommen, die in obiger Figur dargestellte Fläche mit 20 Parzellen enthält 60 Tagwerk; der neue Weg a b werde 1200 Fuß, der Weg c d 1000 Fuß; beide zusammen also 2200 Fuß lang und 12 Fuß breit, so sind hiefür 2200 mal 12 Fuß oder 26400□' d. sind $\frac{26400}{400} = 66$ Dezimalen Land erforderlich, und ist die Dezimale zu 3 fl. geschätzt, so beträgt der Gesammtgeldwerth der zu den Wegen abzutretenden Fläche 3mal 66 fl. oder 198 fl. Ein Tagwerk ist also, da das ganze

Feld 60 Tagwerk enthält, mit $\frac{198}{60}$ oder mit 3 fl. 18 kr. betheiligt.

Hat nun Parzelle 1 beispielsweise 1½ Tagwerk, so trifft es dieselbe als Beitrag 1½ mal 3 fl. 18 kr., das sind . . . . 4 fl. 57 kr.

Sind von derselben auf eine Länge von 100′ und 6′ Breite 600 □′ oder 1½ Dezimalen à 3 fl. abzutreten, so beträgt die Forderung von Parzelle Nr. 1 . . . . 4 fl. 30 kr.

Für Parzelle Nr. 1 sind also in Wirklichkeit . . . . — fl. 27 kr. zur Kasse zu bezahlen.

Von Parzelle Nr. 13 mit 5 Tagwerk, sei einerseits eine Strecke von 400′, andererseits von 500′, zusammen also 900′ lang und 6′ breit, das sind 5400 □′ oder 13½ Dezimalen à 3 fl. abzutreten; die Forderung von Nr. 13 beträgt somit 13½ mal 3 fl. oder . . . . 40 fl. 30 kr.

Zu leisten hat Nr. 13, für 5 Tagwerk à 3 fl. 18 kr. . . . . . . 16 fl. 30 kr.

Somit sind derselben aus der Kasse zu vergüten . . . . 24 fl. — kr.

Auf diese Weise liquidiren sich sämmtliche Leistungen und Forderungen, ohne daß bei annähernd gleicher Bodenbeschaffenheit ein Betheiligter wesentlich bevorzugt oder verkürzt wird.

Diese Opfer erscheinen nun aber so verschwindend klein gegenüber den Vortheilen, die eine Befreiung von dem lästigen Flurzwang zur Folge hat, daß man derlei Weganlagen und theilweise Verlegung der Grenzen (Grenzregulirung) durch Umtausch nicht dringlich genug empfehlen kann. Das Gute ist immer der Weg zum Besseren, und so kann auf diese Weise vielleicht der künftigen Arrondirung die Bahn gebrochen werden.

Schließlich müssen wir noch eines Umstandes erwähnen, der nicht unbeachtet gelassen werden darf. Viele Landwirthe scheuen nämlich derlei Verbesserungen wegen der Kosten.

Wie dieselben aber berechnet werden dürfen, darüber spricht sich das Arrondirungsgesetz vom 10. November 1861 aus, wie folgt:

III. Abschnitt.

Tax- und Stempelpflicht.

Art. 25.

Wenn zwei oder mehrere Grundeigenthümer durch Tausch von Grundstücken, die der landwirthschaftlichen Benützung zugewendet sind, ihren ganzen Grundbesitz oder einen Theil desselben behufs günstigerer Bewirthschaftung in Zusammenhang bringen, so sind für die Beurkundung des Tauschvertrages und für die daraus sich ergebenden Hypothekumschreibungen procentable Taxen nicht zu erheben, und der Gradationsstempel nicht anzuwenden.

Die Kosten der Ummessung und Berichtigung des Katasterplanes, sodann der rentamtlichen Umschreibungen haben die Betheiligten zu tragen.

Eine allenfallsige Geldauflage, sowie überhaupt jeder Mehrwerth des eingetauschten Grundbesitzes gegenüber dem vertauschten Besitze unterliegt der procentablen Tax- und Stempelgebühr und gelten für die Feststellung dieses Mehrwerthes die Bestimmungen des Art. 29 des Tax-Gesetzes vom 28. Mai 1852.

Entsteht ein Streit darüber, ob auf einen Tausch die Bestimmungen des gegenwärtigen Artikels anwendbar seien, so hat die Distrikts-Verwaltungsbehörde, in deren Bezirk das ausgetauschte Grundstück liegt, in erster, — und auf binnen 30 Tagen einzulegende Berufung die vorgesetzte Kreisregierung, Kammer des Innern, nach collegialer Berathung in zweiter und letzter Instanz zu entscheiden.

Ergebniß von Düngerversuchen.

Der Verein für Gründung landwirthschaftlicher Versuchsstationen hat im Jahr 1866 verschiedene Düngungsversuche veranlaßt, welchen folgende Bestimmungen zu Grunde gelegt wurden:

Ein ausgetragenes Stück Feld, das durchweg gleichartiger Bodenbeschaffenheit ist, wird in 4 gleichgroße Abtheilungen getheilt. Nr. I., II., III. und IV.

Nr. I. erhält eine volle Mistdüngung, auf's Tagwerk 400 Ctr.

Nr. II. eben so viel Mist, außerdem 6 Ctr. feinstes Knochenmehl auf's Tagwerk.

Nr. III. eben so viel Mist, außerdem 6 Ctr. Superphosphat auf's Tagwerk.

Nr. IV. wird ohne Mist mit 12 Ctr. Knochenmehl auf's Tagwerk gedüngt.

Knochenmehl und Superphosphat sind nach Ausbreiten des Mistes auf diesen zu streuen und mit dem Mist unterzupflügen. Das ohne Mist verwendete Knochenmehl soll ebenfalls untergepflügt werden.

Das so zubereitete Feld werde 4 Jahre lang in folgender Fruchtfolge bestellt:

1. Jahr Hackfrucht, und zwar Runkeln oder Kartoffeln.
2. Jahr Sommerfrucht mit Klee.
3. Jahr Klee.
4. Jahr Winterfrucht.

Der erstjährige Versuch auf mittelfränkischen Gütern ergab nun folgendes Resultat:

Nro.	Versuch	Fläche	Boden	Ernteergebniß				Ertrag pro Tagwerk			
		Tgw.		I. Ctr.	II. Ctr.	III. Ctr.	IV. Ctr.	I. Ctr.	II. Ctr.	III. Ctr.	IV. Ctr.
	A. Kartoffeln.										
1	Polizeianstalt Rebdorf	1,[illegible]	Lehm	12,[illegible]	15,[illegible]	15,[illegible]	18,[illegible]	49,[illegible]	61,[illegible]	62,[illegible]	73,[illegible]
2	Ackerbauschule Triesdorf	1,[illegible]	Sand u. Lehm	14,[illegible]	17,[illegible]	18,[illegible]	21,[illegible]	42,[illegible]	52,[illegible]	54,[illegible]	63,[illegible]
3	Löhe in Polsingen	1,[illegible]	Lehm	20,[illegible]	20,[illegible]	18,[illegible]	18,[illegible]	80,[illegible]	80,[illegible]	74,[illegible]	75,[illegible]
4	Bachmann i. Ansbach*)	1,[illegible]	„	34,[illegible]	40,[illegible]	47,[illegible]	34,[illegible]	139,[illegible]	160,[illegible]	189,[illegible]	137,[illegible]
	B. Futterrunkeln.										
5	Rektorat Lichtenhof	1,[illegible]	Sand	63,[illegible]	64,[illegible]	58,[illegible]	52,[illegible]	254,[illegible]	256,[illegible]	234,[illegible]	210,[illegible]
	Blätter			14,[illegible]	12,[illegible]	13,[illegible]	41,[illegible]	57,[illegible]	48,[illegible]	54,[illegible]	44,[illegible]
6	Graf du Ponteil in Thürenhofen	1,[illegible]	„	37,[illegible]	36,[illegible]	38,[illegible]	35,[illegible]	102,[illegible]	98,[illegible]	104,[illegible]	96,[illegible]
	Blätter			10,[illegible]	12,[illegible]	14,[illegible]	22,[illegible]	29,[illegible]	35,[illegible]	49,[illegible]	62,[illegible]
7	Groß in Hartershofen	1,[illegible]	Lehm	60,[illegible]	68,[illegible]	80,[illegible]	70,[illegible]	243,[illegible]	272,[illegible]	321,[illegible]	280,[illegible]
	Blätter			28,[illegible]	30,[illegible]	34,[illegible]	30,[illegible]	112,[illegible]	122,[illegible]	73,[illegible]	120,[illegible]
8	von Süßkind in Tennenlohe	1,[illegible]	Sand	61,[illegible]	53,[illegible]	34,[illegible]	33,[illegible]	247,[illegible]	215,[illegible]	137,[illegible]	133,[illegible]
	Blätter			23,[illegible]	29,[illegible]	21,[illegible]	26,[illegible]	92,[illegible]	118,[illegible]	85,[illegible]	114,[illegible]
	C. Kohlrüben.										
9	Lothar von Faber in Stein	4,[illegible]	Sand	206,[illegible]	226,[illegible]	241,[illegible]	220,[illegible]	206,[illegible]	226,[illegible]	241,[illegible]	220,[illegible]
	Blätter			19,[illegible]	22,[illegible]	21,[illegible]	20,[illegible]	19,[illegible]	22,[illegible]	24,[illegible]	20,[illegible]
10	Stahl in Buch	1,[illegible]	„	77,[illegible]	83,[illegible]	89,[illegible]	83,[illegible]	201,[illegible]	216,[illegible]	231,[illegible]	220,[illegible]
11	Besold in Buch	1,[illegible]	„	99,[illegible]	108,[illegible]	112,[illegible]	110,[illegible]	214,[illegible]	234,[illegible]	243,[illegible]	237,[illegible]
12	Löhe in Gutsberg	3,[illegible]	„	256,[illegible]	282,[illegible]	271,[illegible]	336,[illegible]	341,[illegible]	376,[illegible]	361,[illegible]	448,[illegible]

*) Die Hälfte der Kartoffeln von Bachmann war krank und unbrauchbar.

Das Ergebniß wurde dem Vereine mitgetheilt. Schlußbetrachtungen hierüber können erst angestellt werden, wenn sämmtliche 4 Ernten vorliegen.

Weiter lassen wir einen interessanten Düngerversuch des Herrn Spies in Sailsheim, bei Mergentheim, veröffentlicht im Hohenheimer Wochenblatt Nr. 2. 1867 folgen. Derselbe verwendete hiezu 7 Abtheilungen à einen Württemberger Morgen tiefgründigen Lehmboden, der 1865 mit Gerste bestellt war. Im November 1865 erhielt jede Abtheilung 12 vierspännige Fuhren Rindviehdünger, welcher sofort untergeackert wurde.

Im Monate April 1866 wurde jede Abtheilung erstmals, Anfangs Juni zum zweiten Male geackert und geeggt. Nach eingetretenem Regen wurden mit dem Schäufelpfluge Kämme gezogen, und auf diese am 13. und 14. Juni die Runkeln in Entfernungen von 2 Fuß gepflanzt. Das Ergebniß war Folgendes:

Nro.	Beidünger	Ernte pro		Beidünger pro		Bemerkungen.
		Würt. Morg. Ctr.	Bayer. Tgw. Ctr.	Würt. Morg. Ctr.	Bayer. Tgw. Ctr.	
1	Pferch	330	388	—	—	Mit der 2ten Furche seicht untergeackert.
2	Superphosphat	360	400	2	2,22	Nach der 2ten Furche untergeeggt.
3	Peruguano	350	388	1	1,11	Desgleichen.
4	Asche	380	422	10	11,11	Desgleichen.
5	Dungsalz	340	377	15	16,66	Desgleichen.
6	Jauche	320	355	—	—	Im Monat März und April aufgefahren.
7	Ohne Beidünger	240	266	—	—	

Während des Sommers wurden sämmtliche Abtheilungen zweimal behackt. Die Blätter wurden nicht gewogen. Nro. 1 und Nro. 3 hatten die stärksten und meisten Blätter mit auffallend dunkelgrüner Farbe.

Anzeigen.

Heufelder Futterknochenmehl

für

junge Pferde, Kälber, Schafe, Schweine und Hunde in Kistchen von ½ Centner zu 5 fl. 30 kr. vermittelt

Ansbach, im Februar 1867.

J. Schultheiss,

Vereins-Kassier,

Bureau des landwirthschaftlichen Kreis-Comités.

Englische Futterschneid-Maschinen zum Handbetrieb, ganz von Eisen und Stahl für 2 Schnittlängen eingerichtet, ohne, daß Wechselräder abgenommen werden müssen zu fl. 66. und fl. 90, größere ähnliche Maschinen für Göpel- und Dampfbetrieb, mit eigenthümlicher Vorrichtung zum plötzlichen Anhalten und Rückwärtsbewegen der Speisewalzen, ferner **Rübenschneidmaschinen bester Construction für Handbetrieb, 8 — 10 Ctr. per Stunde leistend zu fl. 58. und fl. 60. Futterschrotmühlen mit gerippten und glatten Stahlwalzen, für Hand-, Göpel- und Dampfbetrieb zu fl. 56., fl. 66., fl. 82., fl. 102. und höher, sind stets vorräthig** und können auf 14tägige Probe, unter Garantie für gute Leistung und Solidität von uns bezogen werden.

Die Maschinen werden zu obigen Preisen franco auf jede Eisenbahnstation geliefert.

Näheres auf Anfrage. Große illustrirte Kataloge gratis.

J. P. Lanz & Comp.,
Maschinengeschäft mit permanenter Ausstellung in Regensburg.

Afterpächter-Gesuch.

Für ein 660 Tagwerk großes Gut im Großherzogthum Baden mit vortrefflichen Boden- und Absatzverhältnissen wird auf die Dauer von 15 Jahren ein tüchtiger **Afterpächter** gesucht.

Nähere Auskunft ertheilt

die Redaktion.

Stellegesuch für einen jungen Landwirth.

Für einen Solchen wird unter sehr bescheidenen Ansprüchen ein passendes Unterkommen gesucht.

Die Redaktion.

Schrannenzettel.

Schranne.	Datum	Waizen		Kern		Korn		Gerste		Haber	
		Mittelpreise									
		fl.	kr.	fl.	kr.	fl.	kr.	fl.	kr.	fl.	kr.
	Febr.										
Ansbach .	9.	23	37	23	12	17	21	—	—	7	39
Augsburg .	8.	22	33	24	1	17	51	15	44	7	25
Bamberg .	—	—	—	—	—	—	—	—	—	—	—
Beilngries	—	—	—	—	—	—	—	—	—	—	—
Dinkelsbühl	30.	24	11	—	—	19	—	15	53	7	25
Eichstätt	—	—	—	—	—	—	—	—	—	—	—
Erlangen	1.	24	13	—	—	17	19	—	—	7	39
Gunzenhausen	—	—	—	—	—	—	—	—	—	—	—
Kempten .	30.	—	—	25	1	18	48	16	47	8	35
Landshut .	—	—	—	—	—	—	—	—	—	—	—
Lindau .	—	—	—	—	—	—	—	—	—	—	—
München .	9.	24	21	—	—	16	34	16	23	7	17
Neuburg a/D.	—	—	—	—	—	—	—	—	—	—	—
Nördlingen .	2.	21	48	23	47	18	27	16	4	7	38
Nürnberg .	—	—	—	—	—	—	—	—	—	—	—
Regensburg	—	—	—	—	—	—	—	—	—	—	—
Rothenburg a/T.	2.	23	—	22	59	18	38	—	—	—	—
Schwabach	—	—	—	—	—	—	—	—	—	—	—
Schweinfurt	—	—	—	—	—	—	—	—	—	—	—
Weißenburg	2.	21	58	7	22	17	57	15	33	7	34

Verantwortlicher Redakteur: C. Classen. Druck von C. Brügel und Sohn in Ansbach.

Landwirthschafliches Wochenblatt.

Erscheint jeden Donnerstag einen halben Bogen stark und kann durch alle Poststellen bezogen werden.

Preis für's ganze Jahr sammt Postaufschlag 1 fl. Inserate werden die gespaltene Petitzeile oder deren Raum auf 4 kr berechnet.

für Mittelfranken.

(Früher landwirthschaftliche Mittheilungen.)

Organ des landwirthschaftlichen Kreis-Comité für Mittelfranken.

Nr. 3 u. 4. (Doppelnummer.) Ansbach, Februar 1867. I. Jahrgang.

Zur vollständigen Ausgleichung des Ausfalles vom Monat Januar folgen noch 2 weitere Doppelnummern.

Wir erneuern hiermit die Einladung zum Abonnement. Bestellungen übernehmen alle Postboten. Die Redaktion.

Die Grundbedingung des landwirthschaftlichen Fortschrittes.

(Schluß.)

Zur Erläuterung ist noch beigefügt:

„Ueberhaupt hat die Fortbildungsschule nicht bloß festere Begründung und Erweiterung der Elementarkenntnisse, sondern vorzüglich auch Vorbildung für das künftige Erwerbsleben zu bezwecken, und dürfte es sich als nützlich erweisen, zum Unterricht in einzelnen Gegenständen unter Einverständniß des Lehrers und mit Genehmigung der k. Distriktsschulinspektion andere geeignete Lehrkräfte beizuziehen.

Ein fortgesetzter Besuch der Fortbildungsschule über das 16. Jahr hinaus soll nach der Denkschrift den Schülern freigegeben werden.

Die Fortsetzung der Turnübungen vermissen wir in der Fortbildungsschule, und der Volksschullehrerverein wird es uns nicht verargen, wenn wir dieses wichtige Kapitel, wozu in der Elementarschule schon ein so schöner Grund gelegt wurde, auch mit in das Programm der Fortbildungsschule aufgenommen wissen möchten, denn wir brauchen für die Landwirthschaft nicht allein besser geweckte und entwickelte Geisteskräfte, sondern es thut eben so Noth, daß der junge Mann behufs sicherer Handhabung und Bedienung der verbesserten landwirthschaftlichen Geräthe und Maschinen auch körperlich beweglicher und gewandter in allen seinen Verrichtungen werde, als dieß bisher der Fall war. Nur durch gleichzeitige systematische Verfolgung beider Aufgaben, der geistigen und körperlichen Erziehung nach militärischen Grundsätzen, kann in das landwirthschaftliche Fortbildungswesen der Takt gebracht werden, welcher nöthig ist, um Bestand und Erfolg zu sichern, und den Jüngling, dessen ganzes bisheriges Leben vom 14. bis 20. Jahre einem vernachlässigten Brachfelde glich, von dem selten ersprießliche Erfolge zu erwarten stehen, aus seinem halbwachen Zustande zu reißen, und ihn zu dem Manne zu machen, wie ihn die gesammte neuere Gesetzgebung voraussetzt. Man verbinde daher die durch die Denkschrift des Volksschullehrervereins in Vorschlag gebrachte landwirthschaftliche Fortbildungsschule mit der von jenem deutschen Offiziere in seiner interessanten Schrift empfohlenen

Jugendwehr, welche Einrichtung die ganze Lebensperiode der Landbevölkerung vom 14. bis 20. Jahre zu umfassen hätte, eine Zeit, die andere Stände eben auch dem Lernen widmen müssen, und alle vorbezeichneten Zwecke werden erreicht werden.

Es wird sich ohnedieß nach unseren eigenen Erfahrungen nicht wohl recht machen lassen, in den zulässigen Stunden innerhalb zweier Jahre Alles so erschöpfend abzuhandeln, was die Denkschrift des Volksschullehrervereines für die Fortbildungsschule Schätzenswerthes vorgesehen hat. Man vertheile den reichen Unterrichtsstoff sachgemäß auf die Zeit von 14. bis 20. Jahre, ziehe, wie die Denkschrift selbst für passend erachtet, andere geeignete Lehrkräfte herbei und man wird nach Umlauf eines Jahrzehents erfreuliche Erfolge dieser neuen Einrichtung sehen.

Mancher, der noch Nichts mit dem landwirthschaftlichen Fortbildungswesen zu thun hatte, oder dem der Militärdienst überhaupt ein Gräuel ist, wird fragen, was haben diese beiden Dinge mit einander zu schaffen? Auch diejenigen, welche alles Heil von der Freiwilligkeit, von der Belehrung über die Bedeutung des landwirthschaftlichen Fortbildungsunterrichtes und von der Aufmunterung hiezu erwarten, werden unseren Vorschlägen nicht beistimmen, trotzdem sie immer wieder die alten Klagen vom In- und Auslande hören und lesen können, daß die bisherigen *freiwilligen landwirthschaftlichen Fortbildungsschulen* in ihrer überwiegenden Mehrzahl keinen Bestand und keinen Erfolg hatten. Warum?

1. Weil man nicht einmal darüber im Reinen ist, was eigentlich in der landwirthschaftlichen Fortbildungsschule gelehrt werden soll, und die meisten Lehrer über ihre Aufgabe noch im Unklaren sind.

2) Weil Letztere bisher keine entsprechende Belohnung für ihre Mühe erhielten.

3) Weil Seitens der Lernenden, die froh sind, dem Werktagsschulzwang enthoben zu sein, der Fortbildungsunterricht mehr als Luxus betrachtet wird, für den man weder gerne Zeit noch Geld opfert.

4) Weil überhaupt der aus der Werktagsschule entlassene Jüngling im Wahne der nunmehr errungenen persönlichen Freiheit sich am allerwenigsten von dem Lehrer noch etwas sagen lassen will.

5) Weil *Viele*, die *berufen wären*, für das landwirthschaftliche Fortbildungswesen thätig zu sein, alle diesfallsigen Bestrebungen bekritteln und bespötteln und kein Mittel unversucht lassen, von der Betheiligung abzumahnen.

Selten wird unter solchen thatsächlichen Verhältnissen etwas Ersprießliches geleistet werden können, wenn nicht der wohlthätige Zwang, welcher die Kinder in die Schule und die Rekruten zur Fahne bringt, behufs des Besuches der Fortbildungsschule auch auf die zwischenliegenden Altersklassen ausgedehnt wird, also keine Unterbrechung erleidet. Gerade in dieser Unterbrechung, in dieser höchst unnatürlichen und unzeitigen Selbstständigkeit der Altersklassen vom 14. bis 20. Jahre, kraft derer die meisten Jünglinge die freiwillige Fortbildungsschule eben *nicht* freiwillig besuchen, liegt auch der Grund, warum sie sich dem Militärdienst so ungerne unterziehen und kein Mittel unversucht lassen, um militärfrei zu werden. Unseres Erachtens kann hier bloß durch ein Gesetz geholfen werden, welches gleichzeitig die geistige und körperliche Fortbildung im Auge hat.

Dem nun veröffentlichten Entwurfe zur neuen Militärverfassung, welcher hauptsächlich auf eine kürzere Präsenzzeit abzielt, liegt jedenfalls der Gedanke einer künftigen besseren geistigen und körperlichen Vorbildung zu Grunde. Es ist darin namentlich Rücksicht auf bessere Schulbildung genommen und unter Art. 12 die möglichste Begünstigung freiwilliger Wehrvereine, worunter gewiß auch die *Jugendwehr* zu zählen ist, empfohlen.

Man wird daher unsere Vorschläge, insoweit sie eine Vereinigung der *landwirthschaftlichen Fortbildungsschule* mit der *Jugendwehr* bezwecken, nicht so unannehmbar finden, und da gerade jetzt die Organisation des landwirthschaftlichen Fortbildungswesens sowie die neue Militärverfassung die allgemeine Aufmerksamkeit in Anspruch nehmen, so dürfte es sich wohl der Mühe lohnen, obige Vorschläge näher zu prüfen und bei günstigem Befund vereinte Handhabung beider Bildungsmittel auf dem Wege der Gesetzgebung anzustreben.

Wir begnügen uns damit, unsere Anschauung über die *Grundbedingung des landwirthschaftlichen Fortschrittes* zur Sprache gebracht und vorerst in kurzen Zügen allgemeine Vorschläge zur Anbahnung des landwirthschaftlichen Fortschrittes dem Urtheile unserer Leser unterbreitet zu haben. Finden diese Vorschläge Beachtung, so wird es einer gemischten Kommission von Sachverständigen etwas Leichtes sein, einen Entwurf auszuarbeiten, der allen billigen Anforderungen gerecht wird.

Das italienische Raygras.

Vor einem Jahre brachte das Hohenheimer Wochenblatt für Land- und Forstwirthschaft über mehrere theils bisher weniger beachtete, theils neue Futtergewächse einen Aufsatz aus der Feder des Gutsbesitzers Herrn Zöpperitz von Gaterhof bei Ravensburg.

Wenn auch inzwischen die Getreidepreise sich wieder günstiger gestaltet haben, so ist doch wohl sicher anzunehmen, daß dieß nur von kurzer Dauer sein kann; es wird daher jeder Landwirth, der keinen Ueberfluß an natürlichen guten Wiesen hat, wohl thun, wenn er sich jenen Aufsatz, den wir hier, soweit er das italienische Raygras betrifft, im Auszug folgen lassen, zu Herzen nimmt.

Zöpperitz sagt: Der Druck, der zur Zeit auf den Getreidepreisen, besonders auf denen der Winterfrüchte, lastet, die bisher von weitaus dem größten Theil der Landwirthe als Haupteinnahmsquelle gebaut wurden, muß durch den Umstand, daß derselbe in Folge der außerordentlichen, fortschreitenden Ausdehnung und Erleichterung der Verkehrsmittel, welche die Einfuhr von Unmassen von Getreide aus bisher in dieser Beziehung so zu sagen für uns nicht vorhandenen, viel billiger als wir produzirenden Ländern immer mehr hervorruft, ein stabiler zu werden droht, und in Anbetracht der bedeutend gestiegenen Fleischpreise, besonders für gute Qualitäten, den Landwirth naturgemäß auf die Verbesserung seiner Viehhaltung und Ausdehnung seines Futterbaues führen.

Um hierin zu einem hervorragenden Ziele zu gelangen, reichen in den meisten Fällen die bis jetzt allgemein und hauptsächlich angebauten Futterpflanzen als Rothklee, Luzerne, Esparsette und Futterwicken, nicht aus; denn der Anbau der ersten drei ist theils durch ihre besonderen Ansprüche an bestimmte Bodenarten begrenzt, die letztern aber bleiben immer ein theures und unsicheres Aushülfsfutter.

In solchen Gegenden besonders, wo die Luzerne oder Esparsette nicht oder nur schlecht gedeihen, kommt der Viehhalter oft dadurch in Verlegenheit, daß ihm im Sommer nicht jeder Zeit junges frisches Futter zu Gebote steht.

Im Folgenden möchte ich meine Fachgenossen auf einige Pflanzen aufmerksam machen, von denen ich gefunden habe, daß sie mehr wie manche andere häufig empfohlene geschickt sind, diesem Uebelstande kräftig zu steuern und die Futterproduktion eines Gutes im Allgemeinen bedeutend zu erhöhen.

Ich stelle dabei in erste Linie das italienische Raygras, das zwar in Oberitalien und England schon seit langer Zeit für sich in reiner Aussaat angebaut wird, und dessen vorzügliche Eigenschaften dort längst zur verdienten Geltung gekommen sind, bei uns aber verhältnißmäßig sehr wenig gekannt und wohl ausschließlich nur im Gemengsaat mit andern Gräsern oder mit Rothklee gebaut wird, wobei es seine Vorzüge nur unvollkommen zur Entwicklung bringen kann. Diese sind: sein hoher Nährwerth, der durch die Analyse, wie durch die Praxis festgestellt, es als eines unserer besten Gräser, sowohl für Milch- als Fleischproduktion erscheinen läßt; dann seine Verträglichkeit mit sich selbst, indem es stets durch eigene Besamung wieder erneut werden kann, natürlich bei entsprechender Düngung; ferner sein sicheres Gedeihen in jedem Boden, selbst dem geringsten, wenn derselbe nur in guter Kultur und in einem kräftigen Zustande sich befindet, und schließlich als die

Aehre in natürlicher Größe.

Ital. Raygras.

werthvollste Eigenschaft, sein schnelles Wachsthum vom ersten Frühjahr an bis spät in den Herbst hinein; es kommt früher, als die Luzerne und grünt noch, wenn diese längst die Köpfe erfroren hat. Es verträgt dabei, wie ich mich im vorigen Sommer, sowohl hier auf einem moorigen Boden mit Lettenuntergrund, wie auf einem Gute bei Kempten im bayerischen Allgäu mit sehr trockenem sandigen Boden und Kiesunterlage zu meinem größten Nutzen überzeugt habe, die größte Dürre ohne sich in seiner Vegetation wesentlich stören zu lassen, wobei ich bemerke, daß allerdings hier wie dort das Land in sehr kräftigem Zustande und der Bestand ein sehr dichter war.

Doch dieß sind Umstände, die sich überall erreichen lassen. Es ist dasselbe Gras, das in den Güllenwirthschaften Schottlands so immense Erträge liefert, von denen uns Hr. Direktor Hartstein in Poppelsdorf zuerst vor ungefähr 15 Jahren Kunde gab, die ebenso gerechtes Erstaunen, wie ungerechte Zweifel seiner Zeit hervorrief; ich habe mich persönlich davon überzeugt, daß bei reichlicher Anwendung von verdünnter Gülle oder Guanowasser dieses Gras dort bis 7mal in einem Sommer gemäht wurde und dabei jedesmal 3 Fuß hoch war.

Und wenn solche Erträge unter gewöhnlichen Verhältnissen auch nicht erreicht werden, so ist doch damit zur Genüge dargethan, was mit dieser Kultur zu erreichen möglich ist. Hier hat es im vorigen Jahre nach Aberntung der Wintergerste Mitte Juli noch 2 außerordentlich üppige Schnitte ohne weitere künstliche oder Gülledüngung und von Ende September an bis Martini die vortrefflichste Weide für mein Rindvieh geliefert.

Auf dem ebenangeführten andern Gute gab es Mitte Mai, ohne Ueberfrucht gesäet, noch drei volle Schnitte und eine üppige Herbstweide, sehr zum Erstaunen aller Nachbarn, denn ringsum war Alles dürr.

Hier, wie dort, hat es den Winter vortrefflich überstanden und ich bin fest überzeugt, es heuer 5mal mähen zu können.

Der ihm schon gemachte Vorwurf des Auswinterns ist durchaus unbegründet, davon habe ich mich nicht nur hier, sondern auch in Gegenden, in denen andere Pflanzen häufig ausfrieren, schon früher mehrfach überzeugt, indem bei Zwischensaat unter dünn bestandenem Rothklee, in welchem im zweiten Schnitt das italienische Raygras reifte und sich besamte, die in Massen aufgegangenen jungen Pflanzen ungefährdet durch den Winter kamen. Ein dichtes Walzen im Herbst oder Frühjahr oder Uebertreiben mit Schafen wird dagegen auf Böden, die leicht ausfrieren, immerhin nützlich sein.

Seine Dankbarkeit für Gülle macht es für kleine und ich möchte sagen, gerade für die kleinsten Verhältnisse besonders werthvoll, denn dort ist es möglich, das täglich abgemähte Stückchen sofort zu überschütten und dadurch den Ertrag ins Unendliche zu steigern. Dieß kann zwar auch bei ausgedehntem Anbau mit Hülfe des Güllenfasses, wenn auch nicht so regelmäßig, geschehen; allein es zeigt sich auch ebenso dankbar für künstliche Düngung, mit Superphosphat und Guano, die dem größeren Wirth stets zu Gebote steht.

Auch das Heu, welches aus dem italienischen Raygras gewonnen wird, wird vom Vieh sehr gerne gefressen, doch sollte, ob zu Heu oder Grünfutter bestimmt, das Mähen stets vor der Blüthe oder mit Beginn derselben geschehen; seine Verwendung zu Grünfutter ist aber weitaus angezeigter, wie aus Vorstehendem deutlich erhellt.

Die Aussaat kann mit bestem Erfolg von März bis September vorgenommen werden, mit oder ohne Ueberfrucht; doch ist letzteres vorzuziehen. Eine feine Pulverung des Bodens ist in beiden Fällen unerläßlich, wenn man auf guten Erfolg rechnen will, ebenso ein starkes Walzen nach der Saat, und wenn ohne Ueberfrucht gesäet, ein gleiches nach dem Aufgehen.

Der Saatbedarf ist mindestens 25—30 Pfd., besser 40—50 Pfd. pro Morgen; denn je dichter die Saat, je sicherer der Erfolg. Der Samen wird möglichst leicht untergebracht, am besten mit der Dornegge.

Saamen von italienischem Raygras vermittelt die Redaktion.

Die am Sonntag den 17. Februar l. Js. in Lehrberg stattgehabte landwirthschaftliche Bezirkswanderversammlung.

In dieser Versammlung, welche noch weit zahlreicher als die früheren besucht war, kamen unter dem Vorsitze des Vorstandes des landwirthschaftlichen Bezirkskomité's Ansbach-Leutershausen kgl. Regierungsrath Herrn Faber folgende Gegenstände zur Berathung:

Die Einrichtung eines Apparates zur Bereitung von gedämpftem Knochenmehl im Lokale der Lehrberger Dampfsägemühle.

In der im vorigen Herbste zu Hennenbach abgehaltenen Versammlung wurde gelegentlich eines Vortrages über die Wichtigkeit der Knochenmehldüngung darauf hingewiesen, wie tadelnswerth es sei, daß man die Knochen vielfach je verschleudere, oder für industrielle Zwecke verkaufe. So wurde nachgewiesen, daß auf dem Bahnhofe Ansbach allein alljährlich 2000 Ctr. rohe Knochen abgehen, die in und um Ansbach gesammelt werden. Die anwesenden Landwirthe wurden damals aufgefordert, die Knochen besser zusammen zu halten, sie auf einer zu errichtenden Knochenmühle mahlen zu lassen, und schließlich wieder dahin zu verwenden, woher sie gekommen sind, nämlich in ihren eigenen Boden. Inzwischen gab sich Bahnmeister **Waibel** sehr viele Mühe, die nöthigen Vorlagen, Plan, Voranschlag und Ertragsberechnung behufs Einrichtung eines Knochendämpfapparates im Locale der Lehrberger Dampfsägmühle zu fertigen. In der Lehrberger Versammlung gab er die Erklärung ab, daß er bereit sei, die vorgeschlagene Einrichtung zu machen und auf eigene Rechnung und Gefahr zu betreiben, wenn er Aussicht habe, alljährlich 2000 Ctr. Knochenmehl abzusetzen; daß er ferner bereit sei, für 100 Pfd. **rohe Knochen** 65 Pfd. **gedämpftes Knochenmehl** retour zu geben, oder 100 Pfd. gedämpftes Knochenmehl um 3 fl. 18 kr. an alle diejenigen Landwirthe abzulassen, welche das Unternehmen durch Aktienzeichnung unterstützen, zu welchem Zwecke 100 Aktien à 20 fl. ausgegeben werden sollten. Diese Vorschläge fanden Anklang und Banquier Wolf **Gutmann** stellte hiebei die Bedingungen in's Klare, unter welchen den Aktionären die nöthige Sicherheit für ihre Einlagen dargeboten sei. Nachdem man sich hierüber geeinigt hatte, haben auf Vorangehen Gutmanns viele der Anwesenden als Aktionäre sich unterzeichnet.

Der weitere Berathungsgegenstand betraf den von Gutsbesitzer Fischer in Willesreuth gestellten Antrag auf Aufhebung des Salzmonopoles behufs Erlangung eines besseren und billigeren Viehsalzes. Fischer war selbst nicht erschienen, der Antrag kam aber seiner Dringlichkeit halber doch zur Berathung. Es wurde konstatirt, daß zwar der früher in Oberdachstetten auf den Antrag des Freiherrn von Seckendorf verfaßten Denkschrift entsprechend, das Viehsalz billiger geworden sei, aber auch in demselben Verhältnisse an Qualität abgenommen habe, so daß nach dem Zeugnisse aller anwesenden Oekonomen, Schafe und Rindvieh dasselbe verschmähen. Dieses Viehsalz, wie es jetzt verabfolgt wird, wurde mit Bezugnahme auf den beklagenswerthen Verlust an Schweinen in Röshof geradezu als gesundheitsschädlich erklärt. Eine gründliche Abhilfe sei blos denkbar, wenn im Salzbezug u. Verkauf eine völlig freie Concurrenz zugelassen werde. Daher wurde auch einstimmig beschlossen, eine Petition abgeben zu lassen, welche die **Aufhebung des Salzmonopols**, unter allen Umständen aber jetzt schon sofort die **Abgabe eines besseren Viehsalzes** bezwecke. Eine besondere, aus der Mitte der Versammlung gewählte Commission übernimmt den Entwurf der Petition.

Hierauf beginnt Domänenpächter **Herwig** von Röshof seinen Vortrag über **die Kultur der einzelnen Ackergewächse und ihre Fruchtfolge mit besonderer Bezugnahme auf unsere speziellen Verhältnisse** wie folgt:

Er beabsichtigt in nachstehender Aufeinanderfolge die Kultur der **Halmfrüchte, Hülsenfrüchte, Hackfrüchte, Futterpflanzen** und **Handelsgewächse** abzuhandeln.

1. Die Halmfrüchte.

a. Der Weizen.

Sein natürlicher Standort sei ein **kräftiger, schwerer Boden**; er könne aber bei entsprechender Düngung ebenso auf leichterem Boden gebaut werden, wenn derselbe die Feuchtigkeit halte, ohne gerade naß zu sein. Wir haben in unserem Bezirke, welcher dem **Keuper** angehört, hauptsächlich 2 Bodenarten; den an den Abhängen vorkommenden bündigen und kräftigen **Kipper**, ein thoniger Lehmboden, welcher sich sehr gut zum Weizenbau eignet, und auf der Höhe den **Melbenboden**, welcher durch Verwitterung des weichen grobkörnigen Keupersandsteines entstanden ist. Auch auf diesem, der als sandiger Lehmboden bezeichnet werden kann, wird noch Weizen gebaut. Da dem Melbenboden in der

Regel der Kalk, ein wichtiges Nahrungsmittel für Weizen und andere Pflanzen, namentlich für Klee, fehlt, so wird das Kalken*) desselben, wie auch die Anwendung von Knochenmehl empfohlen.

Fruchtfolge für den Weizen.

Am Gebräuchlichsten sei hierorts, den Weizen nach reiner Brache zu bauen. Herwig empfiehlt die Brache wenigstens Ende Mai umzubrechen, und sie nicht, wie es üblich sei, liegen zu lassen; denn der darauffolgende Weizen solle ja zwei Jahresernten liefern und verlange also eine aufmerksame Behandlung der vorausgehenden Brache.

Als empfehlenswerthe Vorfrüchte für Weizen wurden erwähnt:

a) Der Raps; er erfordere zwar eine kostspielige Düngung, lockere aber durch seine tiefgehenden Wurzeln den Boden, und hinterlasse ein reines Feld, welchem ohnedieß die abgefallenen und verfaulten Blätter zu statten kommen.
b) Der Klee, welcher als Weideklee im Juni oder Juli, jedoch nur Ein Mal umgebrochen werden soll, damit das Feld feuchter bleibe.
c) Erbsen, welche bei gutem Stande das Feld gleichfalls sehr reinigen und gelockert hinterlassen.
d) Wicken, welche als Vorfrucht für Weizen vorzüglich zur Grünfütterung benützt werden sollen.

Ferner werden als passende Vorfrüchte für Weizen noch Flachs, Sommerrüben, Hanf, Tabak und Kraut empfohlen. Die günstigste Saatzeit für Weizen falle zwischen dem 10. Septbr. und 20. Oktober; daher eignen sich auch Runkelrüben nicht als Vorfrucht für Weizen, weil sie im Monate Oktober noch sehr im Wachsen begriffen seien.

Nachdem der Vortrag soweit gediehen war, eröffnete der Vorsitzende die Debatte. Es ergab sich, daß die anwesenden Landwirthe nach ihren bisherigen Erfahrungen den besten Erfolg im Weizenbau nach reiner Brache und nach Klee hatten. Flachs, Erbsen und Wicken hätten sich als Vorfrüchte nicht erprobt, weil sie den Boden durch das Reifen der Samen zu sehr in Anspruch nehmen. Herwig empfiehlt die völlige Samenreife nicht abzuwarten, indem alsdann der Flachs ein besseres Gespinnst, Erbsen und Wicken aber ein besseres Futterstroh liefern. Letzterer fährt in seinem Vortrage fort, indem er nun zu

b. dem Spelz oder Dinkel übergeht. Derselbe verlange keine so sorgfältige Vorbereitung wie der Weizen, und begnüge sich auch mit leichterem Boden; sonst gelte auch hier in Beziehung auf Vorfrucht, was von dem Weizen gesagt worden sei.

Für die hiesige Gegend stellte Herwig folgende Fruchtfolge auf:

1. Jahr: Hackfrucht, stark gedüngt;
2. Jahr: Sommerfrucht, Gerste oder Haser;
3. Jahr: Klee oder Brache, schwach gedüngt;
4. Jahr: Winterfrucht;
5. Jahr: Hülsenfrüchte, oder Flachs stark gedüngt;
6 Jahr: Winterfrucht.

Diese Fruchtfolge gewähre vor Allem viel Futter, in dem 6jährigen Turnus 2 Winterfrüchte wie bei der Dreifelderwirthschaft, und schließe sich dieser überhaupt leicht an. Was die Gerstensaat mit Klee anbelangt, so sät Herwig die Gerste auf die rauhe Furche, eggt 2—3 Mal, und bringt vor dem letzten Eggenstrich den Klee ein.

Gutsverwalter Bäumler von Rosenberg empfiehlt auf Grund seiner in Schwaben gemachten Erfahrungen für den hiesigen Melbenboden den Anbau des Gemisches von Dinkel und Korn, welches eine sehr gute Erndte und besonders viel Stroh liefere. Als Saatquantum habe er in rauher Lage auf 5 Metzen Dinkel 1/2 Metzen Korn per Tagwerk angewendet. Nur könne man beim Gemisch die Dreschmaschine nicht anwenden, weil der Dinkel gegerbt werde und Kern und Korn sich nicht mehr trennen lassen. Weiter ertheilt Bäumler den Rath, bei dem (leichten) Melbenboden den Klee im Monat April in die Winterfrucht zu säen; er finde da noch die nöthige Feuchtigkeit und soll entweder mit der Walze oder mit der Dornegge untergebracht werden.

Hiemit wurde die Besprechung geschlossen und die Fortsetzung für die nächste Versammlung vorbehalten. Dieselbe soll in Leutershausen statfinden.

*) Ueber das Kalken der Felder und Wiesen wird demnächst im Wochenblatt eine besondere Abhandlung folgen.
D. R.

Kurze Mittheilungen.

Schäferlehrkurs. In der Zeit vom 14. Januar bis 2. Februar d. Js. fand unter Theilnahme von 16 jungen Schäfern aus den verschiedenen Bezirken Mittelfrankens der IV. Schäferlehrkurs in Triesdorf statt. Als Lehrer waren wie früher betheiligt, die Herren Dir. Dürig von Ansbach, Bezirksthierarzt Schmid von Triesdorf und Schafmeister Eichmann von Schachten in Churhessen. Sämmtliche Schäfer zeigten ein reges Interesse für den Unterricht, der unter Benützung der reichhaltigen Sammlungen und der Schäferei der k. Kreisackerbauschule in möglichst demonstrativer Weise ertheilt wurde, weil nur so in der verhältnißmäßig kurzen Zeit ein günstiger Erfolg zu erwarten steht. Am 21. Januar machten die Schäfer mit den Lehrern eine Excursion auf das Gut Burgstall bei Rothenburg zur Besichtigung der dortigen Schäferei. Die am 2. Februar in Gegenwart des kgl. Landwirthschaftsreferenten, Hrn. Regierungsrath **Meinel** und eines Delegirten des landw. Kreiskomités, sowie mehrerer Freunde der Landwirthschaft im ehemaligen Locale der Kreisackerbauschule vorgenommene öffentliche Prüfung lieferte wiederholt ein recht erfreuliches Resultat; es erhielten 3 Schäfer die Note **ausgezeichnet**, 5 die Note **vorzüglich**, 4 die die Note **sehr gut** und 4 die Note **gut**. Die 8 besten Theilnehmer mit der Note **ausgezeichnet** und **vorzüglich** wurden mit Preisen, bestehend in je einer Kerbzange zum Zeichnen der Schafe bedacht, außerdem erhielt jeder Schäfer den Schäferkatechismus von Elsner. Bekannt ist, daß jeder Schäfer aus Kreisvereinsmitteln für die Dauer seines Aufenthaltes in Triesdorf per Tag einen Zuschuß von 36 kr. zur Bestreitung seiner Auslagen erhält. Der Unterricht wird unentgeltlich ertheilt. Der diesjährige Gesammtaufwand des landwirthschaftlichen Kreiscomités für diesen Zweck beträgt 672 fl. 15 kr. welcher aus dem jährlichen Staatsbeitrag von 600 fl. bestritten wird.

Die Namen der Theilnehmer an dem IV. Schäferlehrkurse sind:

- Joh. **Wolfram**, Schäfer in Lammelbach B.-A. Feuchtwangen.
- Joh. **Rindfleisch**, Schäfer in Biberbach, B.-A. Beilngries.
- Joh. **Angene**, Schäfer in Frommetsfelden, B.-A. Ansbach.
- Leonh. **Hoch**, Schäfer in Leutershausen, B.-A. Ansbach.
- Joh. **Restmaier**, Schäfer in Kleinhöbing, B.-A. Beilngries.
- Joh. **Rüffelmacher**, Schäfer in Kitschendorf, B.-A. Heilsbronn.
- Georg **Körber**, Schäfer in Erlach, B.-A. Rothenburg.
- Joh. **Schulitz**, Schäfer in Burgbernheim, B.-A. Uffenheim.
- Gg. **Krämer**, Schäfer, ebendaselbst.
- Salomon **Weber**, Schäfer von Beilngries.
- Joh. **Kiefer**, Schäfer von Zellrüglingen, B.-A. Ansbach.
- Rud. **Med**, Schäfer von Rapperszell, B.-A. Eichstätt.
- Joh. **Klopfer**, Schäfer in Wilburgstetten, B.-A. Dinkelsbühl.
- Gg. **Gaisbauer**, Schäfer in Steinsfeld, B.-A. Rothenburg.
- Mich. **Schlagbauer**, Schäfer in Colmberg, B.-A. Ansbach.
- Mich. **Rauch**, Schäfer in Lehr, B.-A. Rothenburg.

Lehrkurs über Ent- und Bewässerung in Triesdorf. Laut Erlaß der kgl. Regierung von Mittelfranken, Kammer des Innern, vom 7. d. M. (conf. Kreisamtsblatt vom 13. Febr. Nr. 14) findet in den Monaten März und April in Triesdorf ein 4wöchiger hauptsächlich auf praktischer Anschauung beruhender Lehrkurs über Ent- und Bewässerung zur Heranbildung von **Wiesenbaugehilfen** und **Kulturvorarbeitern** statt. Der Curs beginnt am **Montag, den 18. März** und ist den Theilnehmern zur Bestreitung ihrer Auslagen während des Aufenthaltes in Triesdorf je ein Taggeld von 1 fl. 30 kr. nebst Ersatz der Reisekosten aus den bewilligten Distriktsrathsmitteln in Aussicht gestellt. In der Bekanntmachung ist namentlich auf Theilnahme aus dem Stande der Straßen- und Eisenbahnvorarbeiter Rücksicht genommen, wobei jedoch bemerkt ist, daß auch Andere zum Lehrkurse zugelassen werden, wofern sie nur die Erfüllung der nöthigen Vorbedingungen, namentlich einer genügenden Schulbildung, und die erforderlichen Mittel zu ihrer Verpflegung in Triesdorf nachzuweisen vermögen.

Stand der Rinderpest in Holland.

In der Woche.	sind	Süd-Holland.	Nord-Holland.	Utrecht.	Geldern.	Zusammen.
Vom 6. bis 12. Januar.	angesteckt	2541	400	1394	52	4387
	an der Krankheit gestorben	703	47	1248	5	2003
	getödtet	16	348	—	167	531
	hergestellt	244	—	623	—	867
	noch krank	1578	—	—	3	1581
Vom 13. bis 19. Januar.	angesteckt	2018	480	1301	87	3886
	an der Krankheit gestorben	547	36	935	5	1523
	getödtet	19	444	—	394	857
	hergestellt	273	5	481	—	759
	noch krank	1179	—	—	3	1182

(Annalen der preußischen Landwirthschaft.)

Anzeigen.

Schrannenzettel.

Schranne.	Datum	Waizen fl.	Waizen kr.	Kern fl.	Kern kr.	Korn fl.	Korn kr.	Gerste fl.	Gerste kr.	Haber fl.	Haber kr.
	Febr.										
Ansbach	20.	23	16	23	7	17	16	—	—	7	40
Augsburg	15.	22	36	24	1	17	57	15	48	7	28
Bamberg	—	—	—	—	—	—	—	—	—	—	—
Beilngries	14.	21	1	—	—	16	47	14	45	6	26
Dinkelsbühl	13.	24	54	24	54	19	4	16	18	6	54
Eichstätt	9.	21	42	—	—	18	10	14	45	7	56
Erlangen	9.	24	36	—	—	16	30	—	—	8	—
Gunzenhausen	14.	22	49	—	—	18	8	16	8	7	35
Kempten	6.	—	—	25	27	19	11	17	5	8	45
Landshut	15.	20	31	—	—	15	14	15	23	7	24
Lindau	9.	28	40	25	15	19	2	—	—	8	—
München	16.	24	2	—	—	16	44	16	18	7	11
Neuburg a/D.	6.	—	—	20	41	18	9	15	—	7	31
Nördlingen	16.	21	12	23	54	17	58	16	3	7	40
Nürnberg	12	21	20	—	—	16	47	16	29	8	33
Regensburg	—	—	—	—	—	—	—	—	—	—	—
Rothenburg a/T	16.	23	31	23	30	18	43	—	—	—	—
Schwabach	17.	23	7	—	—	—	—	—	—	—	—
Schweinfurt	6.	24	3	—	—	18	50	15	19	7	57
Weißenburg	16.	21	52	—	—	17	21	15	27	7	38

Verantwortlicher Redakteur: [illegible]. Druck von [illegible] und Sohn in Ansbach.

Zur vollständigen Ausgleichung des Ausfalles vom Monat Januar folgt eine weitere Doppelnummer.

Landwirthschafliches Wochenblatt.

Erscheint jede Woche einen halben Bogen stark und kann durch alle Poststellen bezogen werden.

Preis fürs ganze Jahr sammt Postaufschlag 1 fl. Inserate werden die gespaltene Petitzeile oder deren Raum auf 4 kr berechnet.

für Mittelfranken.

(Früher landwirthschaftliche Mittheilungen.)

Organ des landwirthschaftlichen Kreis-Comité für Mittelfranken.

Nr. 5 u. 6. (Doppelnummer.) Ansbach, Februar 1867. I. Jahrgang.

Wir erneuern hiermit die Einladung zum Abonnement. Bestellungen übernehmen alle Postboten. Die Redaktion.

Sitzung des landwirthschaftlichen Kreiscomites für Mittelfranken vom 4. Februar d. J.

In genannter Sitzung wurden:

1) der Unterhaltungszuschuß mit 200 fl. für die Vereinsbeschälstation Windsheim pro 1867 genehmigt.
2) Der Etat des landwirthschaftlichen Kreiscomites pro 1867 genehmigt.
3) Der Etat der k. Baumplantage Triesdorf begutachtet.
4) Ein Antrag auf Aufhebung des Gewährschaftsgesetzes bei Viehveräußerungen abgelehnt.
5) Die Bezahlung der Jahresbeiträge von 1866 bis 1867 an den Verein für Gründung landwirthschaftlicher Versuchsstationen zum Beschluß erhoben.
6) Das Gesuch betreffend die Verloosung der Haffner'schen Baumplantage in Cadolzburg begutachtet.
7) Die Herausgabe eines landwirthschaftlichen Wochenblattes für Mittelfranken durch den I. Vereinssecretär auf dessen Rechnung und Gefahr gut geheißen und die Bezeichnung des Wochenblattes als „Organ des landwirthschaftlichen Kreis-Comités für Mittelfranken" genehmigt.

Bekanntmachung.

An die landwirthschaftlichen Bezirks-Comités.

(Den landwirthschaftlichen Fortbildungsunterricht betr.)

Im Nachgange veröffentlichen wir die uns von Seiten der k. Regierung von Mittelfranken, Kammer des Innern, mitgetheilte höchste Ministerial-Entschließung vom 25. v. Mts. Nr. 766 mit dem Ersuchen, die Gründung landwirthschaftlicher Fortbildungsschulen im Sinne der in der gedachten höchsten Entschließung enthaltenen Vorschläge eifrigst anzustreben, und zugleich selbst zur Verbreitung, Entwicklung und Förderung des Institutes in jeder nur thunlichen Weise mitzuwirken.

Zunächst dürfte sich deßhalb mit den k. Bezirksämtern und mit den k. Distriktsschulinspektionen ins Benehmen zu setzen sein und sehen wir einer seinerzeitigen gefälligen Mittheilung über die getroffenen Maßnahmen und erzielten Resultate entgegen.

Ansbach, den 28. Februar 1867.

Kreiscomité

des landwirthschaftlichen Vereins für Mittelfranken.

I. Vorstand.

v. Feder.

Classen.

Königreich Bayern.

Staatsministerium des Handels und der öffentlichen Arbeiten.

Das unterfertigte k. Staatsministerium ist — wie der k. Kreisregierung aus den bezüglichen Entschließungen vom 21. Januar 1861, 3. November 1864 und 11. März 1866 des Näheren bekannt — seit einer Reihe von Jahren bestrebt, anregend dahin zu wirken, daß von Seite der Organe des landwirthschaftlichen Vereines gesucht werde, durch die Gründung von Lesevereinen, sowie durch die Veranstaltung periodischer Versammlungen zum Behufe gegenseitiger Belehrung die Verbreitung landwirthschaftlicher Intelligenz zu fördern.

Den fortgesetzten Bemühungen des General-Comités, sowie der Kreis- und Bezirks-Comités des landwirthschaftlichen Vereines ist es auch in der That gelungen, recht erfreuliche Resultate hierin zu erzielen.

Dieselben haben theils aus eigenen Mitteln, theils mit Benützung der aus Centralfonds für Cultur gewährten Zuschüsse für die Anschaffung landwirthschaftlicher Belehrungsschriften, dann für besondere Honorirung, namentlich der Schullehrer, welche sich um das Gedeihen des Unternehmens hauptsächlich verdient gemacht haben, eifrige Sorge getragen, und die Anzahl dieser Lesevereine und Versammlungen hat sich allmälig auf mehrere Hunderte erhöht.

Inzwischen ist die Ueberzeugung auch in weiteren Kreisen immer mehr zur Geltung gelangt, daß die wesentlich gesteigerten Anforderungen an den landwirthschaftlichen Betrieb vor Allem bei der großen Masse der bäuerlichen Bevölkerung des Landes eine erhöhte Geistes- und Berufsbildung erheischen, wozu die in jüngster Zeit auch in Bayern eingetretene, sogenannte landwirthschaftliche Krisis den nächsten und dringendsten Anlaß darbietet.

Es ist klar, daß die bestehenden landwirthschaftlichen Unterrichtsanstalten (Ackerbauschulen, landwirthschaftliche Abtheilungen der Gewerbsschulen und landwirthschaftliche Centralschule) auch bei den anerkennenswerthesten Leistungen nicht in der Lage sind, die vorerwähnte Aufgabe lösen zu können, da dieselben theils für den höhern wissenschaftlich-technischen Unterricht bestimmt sind, theils viel zu wenig zahlreich und überdieß viel zu kostspielig sind, um eine erhebliche Vermehrung derselben erwarten zu dürfen.

Was insbesondere die für den Unterricht von Bauernsöhnen speziell bestimmten Ackerbauschulen betrifft, so hat die Erfahrung auch in Bayern gelehrt, daß der eigentliche Bauer im Allgemeinen wenig geneigt, der gering bemittelte aber zumeist auch gar nicht im Stande ist, seinen arbeitskräftigen Sohn im Alter von 17 bis 19 Jahren an eine entfernte Ackerbauschule zu senden, soferne dieß nicht durch die Gewährung eines Stipendiums allenfalls ermöglicht wird.

Man hat zwar neuerlich von Seite einzelner Bezirks-Comités des landwirthschaftlichen Vereines den an sich sehr verdienstlichen Versuch gemacht, den angedeuteten Schwierigkeiten durch die Errichtung landwirthschaftlicher, für einen kleineren Umkreis bemessener Winterschulen thunlichst zu begegnen.

Allein abgesehen davon, daß die in der Natur der Sache liegenden Schwierigkeiten auch hiedurch nicht gänzlich gehoben, sondern nur einigermaßen verringert werden können, möchte eine irgend namhafte Verbreitung solcher Schulen schon deshalb kaum zu erwarten sein, weil dieselben wegen Mangels genügender Dotationsmittel auf die — bei aller Opferwilligkeit — für die Dauer billig nicht zu verlangende, unentgeltliche Unterrichtsertheilung von Seite der Lehrer an bereits bestehenden Landwirthschafts- oder Gewerbsschulen der Hauptsache nach angewiesen sein werden.

Das hier in Rede stehende Bildungsbedürfniß für die Jugend der bäuerlichen Bevölkerung des Landes besteht auch unzweifelhaft nicht in einem eigentlichen Landwirthschafts-Unterrichte, zu dessen richtigem Verständnisse es vor Allem an der unerläßlichen Vorbildung gebrechen würde, sondern vielmehr in der Befestigung und angemessenen Erweiterung des Elementar-Unterrichtes, mit thunlicher Rücksichtnahme auf das künftige Berufsleben, sohin in applikativer Richtung.

Diese für die Hebung des bäuerlichen Wirthschaftsbetriebes ungemein wichtige Frage hat bereits seit längerer Zeit in landwirthschaftlichen Schriften und Versammlungen eine einläßliche Erörterung, wenn auch theilweise verschiedene Auffassung gefunden.

Als besonders beachtenswerth erscheinen hiebei die Verhandlungen der jüngsten Central-Jahresversammlung des landwirthschaftlichen Vereines (Dezemberheft der Vereins-Zeitschrift vom Jahre 1866 S. 561 ff.), weil hier bestimmt präcisirte Vorschläge in obigem Sinne gemacht und gebilligt wurden, welche durch Einfachheit und praktische Ausführbarkeit zu der Hoffnung berechtigen, daß sie im Lande Anklang finden und bei einmüthigem Zusammenwirken auch zum Ziele führen werden.

Es wurde hiebei anerkannt, daß die landwirthschaftlichen Fortbildungsschulen wesentlich auf demselben Grundgedanken beruhen sollen, wie die *gewerblichen* Fortbildungsschulen, deren Organisation in den §§. 28 bis 31 der Schulordnung für die technischen Lehranstalten vom 14. Mai 1864 (Regierungsblatt vom Jahre 1864, Nr. 26.) festgesetzt ist.

Gleichwie nämlich weder in den Gewerbsschulen, noch in den gewerblichen Fortbildungsschulen ein bestimmtes Gewerbe oder Handwerk erlernt, sondern nur dahin gestrebt werden könne, den Elementarunterricht fester zu begründen und zu erweitern, das Denkvermögen zu üben und zu schärfen und mit Beziehung auf den künftigen praktischen Beruf die wichtigsten *Grundlagen* der Fachkunde zu lehren, so müsse auch der Fortbildungsunterricht für künftige Landwirthe auf diese Aufgabe beschränkt bleiben.

Eine kurze Betrachtung des Bildungsganges der Jugend auf dem platten Lande möchte genügen, um die Richtigkeit dieser Annahme näher zu begründen.

Der *anhaltende*, systematische Unterricht in der Werktagsschule endet bekanntlich mit dem 13. oder 14. Lebensjahre, während die Sonn- und Feiertagsschule schon wegen der ihr äußerst kärglich zugemessenen und überdies stets unterbrochenen Unterrichtsdauer kaum im Stande ist, das in der Werktagsschule Erlernte in einem für das künftige Berufsleben ausreichenden Maße zu bewahren, noch viel weniger aber die schulpflichtige Jugend auf jene höhere Stufe des geordneten Denkens und Wissens zu heben, welche allein zu einem wahrhaft rationellen Wirthschaftsbetriebe, ja selbst nur zum Verständnisse seiner Nothwendigkeit und seines Nutzens befähigt.

Der Erreichung dieses letzterwähnten Zweckes durch weitere Ausdehnung der gesetzlichen Werktagsschulpflichtigkeit und überhaupt durch Zwangsvorschriften stehen bekanntlich die erheblichsten Schwierigkeiten und Bedenken entgegen.

Es kann sich demnach lediglich um die vorerst versuchsweise Einrichtung eines *freiwilligen* Unterrichts in den einzelnen mit einer Elementarschule bereits versehenen Landgemeinden handeln, dessen allmälige Verbreitung durch die Aufstellung gelungener Beispiele und durch die hieran sich knüpfende Ueberzeugung von der Nützlichkeit solcher Lehranstalten bedingt sein wird.

Die dermal in einer Gesammtzahl von 248 bestehenden, durch die jüngste Vereinsreform pecuniär mehr gekräftigten landwirthschaftlichen Bezirksvereine dürften in erster Reihe berufen sein, sich der unmittelbaren Anregung, Leitung und Unterstützung solcher Fortbildungsschulen zu unterziehen. Es wird sich hiebei, um dem Unternehmen einen praktischen Erfolg zu sichern, empfehlen, daß von den Bezirks-Comites des landwirthschaftlichen Vereines dahin getrachtet werde, *vorerst in je einer oder zwei* größeren für die Sache empfänglichen und mit einem tüchtigen Schullehrer versehenen Gemeinden ihres Bezirkes die Einleitung zur Gründung einer derartigen Schule zu treffen.

Das unterfertigte k. Staatsministerium hat aus den bis zum Schlusse der gegenwärtigen Finanzperiode noch verfügbaren Centralfonds für Cultur eine Summe von 4000 fl. vorerst bestimmt, um damit jenen Bezirksvereinen, welche sich durch eigene Leistungen um die Förderung des Unternehmens in hervorragender Weise verdient machen, soweit thunlich, Geldbeiträge hiefür zu gewähren; auch glaubt sich dasselbe der Hoffnung hingeben zu dürfen, daß sowohl die Distrikts- als Landräthe geneigt sein dürften, die weitere Verbreitung und namentlich die Errichtung von Fortbildungsschulen in minder bemittelten Gemeinden durch die Bewilligung von Zuschüssen seiner Zeit zu unterstützen.

Was die zunächst durch die Eigenthümlichkeit der örtlichen Verhältnisse bedingten Modalitäten des Vollzuges anlangt, so ist das unterfertigte k. Staatsministerium nicht gemeint, der satzungsgemäßen freien Bewegung und dem eigenen Ermessen der Organe des landwirthschaftlichen Vereins in maßgebender Weise hierin vorzugreifen.

Nachdem es jedoch im Interesse der Sache wünschenswerth erscheint, daß hiebei mit möglichster Berücksichtigung der wohlerwogenen Berathungs-Ergebnisse der jüngsten Centralversammlung des landwirthschaftlichen Vereines nach gleichmäßigen Prinzipien allenthalben vorangegangen werde, so will das unterfertigte k. Staatsministerium nicht unterlassen, im Einverständnisse mit dem k. Staatsministerium des Innern für Kirchen- und Schulangelegenheiten die Punkte nachfolgend zu bezeichnen, welche sich zur Beachtung besonders empfehlen dürften.

1. Der Unterricht der landwirthschaftlichen Fortbildungsschule schließt sich unmittelbar an die Werktagsschule an, er soll wo möglich die ganze Periode der Sonn- und Feiertagsschulpflichtigkeit umfassen und den Sonn- und Feiertagsunterricht ersetzen. Die Theilnahme am Fortbildungsunterrichte ist eine freiwillige, doch sollen die hieran Theilnehmenden gehalten sein, dem Unterrichte in allen Gegenständen desselben regelmäßig beizuwohnen.

2. Der Unterricht besteht in der nöthigen Wiederholung, tieferen Begründung und thunlichen Erweiterung der in der Werktagsschule gelehrten Gegenstände. Bei den Leseübungen soll ein angemessenes landwirthschaftliches Lesebuch zu Grunde gelegt und erläutert werden, während beim Schreiben und Rechnen vorzugsweise auf Vorkommnisse des landwirthschaftlichen Betriebes und Verkehres Bedacht zu nehmen und Anleitung zu regelmäßigen Aufschreibungen (einfache Buchführung) zu ertheilen wäre.

Je nach dem Befähigungsgrade des Lehrers und der Schüler dürfte auch ein leichtfaßlicher Unterricht in den für den Landwirth wichtigsten Grundsätzen der Naturlehre, dann in der Naturgeschichte, sowie in anderen nützlichen Gegenständen, als beispielsweise der vaterländischen Geschichte und Geographie, zulässig, und selbst zu empfehlen sein, soweit dies unbeschadet der erforderlichen Gründlichkeit in der Behandlung der erst- erstertwähnten Hauptfächer thunlich erscheinen wird.

3. Die nähere Bestimmung des Umfanges und der Dauer dieses Unterrichtes, sowie der Tageszeit seiner Ertheilung wird mit Rücksicht auf die besonderen örtlichen Verhältnisse jeweils zu bemessen sein, doch ist zu wünschen, daß derselbe mindestens während der Wintermonate an zwei bis drei Tagen einschließlich der Sonn- und Feiertage stattfinde.

Jedenfalls wird derselbe so einzurichten sein, daß er den Sonn- und Feiertags-Schulunterrich vollständig ersetzt und hiedurch zur Dispensation von dem letzteren berechtigt, worüber gemäß § 2 der Allerhöchsten Verordnung vom 31. Dezember 1864 (Regierungsblatt vom Jahre 1865 S. 5 ff.) die betreffende Schulbehörde jeweils zu entscheiden haben wird.

4. Die Theilnehmer an dem Fortbildungsunterrichte bleiben während der Dauer ihrer Sonn- und Feiertagsschulpflichtigkeit, gemäß §§ 9 und 10 der vorerwähnten Allerhöchsten Verordnung, den für die betreffende Jugend geltenden allgemeinen Vorschriften unterworfen und haben namentlich an dem Religionsunterrichte (der Christenlehre) mit den übrigen Sonn- und Feiertagsschülern theilzunehmen.

5. Die Aufstellung eigener Lehrer für die Fortbildungsschulen wird theils wegen Mangels an hiefür geeigenschafteten Persönlichkeiten, theils und hauptsächlich aber wegen der sehr beträchtlichen, für den landwirthschaftlichen Verein wie für die betheiligten Landgemeinden gleich unerschwinglichen Kosten im Allgemeinen für unthunlich erachtet werden müssen.

Dagegen dürfte anzunehmen sein, daß der bei weitem größere Theil der Schullehrer nicht nur hinreichend qualifizirt, sondern auch in der Lage und bereit sein werde, die Ertheilung dieses Unterrichtes in dienstfreier Zeit, gegen ein angemessenes Honorar zu übernehmen, was selbstverständlich dem freien Uebereinkommen der Betheiligten anheimgegeben bleiben muß.

In dieser, sowie in der weitern Voraussetzung daß durch die Ertheilung des Fortbildungsunterrichtes die eigentlichen Dienstesobligenheiten der Schullehrer nicht beeinträchtigt werden, besteht gegen die Uebertragung des fraglichen Unterrichtes an dieselben von Seite des kgl. Staatsministeriums des Innern für Kirchen und Schulangelegenheiten keine Erinnerung.

6. Die Kosten der Fortbildungsschule dürften sich hienach auf die Beschaffung des allenfalls zu 50 bis 100 fl. des Jahres anzuschlagenden Honorars für den Schullehrer, sodann auf die Reinigung und, im Falle der Unterricht an Winterabenden stattfinden sollte, auf die nöthige Beheizung und Beleuchtung des Lokales, der Hauptsache nach, beschränken.

7. Die Aufbringung dieser verhältnißmäßig geringen Kosten wird zunächst, und abgesehen von den Zuschüssen, welche von den Organen des landwirthschaftlichen Vereines oder aus öffentlichen Fonds allenfalls gewährt zu werden vermögen, selbstverständlich Denjenigen obliegen, welche die Errichtung einer Fortbildungsschule im eigenen Interesse beantragen und für ihre Angehörigen benützen, in welcher Hinsicht sich die Entrichtung eines mäßigen Schulgeldes empfehlen möchte.

Nachdem es übrigens zur festeren und dauernderen Begründung dieser Anstalt wesentlich beitragen wird, wenn die betreffende Landgemeinde, als solche, der Errichtung der Fortbildungsschule sich selbst unterzieht und mindestens durch die Gewährung von Geld- und Naturalbeiträgen, sowie durch Bezahlung des etwa eingeführten Schulgeldes für die Söhne unbemittelter Landwirthe das Zustandekommen der Schule erleichtert und ihr Gedeihen fördert, so werden die Bezirks-Comités des landwirthschaftlichen Vereines nicht unterlassen, in geeignetem Benehmen mit den betreffenden Gemeinden, vor Allem hierauf angelegentlich hinzuwirken, während andererseits mit Zuversicht erwartet werden darf, daß die k. Bezirksämter die bezüglichen Bestrebungen der Vereinsorgane in jeder zulässigen Weise bereitwilligst unterstützen werden.

8. Wenn endlich auch, wie bereits erwähnt, die Anregung zur Gründung dieser landwirthschaftlichen Fortbildungsschulen, ihre Förderung und Unterstützung, sowie deren Leitung, namentlich in der landwirthschaftlich-applikativen Richtung des Unterrichts, den Bezirks-Comités des landwirthschaftlichen Vereines anheim zu geben sein wird, so bedürfen diese Anstalten doch unzweifelhaft auch einer ständigen unmittelbaren Aufsicht und Leitung an Ort und Stelle, welche den Organen des landwirthschaftlichen Vereins nicht zugemuthet werden kann.

Diese letztere vermag zweckgemäß nur von dem betreffenden k. Schulinspektor ausgeübt zu werden.

An der vollsten Bereitwilligkeit dieser Schulvorstände hiezu dürfte aber um so minder zu zweifeln sein, als die hochwichtige Aufgabe der fraglichen Schulen darin bestehen wird, nicht nur die landwirthschaftliche Intelligenz der bäuerlichen Bevölkerung zu heben, sondern vor Allem auch die Bestrebungen der Kirche durch Verbreitung eines zeitgemäß erhöhten, wohlbemessenen Unterrichts, als des wirksamsten Mittels zur Begründung wahrer Bildung und besserer Gesittung der ländlichen Jugend zu unterstützen.

(rc. rc.)

München, den 25. Januar 1867.

Auf Seiner kgl. Majestät Allerhöchsten Befehl.

von Schlör.

Durch den Minister
der General-Sekretär
von Cetto.

An die kgl. Regierungen,
Kammern des Innern.

(Den landwirthschaftlichen Fortbildungs-Unterricht betr.)

Regeln beim Ankauf von Dampf-Dresch-Maschinen.

Aus den Besprechungen über die Vorzüge, welche die Dampf-Dresch-Maschinen auszeichnen, sowie über Vorsichtsmaßregeln beim Ankaufe derselben, lasen wir erst kürzlich in mehreren Zeitschriften sehr interessante Mittheilungen, welche verdienen, den Landwirthen hier im Auszug zur näheren Kenntniß gebracht zu werden, um beim Ankauf von Maschinen ihr Auge darauf richten zu können.

Vor allem ist es nicht Grundsatz, daß die ältesten englischen Fabriken es sind, welche gegenwärtig das Vorzüglichste liefern, weil selbe seit vielen Jahren den meisten Absatz erzielten; obschon ihnen der Dank gebührt, zur Verbreitung von Maschinen für die Landwirthschaft Großes geleistet zu haben, so ist doch anerkannt, daß seit einem Jahrzehen auch andere Firmen Englands sich durch Verbesserung und beständiges Fortschreiten hervorgethan, und dazu beigetragen, daß fragliche Maschinen durch Einfachheit und Billigkeit den Landwirthen erst recht deren Anwendung ermöglichen.

Bei Dresch-Maschinen, welche Ansprüche auf wirkliche Verbesserung der Neuzeit machen wollen, ist folgendes zu beachten:

1 Um das verderbliche Verstauben der Locomobile möglichst zu verhindern, muß die Dresch-Maschine Stroh und Spreu auf der der Locomobile fern liegenden Seite abliefern, wodurch auch die Feuersgefahr wesentlich vermindert ist.

2. Die Ablieferung des Getreides hat an der Rückseite der Dreschmaschinen zu geschehen, was den Vortheil bietet, daß beim Dreschen im Freien der Fruchtwagen unmittelbar an den Getreide-Schober gefahren werden kann, auf der andern Seite der Transport des Strohes ohne Verunreinigung der geputzten Frucht, mit Ersparung von Arbeitern stattfindet.

3. Das Auftragen des Getreides geschieht durch Becher-Elevatoren nicht durch mit Centrifugal-Kraft wirkende Wurf-Elevatoren, welche viel Kraftaufwand verlangen.

4. Alle arbeitenden Bestandtheile wie z. B. Elevatoren, Sortirsiebe ꝛc., müssen möglichst der Art angebracht sein, daß selbe beim Transport nicht Schaden leiden, im Innern der Maschine liegen, oder der Maschine eine unnütz breite Form geben.

5. Zur Verhütung von Unglücksfällen liegt über dem Dresch-Cylinder eine Blechdecke.

6. Die Strohschüttler sollen unter vier verschiedenen Winkeln arbeiten, durch gleichartigen Gang sich auszeichnen, keine stoßende Bewegung machen.

7. Die Dreschmaschinen müssen geeignet sein, ohne Auswechslung der Trommel alle Gattungen von Hülsenfrüchten zu dreschen, die Trommelachse muß von Stahl, die Schüttlerachse von best geschweißtem Schroteisen sein, daß auch überall bestes Material verwendet, versteht sich von selbst und muß die Fabrik hiefür Garantie leisten.

8. Die Maschine muß ferner mit einem sogenannten Entgranner versehen sein, der den Zweck erfüllt, dem Getreide ein schönes Ansehen zu geben, ohne die Körner zu beschädigen. Der Sortir-Cylinder in der länglichen Form, was die Rückseite der Maschine mehr erlaubt als an der Seite, muß von Stahldraht, braucht aber nicht verstellbar zu sein, weil die Handhabung schwierig und einer bessern Sortirung nicht dienlich, obschon solche theurer.

9. Die Radspuren müssen bei den Vorder- wie Hinterrädern gleich weit sein, weil ungleiche Spurweite den Transport erschwert, und solche Maschinen beim Dreschen unruhig stehen, was eine schnellere Abnützung zur Folge hat.

10. Die Käufer müssen mit Instruktions-Büchern versehen sein, wodurch auch die Controle später erleichtert wird.

11. Die Fabrik muß einen kundigen Maschinisten zur Inganzsetzung der Maschinen, so wie zum Einlernen des künftigen Personals auf 14 Tage gegen üblichen Monteur-Lohn aufstellen.

12. Der Fabrikant oder dessen Agentur hat sich zu verpflichten, alle Reparaturen nach Anzeige der Käufer möglichst bald vorzunehmen, und die durch eigenes Verschulden schadhaften Theile billig und gut herzustellen.

Dieß sind die wesentlichsten Punkte, welche für Dampf-Dreschmaschinen und überhaupt zum Abschluß von Verträgen bei deren Anschaffung zu berücksichtigen. Wir werden nächstens einige Andeutungen über die Construktion von Locomobilen folgen lassen, und halten uns dabei erfahrungsgemäß, ohne persönlichen Einfluß nur an das Object.

Kurze Mittheilungen.

Pariser Weltausstellung. Durch das Generalkomité des landwirthschaftlichen Vereins sind bei der Ausstellung aus Mittelfranken vertreten:

1) die Stadtgemeinde Baiersdorf mit Meerrettig;
2) Pfahler, Franz Xaver, Bierbrauer und Oekonom in Spalt, mit Hopfen;

3) Clauß, Gebrüder, Fabrik und Großhandlung in Nürnberg mit Düngerfabrikaten;
4) Pfahler, Johann Ludwig, Kaufmann in Spalt mit Hopfen;
5) Neustadt a/A., landw. Bezirkskomité mit Hopfen;
6) Schäfer, Daniel, Kaufmann in Nürnberg, mit land- und forstwirthschaftlichen Sämereien.
7) Großreuth, Gemeinde, k. B.-A. Nürnberg, mit Handelspflanzen aller Art.
8) Andreä, Ferdinand, Oekonom in Heidenheim mit landw. Sämereien;
9) Zeller, Gg. Leonh., Landwirth in Windsheim mit Hopfen.
10) Triesdorf, kgl. Kreisackerbauschule mit landw. Produkten verschiedener Art;
11. Aktiendampfmühle der Bäcker und Melber in Ansbach mit Mehlprodukten.

Vorbezeichnete Produkte sind bereits nach Paris abgegangen. Ferner wird

12) das landw. Kreiscomité aus 50 mittelfränkischen Schäfereien eine Wollsammlung zur Ausstellung bringen, welche Direktor Dürig, Mitglied des landw. Kreiscomité dem Commissär des landw. Generalkomité in Paris direkt übergeben wird. Hr. Dürig besucht nämlich im Auftrag des landwirthschaftlichen Kreiskomité die Ausstellung, welche Nachricht denjenigen mittelfränkischen Landwirthen, welche zu demselben Zwecke einen Anschluß wünschen, willkommen sein dürfte.

Ansbacher Pferde- und Rindviehmarkt, Pferde- und Bullenprämirung, Pferde- rc. Verloosung am 25. und 26. Februar.

a) Pferdemarkt.

	Eingeführt:	Verkauft:	Umsatzsumme:
1867	697	409	67090 fl.
1866	--	407	65419 fl.

b) Rindviehmarkt.

	Eingeführt:	Verkauft:	Umsatzsumme:
1867	630	502	73114 fl.
1866	696	440	64236 fl.

c. Pferdeprämiirung.

1) 1. Preis: Karl Fränkel aus München für 2 Rappen (Wagenpferde) 100 fl.;
2) 2. Preis: Herz Fränkel aus München für 1 schwarzbraunes Reitpferd 100 fl.;
3) 3. Preis: Pferdehdlr. Löbstein aus Jebenhausen bei Cannstadt für 2 schwere Zugpferde 75 fl.;
4) 4. Preis: Hellmeier aus Buxheim bei Ingolstadt für einen hellbraunen Hengst 25 fl.;
5) 5. Preis: Dorn aus Großhaslach für einen dunkelbraunen Hengst 25 fl.;
6) 6. Preis: Frhr. v. Falkenhausen zu Wald für eine Schimmelstute 25 fl.;
7) 7. Preis: Obermeier aus Gemünden bei Tegernsee für eine braune Stute 25 fl.

Zur Pferdeprämirung bewilligte der Stadtmagistrat einen namhaften Zuschuß.

d) Bullenprämiirung.

Vorgeführt wurden 20 Stück des Ansbach-Triesdorfer Schlages,

Hievon erhielten Prämien:

1) Oberseider, Gastwirth in Wicklesgreuth für einen 1jährigen Bullen 15 fl.
2) Leidel, Oekonom von Kolmberg für einen 1½jährigen Bullen 12 fl.
3) Fischer, Bierbrauer in Lehrberg für einen 2jährigen Bullen 10 fl.
4) Methsieder, Hirt in Grub für einen 1½jährigen Bullen 8 fl.
5) Kreßel, Hirt in Dornberg für einen 1½jährigen Bullen 5 fl.
6) Fenn, Hirt in Flachslanden für einen 1¼jährigen Bullen 4 fl.

Die Bullenprämirung erfolgte aus Mitteln der landwirthschaftlichen Bezirkskomité Ansbach und Heilsbronn.

e. Pferdeverloosung:

Der Loosabsatz brachte eine Einnahme von 27000 fl.; hievon wurden 600 Gewinnste, bestehend in 55 Pferden, ferner in verschiedenen Fahr- und Reitrequisiten, angekauft. Der erste Gewinnst bestehend in einem prachtvollen Wagen mit 2 hellbraunen Pferden von Fränkel, vollständig bespannt und ausgerüstet, fiel einem Consortium aus Kloster Heilsbronn zu.

Anzeigen.

Schrannenzettel.

Schranne.	Datum	Waizen		Kern		Korn		Gerste		Haber	
		Mittelpreise									
		fl	kr	fl	kr	fl	kr	fl	kr	fl	kr
	Febr.										
Ansbach	23.	23	16	—	—	17	12	—	—	7	50
Augsburg		—	—	—	—	—	—	—	—	—	—
Bamberg	13.	23	48	—	—	18	18	15	26	5	48
Beilngries	21.	21	18	—	—	16	42	14	43	6	45
Dinkelsbühl	20.	24	37	—	—	19	8	16	28	6	57
Eichstätt	—	—	—	—	—	—	—	—	—	—	—
Erlangen	—	—	—	—	—	—	—	—	—	—	—
Gunzenhausen	21.	22	41	—	—	18	12	16	15	7	37
Kempten	13.	—		—		19	10	16	42	8	37
Landshut	—	—	—	—		—	—	—	—	—	—
Lindau	16.	26	27	—	—	—	—	—	—	8	12
München	23.	—		23	17	16	34	16	21	7	13
Neuburg a/D.	—	—	—	—	—	—	—	—	—	—	—
Nördlingen	23	20	42	23	55	19	22	16	6	7	45
Nürnberg	16.	22	6	—	—	16	27	16	10	8	21
Regensburg	—	—	—	—	—	—	—	—	—	—	—
Rothenburg a/T.	14.	23	54	22	37	18	30	—	—	—	—
Schwabach	—	—	—	—	—	—	—	—	—	—	—
Schweinfurt	—	—	—	—	—	—	—	—	—	—	—
Weißenburg	23.	22	—	—	—	17	30	15	38	7	44

Verantwortlicher Redakteur C. Glaßen. Druck von C. Brügel und Sohn in Ansbach.

Zur vollständigen Ausgleichung des Ausfalles vom Monat Januar folgt eine weitere Doppelnummer.

Landwirthschafliches Wochenblatt

Erscheint
jede Woche einen halben Bogen stark und kann durch alle Poststellen bezogen werden.

Preis
für's ganze Jahr sammt Postaufschlag 1 fl. Inserate werden die gespaltene Petitzeile oder deren Raum auf 4 kr berechnet.

für Mittelfranken.

(Früher landwirthschaftliche Mittheilungen.)

Organ des landwirthschaftlichen Kreis-Comité für Mittelfranken.

Nr. 7 u. 8. (Doppelnummer.) Ansbach, Februar u. März 1867. I. Jahrgang.

Wir erneuern hiermit die Einladung zum Abonnement. Bestellungen übernehmen alle Postboten. Die Redaktion.

An die landwirthschaftlichen Bezirks-Comité in Mittelfranken.

(Die Rinderpest betr.)

Die vorige Nummer des landwirthschaftlichen Wochenblattes hat eine kurze Uebersicht über den Stand der Rinderpest in Holland im Monat Januar, entnommen aus den Annalen der preußischen Landwirthschaft, gebracht. Jene Zahlen beweisen gewiß hinlänglich, welche empfindlichen Verluste uns mit der Einschleppung dieser Krankheit bevorstünden. Nach der letzten im Jahre 1863 vorgenommenen Zählung beträgt der Gesammtrindviehstand Mittelfrankens 305,398 Stücke; nimmt man per Stück nur einen Durchschnittspreis von 50 fl. an, so entziffert sich ein Kapitalwerth von 15,269,900 fl., welcher vollständig gefährdet erscheint. Daß aber bei dem regen Verkehr, in welchem namentlich Mittelfranken durch seine Eisenbahnverbindungen ꝛc., durch seinen bedeutenden Viehexport und Waarenverkehr mit dem Auslande steht, eine Einschleppung der Pest sehr leicht möglich ist, — sei es durch die vielen fremden Händler, welche heute am Rhein, morgen an der Donau ihre Ankäufe machen und fast regelmäßig unsere bedeutendsten Märkte in Ansbach, Scheinfeld, Ellingen und Nürnberg besuchen, sei es durch das Verpackungsmaterial von Waarenversendungen aller Art, — kann nach der Art und Weise, wie höchst wahrscheinlich die Pest in Rheinpreußen eingeschleppt wurde, wohl nicht mehr bezweifelt werden. Dort erkrankte nämlich nach einer Mittheilung der Agron. Zeitung am 11. Dezember v. Js. auf dem Frankenhofe im Kreise Cleve, preußische Rheinprovinz, eine Kuh unter den Erscheinungen der Rinderpest. Sämmtliches Rindvieh des angesteckten Stalles, 16 Stücke, wurden sofort auf Anordnung der Polizeibehörde getödtet und verscharrt, der Hof aber mit einem Militärposten von 24 Mann umschlossen, um jeden Verkehr der Bewohner mit der Außenwelt auf die Dauer von 14 Tagen unmöglich zu machen. Nachforschungen über die Art der Einschleppung haben ergeben, daß der Hofbesitzer aus einer verpesteten Gegend Hollands Obstbäume bezogen hatte, deren Wurzeln mit Stroh umwickelt waren, das man nach wie vor als Einstreu verwendete.

Inzwischen wurden seitens der preußischen Grenzbehörden die weitern ernstlichsten Maßregeln gegen die Einschleppung ergriffen und die ganze Grenze gegen Holland in den Regierungsbezirken Aachen, Düsseldorf und Münster durch einen engen Militärcordon gedeckt. Jeder Peststall ist dem militärischen Commandanten anzuzeigen, damit zunächst die Sperrung des betreffenden Stalles, und wenn erforderlich, des ganzen Ortes, angeordnet werden kann. Trotz aller dieser Vorkehrungen kam schon am 28. Dezbr. ein neuer Ausbruch der Pest im Stalle eines Viehhändlers im Kreise Rees vor. Hier vermuthete man Einschleppung durch Kleider.

Man sieht aus diesen kurzen Mittheilungen, welche große Vorsicht zur Verhütung der Einschleppung der Rinderpest nöthig ist.

Die k. Staatsregierung hat durch die allerhöchste Verordnung vom 6. Dezember 1866 (conf. Kreisamtsblatt Nr. 114 Jahrg. 1866) alle wünschenswerthen Vorkehrungen getroffen, welche nach den bisherigen Erfahrungen geboten erscheinen, um dem Einbruch der Pest wirksam entgegen zu treten. Die Betheiligten dürfen aber deßhalb die Hände nicht sorglos in den Schoß legen, vielmehr erscheint es dringend angezeigt, beständig auf der Hut zu sein und namentlich aus denjenigen Provinzen Oesterreichs, in welchen die Rinderpest ausgebrochen ist, weder Vieh noch Rohstoffe, durch welche der Ansteckungsstoff sich so leicht verbreitet, zu beziehen, Verpackungsmaterial aber, welches aus jenen Gegenden kommt, sofort durch Verbrennen unschädlich zu machen. Ebenso dringend empfiehlt sich die gründliche Verbesserung der Stallungen, fleißige Lüftung und vermehrte Sorgfalt in Wart und Pflege der Thiere und erachten wir es als eine besondere dringliche Pflicht der Vereinsorgane auf dem Wege der Belehrung und unter Hinweisung auf die bestehende allerhöchste Verordnung die Betheiligten mit der Art und Größe der Gefahr bekannt zu machen und sie zur pünktlichen Beobachtung aller Sicherheitsmaßregeln zu veranlassen.

Ansbach, den 25. Februar 1867.

Kreiscomité
des landwirthschaftlichen Vereins für Mittelfranken.
I. Vorstand.
v. Feder. Classen.

Vorschlag zu Düngungsversuchen mit Phosphaten.

Im vorigen Jahre veröffentlichte das Direktorium des Vereins für Gründung agrikulturchemischer Versuchsstationen in München einen Vorschlag zu Düngungsversuchen mit Phosphaten, welchen wir nachfolgend der Oeffentlichkeit wiederholt mit dem Wunsche übergeben, es möchten die Versuche, welche pro 1866 in Mittelfranken auf 14 theils Staats- theils Privatgütern vorschriftsmäßig vorgenommen, und deren Ergebnisse in unserer ersten Nummer veröffentlicht wurden, auch im Jahre 1867 eine recht zahlreiche Nachahmung finden. In Betreff der Wiederholung solcher Versuche sagt Dr. Volhard im Januarheft der Zeitschrift des landwirthschaftlichen Vereins in Bayern, Jahrgang 1867: „Die Versuchsergebnisse Eines Jahres sind so abhängig von äußeren Einflüssen, daß aus ihnen Schlüsse zu ziehen, kaum möglich ist. Ganz anders gestalten sich derartige Versuche, wenn sie durch eine Reihe von Jahren auf ähnlichem Boden in der gleichen Gegend wiederholt werden; ihre Resultate werden dadurch von den äußeren Einflüssen gleichsam unabhängig gemacht, und aus der Zusammenstellung der Ergebnisse gleicher Versuche aus einer Reihe von Jahren erhält man einen normalen Durchschnitt, der sichere Schlüsse zu ziehen erlaubt."

Der Wortlaut des Vorschlages ist folgender:

Die im Handel vorkommenden sogenannten künstlichen Düngmittel sind und werden niemals Ersatzmittel für Stallmist. Da die Mineralbestandtheile des Futters fast vollständig in den Excrementen der Thiere, im Mist, wieder ausgeschieden werden, enthält der Mist alle die mineralischen Stoffe, deren die Pflanzen zu ihrem Wachsthum bedürfen; in den käuflichen Düngmitteln dagegen finden sich immer nur einzelne jener Mineralstoffe, nie Alle. So enthalten die Phosphorite, Apatite, der Baker Guano nur Phosphorsäure und Kalk, im Knochenmehl und Peru Guano ist Phosphorsäure, Kalk und Stickstoff, in den Staßfurter Kalisalzen finden sich Kali, Magnesia, Salzsäure, Schwefelsäure, im Gyps Kalk und Schwefelsäure u. s. w. Wohl ließen sich durch Mischung jener käuflichen Düngmittel solche Dünger zusammensetzen, welche alle mineralischen Pflanzen-Nährstoffe enthalten. Ja da man auf diese Weise die wirksamen Bestandtheile von etwa 20 Centner Mist in einem Centner zu geben vermag, kann es in manchen Fällen vortheilhaft sein, solche Mischungen statt des Stallmistes anzuwenden, so z. B. auf einem vom Hof sehr weit entfernten Grundstück, nach dem der Stallmist wegen seines großen Wassergehaltes zu theuer zu transportiren ist; allgemeine Anwendung aber werden die käuflichen Düngmittel nur als Beidünger finden.

Durch jede Ernte wird einem Feld ein Theil der in ihm vorhandenen mineralischen Pflanzennährstoffe entzogen. Auf jedem Gut wird ein Theil der Ernte verfüttert, ein anderer Theil verkauft. Die im verfütterten Theil enthaltenen Mineralbestandtheile kehren mit Ausnahme des kleinen Theils der zur Erzeugung von Fleisch, Knochen u. s. w. verwendet wird, wieder auf die Felder zurück als Mist.

Was von Mineralstoffen aber in dem verkauften Theil enthalten ist, wird dem Boden entzogen und dieser Theil muß dem Boden wieder ersetzt werden, um seine Fruchtbarkeit zu erhalten. Der Boden muß davon mehr, viel mehr bekommen, als man ihm nimmt, wenn nach langer Bewirthschaftung ohne jenen Ersatz die Fruchtbarkeit der Felder gesteigert werden soll.

Alle jene Mineralstoffe, die man, weil sie beim Verbrennen der Pflanzen als Asche zurückbleiben, auch unverbrennliche oder Aschenbestandtheile nennt, sind für das Wachsthum der Pflanzen unumgänglich nothwendig. Fehlt davon einer, so können alle anderen, sei deren noch so große Menge vorhanden, auf das Wachsthum der Pflanzen nicht einwirken.

Wie erkennt man nun, welche Stoffe dem Boden fehlen?

Die chemische Analyse des Bodens allein gibt hierüber keinen genügenden Aufschluß aus verschiedenen Ursachen, die wir demnächst im Centralblatt des landwirthschaftlichen Vereins näher besprechen werden. Bis jetzt ist immer noch der einfachste Weg, um zu ermitteln, was dem Boden fehlt, der Versuch mit verschiedenen Düngmitteln.

Wenn ich ein Feld in zwei gleiche Theile abtheile und dünge den einen Theil mit Knochenmehl, den andern nicht, und der gedüngte Theil gibt mir eine höhere Ernte als der ungedüngte, so weiß ich bestimmt: diesem Feld fehlt Phosphorsäure.

In neun und neunzig von hundert Fällen wird aber durch Düngung mit Phosphorsäure in der einen oder andern Form der Ertrag der Felder gesteigert.

Dieß erklärt sich sehr natürlich. Der Theil der landwirthschaftlichen Erzeugnisse, welcher zum Verkauf kommt, besteht, namentlich bei uns, weitaus zum größten Theil aus Getreide, nächstdem in Thieren. Die Asche der Getreidekörner besteht aber zur Hälfte ihres Gewichts aus Phosphorsäure, von den Mineralbestandtheilen des thierischen Körpers macht die Phosphorsäure den dritten Theil aus. Es ist deshalb vorauszusehen, daß bei den meisten bayerischen Feldern die Düngung mit Phosphaten den günstigen Einfluß auf Steigerung der Erträge, den sie anderwärts gezeigt hat, auch nicht verfehlen wird.

Die meisten Landwirthe haben von der günstigen Wirkung des Guanos, des Knochenmehles, des Super-Phosphats gehört, warum wenden sie diese Dünger so wenig an, warum gehen noch immer $^9/_{10}$ aller in unserm Land abfallenden Knochen außer Landes? Man scheut die Kosten, man fürchtet, die Ernten werden die erhöhten Ausgaben nicht wieder einbringen. Man wird auch da, wo einmal ein Versuch mit künstlichem Dünger gemacht wurde, vielleicht in der Erwartung getäuscht worden sein, sei es, daß der Versuch fehlerhaft angestellt wurde, daß die Witterung ungünstig d. h. zu trocken oder daß man schlechtes Material verwendet oder auch auf ein wirklich an Phosphorsäure nicht erschöpftes Feld gerieth. Superphosphat, Guano, Knochenmehl, selbst das feinste, verfehlen ihre Wirkung, wenn sie in einem sehr trockenen Jahr nur leicht eingeeggt wurden. Von grobem Knochenmehl kann man nicht erwarten, daß es sich in einem Jahr bezahlt mache, denn die groben Knochenstückchen brauchen viele Jahre bis zur völligen Lösung. Auf den Feldern eines Landwirths, der eine große Brauerei oder Brennerei betreibt, jährlich Hunderte von Schäffeln Gerste oder Kartoffeln zukauft, versiedet, seine Tröber verfüttert und den Mist auf seine Felder bringt, auf diesen Feldern wird in der Regel kein Mangel an Phosphorsäure sein, dann können Phosphate nicht wirken.

Häufig auch beurtheilt der Landwirth den Ertragsunterschied zwischen zwei Feldern nur nach dem Aussehen der Pflanzen; es ist aber gerade durch Düngungsversuche mit Phosphaten nachgewiesen, daß man sich bei solcher Schätzung um mehr als die Hälfte irren kann. Nach einer Düngung mit sehr stickstoffreichem Dünger zeigen die Pflanzen namentlich in der Jugend üppigeres Wachsthum, dichteren Bestand, saftigeres Grün als bei Düngung mit Phosphaten ohne Stickstoff; demungeachtet liefert die letztere Düngung in der Regel reichere und bessere Ernten. Beurtheilt man nun die Wirkung der Düngmittel nur nach dem Aussehen der Felder, so wird man fast nimmer die Phosphate gegenüber den stickstoffreichen Düngern unterschätzen.

Versuche, die wirklichen Aufschluß über die Wirkung verschiedener Düngmittel geben sollen, müssen schlechterdings durch mehrere Jahre fortgesetzt und die Ernten müssen gewogen werden.

Nur so läßt sich mit Sicherheit beurtheilen, welche Stoffe dem Boden zugeführt werden müssen und auch die zweite Hauptfrage beantworten, nämlich die Frage: Ist die Anwendung der künstlichen Dünger von wirthschaftlichem Vortheil? bewirken diese Dünger eine solche Steigerung der Ernten, daß die Mehrkosten der Bestellung durch den Mehrertrag gedeckt und nicht allein gedeckt, sondern übertroffen werden? Wird der Mehrertrag so groß sein, daß namentlich jetzt bei den niederen Getreidepreisen die Mehrausgabe für den käuflichen Dünger von Vortheil ist?

Das gesonderte Ernten und Wiegen macht derartige Versuche etwas schwierig in der Ausführung; diese Vermehrung der Arbeit zu der Zeit, wo die Feld-Arbeit am dringendsten und stärksten, ist eine mißliche Sache. Der größere Gutsbesitzer kann jedoch diese Mißstände leicht umgehen, dadurch, daß er die Versuche im Großen anstellt, für den kleineren Landwirth sind die Uebelstände auch bei Versuchen im Kleinen nicht unüberwindlich.

Deßhalb hoffen wir, daß eine Anzahl von Landwirthen, im Hinblicke auf die große Wichtigkeit, welche die Anwendung jener käuflichen Dünger hat, auf das Verdienst, welches sie sich dadurch erwerben, daß sie der landwirthschaftlichen Bevölkerung die bedeutenden Wirkungen jener Stoffe vor Augen führen und so deren Anwendung einbürgern werden, sich zur Anstellung der nachfolgend vorgeschlagenen Düngungsversuche entschließen wird.

Ein ausgetragenes Stück Feld, das durchweg gleichartiger Bodenbeschaffenheit ist, wird in vier gleichgroße Abtheilungen getheilt Nr. I., II., III. und IV.

Nr. I. erhält eine volle Mistdüngung, auf's Tagwerk 300 Ctr.

Nr. II. ebensoviel Mist, außerdem 6 Ctr. feinstes Knochenmehl auf's Tagwerk.

Nr. III. ebensoviel Mist, außerdem 6 Ctr. Superphosphat auf's Tagwerk.

Nr. IV. wird ohne Mist mit 12 Ctr. Knochenmehl auf's Tagwerk gedüngt.

Dabei ist zu bemerken:

Es kommt nicht darauf an, daß die Mistdüngung genau 300 Centner für's Tagwerk betrage, und muß jedes der drei Stücke gleichviel von dem gleichem Mist bekommen.

Knochenmehl und Superphosphat sind nach Ausbreiten des Mistes auf diesen zu streuen und mit dem Mist unterzupflügen. Das ohne Mist verwendete Knochenmehl soll ebenfalls untergepflügt werden.

Das so bereitete Feld werde vier Jahre lang in folgender Fruchtfolge bestellt:

1tes Jahr Hackfrucht und zwar Runkelrüben oder Kartoffel,

2tes Jahr Sommerfrucht (Gerste oder Hafer) mit Klee,

3tes Jahr Klee,

4tes Jahr Winterfrucht.

Die Ernten jedes Stückes müssen gesondert eingethan und gewogen werden.

Zur Ausführung dieser Versuche laden wir nicht allein die Vereinsmitglieder ein, sondern alle ausübenden Landwirthe und die landwirthschaftlichen Anstalten des Staates. Auch durch die Versuchsstation München werden dieselben Versuche ausgeführt werden.

Damit von ausübenden Landwirthen eine möglichst große Zahl sich bei Anstellung jener Versuche betheilige, setzt der Verein für landwirthschaftliche Versuchsstationen in Bayern für die sorgfältigsten Ausführungen der Versuche und die genauesten Berichte darüber die nachstehend verzeichneten Preise aus:

Erster Preis . 150 fl.
Zweiter " . 100 fl.
Dritter " . 80 fl.
Vierter " . 60 fl.
Fünfter " . 50 fl.
Sechster " . 40 fl.

Die Bedingungen für Erlangung eines dieser Preise sind:

Die oben beschriebenenen Versuche müssen auf mindestens 1 Tagwerk bayerisch Gesammtfläche für die vier Abtheilungen im laufenden Jahre 1866 begonnen und durch die folgenden drei Jahre 1867, 68, 69 fortgesetzt werden. Von dem Beginne des Versuchs ist dem nächsten landwirthschaftlichen Bezirkscomite längstens bis 1. Mai 1866 Anzeige zu machen. Alljährlich ist ein Bericht an das nächste Bezirkscomite einzusenden, welcher wenigstens über die in dem beigegebenen Formular bezeichneten Fragen Auskunft ertheilen muß.

Knochenmehl und Superphosphat, welche vorher chemisch untersucht wurden, können von der Versuchsstation München zum Preis von 4 fl. 30 kr. für den Zoll-Centner feinstes Knochenmehl, und 5 fl. 30 kr. für den Zoll-Centner Superphosphat ab München bezogen werden. Andernfalls ist von den verwendeten käuflichen Düngern eine Probe an die Versuchsstation München einzusenden. Das Knochenmehl soll gedämpft und vollkommen staubfein sein; es muß 23—25% Phosphorsäure u. 3—4% Stickstoff enthalten. Superphosphat soll 18—20% lösliche Phosphorsäure und nicht über ½% Stickstoff enthalten.

Anmeldungen zu Düngerversuchen und den Bezug der erforderlichen Phosphate vermitteln die landwirthschaftlichen Bezirks-Comite.

Die Redaktion.

Der landwirthschaftliche Kreditverein für Mittelfranken.

Wir glauben dem größten Theil unserer Leser zu dienen, wenn wir ihnen im Nachgange den Rechenschaftsbericht des landwirthschaftlichen Credit-Vereins für Mittelfranken geben, wie derselbe in der jüngsten I. ordentlichen Generalversammlung dieses Vereines erstattet wurde.

Rechenschaftsbericht der Verwaltung des landwirthschaftlichen Credit-Vereins für Mittelfranken pro 1865/66.

Zur I. ordentlichen Generalversammlung, gehalten den 25. Februar 1867 zu Ansbach.

Die Verwaltung des landwirthschaftlichen Creditvereines für Mittelfranken ist in der erfreulichen Lage, den heute versammelten Mitgliedern einen Rechenschaftsbericht geben zu können, welcher die Erwartungen, die bezüglich der Entwickelung des Vereines gehegt wurden, nicht nur nicht getäuscht, sondern vielmehr übertroffen hat.

Das glänzendste Zeugniß seiner Lebensfähigkeit hat sich der Verein schon dadurch gegeben, daß er selbst die Katastrophe der Kriegszeit glücklich überstanden, ja nicht einmal in seiner Weiterentwicklung aufgehalten werden konnte, wofür die nachgehends angeführten Zahlen den besten Beweis liefern.

Dem Beschlusse der Generalversammlung zu Eßlingen gemäß, wurde das Geschäft des Vereines mit dem 1. Oktober 1865 eröffnet, und die damals gezeichneten Stammantheil-Capitalien, welche das Betriebsvermögen des Vereines bilden sollten, beliefen sich auf 14000 fl.

Bei dieser verhältnißmäßig geringen Summe fehlte es trotzdem nicht an dem Vertrauen zur Existenzfähigkeit des Vereines, um so mehr, als die hohe Staatsregierung Ihrerseits werkthätig demselben unter die Arme gegriffen hatte, und zwar durch einen unrefundierlichen Zuschuß zu den Verwaltungskosten.

Die Theilnahme und das Interesse an dem Vereine wuchs zusehends, so daß das bis letzten Dezember 1866 eingezahlte Stamm-Capital der Mitglieder bereits die Summe von fl. 46,987 47 kr. betrug, welche sich auf 496 Personen repartirten. Nachdem der numerische Mitgliederstand bei Eröffnung des Vereinsgeschäftes 171 — entzifferte und ultimo Dezember 1866 496 war, so hat sich derselbe im Laufe des Jahres um 287 vermehrt. Da in den drei Monaten, in welche die Kriegsperiode fiel, der Mitgliederzugang selbstverständlich ganz aufgehört hatte, so sind seit 1. Oktober 1865 nur 12 Monate für die Geschäftsthätigkeit des Vereins zu rechnen, und treffen deßdaß per Monat im Durchschnitte 23—24 zugegangene Mitglieder.

Von den in Summa eingezahlten 46,967 fl. 47 kr. Stammantheil treffen 38,203 fl. 18 kr. auf Gesammt-Einlagen und 3058 fl. 34 kr. auf Monats-Einlagen, und sind 5705 fl. 55 kr. Stammantheile an 38 ausgetretene Mitglieder hinausbezahlt worden.

Solchermassen stellt sich der wirkliche Mitgliederstand ult. Dezember 1866 auf 458 Personen, welche mit 41,261 fl. 52 kr. betheiligt sind, so daß auf ein Mitglied im Durchschnitt fl. 90. treffen.

An fremden Geldern hat der Verein zum Geschäftsbetrieb nur fl. 4275. im Laufe des Jahres aufgenommen, wovon bereits wieder fl. 1950. zurückbezahlt wurden.

Im Verhältnisse zu dem Betriebsvermögen des Vereines, wurde auf den Vorschuß-Conto ein bedeutender Umsatz bewerkstelligt, nachdem im Ganzen fl. 72,127 kr. 51 Darlehen ausgegeben wurden, so daß ein durchschnittliches Darlehen fl. 900 betrug, da die Zahl der Beliehenen 80 Personen nachweist. Von den ausgeliehenen Vorschüssen sind 35,230 fl. 4 kr. wieder zurückgeflossen, so daß die Vorschußausstände am 31. Dezember 1866 noch fl. 36,897 kr. 47. betrugen. Der größte auf einmal ausgegebene Vorschuß betrug: fl. 5385 kr. 37, der kleinste fl. 18.

An Agenturen wurden im Ganzen 27 bestellt.

Wenn gleich die Verwaltungskosten im ersten Jahre selbstverständlich nicht unbedeutend waren, so wurde es durch den von der k. Staatsregierung erhaltenen Zuschuß, und den gemachten Geschäftsgewinn möglich, die in den Statuten garantirten 4% Zinsen aus Stammantheilen zu decken, und außerdem eine Vermögensersübrigung von fl. 216. 37½ kr. zu erzielen.

Diese erfreuliche Entwicklung, welche der landwirthschaftliche Credit-Verein Mittelfrankens schon im ersten Betriebsjahre, trotz der mannigfachen Hindernisse, die ihm im Wege standen, genommen, ist ein deutlicher Beweis dafür, daß die Landwirthe unseres Kreises den Werth und das Bedürfniß solchen Instituts vollkommen erkannt haben, und gleichzeitig die Verwaltung dieses Vereines das Vertrauen gerechtfertigt hat, mit welchem ihr die ersten Theilnehmer entgegengekommen sind.

Mit vollem Recht können wir deßhalb die verehrlichen Landwirthe unseres Kreises auffordern, durch fernere zahlreiche Betheiligung an dem landwirthschaftlichen Credit-Verein sowohl ihre eigenen, als die Interessen der gesammten Landwirthschaft zu fördern.

Kurze Mittheilungen.

Stand der Rinderpest in Holland.

In der Woche.	sind	in der Provinz: Süd-Holland.	Nord-Holland.	Utrecht.	Geldern.	Nord-Brabant.	Zusammen.
vom 20. bis 26. Januar	angesteckt	1881	288	826	153	3	3251
	an der Krankheit gestorb.	599	7	742	5	1	1354
	getödtet	26	274	—	698	2	1000
	hergestellt	183	7	254	—	—	444
	noch krank	1174	—	—	—	—	1174

(Annalen der preußischen Landwirthschaft.)

Preußen. In der letzten Zeit ist ein Gegenstand der besonderen Sorge der königlichen Staatsregierung und des Königs die den westlichen Grenzbezirken des Landes durch die Einschleppung der Rinderpest widerfahrene Heimsuchung gewesen und hat Se. Majestät sich täglich darüber Bericht erstatten lassen. Um der Weiterverbreitung dieser Seuche auf alle Weise vorzubeugen, haben die Minister des Handels und der landwirthschaftlichen Angelegenheiten die Directionen sämmtlicher königlichen Eisenbahnen veranlaßt, die Viehwagen, namentlich diejenigen, in welchen Hornvieh transportirt worden, nach jedem Gebrauch derselben sofort einem Desinfectionsverfahren zu unterwerfen und namentlich dafür Sorge zu tragen, daß hierbei solche Mittel angewendet werden, deren Erfolg durch die Erfahrung schon bewährt ist. Zugleich sind die betreffenden Eisenbahndirectionen aufgefordert worden, den beiden Ministerien binnen drei Monaten über die Ausführung und die Wirkung der Maßregel zu berichten.

Frankreich. Der Minister für Landwirthschaft ꝛc. hat, anläßlich der im Regierungsbezirke Düsseldorf aufgetretenen Rinderpest, die Einfuhr von Rindvieh, Schafen und Ziegen, so wie der von diesen Thieren herrührenden Stoffe und frischen Theile aus der Rheinprovinz und Rheinbayern nach Frankreich verboten. Die diesseitigen Regierungen zu Aachen und Düsseldorf haben ihrerseits für die preußisch-belgische und holländische Grenze strenge Einfuhrverbote für eine große Zahl von Gegenständen, erlassen und verordnet, daß innerhalb des dreimeiligen Umkreises eines jeden von der Seuche inficirten Ortes alle Hunde und Katzen, und in den inficirten Orten selbst auch das Federvieh und die Tauben eingesperrt zu halten sind.

Belgien. In der Sitzung der Kammer der Repräsentanten wurde der Minister des Innern wegen der Viehseuche in Hasselt interpellirt. Seine Antwort ist beruhigend, und die Data, welche er angab, sind mäßiger als die, welche die Zeitungen brachten. Es sind seit dem 28. Januar, wo das Uebel ausbrach, nur 421 Stück Vieh abgeschlachtet worden, von welchen 323 bloß vorsichtshalber, so daß diese letztern der Consumtion übergeben werden konnten.

Süddeutsche Ackerbaugesellschaft. Die nunmehr gerade vor einem Jahr in Frankfurt a. M. gegründete „Süddeutsche Ackerbaugesellschaft" zählt jetzt 255 Mitglieder, darunter die namhaftesten Vereine Süd- und Mitteldeutschlands. Durch die jüngst vergangenen Ereignisse mußte der Beginn der Thätigkeit dieser Gesellschaft bis vor wenigen Wochen verschoben werden. In der jüngsten Sitzung des Directoriums wurde wiederholt Frankfurt a. M. als Sitz der Gesellschaft bezeichnet. Herr Kappel der interimistische Gesellschaftssekretär, legte wegen Geschäftsüberhäufung seine Stelle nieder, und statt seiner wurde Herr Casselmann ernannt. Das Directorium der süddeutschen Ackerbaugesellschaft besteht jetzt aus dem Prinzen Nicolaus von Nassau, Reichsrath von Niethammer in München, Graf Solms-Laubach in Laubach, Erbgraf O. v. Rechberg auf Donzdorf, Frhr. v. Gemmingen auf Dammhof und Hrn. Hauck aus Frankfurt.

Pferdemarkt u. Verloosung. Das Mannheimer Mai Pferdemarkt-Comité hat hinsichtlich der Verloosung sich dahin geeinigt: daß statt drei Hauptpreisen dieses Jahr fünf gewonnen werden sollen, deren Werth gegen voriges Jahr trotz der Vermehrung, noch erhöht wird. Den ersten Gewinn bildet ein eleganter Landauer mit zwei schönen Pferden und dazu gehörigen feinen Geschirren im Werthe von 3500 fl.; den zweiten eine Berline oder Clarence mit zwei Pferden und Geschirr, Werth 2500 fl., den dritten ein Coupé mit Pferd und Geschirr, Werth 1800 fl., den vierten und fünften je ein feines Reitpferd mit vollständigem Sattel- und Zaumzeug, Werth 1400 fl. und 1200 fl. Nach diesen Hauptpreisen kommen noch 35 Wagen-, Reit- und Arbeitspferde, 7 Gefährte als Chaisen, Bernerwägelchen und Bauernwagen, 188 Gewinnste von Sätteln, Geschirren und Decken etc. und 210 diverse Gegenstände nicht unter 14 fl. durchschnittlichem Werth zur Verloosung.

(Agronomische Zeitung.)

(Bis jetzt wird kaum ein Zehntel unserer Erde wirklich bebaut) und dieses Zehntel so unvollkommen, daß mit Ausnahme weniger Gebiete kaum ein Viertel gezogen wird, was gezogen werden könnte. Auf dem Morgen des jetzt ackerbaufähigen Landes baut man: in Preußen 3 Ctr., in Bayern 3—2 Ctr., in Oesterreich 3—2 Ctr., in Frankreich 4 Ctr., in Württemberg 4—2 Ctr., in Sachsen 5 Ctr., in England 9 Ctr., Getreide, in Deutschland im Durchschnitt etwa 4 Ctr., in Japan mehr wie 12 Ctr. Deutschland könnte also allein bei einem Betrieb, wie er in Japan mit vollständiger Gartenkultur ist, 3mal so viel produziren wie jetzt, es könnte also 3mal so viel Menschen ernähren.

(Leute, die ihr Schäflein im Trockenen haben.) Aus den allerwärts veröffentlichten Listen über Privateinkommen, dürften die folgenden Angaben von Interesse sein. Der reichste Mann in der Union ist Alexander J. Stewart, Kaufmann in Newyork, der sein Einkommen für 1865 auf 4,071,256 Dollars angibt; an Einkommensteuer zahlt derselbe 407,000 D.; Moses Taylor gibt sein Einkommen auf 339,412 D. an, W. P. Dodge aus Newyork auf 212,808 D., Paran Stevens, der bekannte Hotelbesitzer 176,383 D., Senator E. D. Morgan, aus Newyork 154,400 D., J. Gordon Bennet, der Besitzer des New-York Herald 158,848 D., R. Bonner, Besitzer des New-York Ledger, 155,305 D., der Schauspieler Edwin Booth (Bruder von Wilkes Booth) 21,050 D. &c.

(Frauendorfer Blätter.)

Anzeigen.

Schrannenzettel.

Schranne.	Datum	Waizen		Kern		Korn		Gerste		Haber	
		Mittelpreise									
		fl	kr	fl	kr	fl	kr	fl	kr	fl	kr
	Febr.										
Ansbach	—	—	—	—	—	—	—	—	—	—	—
Augsburg	22.	22	50	24	28	17	45	15	58	7	23
Bamberg	20.	23	35	—	—	17	50	—	—	5	57
Beilngries	—	—	—	—	—	—	—	—	—	—	—
Dinkelsbühl	—	—	—	—	—	—	—	—	—	—	—
Eichstätt	23.	22	36	—	—	18	30	14	24	8	7
Erlangen	23.	23	53	—	—	17	23	—	—	8	5
Gunzenhausen	—	—	—	—	—	—	—	—	—	—	—
Kempten	21.	—	—	25	14	19	14	17	43	8	41
Landshut	22.	19	27	—	—	15	39	15	30	7	25
Lindau	23.	23	28	23	59	19	10	—	—	8	12
München	23.	23	17	—	—	16	34	16	21	7	13
Neuburg a/D.	20.	19	53	—	—	18	3	14	11	7	50
Nördlingen	23	20	42	23	55	19	22	16	6	7	45
Nürnberg	23.	22	22	—	—	16	52	16	35	8	20
Regensburg	—	—	—	—	—	—	—	—	—	—	—
Rothenburg a/T.	23.	23	14	22	52	18	27	—	—	—	—
Schwabach	—	—	—	—	—	—	—	—	—	—	—
Schweinfurt	27.	23	31	—	—	18	30	15	29	8	14
Weissenburg	23.	22	—	—	—	17	39	15	38	7	44

Verantwortlicher Redakteur C. Glaßen. Druck von C. Brügel und Sohn in Ansbach.

Landwirthschafliches Wochenblatt

Erscheint jede Woche einen halben Bogen stark und kann durch alle Poststellen bezogen werden.

Preis für's ganze Jahr sammt Postaufschlag 1 fl. Inserate werden die gespaltene Petitzeile oder deren Raum auf 4 kr berechnet.

für Mittelfranken.

(Früher landwirthschaftliche Mittheilungen.)

Organ des landwirthschaftlichen Kreis-Comité für Mittelfranken.

Nr. 9 u. 10. (Doppelnummer.) Ansbach, März 1867. I. Jahrgang.

Bekanntmachung.

An die landwirthschaftlichen Bezirks-Comités.

(Die Erbauung von Vicinal-Eisenbahnen betr.)

Im Nachgange veröffentlichen wir eine Bekanntmachung des landwirthschaftlichen General-Comité, betreffend die Erbauung von Vicinal-Eisenbahnen, mit dem Ersuchen, diesem wichtigen Gegenstand, der bei dem landwirthschaftlichen Publikum bereits eine rege Theilnahme gefunden hat, die möglichste Aufmerksamkeit zu schenken und zu dessen Besprechung gemeinschaftliche Versammlungen anzuberaumen. Insoferne sich nämlich der Kreis Mittelfranken schon eines ziemlich entwickelten Eisenbahnnetzes erfreut, das die fernere Gliederung in Vicinalbahnen sehr wohl zuläßt und woran fast die meisten Bezirke Theil nehmen können, halten wir es für angezeigt, daß die vorliegende Frage, welche von Seite des hohen General-Comités in dankenswerther Weise angeregt wurde, durch vereinigte Versammlungen derjenigen Bezirke berathen werde, welche bei einer und derselben Vicinalbahn betheiligt erscheinen.

Zur näheren Erläuterung unserer Anschauung nehmen wir das bisherige mittelfränkische Eisenbahnnetz zur Hand.

Wir besitzen:

1. Die von München über Augsburg nach Nürnberg und Bamberg führende Staatsbahn;

2. die von München über Ingolstadt, Eichstätt nach Gunzenhausen im Bau begriffene und von da über Ansbach nach Würzburg führende Staatsbahn;

3. die von Nürnberg über Neustadt nach Würzburg führende Staatsbahn;

4. wurde schon bei dem vorigen Landtage die Erbauung einer Staatsbahn von Crailsheim über Ansbach nach Nürnberg in Aussicht gestellt; in dieser Richtung scheint also die Vorsicht für Erbauung einer Vicinalbahn vorerst auch nicht geboten, vielmehr nehmen wir an, daß dieselbe als nothwendige Ergänzung des Staatsbahnnetzes baldigst zur Ausführung gelange, und knüpfen daher unsere speziellen Vorschläge auch an diese projectirte Staatsbahn an.

☞ Wir erneuern hiermit die Einladung zum Abonnement. Bestellungen übernehmen alle Postboten. Die Redaktion.

Mit Rücksicht auf diese 4 Staatsbahnen empfehlen sich folgende Vicinalbahnen:

1. Eine von Wassertrüdingen durch den Wörnitzgrund über Dinkelsbühl und Feuchtwangen führende Verbindungsbahn mit der in Aussicht gestellten Linie Crailsheim-Ansbach-Nürnberg.

2. Fortsetzung dieser Bahn mit Ueberschreitung der unbedeutenden Wasserscheide zwischen Wörnitz und Tauber über Rothenburg nach Steinach zum Anschluß in die München-Ansbach-Würburger Hauptbahn.

3. Verbindungsbahn der Bahnhöfe Steinach und Neustadt, via Windsheim.

4. Fortsetzung dieser Bahn entlang dem Aischgrund bis nach Hirschaid zum Anschluß an die München-Nürnberg-Bamberger Hauptbahn.

5. Zweigbahn durch den Zenngrund mit dem Anschluß in Burgfarnbach an die Nürnberg-Würzburger Hauptbahn.

6. Zweigbahn vom Bahnhof Ansbach ausgehend durch den Rezatgrund zum Anschluß an die München-Nürnberger Hauptbahn in Georgensgmünd, via Windsbach u. Spalt.

7. Fortsetzung dieser Bahn über Thalmässing, Greding, Kinding nach Beilngries, zum Anschluß an eine in der Oberpfalz zu erbauende Zweigbahn durch das untere Altmühlthal über Kehlheim nach Regensburg.

8) Zweigbahn von Eichstätt durch den Altmühlgrund zum Anschluß an die vorige Bahn bei Kinding; endlich empfiehlt sich noch

9. von Nürnberg ausgehend, eine Vicinalbahn über Altdorf, Neumarkt und Berching nach Beilngries,

10. von Hersbruck oder Happurg an der Ostbahn ausgehend eine Zweigbahn durch den oberen Pegnitzgrund.

In keiner der angedeuteten Richtungen wird vorerst die Erbauung einer Staatsbahn zu erwarten stehen; als Vicinalbahnen im Sinne der nun folgenden Bekanntmachung hohen General-Comitos, haben jedoch sämmtliche vorgeschlagene Linien gewiß Bedeutung genug, und sehen wir daher von Seiten der landwirthschaftlichen Bezirks-Comité einer baldthunlichsten gemeinsamen Berathung dieses wichtigen Gegenstandes und gefälliger Mittheilung des Ergebnisses entgegen.

Ansbach, den 11. März 1867.

Kreiscomité

des landwirthschaftlichen Vereins für Mittelfranken.

I. Vorstand.

v. Feder.

Classen.

* * *

An die Kreis-Comités des landwirthschaftlichen Vereins für Bayern.

Der Kalender des landwirthschaftlichen Vereins für 1867 enthält auf Seite 96 einen Aufsatz über die Anlage von Vicinal-Eisenbahnen, in welchem die Erbauung derartiger Bahnen empfohlen wird. — Die jüngst abgehaltene Centralversammlung hat an die dort niedergelegten Anschauungen angebunden und den Gegenstand wiederholt besprochen. Das Ergebniß dieser Besprechungen läßt sich in folgenden Sätzen zusammenfassen:

1) Die Eisenbahnen sind ein wesentliches Mittel zur Entwicklung von Industrie und Landwirthschaft. Städte und Bezirke, welche keine Eisenbahnen besitzen, bleiben andern gegenüber zurück. Ein Zurückbleiben ist aber bei dem allgemeinen Fortschreiten der Uebrigen ein Rückschritt.

2) Die Erweiterung des bayerischen Eisenbahnnetzes ist im Interesse des Staatsganzen höchst wünschenswerth.

3) Die großen Eisenbahnlinien müssen, wenn sie zweckmäßig sein sollen, die wichtigsten Verkehrspunkte in möglichst gerader Richtung verbinden. Sie können von der ihr vorgezeichneten geraden Richtung — untergeordneten Verkehrspunkten zu lieb — nicht abweichen.

4) Es besteht an und für sich geringe Aussicht, daß den abseits von einer Hauptbahn gelegenen Städten, oder Distrikten eine Zweigbahn von Staatswegen gebaut werde. So lange aber die großen Linien noch nicht vollendet sind — und deren Vollendung wird immerhin noch einige Zeit dauern — ist die Herstellung von Zweigbahnen auf Staatskosten allein kaum wahrscheinlich.

5) Es ist aber hinwieder dringend geboten, daß derartige Städte und Distrikte durch Zweigbahnen mit der Hauptbahn verbunden werden.

6) Die Herstellung einer Zweigbahn auf — Kosten der betreffenden Stadt und Bezirke allein — übersteigt deren Kräfte; auch wäre der Betrieb einer solchen Zweigbahn durch einzelne Bezirke kaum zweckmäßig.

7) Es erscheint im allgemeinen Interesse gelegen, daß jenen Städten und Bezirken, welche abseits einer Hauptbahn liegen, zur Herstellung der Zweigbahnen von Staatswegen fördernd entgegengekommen werde.

8) Die Förderung, welche der Staat der Erbauung von Zweigbahnen zuwendet, dürfte darin bestehen, daß von Staatswegen für Herstellung und Betrieb solcher Zweigbahnen Sorge getragen wird, wenn Bezirke und Städte die Kosten der Grunderwerbung und Dammschüttung vorerst auf sich nehmen.

9) Gegenüber jenen Bezirken und Städten, welche den erforderlichen Grund und Boden unentgeldlich zur Verfügung stellen, und ebenso den Bahnkörper unentgeltlich ausschütten, wäre es gerechtfertigt, wenn die Staatsregierung die Verpflichtung zum Ausbaue und zum Betriebe der Bahn übernähme, sei es, indem sie direkt es selbst thut, sei es indirekt dadurch, daß sie es durch jene Eisenbahngesellschaft übernehmen läßt, in deren Bezirk die Bahn gelegen ist.

10) Bezirke und Städte, welche eine Zweigbahn wünschen, haben zu deren Herstellung demnach eine Leistung zu übernehmen, wie sie beiläufig mit der Erbauung einer ganz neuen Straße verbunden ist.

Soweit gehen die in der Centralversammlung vertretenen Ansichten. Es ist nun unsere Aufgabe Umschau zu halten, in wieferne diese Ansichten auch von den praktischen Landwirthen getheilt werden und wie weit sich namentlich die Ueberzeugung Bahn bricht, es sei für jene Distrikte und Städte, welche in der nächsten Zeit auf die Erbauung einer Eisenbahn von Staatswegen allein nicht rechnen können, besser, mit einem mäßigen eigenen Aufwande schon jetzt eine Bahn zu erlangen, als Jahrzehnte lang auf die Staatshilfe vergebens zu warten.

Es handelt sich namentlich darum, zu erfahren, ob Distrikte und Städte aus eigenen Mitteln beiläufig jene Kosten aufbringen wollten, welche mit der Neuanlage einer guten Straße verbunden sind, wenn sie dann mit Sicherheit auf die baldige Eröffnung einer Eisenbahn rechnen könnten.

Wir haben uns vielfach überzeugt, daß, bevor irgend etwas Namhaftes ausgeführt werden kann, das Bedürfniß hiefür festgestellt werden muß, daß aber auch, wenn dieses Bedürfniß einmal feststeht, auf die Ausführung eines Unternehmens stets mit Sicherheit gerechnet werden kann.

Wir ersuchen nun, überall da, wo eine Hauptbahn, in welche Vicinal-Eisenbahnen einmünden können, entweder bereits besteht oder in nächster Zukunft eröffnet wird, die Frage über Anlage von Vicinal-Eisenbahnen nach allen Seiten erörtern zu lassen und das Ergebniß dieser Erörterung uns mitzutheilen. Namentlich wolle dies da geschehen, wo in Folge der Eröffnung einer Hauptbahn die einmündenden Straßen dem gesteigerten Verkehre nicht mehr gewachsen sind und eines Umbaues bedürfen.

Wir werden alle Bedenken, welche gegen den Vorschlag auf Anlage von Zweigbahnen erhoben werden, in der Zeitschrift des landwirthschaftlichen Vereins erörtern, unsererseits nichts versäumen, um in dieser Angelegenheit vorwärts zu kommen und namentlich dem k. Ministerium des Handels von jedem Wunsche nach Errichtung einer Zweigbahn, welcher mit einer entsprechenden Gegenleistung des betreffenden Distriktes verbunden ist, sofort Kenntniß geben. Besonders angenehm wäre es uns, wenn die Frage wegen Erbauung von Zweigbahnen in größeren Versammlungen, an welchen sich Mitglieder des Distriktsrathes betheiligen, besprochen werden wollte, nachdem die Distriktsräthe in Geldangelegenheiten des betreffenden Bezirks das maßgebende Wort sprechen.

Bekanntmachung.

An die landwirthschaftlichen Bezirks-Comites.

(Vermittlung von Sämereien betr.)

Wir erneuern hiemit unser früheres Anerbieten vom 26. Dezember v. J. auf Vermittlung von Sämereien jeder Art, namentlich von Russischem und

Holländer Saatlein, Grassamen, Kleesamen, Kartoffeln.

Ansbach, den 9. März 1867.

Kreiskomite
des landwirthschaftlichen Vereins für Mittelfranken.
I. Vorstand.
v. Feder.

Classen.

Bekanntmachung.

Das unterzeichnete Bezirkscomité beraumt hiemit auf

Sonntag, den 24. ds. Mts., Nachmittags 3 Uhr, nicht nur für seine Vereinsmitglieder, sondern für alle strebsamen Landwirthe und Freunde der Landwirthschaft von nah und fern eine Versammlung zu Leutershausen in der Braun'schen Wirthschaft an.

In dieser Versammlung wird zunächst die auf der letzten Versammlung in Lehrberg bereits begonnene Berathung und Besprechung über die Frage fortgesetzt werden:

Welche Bodenbeschaffenheit die einzelnen Ackergewächse vorzugsweise erfordern und welches die beste Fruchtfolge für dieselben ist;

dann soll auch noch die weitere Frage zur Sprache gebracht werden:

wie die landwirthschaftlichen Wohn- und Oekonomiegebäude bei hiezu gegebenem Baufalle am zweckmäßigsten angelegt und eingerichtet werden.

Zur recht zahlreichen Theilnahme an der ausgeschriebenen Versammlung wird hiemit eingeladen.

Ansbach, den 7. März 1867.

Das landwirthschaftliche Bezirks-Comite
Ansbach-Leutershausen.
Faber.

Die landwirthschaftliche Winterschule in Ansbach.

Am Samstag den 2. März d. Js. fand im Lokale der k. Gewerbschule, Vormittags von 9—12 Uhr und Nachmittags von 2—4 Uhr, die öffentliche Prüfung der Theilnehmer an der landwirthschaftlichen Winterschule statt. Anwesend waren, als k. Prüfungskommissär: Herr Adam Müller, Generalsekretär des landwirthschaftlichen Vereins in München, k. Regierungsrath Herr Meinel, Landwirthschaftsreferent, k. Regierungsrath Herr Frhr. v. Crailsheim, Schulreferent, die Vorstände der landwirthschaftlichen Winterschule, k. Regierungsrath Herr Faber und k. Rektor Herr Strebel, ferner die Väter der Schüler und mehrere auswärtige Lehrer und Freunde der Landwirthschaft.

Folgende Jünglinge nahmen an der Winterschule und an der öffentlichen Prüfung Theil:

1) Adler, Joh. Christian, 16 Jahre alt, Sohn des Oekonomen Adler in Hennenbach, B.-A. Ansbach;
2) Arnold, Johann Conrad, 16 Jahre alt, Sohn des Oekonomen Arnold von Dettmannsdorf, B.-A. Ansbach;
3) Bischoff, Joh. Christ., 16¼ Jahr alt, Sohn des Oekonomen Bischoff von Eib, B.-A. Ansbach;
4) Bischoff, Georg Michael, 14 Jahr alt, Sohn des Oekonomen Bischoff von Eib, B.-A. Ansbach;
5) Kernstock, Joh. Georg, 15½ Jahr alt, Sohn des Gemeindevorsteher und Oekonomen Kernstock von Alberndorf, B.-A. Ansbach;
6) Kirschbaum, Johann Konrad, 22¾ Jahr alt, Sohn des Oekonomen und Mühlenbesitzers Kirschbaum von Warzfelden, B.-A. Ansbach;
7) Klee, Joh. Friedr., 16 Jahre alt, Sohn des Gemeindevorstehers und Oekonomen Klee von Rügland, B.-A. Ansbach;
8) Lippert, Georg Michael, 18 Jahre alt, Sohn des Gemeindevorsteher und Oekonomen von Oberamstadt, B.-A. Ansbach;
9) Löblein, Valentin, 15¾ Jahr alt, Sohn des Oekonomen Löblein von Gickenheim, B.-A. Uffenheim;
10) Schrenk, Joh. Friedr., 17 Jahre alt, Sohn des Oekonomen und Mühlenbesitzers Schrenk von der Aumühle, B.-A. Ansbach;
11) Birnbaum, Georg Adam, 16 Jahr alt, Sohn des Oekonomen und Gemeindebevollmächtigten in Daubersbach, B.-A. Ansbach;
12) Küfner, Karl, 18 Jahr alt, Sohn des Oekonomen und Ziegeleibesitzers Küfner in Weiltingen, B.-A. Dinkelsbühl;

13) Stiegler, Joh. Georg, 15½ Jahr alt, Sohn des Oekonomen Stiegler in Fröschendorf, B.-A. Uffenheim;

14) Wiesinger, Joh. 17 Jahr alt, Sohn des Oekonomen Wiesinger in Haslabrunn B.-A. Ansbach.

Zur Vervollständigung unseres Berichtes lassen wir zunächst die Statuten und den Lehrplan für die Winterschule folgen:

Statuten
für die
landwirthschaftliche Winterschule in Ansbach.

A. Zweck der Schule.

§. 1. Zweck der Schule ist, die Söhne der Landwirthe aus dem landwirthschaftlichen Bezirke Ansbach-Leutershausen und den angrenzenden Bezirken:

a. anreihend an ihre bereits erlangten landwirthschaftlichen praktischen Kenntnisse auf möglichst populäre Weise in der Landwirthschaftslehre und ihren Hilfsfächern zu unterrichten und als Grundlage denselben

b. in den Elementar-Kenntnissen eine weitere Ausbildung zu ertheilen, um so dem landwirthschaftlichen Fortschritte Eingang zu verschaffen.

B. Aufnahmsbedingung.

§. 2. Aufnahmsfähig sind die Söhne von Landwirthen, welche

a. einen unbescholtenen Ruf haben und

b. aus der Sonntagsschule entlassen sind.

C. Lehrplan.

§. 3. Die landwirthschaftliche Winterschule dauert von Mitte November bis Ende Februar und umfaßt der Unterricht die in dem unten gesondert abgedruckten Lehrplane verzeichneten Gegenstände.

D. Lehrgang und Unterrichtszeit.

§. 4. Der Unterricht wird in gemeinfaßlicher Weise ertheilt.

§. 5. Veranschaulicht wird derselbe durch Zeichnungen, Modelle, Sammlungen von Pflanzen, mittelfränkischen Erd- und Steinarten, Scelette, chemische und physikalische Experimente.

§. 6. Wirklicher Unterricht wird in den Wochentagen von Vormittags 8—11 Uhr und Nachmittags von 2—5 Uhr ertheilt. Die übrige verfügbare Zeit ist für Repetitionen bestimmt.

E. Prüfung und Zeugnisse.

§. 7. Am Schlusse der Winterschule findet eine öffentliche Prüfung statt. Dabei werden den Schülern über die erlangten Kenntnisse und das gepflogene Betragen Zeugnisse ertheilt.

F. Mittel der Winterschule und Bestreitung der Kosten.

§. 8. Die erforderlichen Mittel zur Bestreitung der Kosten bilden sich

a. aus dem Zuschuß, welchen das landwirthschaftliche Kreiskomite alljährlich aus Centralfonds für das landwirthschaftliche Fortbildungswesen erhält;

b. aus dem Zuschuß des landwirthschaftlichen Kreiskomite's;

c. aus dem Zuschuß der betheiligten landwirthschaftlichen Bezirks-Comité's;

d. aus etwaigen freiwilligen Beiträgen.

§. 9. Der Unterricht ist für jeden Schüler unentgeldlich.

§. 10. Für Verpflegung, Kost und Logis, sowie für Schreibmaterialien und sonstige Bedürfnisse, haben die Schüler selbst zu sorgen.

G. Organisation der Winterschule.

§. 11. Die Winterschule steht unter der Oberleitung des jeweiligen Vorstandes des landwirthschaftlichen Bezirkskomité Ansbach-Leutershausen und des jeweiligen Rektors der kgl. Gewerbeschule.

Lehrplan
für die
landwirthschaftliche Winterschule in Ansbach.

I.

Rechnen in wöchentlich 5 Stunden,

Lehrer: Heuner, Oberlehrer,

II.

Uebung in schriftlichen Aufsätzen, wöchentlich 4 Stunden,

Lehrer: Marschall, Reallehrer an der Gewerbeschule.

III.

Landwirthschaftliche Naturkunde,

a. Landwirthschaftliche Chemie und Naturgeschichte, wöchentlich in 3 Stunden,

Lehrer: Reichelt, Lehrer der Naturwissenschaften an der Gewerbschule;

b. Landwirthschaftliche Naturlehre, wöchentlich 2 Stunden,

Lehrer: Jübt, Lehrer der Mathematik an der Gewerbschule.

IV.

Allgemeiner und spezieller Pflanzenbau sowie landwirthschaftlicher Haushalt, ferner Geräthekunde, wöchentlich 5 Stunden,

Lehrer: Dürig, Direktor des landwirthschaftlichen Kreditvereins.

V.

Obstbaumzucht, wöchentlich 2 Stunden,

Lehrer: Seitz, k. Hofgärtner.

VI.

Mittelfränkische Bodenkunde, Ent- und Bewässerung, wöchentlich 5 Stunden,

Lehrer: Classen, k. Kreis-Cultur-Ingenieur und I. Sekretär des landwirthschaftlichen Kreis-Comité.

VII.

Thierzucht und thierärztliche Nothhilfe, wöchentlich 4 Stunden,

Lehrer: Ott, Bezirksthierarzt.

Die nöthigen Repetitionen übernehmen:

Schultheiß, Kassier und II. Sekretär des landwirthschaftlichen Kreis-Comité, sowie Kamberger, Culturtechniker, und Friedrich, Culturtechniker.

Die Prüfung selbst betreffend, so wurde dieselbe mit Berücksichtigung einer entsprechenden Zeiteintheilung mündlich wie folgt abgehalten:

Von 9 bis 9½ Uhr Vormittags prüfte Bezirksthierarzt Ott über den Zweck der Thierzucht im Allgemeinen, über die Erfordernisse der Zuchtthiere, Paarung, Tragzeit, Geburt und Aufzucht. Bezüglich der speziellen Pferdezucht über die verschiedenen Racen und Schläge, sowie über die bayerische Gestütseinrichtung.

Von 9½—10 Uhr behandelte Direktor Dürig die Lehre von dem Wirthschaftsbetrieb, von der Bodenbearbeitung und von den hauptsächlichsten Ackergeräthen.

Von 10 bis 10½ Uhr: Gewerbelehrer Reichelt über das Wesen der belebten und unbelebten Körper, über die Ernährungswerkzeuge der Thiere und Pflanzen und über die luftförmigen und mineralischen Pflanzennährstoffe.

Von 10½ bis 11 Uhr fand eine Pause statt

Von 11 bis 11½ Uhr prüfte Cultur-Ingenieur Classen über die Entstehung des Bodens, über die mittelfränkischen Bodenverhältnisse, über die Ursachen und Kennzeichen der Bodennässe und die verschiedenen Entwässerungsarten, wobei die Schüler an der Tafel den mittelfränkischen Schichtendurchschnitt in der Richtung von Würzburg bis Ingolstadt erläuterten und Berechnungen über verschiedene Grabenarbeiten ausführten.

Von 11½ bis 12 Uhr prüfte Gewerbelehrer Jübt über die Lehre vom Klima, von den Witterungserscheinungen, Einrichtung und Gebrauch des Thermometers und Barometers, vom Wasserdampf und von der Einrichtung und dem Gebrauch der Pumpen, Dampfmaschinen. Hiebei erläuterten die Schüler ihre Antworten durch Zeichnungen an der Tafel und Explicationen an Modellen.

Nachmittags von 2 bis 3 Uhr wurde die Prüfung durch Oberlehrer Heuner sowohl im Kopf- als im schriftlichen Rechnen fortgesetzt, wobei hauptsächlich auf den Futterbedarf für einen bestimmten Viehstand, auf die Futterverwerthung, dann auf Zinsrechnung Rücksicht genommen wurde.

Von 3 bis 3½ Uhr prüfte Hofgärtner Seitz über den Begriff des Baumes, seiner Werkzeuge und Verrichtungen; ferner über die Aufgabe der Obstbaumzucht, des Obstbaues und über die Obstkunde, im Speciellen über die Erziehung der Obstbäume in der Saat-, Pflanz- und Edelschule bis zu ihrer Verpflanzung. Endlich über die Neuanlage von Pflanzungen, Auswahl der Sorten nach Boden, Lage, Klima und ökonomischem Zweck. Die Antworten erläuterten die Schüler durch Zeichnungen an der Tafel über den Baumschnitt, auch legten dieselben Zeugniß über ihre praktische Fertigkeit im Veredlen ab.

Von 3½ bis 4 Uhr endlich prüfte Reallehrer Marschall über das landwirthschaftliche Rechnungswesen im Allgemeinen, über den Begriff von Kapital und Zinsen, ferner über die Ausstellung von Quittungen, Vollmachten und Zeugnissen und führten die Schüler hierüber Probearbeiten aus. Die aufgelegten Hefte und namentlich die beim Beginn und am Schluß der Winterschule gefertigten Probeschriften zeigten einen erfreulichen Fortschritt, wie überhaupt das Gesammtergebniß der 3monatlichen Schule, als ein in jeder Beziehung Gelungenes betrachtet werden darf, das hat die Prüfung zur Genüge dargethan. Schüler und Lehrer haben Alles geleistet, was in einer verhältnißmäßig so kurzen Zeit überhaupt nur verlangt werden kann, was aber auch nur möglich ist, wenn sich verschiedene Fachmänner in die Lösung dieser wichtigen Aufgabe theilen. Daß der mannigfache Unterricht, dessen praktischer Werth noch häufig angezweifelt wird, aber auch auf fruchtbaren Boden gefallen ist, das haben die frischen Antworten, das hat die ganze Vertrauen erweckende, sichere Haltung der Schüler, das hat namentlich der warme, öffentlich ausgesprochene Dank und der herzliche Abschied der Schüler und ihrer Väter von den Schulvorständen und Lehrern bewiesen. Die Bahn zum weiteren Fortschritt ist bei diesen Jünglingen gebrochen; mögen sie im folgenden Winter ihrem Versprechen gemäß wiederkehren, möge ihr Beispiel aber auch eine recht zahlreiche Nachahmung finden, damit die landwirthschaftliche Winterschule in Ansbach, hervorgegangen aus der Freiwilligkeit des intelligenten Bauernstandes, eine Zierde des Kreises werde.

Den Schluß der Prüfung bildete eine anerkennende Ansprache des k. Prüfungscommissärs Herrn Generalsecretär Adam Müller, und ein kurzer, herzlicher Abschiedsgruß des Schöpfers der Winterschule, k. Reg.-Raths Herrn Faber, worauf die Aushändigung der Zeugnisse, eines landwirthschaftlichen Lesebuchs, an sämmtliche Schüler und hierauf deren Entlassung erfolgte.

Kurze Mittheilungen.

Stand der Rinderpest in Holland.

In der Woche.	sind	in der Provinz					Zusammen.
		Süd-Holland.	Nord-Holland.	Utrecht.	Geldern.	Nord-Brabant.	
vom 27. Jan. bis 2. Februar	angesteckt	1497	331	685	88	16	2617
	an der Krankheit gestorb.	364	21	470	3	—	—
	getödtet	43	296	—	284	38	—
	hergestellt	134	14	362	—	—	—
	noch krank	956	—	—	—	—	—

(Annalen der preußischen Landwirthschaft.)

Mittelfranken. Nach einer Mittheilung des landwirthschaftlichen Bezirkscomité Scheinfeld findet daselbst am

15. April ds. Js.

in Verbindung mit dem allgemeinen Viehmarkt eine Zuchtbullenausstellung mit Preiseverteilung u. gleichzeitig eine Verloosung von Zuchtbullen, Kalben von verschiedenen landwirthschaftlichen Geräthen statt.

Anzeigen.

Den Herren Gutsbesitzern und Oekonomen empfehlen wir unsere

Dünger

mit dem Bemerken, daß dieselben der Kontrolle der Versuchsstationen zu München und Memmingen unterstellt, unter **Gehalts-Garantie** verkauft werden.

Von jetzt an führen wir außer den bisherigen Düngern auch **Kalisalze** und **Knochengelatine**, worauf wir speziell aufmerksam machen.

Neue Preislisten mit Gebrauchsanweisungen stehen auf Verlangen zu Diensten.

Fabrik Heufeld, im Januar 1867.

Die Direktion.

Gebrüder Clauß in Nürnberg

empfehlen ihre

chemischen Düngerfabrikate:

Knochenmehl, gedämpft, feinstes,
Kali-Dünger (schwefelsaure Kali-Magnesia),
Superphosphat,
Kali-Superphosphat,
Kali-Superphosphat-Ammoniak (Phosphoguano),
Ammoniak, schwefelsaures,

zu gefälliger Abnahme.

Sämmtliche Dünger werden stets in gleichmäßiger Qualität unter Garantie für deren Gehalt und Reinheit geliefert und unter Controlle des landwirthschaftlichen Vereins und der agrikulturchemischen Versuchsstationen gestellt.

Kali-Dünger in entsprechender Weise mit Phosphorsäure-Düngern und Stallmist angewendet, ergaben bei

Rüben eine Erhöhung des Zuckergehaltes und eine Ertragssteigerung um 14 Proc.; bei

Kartoffeln eine Erhöhung des Stärkemehlgehaltes, gesunde Früchte und eine Vermehrung des Ertrages um 12 Proc.; bei

Getreidearten kräftigeren Halm, schwereres Korn und reichere Ernte; bei

Wiesen, namentlich nassen und sauren, Beseitigung der sauren Gräser und zwei- bis dreifache Steigerung der Heuernte; bei

Flachs längere und feinere Stengel und höheren Samenertrag; bei

Klee (Luzerne), Raps und besonders auch bei

Hülsenfrüchten erhebliche Ertragsvermehrung; bei

Wein Vermehrung der Trauben und Erhöhung des Zuckergehaltes der Beeren; endlich bei

Hopfen wesentliche Ertragsvermehrung und Qualitätsverbesserung.

Phosphoguano empfiehlt sich zur Kräftigung junger Saaten und zum Treiben.

Für sämmtliche Dünger, namentlich für Kali-Dünger, wird **Herbstdüngung** empfohlen.

Bei **Frühjahrsdüngung** sind die Dünger recht früh, Kali-Salze womöglich noch auf den Schnee vor Eintritt der nassen Jahreszeit aufzubringen.

Die Dünger werden in mit dem Fabrikzeichen plombirten Säcken von circa 200 Pfund Zollgewicht geliefert.

Analysen, Preislisten und Gebrauchsanweisungen gratis.

Verbesserte Flandrische Pflüge,
Howard'sche schmiedeiserne Eggen,
Coleman'sche Extirpatoren,
Patent Futterschneid-Maschinen

sind billigst und auf Probe zu beziehen von

J. P. Lanz und Comp. in Regensburg.

Unterzeichneter hat eine große Parthie hartholziger Oelfässer, mit eisernen Reifen gebunden, in länglichem Format, (Cocosnuß-Oel-Fässern), circa 10 Eimer haltend, zu verkaufen. Dieselben eignen sich vorzüglich zu Jauchenfässern, und offerire solche gegen frankirte Einsendung des Betrags zu fl. 5 das Stück, frei ab Bahnhof, hier.

Schwabach, im März 1867.

Th. Ribot's
Seifen- und Lichter-Fabrik.

Baum-Verkauf.

In der k. Baumplantage Triesdorf werden schöne gutbewurzelte hochstämmige Obstbäume von Aepfel, Birn, Kirschen, Pflaumen, Zwetschgen, Reinclauden ꝛc., per Stück zu 30 und 36 kr. abgegeben.

Zwergbäume per Stück 15 kr., Spalier von Aprikosen und Pfirsiche 45 kr., Tafeltrauben 12 kr. per Stück.

Sehr schöne Exemplare von diversen Pappelsorten per Stück 12 kr., bei Abnahme von 50 Stück à 9 kr.

Mit Anfragen und Bestellungen wende man sich franco an die

Kgl. Baumplantage Triesdorf bei Ansbach.

Spalter Hopfenfechser.

Beste Waare, **Spalter Stadtgut**, 1000 Stück oder 333 Stück zu 6 fl. Verpackung und Fracht auf Rechnung des Empfängers empfiehlt

Franz Ehard,
Oekonom in Spalt, Bahnhof Georgensgmünd.

Schrannenzettel.

Schranne.	Datum	Waizen fl	Waizen kr	Kern fl	Kern kr	Korn fl	Korn kr	Gerste fl	Gerste kr	Haber fl	Haber kr
		Mittelpreise									
	März										
Ansbach	2.	23	3	—	—	17	28	—	—	7	47
Augsburg	1.	22	39	24	37	17	49	16	3	7	36
Bamberg	27. Febr.	23	24	—	—	18	11	14	30	5	46
Beilngries	—	—	—	—	—	—	—	—	—	—	—
Dinkelsbühl	27	24	57	24	57	19	5	16	48	7	17
Eichstätt	2. März	22	38	—	—	18	33	14	42	8	22
Erlangen	2.	23	56	—	—	17	35	—	—	8	7
Gunzenhausen	—	—	—	—	—	—	—	—	—	—	—
Kempten	27.	—	—	24	58	19	17	17	15	8	36
Landshut	1.	20	17	—	—	15	53	14	55	7	28
Lindau	2.	28	16	24	56	—	—	—	—	8	6
München	2.	23	21	—	—	16	35	16	10	7	18
Neuburg a/D.	27.	20	45	—	—	18	8	14	23	8	2
Nördlingen	2.	23	12	24	11	18	55	16	33	7	33
Nürnberg	2.	21	58	—	—	16	36	16	10	8	29
Regensburg	—	—	—	—	—	—	—	—	—	—	—
Rothenburg a/T.	2.	23	25	23	43	18	33	—	—	—	—
Schwabach	5.	23	36	—	—	16	30	—	—	—	—
Schweinfurt	—	—	—	—	—	—	—	—	—	—	—
Weißenburg	—	—	—	—	—	—	—	—	—	—	—

Verantwortlicher Redakteur C. J. Class. Druck von C. Brügel und Sohn in Ansbach.

Landwirthschaftliches Wochenblatt

Erscheint jede Woche einen halben Bogen stark und kann durch alle Poststellen bezogen werden.

Preis für's ganze Jahr sammt Postaufschlag 1 fl. Inserate werden die gespaltene Petitzeile oder deren Raum mit 4 kr berechnet.

für Mittelfranken.

(Früher landwirthschaftliche Mittheilungen.)

Organ des landwirthschaftlichen Kreis-Comité für Mittelfranken.

Nr. 11 u. 12. (Doppelnummer.) Ansbach, März 1867. I. Jahrgang.

Endtermin 1. April

für Anmeldung zur Vermittlung ausgezeichneter Kartoffeln, namentlich sächsischer Zwiebeln-Kartoffeln, per Schaff ohne Fracht 7 fl.

Landwirthschaftliches Kreis-Comité.

Bekanntmachung.

An die landwirthschaftlichen Bezirks-Comités.

(Fettviehausstellung der süddeutschen Ackerbaugesellschaft in Mannheim betreffend.)

Die süddeutsche Ackerbaugesellschaft veranstaltet am 24., 25. und 26. Mai d. Js. eine Ausstellung und Prämiirung von Fettvieh in Mannheim. Hiebei können die mittelfränkischen Landwirthe, deren ausgezeichnete Mastungsresultate im Ausland längst bekannt sind, mit Aussicht auf besten Erfolg concurriren. Wir halten es daher für angezeigt, hiermit eine öffentliche Aufforderung zur zahlreichen Betheiligung an dieser Ausstellung mit dem Ansuchen ergehen zu lassen, die verehrlichen landwirthschaftlichen Bezirkscomités möchten diejenigen Oekonomen und Brauereibesitzer, welche in der Lage sind preiswürdige Mastthiere, namentlich Ochsen und Hämmel auszustellen, speziell hiezu veranlassen. Anmeldscheine können von uns sofort bezogen werden, und lassen wir im Nachgange das veröffentlichte Schreiben der süddeutschen Ackerbaugesellschaft und das Programm für die Ausstellung folgen.

Ansbach, den 14. März 1867.

Kreiscomité

des landwirthschaftlichen Vereins für Mittelfranken.

I. Vorstand.

v. Feder.

Classen.

* * *

Wir erneuern hiermit die Einladung zum Abonnement. Bestellungen übernehmen alle Postboten. Die Redaktion.

Auszug aus dem Schreiben der süddeutschen Ackerbaugesellschaft.

„Der am 10. April v. J. erfolgten Gründung der süddeutschen Ackerbaugesellschaft sind die Ereignisse auf dem Fuße gefolgt, welche die Arbeiten zur Verwirklichung des Programms und insbesondere die Veranstaltung einer Ausstellung, im verflossenen Jahre nicht mehr zur Ausführung kommen ließen. Das Directorium sah sich genöthigt, seine Thätigkeit darauf zu beschränken, den äußern Bestand der Gesellschaft zu wahren. Gleichzeitig mit der Rückkehr friedlicher Interessen, hat auch das Direktorium sein Augenmerk auf die Veranstaltung von Ausstellungen gerichtet. Dem opferbereiten Entgegenkommen der städtischen Behörden zu Mannheim, ist es zu danken, daß in den Tagen vom 24. bis 26. Mai d. J. eine Ausstellung von Fettvieh daselbst veranstaltet werden kann. Der bei dieser Veranlassung zu berufenden Generalversammlung wird das Direktorium die detaillirten Mittheilungen über den Stand der Gesellschaft und des Vermögens vorlegen und hat hier nur noch anzufügen, daß wegen einer gleichfalls noch in diesem Jahre zu veranstaltenden Zuchtvieh-Ausstellung, und zwar im September d. J. zu Frankfurt a. M. die Verhandlungen bereits eingeleitet sind.

Das nächstliegende Ziel der süddeutschen Ackerbaugesellschaft ist vor Allem dahin gerichtet, Exemplare der besten landwirthschaftlichen Thiere in großer Anzahl auf den Ausstellungen zu vereinigen, um Belehrung mittelst Anschauung und Vergleichung zu verbreiten und den Wetteifer der Züchter zu beleben.

In Berücksichtigung der hohen Bedeutung der Fleischproduktion, und in Erwägung, daß es trotz der hohen Fleischpreise dem süddeutschen Mäster an demjenigen mastfähigen Materiale gebricht, welches hohe Futterverwerthung ermöglicht, ist es angezeigt, die Reihe der Ausstellungen mit Mastthieren zu eröffnen, um zunächst das auf diesem Gebiete Erreichbare zur Anschauung zu bringen und das Urtheil des Züchters über den wirthschaftlichen Werth mastfähiger Thiere, durch deren Vorführung in einen für ihren Nutzungszweck fertigen Zustand zu befestigen.

So ist das beigeschlossene Programm der ersten in Mannheim stattfindenden Ausstellung der süddeutschen Ackerbaugesellschaft entstanden, welches somit den deutschen Landwirthen in der zuversichtlichen Hoffnung mitgetheilt wird, daß die Bestrebungen der süddeutschen Ackerbaugesellschaft sowohl, als das bereitwillige Entgegenkommen der Stadt Mannheim durch recht zahlreiche Beschickung mit ausgezeichneten Thieren anerkannt und unterstützt werden möchte."

Programm zu der von der süddeutschen Ackerbaugesellschaft am 24. 25. und 26. Mai 1867 zu veranstaltenden Fettviehausstellung in Mannheim.

Die Ausstellung besteht aus drei Abtheilungen:

I. Abtheilung: Rindvieh.

II. Abtheilung: Schafe.

III. Abtheilung: Schweine.

Eingeladen sind Aussteller aus sämmtlichen deutschen Staaten.

Es ist nicht erforderlich, daß die zur Ausstellung gebrachten Thiere in dem Besitze des Züchters derselben sich befinden, jedoch wird die Benennung desselben so weit möglich gewünscht.

Das aus 9 Mitgliedern bestehende Preisrichter-Kollegium wird von dem Direktorium der süddeutschen Ackerbaugesellschaft gewählt, worunter 3 auf Vorschlag des Gemeinderaths der Stadt Mannheim. Diese Behörde bestellt zugleich einen Thierarzt, welcher das Ausstellungskomite und die Preisrichter als Sachverständiger zu berathen hat.

Gegen die Entscheidung der Preisrichter ist kein Widerspruch Seitens der Aussteller zulässig.

Die Aussteller verpflichten sich, die ausgestellten Thiere während der Dauer der Ausstellung am 24., 25., 26. Mai im Ausstellungslokale zu belassen und diese Verpflichtung bei einem Verkaufe auf den Verkäufer zu übertragen.

Die Ausstellung findet statt in der Viehmarkthalle vor dem Heidelberger Thore.

Für jedes angemeldete Thier ist ein Einsatz zu zahlen und zwar:

1) für jedes Stück Rindvieh . 1 fl. 45 kr.
2) für jedes Loos von 3 Schafen 1 fl. 45 kr.
3) für jedes einzelne Schaf . — fl. 36 kr.
4) für jedes Schwein . . . . 1 fl. — kr.

Aussteller, welche mehr als 6 Stück Rindvieh in einer Kategorie anmelden, haben von jedem Stück mehr, den doppelten Einsatz zu zahlen.

Eine Anmeldung ist nur dann gültig, wenn gleichzeitig die Einzahlung der Einsätze erfolgt ist.

Die Anmeldung geschieht schriftlich mittelst Ausfüllung des gedruckten Formulars, welches von Herrn Bezirksthierarzt Fuchs in Mannheim und von dem Generalsekretär der süddeutschen Ackerbaugesellschaft, Hrn. Casselmann in Frankfurt a. M. zu beziehen ist. An eine der genannten beiden Adressen sind die Anmeldungen gegen Rückempfang eines Certifikates franko einzusenden.

Anmeldungen, welche nach dem 10. Mai erfolgen, werden nur angenommen, so weit es der Raum gestattet und kann deren Aufnahme in den Katalog nicht mehr garantirt werden.

Die Thiere selbst müssen spätestens am Abende des 23. Mai auf die ihnen von dem Komité anzuweisenden Plätze gebracht sein.

Erfolgt die Stellung der angemeldeten Thiere nicht rechtzeitig, so erlischt der Anspruch auf Concurrenz bei der Prämiirung, erfolgt dieselbe gar nicht, so verfällt der Einsatz als Reugeld.

Allen Anordnungen des Vorstandes des Ausstellungskomités haben die Aussteller unbedingt und ohne Zulässigkeit eines Widerspruchs Folge zu leisten.

Futtermittel können auf dem Ausstellungsplatze zu mäßigen Preisen, welche am Ausstellungslokale angeschlagen sind, bezogen werden.

Prämienvertheilung.

I. Für Rindvieh.

A) Für Ochsen

1) im Alter bis zu 3 Jahren.
2 erste Preise à 150 fl. 2 zweite Preise à 100 fl.

2) im Alter von 3 Jahren und älter.
2 erste Preise à 150 fl. 2 zweite Preise à 100 fl.

B) Für Kühe und Rinder

1) im Alter bis zu 3 Jahren.
2 erste Preise à 100 fl. 2 zweite Preise à 50 fl.

2) im Alter von 3 Jahren und älter.
2 erste Preise à 100 fl. 2 zweite Preise à 50 fl.

II. Für Schafe.

A) Für Hämmel im Loosen von 3 Stücken,

1) im Alter bis zu 18 Monaten.
2 erste Preise à 50 fl. 2 zweite Preise à 35 fl.

2) im Alter von 18 Monaten und älter.
2 erste Preise à 50 fl. 2 zweite Preise à 35 fl.

B) Schafe, einzeln ohne Rücksicht auf Alter und Geschlecht.
3 erste Preise à 30 fl. 2 zweite Preise à 20 fl.

III. Für Schweine, ohne Rücksicht auf Geschlecht.

A) im Alter bis zu 6 Monaten.
2 erste Preise à 30 fl. 2 zweite Preise à 20 fl.

B) im Alter von 6 Monaten und älter, aber nicht volle 12 Monate.
2 erste Preise à 30 fl. 2 zweite Preise à 20 fl.

C) im Alter von 12 Monaten und älter.
2 erste Preise à 50 fl. 2 zweite Preise à 35 fl.

IV. Für Thiere,

welche nicht genannt sind, zur freien Verfügung der Preisrichter 150 fl.

V. Ehrenpreis der Stadt Mannheim.

Ein silberner Becher für das beste Thier der Ausstellung.

Nur preiswürdigen Thieren können Preise ertheilt werden. Sind solche nach dem Urtheil der Preisrichter nicht vorhanden, so bleiben die Preise der betreffenden Kategorie unvertheilt.

Nachträglich wird bemerkt, daß am 27. Mai der Mannheimer Fettviehmarkt abgehalten wird.

Das Direktorium der süddeutschen Ackerbau-Gesellschaft.

Der Präsident:

Nicolas, Prinz von Nassau.

Ueber Entwässerung.

Die vielen mißlungenen Versuche von Entwässerungen rühren in der Regel daher, daß man in den einzelnen Fällen die Ursache der Bodennässe nicht richtig erkannt hat. Wir halten es daher für zweckmässig, dieses Kapitel möglichst erschöpfend zu behandeln. Einige Worte über die Kennzeichen der Bodennässe mögen vorausgehen.

Nasse Wiesen erkennt man an dem Vorkommen der sauren Gräser, Binsen, des Rohrschilfes, Schachtelhalmes, Zinnkrautes, der Torfblume auch Federn genannt. Auch die Sumpfranunkel oder der Hahnenfuß ist ein Zeichen der Bodennässe. Irrthümlich wird diese schädliche Pflanze, welche in unseren meisten Grundwiesen sehr häufig vorkommt, zu dem starken (kräftigen) Futter gerechnet. Es hat im frischen Zustande ein appetitliches Aussehen, und weil das Vieh Anfangs mit Hast davon verzehrt, aber bald gesättigt ist (im Grund dasselbe verschmäht); so hält man den Hahnenfuß für ein starkes Futter, d. i. für ein Solches, das einen hohen Futterwerth habe. Man täuscht sich aber gewaltig; denn der Hahnenfuß ist umgekehrt sogar eine Giftpflanze und sollte fleißig vertilgt werden, was blos durch gründliche Entwässerung geschehen kann, denn einen trockenen Standort mag er nicht. Häufig enthält das Sumpfwasser auch noch Eisenverbindungen aufgelöst, welche sich beim Zutritt der Luft als unlösliche, gelbe, schleimige Masse, Ogger, niederschlagen. Dieser Vorgang hindert gleichfalls das Aufkommen edler Wiesengräser.

Nasse Aecker zeigen häufig dieselben Unkräuter wie nasse Wiesen; dazu kommen noch die gefürchteten Quecken, die sich am Ende aber auf jedem vernachlässigten Felde einfinden. Letztere sind also gerade kein untrügliches Zeichen der Bodennässe. Aehnlich verhält es sich mit dem Moos. Dasselbe kommt in der Regel an Sumpfstellen vor, es findet sich aber auch auf trockenen Aeckern und Wiesen ein, wenn sie vernachlässigt und namentlich nicht gedüngt werden. Am sichersten läßt sich im Frühjahr beurtheilen, ob ein Feld an Nässe leidet oder von Natur trocken ist. Bekommt nämlich bei normalem Märzenwetter das gepflügte Land rasch eine helle Färbung, so hat man es mit trockenem Lande zu thun; bleibt es dagegen bei trockenem Märzenwetter dunkel gefärbt, so leidet der Acker an Versumpfung und muß entwässert werden.

Nasse Felder können selten rechtzeitig bestellt werden, und der aufgebrachte Dünger wirkt nicht, weil er nicht verfault. Die Saat bleibt in der Entwicklung zurück, und wird vom Unkraut überwuchert. Kurz die Erträgnisse sind immer zweifelhaft, die Bearbeitung dagegen ist beständig erschwert, die Rente solcher Felder und Wiesen also verhältnißmäßig gering. Sie kann jedoch durch zweckmäßige Entwässerung namhaft gesteigert werden.

Das Wasser, mit dessen Ableitung wir es zu thun haben, ist verschiedenen Ursprungs. Man unterscheidet nämlich:

1) Das Tagwasser, nämlich Regen- und Schneewasser, welches sich auf der Oberfläche der Wiesen und Felder sammelt und aus verschiedenen Ursachen nicht ablaufen kann.
2) Das Grundwasser, welches sich im Untergrunde sammelt, eigentlich von diesem aufsteigt u. je nach den Witterungs- und Bodenverhältnissen bald tiefer, bald höher steht.
3) Das Quellwasser, dasselbe bricht an einzelnen Stellen hervor und bildet die sogenannten Naßgallen.
4) Das Schichtwasser, welches namentlich an Abhängen oder am Fuße derselben entlang einer wasserundurchlassenden Letten- oder Felsschichte hervortritt und größere Strecken versumpft.
5) Das Stauwasser, herrührend von Bächen und Flüssen, die zum Vortheile der Wasserwerke zu hoch gestaut werden, oder deren Bett mit vielen Wasserpflanzen zu sehr verwachsen, auch durch eingeschwemmten Sand und Schlamm verengt ist, oder deren Lauf zu viele Krümmungen und sonstige Unregelmässigkeiten hat. Alle diese Vorkommnisse veranlassen einen zu hohen Stand der Bäche und Flüsse, in Folge dessen die angrenzenden Felder und Wiesen dem Stauwasser ausgesetzt sind.

Bevor wir zur genauen Betrachtung dieser einzelnen Versumpfungsfälle und deren Beseitigung übergehen, wollen wir noch kurz der Gräben erwähnen, welche bei der Entwässerung zur Anwendung kommen. Man unterscheidet nämlich offene und bedeckte Entwässerungsgräben. Die offenen Entwässerungsgräben sind blos da am Platze, wo zeitweise viel Tagwasser, d. h. Regen- oder Schneewasser abzuleiten ist. In allen andern Fällen empfehlen sich bedeckte Gräben (Drains). Letztere haben den großen Vorzug, daß sie bei gleicher Tiefe billiger herzustellen und zu unterhalten sind, dem Anbau kein Land entziehen und alle Brücken entbehrlich machen.

Bei der Anlage von offenen Gräben ist darauf zu sehen, daß sie kein zu großes Gefäll erhalten, damit sie nicht ausreißen; ferner sind die Seitenwände (Böschungen) um so flacher zu halten, je lockerer der Boden ist.

Bedeckte Gräben, die wenigstens 3—4 Fuß tief gemacht und bei Ableitung von Schichtwasser immer bis zur wasserführenden Schichte vertieft werden sollen, werden in der Art hergestellt, daß man den möglichst schmal ausgeführten Graben mit gebrannten Thonröhren auslegt, oder in demselben eine förmliche Steindohle ausführt. Auch eine bloße Rollschichte von aufrecht gestellten Steinen oder in Ermanglung von Steinen eine Faschinendohle, kreuzweise übereinander gestellte, armslange Prügel, über welche man Reisig legt, thun vortreffliche Dienste. Ueber diese Materialien bringt man zunächst wieder den Untergrund und darauf den bessern Boden.

Folgende allgemeine Regeln sollten bei Ausführung dieser Gräben immer beobachtet werden:

1) Man fange dieselben immer von Unten an, d. h. man arbeite gegen den Lauf des Wassers, damit dasselbe immer frei abfließen kann.
2) Man vertiefe den Graben nicht auf einmal zu sehr, sondern nehme erst auf die ganze Länge einen Stich heraus und gehe so nach und nach tiefer.
3) Man lagere das ausgeworfene Material nicht unmittelbar am Graben, sondern 4—5 Fuß von demselben entfernt ab.
4) Man fange überhaupt mit den Grabenarbeiten nicht eher an, als bis alles Füllmaterial, Röhren, Steine oder Faschinen bei der Hand ist, damit dasselbe sofort eingelegt werden kann.

Wer diese Regeln nicht beobachtet, wird unter 10 Fällen 9 Mal das Mißgeschick haben, daß seine Gräben zusammenstürzen.

(Fortsetzung folgt.)

Bäume zum Fruchttragen zu bringen.

Das Abnehmen eines schmalen Ringes Rinde ist in Frankreich schon ein altes Verfahren, um den Baum zur Fruchtbarkeit zu bringen, auch in Deutschland*) ist es unter der Bezeichnung „Ringeln" längst bekannt. Die Ringwunde darf aber nur so breit gemacht werden (5 Millim. = 1 Linie), daß der Baum sie in demselben Jahre wieder zu zuwachsen und zu verheilen im Stande ist. Sie wird entweder an der Basis des Stammes, oder dicht unter der Krone angewendet, und hat den Zweck, durch die Entfernung dieses schmalen Stückes Rinde (im Frühjahre sobald dieselbe sich löst) die zu starke Bewegung des Saftes nothwendiger Weise zu hindern. Ein gleicher Erfolg der Fruchtbarkeit würde durch starkes Einschnüren des Stammes vermittelst eines Drahtes erzielt.

Das Ringeln findet seine Anwendung nur beim Kernobst und dem Weinstock.

Das Fruchttragen kann übrigens auch noch durch verschiedenes Verfahren erzwungen werden. Dies geschieht durch:

1) Späten Schnitt im Frühjahre, wenn die Augen sich an den Trieben schon bis zu einer Länge von ¼ Zoll entwickelt haben.
2) Brechen und Drehen der Nebenzweige.
3) Biegen und Drehen der Aeste, ein bekanntes Mittel, meist aber nur bei jüngeren Bäumen anwendbar.
4) Schneiden der Wurzeln, oder Umschnüren derselben mit Draht. Es ist aber am einfachsten, einige starke Seitenwurzeln ganz zu entfernen.
5) Theilweise Entfernung der Erde von den Wurzeln und Bloßlegen der Letzteren.
6) Verpflanzen der Bäume zu Ende des Herbstes mit größter Vorsicht, um alle Wurzeln zu erhalten. (Lucas empfiehlt dieses Verfahren im Frühjahre und erst dann, wenn schon die Knospen hervorbrechen.)
7) Anwendung des Sommerschnittes, der im Juli und August nach Eintritt des zweiten Safttriebes vorgenommen wird. Hierdurch erleidet die Saftbewegung eine Störung und wird unter dem Einfluß der Sonne in Folge gemäßigter Saftbewegung die Entwickelung von Blättern und Blüthenknospen begünstigt.

---

*) Schon Abraham a St. Clara sagt in seiner Lobrede des verstorbenen Abtes Anselm zu Maria Zell, gehalten am 17. Dezember 1679: „Der Baum ist erst gut und brauchbar, wenn man ihm die Rinden abschält."

Der Gebrauch des Ringelns wurde in der Picardie und bei Rennes an den Nußbäumen und in Bourgogne bei Villeneuve du Roi am Weinstock, um frühe und große Trauben zu erhalten, beobachtet. Die Winzer meinten jedoch, es befördere den Tod des Stockes daher es nur an alten Stöcken vorgenommen wurde.

Zur Ausführung des Ringelschnittes bedient man sich des Messers oder der sog. Ringelzange. Dubreuil empfiehlt für größere Bäume die Anwendung einer scharfen Säge.

8) Aussetzen des jährlichen Beschneidens bei jüngeren Bäumen. Sowie man bei Bäumen, welche einem regelmäßigen Schnitt unterzogen waren, diesen sistirt, kann man bei Apfelbäumen mit Sicherheit darauf rechnen, daß sie in den nächsten 2 Jahren reichlich blühen und Früchte tragen, während bei den Birnbäumen dieser Erfolg erst in 3—4 Jahren bemerkbar sein wird.

9) Anwendung der Girardin'schen Veredlung. Bei diesem Verfahren, welches nur bei Aepfel und Birnen anwendbar ist, wird gegen Ende August ein kleiner Fruchttrieb oder die Spitze eines Holztriebes von der gleichen oder von einer andern Sorte in einen T Schnitt wie beim Okuliren eingesetzt, verbunden und mit Baumwachs oder Baumpech verstrichen. Diese kleinen Triebe wachsen rasch an, blühen im Frühjahre und tragen gerne Früchte. Wird diese Veredlungsart zahlreich an einem Baume vorgenommen, so wird dadurch seine Fruchtbarkeit veranlaßt, indem die eingesetzten Blüthenzweige gleich Früchte tragen und die Früchte selbst so viel von dem Uebermaß des Saftes in Anspruch nehmen, daß dadurch sofort die Umwandlung der Blätteraugen des Baumes zu Blüthenaugen in großer Menge veranlaßt wird.

Durch die Mäßigung des Saftzuflusses können auch einzelne Zweige in ihrer Entwickelung gemäßigt und dadurch fruchtbar gemacht werden. Ein Einschnitt unterhalb des Zweiges oder Astes würde durch die Störung der Saftbewegung nach dem Zweige die Fruchtbarkeit des Letzteren veranlassen. Die entgegengesetzte Wirkung würde stattfinden, wenn der Einschnitt oberhalb des Zweiges angebracht worden wäre; — der Saftzufluß würde dadurch begünstiget.

Kurze Mittheilungen.

Ein altes Luzernfeld nochmals zum höchsten Ertrag zu steigern.

Es ist eine bekannte Sache, das italienische Raygras mit dreiblätterigem Klee gemischt auszusäen, und die Vortheile davon ergeben sich namentlich in solchen Jahren, wie das gegenwärtige, wo in manchen Gegenden die Mäuse in den Kleefeldern schrecklich handthieren, dem untersäten Gras aber weniger Schaden zufügen. Weniger dürften aber bis jetzt Versuche gemacht worden sein, das italienische Raygras in altes Luzernfeld einzusäen, und dürfte daher ein auf dem Schloßgute Heutingsheim vorgenommener Versuch von Interesse sein.

Ein 12 Morgen großes, altes, schon stark ausgetragenes Luzernfeld wurde im Frühjahr 1865 mit der Luzernegge kreuz und quer tüchtig geeggt, sofort wurde per Morgen 10 Pfd. italienisches Raygras*) eingesäet, mit gewöhnlicher Egge nochmals geeggt und gewalzt. Im ersten, also im Jahr 1865, welches zu diesem Versuche wegen seiner Trockenheit nicht sehr günstig war, kam das Gras erst beim 3ten und 4ten Luzernschnitt ziemlich schwächlich empor, doch machte man die Wahrnehmung, daß sich dasselbe im Boden gut eingeschlagen hatte und das andere wilde Gras nicht mehr aufkommen ließ. Desto größer war der Erfolg im zweiten, also in dem vergangenen Jahr, indem das italienische Raygras mit der Luzerne immer Stand hielt, bei viermaligem Schnitt jedesmal mindestens so hoch wie die Luzerne wurde, dieselbe sogar überragte und dermaßen Futter abwarf, daß das Luzernfeld in seiner früheren besten Kraft nicht besser stund.

Die Grasuntersaat hat unter der Luzerne gegenüber dem dreiblättrigen Klee den Vortheil, daß sich das Gras zwischen der strammeren Luzerne, die zum Lagern weniger geneigt ist, ganz aufrecht erhält und sich beide in ihrer raschen Entwicklung einander beinahe ganz gleichen, was bekanntermaßen bei der Untersaat unter dreiblättrigem Klee nicht der Fall ist. Welches Ergebniß das Dritte das heurige Jahr liefert, wäre noch abzuwarten.

Vorstehender Versuch dürfte namentlich zu empfehlen sein, wenn das Feld zum frisch anzulegenden Luzernacker noch nicht ganz gerichtet ist und man das alte Kleefeld noch ein paar Jahre erhalten möchte. (Hoh. Wochenblatt.)

Nachtheile der Rübenfütterung. In Folge der Ausgangs der vierziger und Anfangs der fünfziger Jahre herrschenden Kartoffelkrankheit ist der Anbau der Futterrüben sehr vermehrt worden und gleichzeitig hat die Verwendung der Rübe als Futterstoff, schon wegen den durchschnittlich geringen Heu-

*) conf. Landw. Wochenblatt für Mittelfranken Nr. 2 und 4. Die Redaktion.

erträgen, bedeutend zugenommen und sich vielfach dermaßen gesteigert, daß $^{3}/_{4}$ der Futterrationen in Rüben verabreicht werden. Wenn es auch nicht verkannt werden kann, daß die Rüben als Futterstoff ihre hohe Bedeutung haben, so ist es doch nicht zu läugnen, daß die Verabreichung eines Uebermaßes, wie es jetzt so häufig gegeben wird, dem thierischen Organismus und der Thierausnutzung nicht von Vortheil sein kann. Daß bei der puren Milchnutzung die Ration der Rüben verstärkt werden kann, wird allgemein anerkannt; ebenso ist es hinlänglich erwiesen, daß man von Zugthieren, die unmittelbar vor dem Beginne der schweren Feldarbeiten oder gar während derselben stark mit Rüben gefüttert werden, eine kräftige Arbeitsleistung nicht verlangen kann. Was indessen weniger allgemein beobachtet werden sein dürfte, ist das, daß stark mit Rüben gefütterte Mutterthiere weniger leicht trächtig und wenn sie trächtig sind, weniger gut behalten, als solche Thiere, die neben einer bescheidenen Portion Rübenfutter anderes kräftiges Futter erhalten. Außerdem darf nicht außer Auge gelassen werden, daß starke Rübenfütterungen an Jungrind den Nachtheil haben, daß sich die Knochen der jungen Thiere nicht genügend entwickeln, in Folge dessen dann die Gesammtausbildung unfehlbar leiden muß.

Einfluß der Temperatur auf den Milchnutzen beim Rindvieh. Wiewohl es allgemein bekannte Sache ist, daß im Winter die Viehställe gegen das Eindringen der Kälte geschützt werden müssen, so gibt es doch Viele, welche dieses nicht so genau nehmen und sich dadurch wesentlichen Schaden zufügen. Hr. Ph. Müller auf Neuhof schreibt uns in diesem Betreffe: Eine Kuh, die ich aus gewissen Rücksichten in einem Stalle allein stehen hatte, gab bei reichlicher Fütterung noch unmittelbar vor dem Eintritte der Kälte täglich 7 Maß Milch; allein schon nach der ersten kalten Nacht sank die tägliche Milchmenge um $3^{1}/_{2}$ Maß. Ich nahm keine Notiz davon, daß dieses von so niedriger Temperatur im Stalle herrühren könnte, glaubte vielmehr, mein Schweizer habe in der Fütterung ein Versehen begangen. Da sich indessen auch eine Milchverminderung zeigte, wiewohl ich selber die Fütterung überwachte, so suchte ich den Grund in der Kälte des Stalles und ließ daher die Kuh zu dem andern Vieh stellen; doch ließ ich diese Kuh allein gerade so wie früher füttern und fand zu meiner Freude, daß sich ihr Milchertrag innerhalb zweier Tage wieder zu der früheren Höhe steigerte.

Die wahre Ursache der unter dem Namen Pips bekannten Hühnerkrankheit sollen Läuse sein, welche sich auf dem Kopfe besonders der jüngeren Hühner einfressen. Als Heilmittel wird Fischthran empfohlen, von dem ein Tropfen auf dem Kopfe des befallenen Huhns eingerieben, die Läuse augenblicklich tödten und das Huhn vor weiteren Anfällen bewahren soll. (Frauendorfer Blätter.)

A n z e i g e n.

Schrannenzettel.

Schranne.	Datum	Waizen fl	Waizen kr	Kern fl	Kern kr	Korn fl	Korn kr	Gerste fl	Gerste kr	Haber fl	Haber kr
	März										
Ansbach	9.	23	59	—	—	18	2	—	—	7	46
Augsburg	8.	26	1	25	22	17	52	16	12	7	6
Bamberg	6.	24	12	—	—	18	7	—	—	—	—
Beilngries	6.	23	48	—	—	18	—	15	54	8	48
Dinkelsbühl	6.	24	58	24	58	19	21	16	51	7	10
Eichstätt	9.	23	19	—	—	18	51	—	—	8	35
Erlangen	9.	24	24	—	—	17	43	—	—	8	16
Gunzenhausen	—	—	—	—	—	—	—	—	—	—	—
Kempten	7.	—	—	25	15	19	8	17	11	8	45
Landshut	8.	20	37	—	—	16	11	14	29	7	37
Lindau	9.	27	58	25	5	—	—	—	—	8	18
München	9.	23	45	—	—	16	25	16	7	7	37
Neuburg a/D.	6.	20	41	—	—	18	28	14	49	7	59
Nördlingen	9.	23	28	24	32	18	34	16	25	8	—
Nürnberg	9.	23	10	—	—	17	17	16	18	8	48
Regensburg	—	—	—	—	—	—	—	—	—	—	—
Rothenburg a/T.	9.	23	52	23	6	18	40	—	—	—	—
Schwabach	12.	22	54	—	—	16	40	—	—	—	—
Schweinfurt	13.	24	29	—	—	19	17	15	31	8	36
Weißenburg	—	—	—	—	—	—	—	—	—	—	—

Verantwortlicher Redakteur C. Classen. Druck von C. Brügel und Sohn in Ansbach.

Landwirthschaftliches Wochenblatt

Erscheint
jede Woche einen halben Bogen stark
und kann durch alle Poststellen bezogen werden.

Preis
für's ganze Jahr sammt Postaufschlag
1 fl. Inserate werden die gespaltene
Petitzeile oder deren Raum zu 4 kr
berechnet.

für Mittelfranken.

(Früher landwirthschaftliche Mittheilungen.)

Organ des landwirthschaftlichen Kreis-Comité für Mittelfranken.

Nr. 13. Ansbach, März 1867. I. Jahrgang.

Inhalt: Hopfen- und Getreidebau. — Kurze Mittheilung. — Anzeigen. — Schrannenzettel.

Wir ersuchen hiermit die Einladung zum Abonnement. Bestellungen übernehmen alle Postboten. Die Redaktion.

Hopfen- und Getreidebau.

Das Wochenblatt Nr. 19 der Stadt Weißenburg enthält vom Spalter Lande einen Artikel, Hopfen- oder Getreidebau betitelt, der es bitter beklagt, daß der Hopfenbau nicht mehr so rentabel sei wie früher. Schuld hieran seien die auf Anrathen landwirthschaftlicher Heilkünstler über die Massen ausgedehnten neuen Hopfenanlagen und wird namentlich auch der im Jahre 1865 in Ellingen stattgehabten landwirthschaftlichen Versammlung gedacht, bei welcher allerdings Angesichts der niedern Getreidepreise empfohlen wurde, den Anbau der Cerealien möglichst einzuschränken, und dagegen mehr Futter- und Handelsgewächse, namentlich einen in Mittelfranken längst bekannten Freund, den Hopfen, zu bauen.

Hierauf brachte die Nr. 120 desselben Wochenblattes eine Berichtigung aus der Feder des Herrn Domänenpächters Grub. Der Herr Verfasser theilte uns ein Exemplar jenes Blattes mit der Ermächtigung mit, nach Belieben hievon Gebrauch zu machen, und wir glauben ganz im Interesse unserer Leser zu handeln, wenn wir diese Erwiderung hier wörtlich folgen lassen. Dieselbe lautet:

Unter dem Titel „Vom Spalter Lande" (Hopfen- oder Getreidebau) enthält Nr. 19 des Weissenburger Wochenblattes einen der Allgemeinen Hopfenzeitung entnommenen Artikel, dem einige Berichtigung entgegengehalten werden muß, da er eine offenbare Entstellung von Thatsachen enthält.

Der Artikel, der aus der Feder eines ausübenden oder rechnenden Landwirthes nicht geflossen sein kann, macht auf den ersten Blick den Eindruck, als ob er nicht in wohlgemeinter Absicht und zum Nutzen und Frommen der Landwirthschaft in die Oeffentlichkeit gegeben wäre, er erscheint vielmehr unverkennbar als eine Klagestimme aus dem Spalter Lande, der auf den Hopfenbau beinahe ganz und gar angewiesenen Gegend, die sich in ihren Interessen dadurch beeinträchtigt sieht, daß seit Jahren auch in anderen Gegenden der Hopfenbau an Ausdehnung gewinnt.

Der Herr Verfasser tritt in diesem seinem Klagetone vorwurfsvoll gegen die im Monat August 1865 in Ellingen stattgehabte Kreiswander-Versammlung auf, indem er dieselbe beschuldigt, sie hätte den Grundsatz aufgestellt:

„der Getreidebau sei für den bayerischen

„Landwirth nicht mehr lohnend, und nur der „Hopfenbau gewähre die besten Aussichten „und verdiene daher allseitig empfohlen zu „werden."

Diese Interpretation ist aber eine durchaus falsche, und zeugt davon, wie wenig der Herr Verfasser den damaligen Verhandlungen mit Aufmerksamkeit gefolgt ist.

Es wurde nämlich in fraglicher Versammlung gelegentlich einer eingehenden Besprechung der landwirthschaftlichen Krisis mit allem Gewichte hervorgehoben, daß in Folge der Ausdehnung der Bahnen nach den produktionsreichen östlichen Provinzen dem Getreidebau eine sehr große und gefährliche Concurrenz erwachse, und daß daher die Rentabilität desselben sehr in Frage gestellt werden müsse.

Und in der That, wer die außerordentliche Produktionskraft dieser Provinzen kennt, wer in den letzten Jahren die Conjunkturen des Getreidegeschäfts nur einigermassen mit Aufmerksamkeit und Berechnung verfolgt hat, der braucht kein National-Oekonom zu sein, um den Beweis führen zu können, daß bei **normalen Jahrgängen, zu denen das vergangene Jahr keineswegs gezählt werden kann**, die Getreidepreise auf ein mit den Ausgaben nicht mehr im Einklange stehendes Minimum herabsinken werden.

Von dieser Anschauung durchdrungen, ist man ferner zu der Ansicht gelangt, daß der landwirthschaftliche Betrieb für die Zukunft mehr nach merkantilischen Grundsätzen einzurichten sei, daß man sich hauptsächlich auf den Anbau solcher Gewächse zu werfen habe, die der Concurrenz ferner Gegenden nicht in dem Maaße preis gegeben sind, wie das Getreide, und daß man sich überhaupt nur mit dem beschäftigen solle, was am meisten rentire.

Es wurde demgemäß vor Allem, und hauptsächlich auf Hebung und Förderung der Viehzucht und auf ausgedehnten Futterbau verwiesen, und gleichzeitig auch hervorgehoben, daß da, wo die Boden- und climatischen Verhältnisse 2c. 2c. dazu angethan sind, auch den einträglicheren Handelsgewächsen, wie Hopfen, Reps 2c. mehr Aufmerksamkeit zuzuwenden sei.

Dieß ist im kurzen Umrisse der Sinn des einleitenden Vortrages über den damaligen Berathungs-Gegenstand.

Wenn nun der „Herr-Verfasser aus dem Spalter Lande" die Behauptung aufzustellen und zu verbreiten sucht, daß der Hopfenbau in den nächsten Jahren zu den unrentabelsten gehören werde, und daß derjenige, der nur einigermaßen vernünftig sein will, am besten den Hopfenbau einschränken oder gar ganz aufgeben soll, so möchte ich darauf hinweisen, daß nicht allein die hiesige Umgebung (Ellingen, Weissenburg 2c. 2c.) es ist, die in der Förderung des Hopfenbaues ihren Vortheil erblickt, sondern daß auch seit Jahren auswärts in Würtemberg, Baden, Sachsen 2c. 2c., wo die Landwirthe mindestens ebenso viele Fähigkeit und Berechnungsgabe entwickeln, als der „Herr Verfasser aus dem Spalter Lande", dem Hopfenbau die größte Aufmerksamkeit und Ausdehnung gegeben wird, und dieß überall zum größten Nutzen des Einzelnen und ganzer Gemeinden.

Ich bin in der Lage, Beispiele dafür anzuführen, daß in wenigen Jahren der Wohlstand ganzer Gemeinden durch die Pflege und Hebung der Hopfen-Cultur sich in so überraschender Weise gehoben hat, wie dieß durch den Getreidebau nie im Bereiche der Möglichkeit gewesen wäre.

Zahlen sprechen am deutlichsten, und so will ich durch Zahlen nachweisen, daß in hiesiger Gegend der Hopfenbau bis jetzt die geringste Rente nicht geliefert hat.

Ich schicke aber der Berechnung voraus, daß hier der Dünger für die Hopfengärten auf dem eigenen Gute erzeugt wird, daß er daher nicht so theuer zu stehen kommt, wie im Spalter Lande, wo durch theuren Zukauf von Futter- und Streumaterial die Düngerproduktion weit höher zu stehen kommt, und daß auf den kräftigen Böden der diesseitigen Gegend auf gleicher Fläche ein ungleich höheres Hopfenquantum erzeugt wird, als in dem leichten und zum Theil schon hopfenmüden Sandfeldern der Spalter Umgebung.

Obwohl hier in bevorzugten Lagen und günstigen Erntejahren schon 7 bis 8 Centner Hopfen pro Tagwerk geerntet worden, so nehmen wir als durchschnittlichen Ertrag nur 4 Ctr. an, wodurch sich bei einem nachweisbar 10jährigen Durchschnittspreise von 100 fl. per Ctr. ein Brutto Ertrag von 400 fl. per bayer. Tagw. entziffert.

Rechnen wir nun hievon den Zins vom Grundkapitale und von den Kosten der Anlage des Hopfengartens, die Abnützung der Stangen, den jährlichen Aufwand an Dünger und Arbeit mit circa 150 fl. per Tagw. ab, so entziffert sich bei einer Mittel-Ernte ein Reinertrag von 250 fl., ein Ertrag, der den Reinertrag aus dem Getreidefelde um mehr als das zwanzigfache übersteigt.

Wollen wir nun aber auch der Möglichkeit stattgeben, daß durch eine fortgesetzte allzugroße Ausdehnung des Hopfenbaues der Durchschnittspreis um die Hälfte, also auf 50 fl. sich reducirt, so bleibt auch in diesem ungünstigen Falle noch ein Reinertrag von 50 fl., der nahezu noch gleich steht mit dem Brutto-Ertrage einer gleichen mit Getreide bestellten Fläche.

Daß diese Zahlen aus der Wirklichkeit und Erfahrung gegriffen sind, dafür stehe ich ein und dafür bürgt auch der Umstand, daß noch in den letzten Jahren in hiesiger Flur Hopfengärten um den Preis von 1400 fl., 1800 fl. bis zu 2000 fl. per Tagw. erkauft worden sind und zwar von Producenten, die sich schon seit mehr als 20 Jahren mit der Hopfen-Cultur befassen und gleichfalls mindestens eben so gut zu rechnen verstehen, wie der Herr Verfasser des fraglichen Artikels.

Man ist weit entfernt, aus vorstehender Berechnung den Schluß ziehen zu wollen, man solle alle nur zum Hopfenbau tauglichen Grundstücke zu Hopfen niederlegen; im Gegentheil ist man der Ansicht, daß der Hopfenbau nur da vom großen Vortheile ist, wo man selbst so viel Futter und Stroh erzeugt, daß der Dünger auf dem eigenen Gute producirt werden kann, und zwar in so hinreichender Menge, **daß die kräftige Düngung des Hopfengartens nicht auf Kosten der Düngung der übrigen** Felder geht, denn je niederer die Getreidepreise, um so mehr Schäffel muß man per Tagw. zu erzeugen suchen und desto weniger darf es daher auch dem Getreidefelde an Dungkraft fehlen.

Wo aber, wie in hiesiger Gegend, Dünger-Verbrauch und Erzeugung im richtigen Verhältnisse stehen, da ist der Hopfen immer die einträglichste und empfehlenswertheste Cultur und wird dieß bei dem immermehr zunehmenden Verbrauch auch noch länger und um so sicherer bleiben, jemehr anderseits auch auf Hebung des künstlichen, die Dungkraft vermehrenden Futterbaues verwendet wird.

Mit großer Beruhigung konnte daher die landwirthschaftliche Kreiswanderversammlung vom Jahre 1865 den Hopfenbau mit als eine Quelle zur Förderung des materiellen Wohlstandes unseren Landwirthen empfehlen."

Jedem denkenden Landwirthe sind diese Worte gewiß aus der Seele gesprochen; möchten sie nur auch endlich ihren Wiederhall da finden, wo man sich immer wieder bemüht, die Bestrebungen des landwirthschaftlichen Vereines und seiner eifrigsten Mitglieder zu bekritteln und denselben feindselig entgegenzutreten. Die angefochtene Ellinger Versammlung wird sämmtlichen Theilnehmern noch wohl im Gedächtnisse sein; es herrschte damals nur Eine Stimme der allgemeinen Billigung und Anerkennung der von Herrn Grub in der vorliegenden Frage aufgestellten Behauptungen und entwickelten Vorschläge; sie sind heute noch ebenso vollgültig wie damals und wird sich deßhalb durch die Klage aus dem Spalter Lande auch Niemand abhalten lassen, Handelsgewächse und insbesondere Hopfen zu bauen, der genug selbsterzeugtes Futter und Stroh hat, der also nicht jeden Quadratfuß Land zu Hopfen cultivirt, sondern bedenkt, daß eine der Grundbedingungen für die Rentabilität des Hopfenbaues die ist, über möglichst viel und möglichst billigen Stalldünger als Hauptdünger verfügen zu können. Der richtige Hopfenpflanzer wird also vor Allem fortfahren, auch noch Getreide zu bauen, damit er Streustroh hat und Zeit und Geld nicht für Herbeischaffung der ärmlichen Waldstreu opfern muß; er wird aber auch unter allen thunlichen Formen Futter bauen, damit er nicht nöthig hat, solches oft um 4—5 fl. pr. Ctr. aus einer Entfernung von 5 Stunden herbeizuholen, mit kurzen Worten gesagt, der rechnende Landwirth wird sein Glück nicht auf Eine Nummer setzen.

Kurze Mittheilung.

Auf der Eisenbahnstation **Oberdachstetten** wurden im Jahre 1866 aus dem sog. Wald, Brünst und dem angrenzenden Württembergischen 45,000 fette Hämmel nach Frankreich und England verladen.

Anzeigen.

Schrannenzettel.

Schranne.	Datum	Waizen		Kern		Korn		Gerste		Haber	
		Mittelpreise									
		fl.	kr.	fl.	kr.	fl.	kr.	fl.	kr.	fl.	kr.
	März										
Ansbach	27.	23	58	23	54	17	38	—	—	8	13
Augsburg	22.	25	18	25	11	17	47	16	17	7	47
Bamberg	20.	23	55	—	—	18	17	—	—	8	42
Beilngries	21.	22	44	—	—	18	15	16	3	7	52
Dinkelsbühl	20.	24	38	24	38	19	21	17	4	7	44
Eichstätt	23.	24	28	—	—	19	8	15	21	8	27
Erlangen	23.	24	39	—	—	18	25	—	—	8	29
Gunzenhausen	21.	22	18	—	—	18	4	16	45	8	30
Kempten	27.	—	—	25	12	18	53	17	42	9	2
Landshut	22.	20	52	—	—	16	5	15	6	7	35
Lindau	23.	28	21	24	56	18	58	—	—	7	54
München	23.	23	56	—	—	16	23	16	15	7	48
Neuburg a/D.	27.	21	54	—	—	18	23	14	52	8	18
Nördlingen	23.	23	23	24	12	18	20	16	32	7	55
Nürnberg	23	23	33	—	—	17	45	16	34	9	12
Regensburg	23.	22	55	—	—	16	52	15	25	8	48
Rothenburg a/T.	23.	23	51	23	30	18	48	—	—	—	—
Schwabach	—	—	—	—	—	—	—	—	—	—	—
Schweinfurt	27.	24	31	—	—	19	40	15	37	8	42
Weißenburg	23.	22	54	—	—	18	45	16	18	8	34

Verantwortlicher Redakteur [illegible].   Druck von C. Brügel und Sohn in Ansbach.

Landwirthschaftliches Wochenblatt

Erscheint jede Woche einen halben Bogen stark und kann durch alle Poststellen bezogen werden.

Preis fürs ganze Jahr sammt Postaufschlag 1 fl. Inserate werden die gespaltene Petitzeile oder deren Raum auf 4 kr berechnet.

für Mittelfranken.

(Früher landwirthschaftliche Mittheilungen.)

Organ des landwirthschaftlichen Kreis-Comité für Mittelfranken.

Nr. 14. Ansbach, April 1867. I. Jahrgang.

Schutzmittel gegen die Rinderpest.

Die Rinderpest ist bis Anfang Februars in den Regierungsbezirken Düsseldorf und Münster im Ganzen in 6 Ortschaften zum Ausbruch gekommen. Von besonderem Interesse ist, daß sich in einzelnen Fällen eine Einschleppung durch Menschen — ihre Kleider oder andere Materialien — nicht nachweisen läßt. Die Annahme, daß das Kontagium, wie andere Stoffe, durch die Luft von dem ursprünglichen Orte der Erzeugung hinweggetragen und an einer der Einwirkung des Giftes zugänglichen Stelle abgelagert worden sei, liegt hier um so näher, als die Gehöfte, in welchen diese Art der Uebertragung zu vermuthen ist, solchen Orten auf holländischem Gebiete gegenüber liegen, in welchen die Viehseuche im höchsten Grade wüthet. Als ein Beispiel kann Bimmen, Kreis Cleve, genannt werden; auf der holländischen Seite, in Millingen, waren binnen wenigen Tagen 70 Stücke von der Pest befallen worden. Gegen eine Verschleppung des Ansteckungsstoffes in dieser Weise kann auch die strengste Absperrung nicht schützen.

Um so beachtenswerther ist die Nachricht, welche der „Nieuwe Rotterdamm'sche Courant" vom 9. Januar brachte, daß es einem großen Oekonomen in Beugelsdyk gelungen ist, durch tägliche Räucherungen mit Chlor seine Ställe, in welchen 170 Stück Vieh verstellt sind, frei von der Rinderpest zu erhalten, obgleich alles Vieh in nächster Nähe und in weiterer Entfernung davon ergriffen worden war. Das Verfahren, das hier angewandt wurde, ist sehr einfach. Ein Gemenge aus Liqu. cupri perchlor. concentrat. Unc 2, Chloroform Unc 1, Spiritus vini (25 Grad) Unc 24 wird, dreimal täglich, auf den Boden des Stalles gegossen und angezündet, alle Thüren und Fenster werden dicht geschlossen und in den Ställen des fetten Viehs eine halbe Stunde, in jenen des andern Viehs mindestens eine ganze Stunde geschlossen gehalten. Die Flüssigkeit wurde vor den Köpfen der Thiere ausgegossen, und zwar je eine Theetasse an vier Stellen. Ein dichter Dampf verbreitete sich durch die Verbrennung im ganzen Stall, der allmählich durch die Luftlöcher abzieht. In den ersten Tagen zeigte sich bei einigen Ochsen etwas Husten, der aber bald verschwand; Unruhe oder andere Bewegungen des Mißbehagens wurden bei dem Vieh nicht bemerkt; im Gegentheil, nach den äußeren Zeichen des Athmens zu urtheilen, scheint der Dampf, der auch für den Menschen nichts besonders Belästigendes an sich wurde die Errichtung mehrerer landwirthschaftlicher Fortbildungsschulen im Sinne der neuesten höchsten Ministerialentschließung für zweckmäßig erachtet, zugleich aber allgemein der Wunsch ausgesprochen, daß die aus der landwirthschaftlichen Fortbildungsschule entlassenen Jünglinge zu ihrer weiteren Ausbildung die landwirthschaftliche Winterschule in Ansbach besuchen sollen. Ein besonderes Vermarkungsgesetz wurde nicht für nöthig erkannt, dagegen die Revision der bestehenden Siebnerordnung beantragt und die Anschaffung des Schriftchens von Stadelmann über das Siebnerwesen empfohlen. Die Vorschläge in Betreff der Erbauung einer Vicinaleisenbahn von Wassertrüdingen durch den Wörnitzgrund nach Dinkelsbühl, Feuchtwangen u. s. f. im Sinne der Bekanntmachung vom 11. März 1867 (conf. landwirthschaftliches Wochenblatt Nr. 9 und 10.) fand anfänglich des den Betheiligten zugemutheten Kostenaufwandes halber keinen besonderen Anklang. Im Verlaufe der Berathung klärten sich jedoch die Anschauungen und man verließ den Gegenstand mit dem Wunsche, daß das landwirthschaftliche Bezirks-Comité denselben mit allem Nachdrucke weiter verfolgen und zu einem für den Bezirk glücklichen Abschlusse bringen möchte. Obstbaumzucht betreffend hielt Landwehrmajor Schmidtner einen sehr interessanten Vortrag über die beste Art der Erziehung junger Bäume, deren Verpflanzung, Veredlung und fernerm Pflege. Sein Antrag auf Gründung einer Bezirksbaumschule wurde angenommen, auch ferner beschlossen, daß Institutsgärtner Abel in Triesdorf veranlaßt werden solle, den ganzen Bezirk auf Vereinskosten zu bereisen und die nöthigen Erhebungen wegen Auswahl der empfehlenswerthesten Obstsorten zu machen. Schließlich wurde die Einrichtung des landwirthschaftlichen Kreditvereins erläutert und zur weiteren Betheiligung aufgefordert.

3) Landwirthschaftliche Versammlung in Feuchtwangen am 8. April 1867.

Gelegentlich einer Quartalsversammlung der Gemeindevorsteher veranstaltete das landwirthschaftliche Bezirkskomité unter dem Vorsitze des k. Bezirksamtmanns Scheidemantel eine Berathung folgender Fragen:

Hebung der Obstbaumzucht. Der Vorschlag, den Institutsgärtner Abel behufs Bestimmung der zuträglichsten Obstsorten den Bezirk bereisen zu lassen, fand Anklang. Bezüglich der landwirthschaftlichen Fortbildungsschulen wurde beschlossen, vorerst einige solcher Anstalten ins Leben zu rufen, dagegen fand der Vorschlag, betreffend die Erbauung einer Vicinaleisenbahn im Sinne der Bekanntmachung des landwirthschaftlichen Kreis-Comités vom 11. März d. Js. keine besondere Theilnahme, weil man in Feuchtwangen, wie im ganzen Bezirke mit Zuversicht darauf rechnet, daß die von Nürnberg nach Crailsheim in Aussicht gestellte Staatsbahn über Feuchtwangen geleitet, oder dieser Stadt wenigstens möglichst nahe gerückt werde.

4) Landwirthschaftliche Versammlung in Herrieden, am 10. April 1867.

Auch hier hielt der Vorstand des landwirthschaftlichen Bezirkscomité, kgl. Bezirksamtmann Scheidemantel gelegentlich einer Quartalversammlung der Gemeindevorsteher eine landwirthschaftliche Versammlung, in welcher behufs Hebung der Obstbaumzucht als zweckmäßig erachtet wurde, in den Schulen die Kinder mit der Obstbaumzucht vertraut zu machen. Landwirthschaftliche Fortbildungsschulen im Sinne der höchsten Ministerialentschließung sollen vorerst an einigen Orten errichtet werden. Ferner bewilligt das landwirthschaftliche Bezirkscomité für die beiden Theilnehmer an dem Lehrkurse über Ent- und Bewässerung in Triesdorf je einen Zuschuß von 10 fl.

Ueber Entwässerung.

(Fortsetzung.)

Wir lassen nun die eigentliche Behandlung der einzelnen Entwässerungsarten folgen.

1) Beseitigung des sich auf der Oberfläche sammelnden Tagwassers.

Mangel an Gefäll und zu große Bündigkeit des Bodens sind hauptsächlich schuld daran, wenn das Wasser auf der Oberfläche der Felder und Wiesen stehen bleibt.

Mangel an Gefäll. Es ist dieß ein Punkt, der entweder durch die natürliche Lage des Ackers oder der Wiese bedingt, oder der durch unzweckmäßige Beetanlage, durch Aufackerung der Köpfe 2c. künstlich herbeigeführt wird. Hat nämlich ein Acker oder eine Wiese zu wenig Abfall, oder gar Vertiefungen, so wird in denselben das Wasser um so leichter stehen bleiben, je bündiger der Boden auf seiner Oberfläche ist. Hier sind hohe Beete vor Allem am Platz; bei Vertiefungen soll man auffüllen. Oft gibt es auch Oertlichkeiten, wo es sich empfiehlt einen Durchstich durch das höher gelegene Land zu machen, und so das Wasser abzuleiten. Man läßt entweder den Durchstich offen, oder stellt in demselben eine gemauerte Dohle oder eine einfache Röhrenlage her. In wichtigen Fällen hat man schon solche Stellen durch sogenannte Stollen durchbrechen, und so das Wasser abgeleitet. Ein weiteres Verfahren, das Wasser aus solchen seichten Stellen abzuleiten, besteht darin, daß man an dem tiefsten Punkte sog. Senklöcher oder Senkgruben anlegt, was da zu empfehlen ist, wo sich Lager von grobem Sand, Kies, Geröll, oder zerklüfteten Felsen im Untergrund befinden, in denen das Wasser versinkt. Endlich muß noch der Vollständigkeit halber bemerkt werden, daß es tief gelegene große Länderstrecken gibt, die häufig unter Wasser stehen, wie in Holland die man mit Pumpen leer schöpft und trocken erhält. Diese Pumpen werden theils durch Göpelwerke, Wind und Dampf betrieben. Immer soll aber der Aufwand in einem günstigen Verhältnisse zu dem zu erwartenden Nutzen stehen, d. h. man soll in einem Fall, wo es sich nur um Trockenlegung von einigen Decimalen handelt, keinen Durchlaß anlegen, der vielleicht 120—200 fl. kostet, was sich ja leicht ausrechnen läßt, u. s. f.

Wenn die Beetrichtung der Art ist, daß das Wasser nicht ablaufen kann, so ändere man dieselbe, wenn es geht ab, oder ziehe die nöthigen Wasserfurchen. Sind die Köpfe hoch aufgeackert, was oft vorkommt und dann gewöhnlich Versumpfung der tieferliegenden Stellen verursacht, so trage man die Köpfe ab und fülle damit die seichten Lagen auf.

Wenn man bei gegenwärtiger nasser Witterung eine Reise macht, so kann man in der That Fälle genug sehen, in welchen mit größter Leichtigkeit das stehende Wasser abgeleitet und Tausende von Tagwerken in kurzer Zeit abgetrocknet und für die Sommerbestellung zugänglich gemacht, oder deren Wintersaaten von dem Verderben gerettet werden könnten; es bedarf ja häufig nur da oder dort eines kleinen Schlitzgrabens durch den Anwänder in den nächsten Straßengraben, oder einer unbedeutenden Vertiefung des Letzteren, um eine Masse Wasser abzuleiten, das sonst langsam verdunsten muß. Viele Felder mit schwerem Boden können in der That heuer nicht bestellt werden, weil man das Wasser, das durch ein paar Hiebe mit der Haue seinen Abfluß gefunden hätte, nicht ableitete. Und wie viel Zeit hätte man jetzt hiezu! Man sollte in der That nicht glauben, daß es noch einer besonderen Aufforderung oder Belehrung hiezu bedürfe.

(Fortsetzung folgt.)

Kurze Mittheilung.

Das kostspielige Jäten der Hirsesaaten durch Menschenhände kann erspart werden, wenn man diese Arbeit den Schafen überläßt. Durch Erfahrung ist erprobt, daß das Schaf die Hirse nicht anrührt, selbe verschmäht, und das in derselben vorkommende Unkraut sorgfältig aufnimmt, und kann dieses Ausweiden, wenn nöthig, wiederholt werden, wenn auch die Hirse bereits 6 bis 12 Zoll hoch ist. Auf dem Gutskörper Luhatschowitz wird das Jäten der Hirsesaaten alljährlich, jedoch stets bei trockener Witterung nur durch Schafheerden vollzogen, ohne irgend einen Nachtheil für diese Frucht.

Sämmtliche Dünger werden stets in gleichmäßiger Qualität unter Garantie für deren Gehalt und Feinheit geliefert und unter Controlle des landwirthschaftlichen Vereins und der agrikulturchemischen Versuchsstationen gestellt.

Kali-Dünger in entsprechender Weise mit Phosphorsäure-Düngern und Stallmist angewendet, ergeben bei
Rüben eine Erhöhung des Zuckergehaltes und eine Ertragssteigerung um 14 Proc.; bei
Kartoffeln eine Erhöhung des Stärkemehlgehaltes, gesunde Früchte und eine Vermehrung des Ertrages um 12 Proc.; bei
Getreidearten kräftigeren Halm, schwereres Korn und reichere Ernte; bei
Wiesen, namentlich nassen und sauren, Beseitigung der sauren Gräser und zwei- bis dreifache Steigerung der Heuernte; bei
Flachs längere u. steifere Stengel u. höheren Samenertrag; bei
Klee (Luzerne), Raps und besonders auch bei
Hülsenfrüchten erhebliche Ertragsvermehrung; bei
Wein Vermehrung der Trauben und Erhöhung des Zuckergehaltes der Beeren; endlich bei
Hopfen wesentliche Ertragsvermehrung und Qualitätsverbesserung.

Phosphoguano empfiehlt sich zur Kräftigung junger Saaten und zum Treiben.

Für sämmtliche Dünger, namentlich für Kali-Dünger, wird **Herbstdüngung** empfohlen.

Bei **Frühjahrsdüngung** sind die Dünger recht früh, Kali-Salze womöglich noch auf den Schnee vor Eintritt der nassen Jahreszeit aufzubringen.

Die Dünger werden in mit dem Fabrikzeichen plombirten Säcken von circa 200 Pfund Zollgewicht geliefert.

Analysen, Preislisten und Gebrauchsanweisungen gratis.

Die permanente Maschinen-Ausstellung von Scharrer & Co. in Nürnberg

empfiehlt

Patent-Häckselschneider zu 3 Schnittlängen mit Excenter-Schubwerk, wodurch stoßweises Vorrücken des Eingelegten, deßhalb gleichmäßigerer Schnitt und besonders leichter Gang erzielt wird, für Hand- und Riemenbetrieb. Ausrückung durch Hebel.

Futterschrotmühlen für Hand- u. Riemenbetrieb von fl. 48 an.

Französische Futterschrotmühlen, an die Wand oder auf Holzbock zu schrauben. Die Mühle hauptsächlich für Schweinefütterung à fl. 9.

Rübenschneider aller Art, von fl. 21 an.

Butterfässer, deutsche, amerikanische, und Lavelsche-Patent.

Fleischschneidmaschinen neuester Construction (Hauptverlag für Bayern) zu 30, 40—50 und 60 Pfd. feinstes Wurstfleisch per Stunde.

Neue Patent-Speckschneidmaschinen (Timon) zu Würfeln und Prismas.

Decimal-Waagen von 1 Ctr. bis zu den größten Viehwaagen.

Gartengießmaschinen, auch als sehr wirksame **Feuerspritze** zu gebrauchen, mit Saugrohr und Schlauch fl. 100 ab Nürnberg.

Alle Arten **Pflüge** und **Eggen**, sowie überhaupt alle **landwirthschaftliche Maschinen** aus den besten Fabriken zu Fabrikpreisen.

Wir erachten es für angemessen unsere verehrten Abnehmer von Dampfdreschmaschinen darauf hinzuweisen, daß wir auch in diesem Jahre tüchtige Maschinisten zur Besorgung der etwa vorkommenden Reparaturen bereit halten.

Die näher rückende Dreschzeit läßt es nöthig erscheinen die Maschinen schon jetzt in gehörigen Stand zu setzen und bedarf es nur einer einfachen Mittheilung von Seite der Genossenschaften, um in diesem Fache besonders bewährte Monteure sofort zur Verfügung zu haben.

Reservetheile jeder Art liegen stets bei uns bereit.

München 28. März 1867.

Werle & Rueberer,
Vertreter von R. Hornsby and Sons in Grantham in England.

Schrannenzettel.

Schranne.	Datum	Waizen		Kern		Korn		Gerste		Haber	
		Mittelpreise									
		fl.	kr.	fl.	kr.	fl.	kr.	fl.	kr.	fl.	kr.
Ansbach .	6. Apr.	24	14	24	10	18	32	—	—	8	33
Augsburg .	29. März	24	51	24	55	17	43	16	21	7	59
Bamberg .	30. „	24	15	—	—	18	32	15	45	6	19
Bellngries .	—	—	—	—	—	—	—	—	—	—	—
Dinkelsbühl	27. „	24	28	24	28	18	53	16	40	7	38
Eichstätt .	30. „	24	12	—	-	19	16	15	6	8	25
Erlangen .	30. „	24	45	—	—	19	19	—	—	9	—
Gunzenhausen	4. Apr.	22	24	—	—	17	57	16	25	8	23
Kempten .	27. März	—	—	25	12	18	53	17	42	9	2
Landshut .	29. „	19	3	—	—	16	4	15	12	7	46
Lindau . .	30. „	28	30	24	56	18	42	—	—	8	48
München .	30. „	23	24	—	—	16	30	16	36	7	58
Neuburg a/D.	27. „	21	54	—	—	18	23	14	52	8	18
Nördlingen	30. „	22	30	24	9	18	44	16	13	8	7
Nürnberg .	2. Apr.	22	59	—	—	17	48	16	57	9	15
Regensburg	30. März	22	31	—	—	16	45	15	55	9	—
Rothenburg o. T.	30. „	24	7	23	40	19	24	16	7	—	—
Schwabach .	—	—	—	—	—	—	—	—	—	—	—
Schweinfurt	3. Apr.	24	15	—	—	19	22	15	56	8	57
Weißenburg	30. März	22	15	—	—	18	34	16	9	8	14

Verantwortlicher Redakteur C. Clasen. Druck von C. Brügel und Sohn in Ansbach.

Landwirthschaftliches Wochenblatt

Erscheint jede Woche einen halben Bogen stark und kann durch alle Poststellen bezogen werden.

Preis für's ganze Jahr sammt Postaufschlag 1 fl. Inserate werden die gespaltene Petitzeile oder deren Raum auf 4 kr. berechnet.

für Mittelfranken.

(Früher landwirthschaftliche Mittheilungen.)

Organ des landwirthschaftlichen Kreis-Comité für Mittelfranken.

Nr. 16. Ansbach, April 1867. I. Jahrgang.

Inhalt: Bekanntmachung, das Programm der in Aschaffenburg stattfindenden X. Wanderversammlung bayerischer Landwirthe. — Bienenzucht. — Anzeigen. — Schrannenzettel.

Die Berliner Samenkartoffeln sind angekommen, und wollen die Besteller sofort die nöthigen Säcke an das landwirthschaftliche Kreiscomité einsenden.

Bekanntmachung.

Im Nachgange veröffentlichen wir das Programm für die in Aschaffenburg stattfindende X. Wanderversammlung bayerischer Landwirthe.

Ansbach, den 16. April 1867.

Kreiscomité
des landwirthschaftlichen Vereins für Mittelfranken.

* *
*

Programm für die am 21. und 22. Mai 1867 in Aschaffenburg stattfindende X. Wanderversammlung bayerischer Landwirthe.

I. Die durch Beschluß der IX. Wanderversammlung bayerischer Landwirthe in Kempten für das Jahr 1866 nach Unterfranken und Aschaffenburg bestimmt gewesene, aber wegen der kriegerischen Ereignisse des letzten Jahres aufgeschobene X. Wanderversammlung bayerischer Landwirthe findet nunmehr nach Beschluß des unterfertigten vorbereitenden Comite's **am 21. und 22. Mai 1867 in Aschaffenburg** statt und wird bemerkt, daß bei Wahl dieser Tage die am 23. Mai in Heidelberg stattfindende Versammlung badischer Landwirthe und die am 24., 25. und 26. Mai in Mannheim stattfindende Mastviehausstellung besonders berücksichtiget wurden.

II. Als Berathungsgegenstände werden folgende Fragen aufgeworfen:

1. Worin liegen die Ursachen der gegenwärtigen Ackerbaukrisis, in welcher Weise und mit welchen Mitteln wäre derselben wirksam zu begegnen?
2. Welche Richtung in der Schafhaltung empfiehlt sich am meisten in Unterfranken, welche Zielpunkte lassen sich am erfolgreichsten in der Schafzucht verfolgen und mit welchen Mitteln?
3. Genügt das Arrondirungsgesetz vom 10. Novem-

der 1861 dem landwirthschaftlichen Bedürfnisse, besonders in Unterfranken, nach welcher Richtung wäre gegebenen Falles dasselbe abzuändern oder zu ergänzen?

4. Welche Wünsche hat die ausübende Landwirthschaft Bayerns gegenüber der bevorstehenden sozialen Gesetzgebung?

III. Ausflüge finden statt:

a. am Nachmittage des 21. Mai zu Fuß auf das Dr. Varrentrapp'sche Gut Nilkheim nächst Aschaffenburg, und

b. am Nachmittage des 22. Mai per Eisenbahn auf das Freiherrlich von Gemmingen'sche Gut Unterbessenbach bei Laufach.

IV. Die Theilnehmer der Versammlung, deren gastlicher Empfang bereits für den 20. Mai sowohl am Bahnhofe, als in den Versammlungslokalitäten eingeleitet ist, erhalten gegen Entrichtung eines Mitgliederbeitrages von 1 fl. 30 kr. die Legitimationskarte nebst Schleife und werden denselben zugleich passende Wohnungsgelegenheiten kundgegeben.

V. Die Berathungen beginnen Vormittags 9 Uhr.

An beiden Tagen ist für gemeinsames Mittagessen und ebenso an den Abenden einschlüssig des Vorabends für gemeinsame gesellige Unterhaltung gesorgt.

Die Ausflüge finden unmittelbar nach dem Mittagessen statt.

Alles Nähere ist auf der Rückseite der Legitimationskarte zu ersehen.

Um die Einquartierung der Gäste, wozu, soweit die Gasthöfe nicht ausreichen, Privatwohnungen freundlichst angeboten sind, entsprechend besorgen zu können, wird an die Theilnahmslustigen das dringende Ansuchen gestellt, ihre Theilnahme beim Lokalkomité in Aschaffenburg 8 Tage vor der Versammlung anzeigen zu wollen.

Würzburg und Aschaffenburg im April 1867.

Das vorbereitende Comité.

Frhr. v. Thüngen-Roßbach als I. Vorstand.
Frhr. v. Hallenberg als II. Vorstand.
Kraus. Frhr. v. Gemmingen. Graf Holnstein. Dr. Kittel.
Kopp. Frhr. von Thüngen-Zeitlofs. Dr. Varrentrapp.
Dr. Pogner.

Rede des Herrn Privatier Flachenegger aus Zirndorf, gehalten bei der Eröffnung des Musterbienen-Standes im Landesverein für Bienenzucht (nach Dzierzon) in Zirndorf am 8. April 1867.

Die Bienenzucht, nach Dzierzon's Manier mit beweglichem oder herausnehmbarem Bau rationell betrieben, gewährt dem Bienenwirthe so viele reine Freuden und Vergnügungen, sie gibt ihm im Verhältniß zu der geringen Kapitalanlage so bedeutenden Nutzen, daß es zu verwundern ist, sie in unserer Gegend noch meist vernachlässigt und verkannt zu sehen, während sie doch anderwärts schon so große Fortschritte gemacht hat, und für viele eine Quelle des Wohlstandes geworden ist.

Die Einwendungen, welche gewöhnlich gemacht werden, daß die Bienenzucht wegen geringerer Ausdehnung der Waldungen und der fortgeschrittenen Bodencultur nicht mehr ausgiebig sei, sind unstichhaltig und beruhen auf Vorurtheilen; denn ist es auch wahr, daß die Ackercultur den Bienen manche wildwachsende Blüthe entzogen hat, so läßt sich doch nicht läugnen, daß durch die Blüthen einer Menge der Culturpflanzen ihnen dieser Verlust reichlich ersetzt wird.

Ist also die Bienenzucht bei uns nicht mehr das, was sie in früheren Zeiten war, so muß der Grund jedenfalls wo anders, und zwar in der schlechten, oder eigentlich gar keiner Behandlung zu suchen sein.

Will ein Bienenwirth mit Nutzen arbeiten, so muß er vor Allem die Natur der Bienen kennen, er muß Gelegenheit haben, in das Innere des Stockes zu blicken, um das Leben, die geheimnißvollen Eigenschaften und die bewunderungswürdige Thätigkeit des Bienenvolkes, vom Eie an bis zur vollkommen entwickelten Biene, beobachten und studiren zu können.

Hat er sich hierüber Kenntnisse erworben, weiß er, was den Bienen nützt und was ihnen schadet, ist ihm bekannt, wo und wie er bei vorkommenden Abnormitäten im Bienenstocke einschreiten soll, dann wird ihm auch für seine Sorgfalt und seine Auslagen in geistiger und materieller Beziehung reicher Lohn zu Theil. Denn daß die rationelle Bienenzucht lohnend ist, und zwar in einem Maas, wie kein anderer Zweig der Landwirthschaft, das ist gewiß, und durch Männer schlagend nachgewiesen, welche dieselbe schon viele Jahre mit Umsicht und Liebe betreiben, und an deren Glaubwürdigkeit auch nicht der geringste Zweifel obwalten kann.

Männer von jedem Stande beschäftigen sich mit der Bienenzucht, und alle sind des Lobes voll, jeder findet bei Beobachtung seiner Bienen seine Freude. Wäre es auch möglich, den Bau und das Leben in einem Bienenstock genau zu betrachten, ohne zur vollsten Bewunderung hingezogen zu werden? Hier eine Tafel, auf welcher Hunderte von Bienen beschäftigt sind, die Zellen zu reinigen, aus denen eben junge Brut ausgeschlüpft, um sie zum Aufspeichern des Honigs oder zur neuen Aufnahme von Eiern in Bereitschaft zu setzen, dort eine andere Tafel mit Eiern und Maden, auf der Tausende von Bienen für Futter und Wärme sorgen; Dutzende, von der Tracht heimkehrend, laufen eiligst mit ihren gelben Höschen der Tafel entlang, ihre Beute am geeigneten Orte abzugeben, und schnell wieder davonzueilen zum neuen Sammeln, von frühem Morgen bis zum späten Abend, ohne Rast, ohne Ruhe; — dort kommt die Königin, das Oberhaupt des Stockes, majestätisch und mit gemessenen Schrittchen, besieht sich die Zellen, ob sie auch rein geputzt, und belegt sie von Zelle zu Zelle wandelnd, mit Eiern, bis die Tafel voll und alle Zellen besetzt sind; — hier eilt wieder eine andere Biene mit verdorbener Brut oder einer Wachsmotte in ihrer Zange aus dem Stock, um so den Bau von Allem, was nicht hineingehört, zu reinigen.

Die Ordnung, der Fleiß, die Reinlichkeit und Sparsamkeit ist in einem Bienenhaushalt vereinigt wie nirgends, und lehrt seine Betrachtung dem Christen die Allmacht und die wunderbaren Einrichtungen Gottes verehren und anbeten, dem Gelehrten gibt sie Stoff zu wichtigen Forschungen im Naturleben, dem Geschäftsmanne bietet sie ein Vorbild des Fleißes und der Ordnung.

Die Bienen geben aber auch ihrem Pfleger den köstlichen Honig auf die Tafel, und produziren Wachs für so mannigfaltige Fabrikationen; den Armen und den Kindern vergönnen sie die Freude, ihr Stückchen Brod mit Honig zu versüßen, und auch dem Geizhals zollen sie ihren Tribut mit blanken Thalern.

Drum frisch auf zur Bienenzucht, suchen wir durch Einigkeit im gemeinsamen Streben dem Ziele, die Bienenzucht zu heben und zu beleben, uns immer mehr zu nähern, zeigen wir durch Wort und That, durch theoretischen und praktischen Unterricht dem Unkundigen den Weg zur Theilnahme an dem Segen, welchen uns der liebe Gott durch die Bienen spendet.

Weil aber das Beispiel im gewöhnlichen Leben mehr nützt, als theoretische Belehrung, so wende man eine besondere Sorgfalt auf unseren Musterstand, man statte ihn mit vortheilhaften Bienenwohnungen aus und beweise praktisch, was die Bienen bei geeigneter Pflege zu leisten vermögen und leisten. Insbesondere zeige man, wie man Bienenvölker mit Sicherheit vermehrt, halte aber auch Honigstöcke, um zu zeigen, was ein ungetheiltes Bienenvolk in einem Jahre zu sammeln im Stand ist.

Thun Sie das, hält das verehrliche Directorium seine Aufgabe stets fest im Auge und besuchen die Vereinsmitglieder die Monatsversammlungen recht fleißig, so wird der Verein sich mehr und mehr vergrößern, durch sein Beispiel neue Zweigvereine hervorrufen, und der Landesverein für Bienenzucht, der gegenwärtig in 3 Abtheilungen ungefähr aus 500 Mitglieder besteht, wird in kurzer Zeit ebensoviele Tausende zählen. — Dann wird die Bienenzucht, bis jetzt vernachläßigt, auch bei uns wieder zu Ehren kommen, und gerne wird jeder den Bienen eine ruhige Stelle anweisen, wo sie zum Nutzen und zur Freude des Pflegers ihre Thätigkeit entwickeln, und zur allgemeinen Hebung der Landwirthschaft nicht wenig beitragen können und werden.

Die eigene Freude des Bienenzüchters, der eigene Nutzen, aber auch der Eifer für die gemeinsame Wohlfahrt muß uns dann zu einem Völklein im Volke vereinigen, welches hauptsächlich dahinstrebt, daß die Bienenzucht immer größeren Aufschwung gewinne, und die Bienenstände von Dorf zu Dorf, von Land zu Land sich mehren und ein Segen für den Einzelnen sowohl als für die Gesammtheit werden.

Kommt es dahin, daß sich auf einer Quadratmeile durchschnittlich nur 500 Bienenstöcke befinden, so würde Bayern mit 1400 □ Meilen, den Stock zu 10 fl. — berechnet, hierin ein Kapital von 7 Millionen repräsentiren, welche — per Stock nur 5 fl. jährlichen Nutzen gerechnet, — einen Jahresertrag von $3\frac{1}{2}$ Millionen abwerfen würden, eine Summe, groß genug, um Alle, die Sinn für das Schöne und Nützliche haben, zu veranlassen, Hand ans Werk zu legen, daß diese Idee zur Wirklichkeit werde; Mögen die Regierungen ihrerseits durch ihren moralischen Einfluß auf Geistliche, Lehrer und Vorsteher mitwirken, daß diese Herren, unterstützt durch ihre Stellung und Intelligenz, das Ihre beitragen zur Krönung des Werks, und der liebe Gott wird uns seinen Segen nicht versagen! — Amen!

A n z e i g e n.

Schrannenzettel.

Schranne.	Datum	Waizen		Kern		Korn		Gerste		Haber	
		Mittelpreise									
		fl	kr	fl	kr	fl	kr	fl	kr	fl	kr
	April										
Ansbach	10. „	24	29	23	53	19	15	—	—	9	22
Augsburg	5. „	24	13	24	27	17	50	16	22	7	54
Bamberg	3. „	24	9	—	—	18	40	16	15	—	—
Beilngries	—	—	—	—	—	—	—	—	—	—	—
Dinkelsbühl	3. „	24	14	24	14	18	52	16	5	7	39
Eichstätt	6. „	23	47	—	—	19	5	14	49	8	31
Erlangen	6. „	24	25	—	—	19	24	—	—	9	1
Gunzenhausen	11. „	23	11	—	—	18	5	16	9	8	41
Kempten	3. „	—	—	24	50	18	39	17	28	9	6
Landshut	5. „	21	22	—	—	16	6	15	45	7	45
Lindau	6. „	28	35	25	4	18	42	—	—	8	18
München	6. „	23	26	—	—	16	35	16	36	7	53
Neuburg a/D.	3. „	21	32	—	—	18	23	14	56	8	31
Nördlingen	6. „	23	57	23	56	18	17	16	2	8	6
Nürnberg	9. „	23	51	—	—	18	40	16	24	9	24
Regensburg	6. „	22	15	—	—	16	36	14	53	8	59
Rothenburg o.T.	8. „	24	24	23	55	19	48	15	45	—	—
Schwabach	5. „	25	12	—	—	17	—	—	—	9	—
Schweinfurt	10. „	24	2	—	—	18	53	15	42	8	57
Weißenburg	6. „	22	42	—	—	18	34	15	55	8	45

Verantwortlicher Redakteur C. Classen. Druck von C. Brügel und Sohn in Ansbach.

Landwirthschaftliches Wochenblatt

Erscheint jede Woche einen halben Bogen stark und kann durch alle Poststellen bezogen werden.

Preis für's ganze Jahr sammt Postaufschlag 1 fl. Inserate werden die gespaltene Petitzeile oder deren Raum auf 4 kr. berechnet.

für Mittelfranken.

(Früher landwirthschaftliche Mittheilungen.)

Organ des landwirthschaftlichen Kreis-Comité für Mittelfranken.

Nr. 17. Ansbach, April 1867. I. Jahrgang.

Mittheilungen über meine während eines siebenzehnjährigen Betriebes dahier gemachten Erfahrungen.

Von Gutspächter Groß in Hartershofen, landwirthschaftlichen Bezirks Rothenburg o./T.

Unsere Markung liegt gerade auf der Grenze zwischen der Muschelkalk- und Keuper-Formation; nach Westen und Süden Ersterer, nach Norden und Osten Letztere; jede Bodenart wird natürlich anders behandelt und ich werde versuchen die verschiedenen Bodeneigenschaften und Bearbeitung näher zu beschreiben.

a) Die hiesige Feldeintheilung.

Es sind in hiesiger Gegend meistens große Bauernhöfe, von welchen je zwei etwa vor 100 Jahren immer zusammen gehört haben; damals wurden sie nicht so gut bewirthschaftet wie jetzt und blieb viel Land öde liegen, sämmtliches Vieh mußte sich von Walburgi bis Martini sein Futter auf der Weide suchen, Futtergewächse wurden wenig oder gar keine gebaut, und der Ertrag der Aecker war natürlich wegen Mangel an Dünger und guter Bearbeitung gering.

Nach und nach sah der Landmann ein, daß weniger Aecker und gut gedüngt mehr eintragen, als viel und schlecht behandelte, und so entschloß er sich sein Gut zu theilen und jeden Acker zu halbiren, wovon man sich jetzt noch auf den Markungskarten überzeugen kann.

Seit dieser Zeit sind nur sehr wenige Aenderungen in der Feldeintheilung vorgekommen; die Güter bestehen hier meist aus 60—100 Tagwerk, welche nicht getheilt werden, sondern auf Eines der Kinder übergehen; die Parzellen sind ziemlich groß und werden außer dem Stadtfeld noch rein flürlich bewirthschaftet, weßhalb sich das Bedürfniß zu einer Arrondirung nicht zeigt. Eine gewannweise Arrondirung wäre in vielen Markungen sehr wünschenswerth, aber wie überall trennt sich der Besitzer ungern von seinem Grundstück, und so wird es noch eine geraume Zeit währen, bis die gesetzlich nothwendige Zahl in einer Gemeinde die Arrondirung verlangt, und dazu geschritten werden kann.

Eine Regulirung der Feldwege dürfte auf weniger Widerstand stoßen und wäre theilweise nothwendig.

b. Bodeneigenschaften, Bodenbearbeitung.

In unserer Keupergegend ist der Boden sehr schwer, so daß man oft genöthigt ist vier Stück Zugvieh vor einen Pflug zu spannen; es ist ein schwerer Thonboden mit einem undurchlassenden Untergrund von allen Farben, blau, roth, schwarz und gelb, aber durchgängig kalkhaltig.

Wegen der undurchlassenden Eigenschaft, die dieser Boden besitzt, ist es auch notdwendig, Beetkultur beizubehalten und es sind in der ganzen Gegend die sogenannten Bifänge im Gebrauch; Beete von 8—10 Furchen werden in neuerer Zeit häufig angelegt und bewähren sich gut. In den Muschelkalkfeldern könnte man die Beete ohne Gefahr größer machen, aber die Vertiefung der Ackerkrume durch Anlage größerer Beete gibt im Anfang oft Rückschläge, besonders im sogenannten Melbenboden und darf nur mit großer Vorsicht oder stärkerer Zufuhr von Dünger vorgenommen werden.

c. Geräthe.

Den alten hölzernen Pflug sieht man hier nur noch zur Zeit der Herbstsaat, nachdem das Feld schon dreimal mit eisernen Pflügen durchgeackert ist; der hölzerne Pflug wendet nicht so gut um, er streicht die Erde mehr auf die Seite, und wird zur Unterbringung der Saat von Vielen dem eisernen vorgezogen. Außerdem wird Alles mit einem, dem brabanter Pflug ähnlichen, geackert, und allgemein findet man, daß die Bifänge sehr rein und sauber geackert sind.

Eggen hat man verschiedene, einfache für die Bifänge eingerichtet und gegliederte; auch die brabanter Egge wird auf den 8—10 furchigen Beeten angewendet.

Die Sommerfrucht-Bestellung ist in jedem Boden verschieden. Im leichten Boden wird allgemein im Herbst gestürzt und im Frühjahr erst, wenn es recht abgetrocknet ist, gesäet, untergeackert und bald darauf geeggt.

Im schweren Boden wird nicht gestürzt, sondern im frühen Frühjahr, sowie der Frost weg ist, gesäet und untergeackert, dann bleibt die Saat oft 4 Wochen lang liegen, bis sie geeggt wird. Wenn es noch Frost gibt, was in der Regel der Fall ist, dann eggt sich das Feld schön; friert es aber nicht mehr, dann bleibt das Land schollig und voller Schnitten. Es kostet diese Bestellung sehr viel Saamenfrucht, indem viel verackert, und von dem Vieh in der großen Nässe in den Boden getreten wird. Diese Art Bestellung gefiel mir von Anfang an nicht und ich machte deßhalb einen Versuch und ackerte das Feld im Herbst, zwei Bifänge zusammengeschlagen, gehörig herum und eggte den Hafer im Frühjahr nicht so früh ein, was sich recht schön machte und mir seit 16 Jahren immer gute Hafer-ernten brachte.

Die schwere brabanter Egge oder die Luzernegge sind hierzu ganz geeignet; diese Bestellungsart hat schon viele Nachahmung gefunden und würde noch mehr finden, wenn die Leute unserer Gegend mehr zu großen Beeten eingerichtet wären; der Eine hat keine Egge, der Andere kann größere Beete nicht säen, der dritte kommt im Herbst nicht zum Stürzen, und so bleibt es beim Alten. Auf Bifängen geht das Eineggen nicht, weil zu viel Körner in die Furche fallen. Das weiße, sogenannte Melbenfeld wird zuletzt gesäet, und es ist ein solcher Acker auf Jahre verdorben, wenn er feucht bestellt wird.

Die Walze wird zur Sommerbestellung häufig angewendet, aber das Brachfeld sieht man nicht walzen, was doch so sehr viel zur schnellen Verrottung des Mistes beiträgt.

d) Drainage.

Die Drainage hat sich zwar nicht in dem Maße ausgebreitet, wie es nöthig wäre, woran hauptsächlich die trockenen Jahre in dem letzten Jahrzehnt schuld sind; jedoch sind die Naßgallen und Quellen theils mit Steinen, theils mit Röhren drainirt. So wie wieder einmal nasse Jahre kommen, werden sich gewiß Genossenschaften bilden, und größere Drainagen ausführen. Es ist nur recht zu bedauern, daß die Röhrenpresse auf Burgstall stille steht, und wir die nächsten Röhren von Lichtenau beziehen müssen.

e) Düngung, Pferch, Kunstdünger, Brache.

Der Werth einer guten Düngerbereitung scheint in hiesiger Gegend noch nicht ganz erkannt zu werden; man sieht immer noch zu viel Mistjauche weglaufen, auch ist oft die Anlage der Miststätte der Art, daß beim geringsten Regenwetter das Wasser den Mist durchdringt und wegläuft; Auffanglöcher sind zwar hie und da angelegt, mitunter mit Pumpen, aber die Mehrzahl der Miststätten dürfte besser angelegt sein.

Es wird übrigens häufig auf dem Dung und um denselben herum Erde gefahren, was immer von großem Werth ist. Die Hauptausfuhr des Dunges geschieht, wenn das Feld gebracht ist; hier bleibt er in Haufen liegen, bis zum 2. mal gebracht wird.

Obgleich die alten Bauern sagen, der Mist müßte ausdörren, bevor er untergeackert wird, so kann ich mich mit dieser Behandlung nicht einverstanden erklären; es geht durch das lange Liegen in Haufen viel verloren, und halte ich es für besser den Mist gleich, nachdem er ausgefahren ist, wenn es die Witterung erlaubt, unterzuackern. Auf diese Art verrottet der Dünger bald, und ist zur Zeit der Saat so vertheilt und zerseßt, daß die Körner mit ihren feinen Würzelchen Nahrung finden können.

Die Schafweide in der Brache leidet auf diese Weise etwas Noth, denn auf gedüngtem Feld frißt das Schaf nur sehr ungern; es wird aber Nirgends gleich Alles gedüngt, und bleibt auf den nicht gedüngten Aeckern noch Nahrung genug für die Schafe. Die Düngung der Wiesen geschieht hier mit großer Sorgfalt; der Compost oder Mist wird mit vielem Fleiß zerkleinert und auch Streudünger angewandt.

Von Norddeutschen wird das Düngen der Wiesen oft getadelt und als Verschwendung betrachtet, aber diese ziehen nicht die Qualität des Futters und den Schutz, welchen der Mist im Frühjahr den Wiesen gewährt, in Betracht. Es hat das Heu von gedüngten Wiesen oft einen doppelten Nahrungswerth als das von nicht gedüngten.

(Fortsetzung folgt.)

Kurze Mittheilungen.

Erprobte, hauptsächlichste Grundsätze bei dem Anbau von Kartoffeln.

1) Man lege die Kartoffeln nur in einem vollkommen lockeren, unkrautreinen Acker, und zwar um dieselben bei der Bearbeitung nicht zu versetzen, in den Zeilen 3, in den Reihen 15 bis 18 Zoll, je nach Größe der Saatkartoffeln von einander.

2) Man verwende nur ganze und große Kartoffeln zum Samen. Es ergab auf gleichem Boden, bei gleicher Bestellung und Düngung ein sächsischer Acker: belegt mit 10½ Schäffel geschnittenen Zwiebelkartoffeln 83 Schäffel, belegt mit 18 Schäffel ganzen Zwiebelkartoffeln aber 134 Schäffel; ferner belegt mit 10 Schäffel Nierenkartoffeln 119 Schäffel, und belegt mit 20 Schäffel ganzen, ausgewachsenen Nierenkartoffeln 165 Schäffel; endlich belegt mit 10½ Schäffel abgeschnittenen Kuppen der Zwiebelkartoffeln 140 Schäffel, belegt mit 21 Schäffel ganzen Zwiebelkartoffeln 178 Schäffel. — Je geringer die Kraft des Bodens, um so größer ist der Unterschied zwischen geschnittenen und ungeschnittenen Kartoffeln zum Nachtheil der ersteren.

3) Man egge die Kartoffeln, bevor das aufgelaufene Unkraut mehr als zwei Blätter angesetzt hat, wiederhole, wo nöthig, das Eggen, wenn dasselbe einige Zoll herangewachsen ist. Statt der Egge oder dieser vorangehend in Verbindung mit derselben wird die belgische Ackerschleife (ein großes Eggengestell, aber ohne Zinken, nur mit Reisern hinterwärts durchflochten, um den Boden damit zu reiben,) namentlich bei sehr klosigem Acker, mit bestem Erfolge angewandt.

4) Das Behäufeln nehme man so zeitig als möglich, so bald vor, als ein Ueberschütten des jungen Kartoffelkrautes mit Erde nicht mehr zu befürchten ist, und zwar in der Regel nur einmal, und lasse dem Hacken die Furchenegge sogleich oder bald folgen; die gereinigte und gelockerte Erde ziehe man mittelst eines leichten Zuges mit dem Handrechen vollkommen in die Pflanzenreihen. Diese Arbeit erfordert pr. sächs. Acker (2¼ Morgen preuß.) nicht mehr als 12 bis 16 Weiber-Arbeitsstunden. Ein zweites Behäufeln wirkt wegen der unvermeidlichen Beschädigung der Wurzeln stets nachtheilig auf den Ertrag. Nur bei sehr schwerem, durch Regen leicht sich verhärtenden Boden kann dieses wiederholte Behäufeln sich rechtfertigen.

5) Man schneide oder hacke das Kraut, so lange dasselbe noch grün ist, nie ab. Ein ange-

stellter Versuch hat ergeben, daß von 1 Acker Land, bei welchem das Kraut am 20. September abgeschnitten worden war, 43 Schäffel Kartoffel weniger gerntet wurden, als auf dem übrigen Felde.

Zur Aussaat von Schafweiden auf Sandboden wurde auf Grund mehrjähriger Erfahrungen im Verein Oebisfelde folgendes Gemenge empfohlen:

6 Pfd. Schafschwingel, Festuca ovina.
6 Pfd. englisch Raygras, Lolium perenne.
4 Pfd. Knaulgras, Dactylis glomerata.
$1^1/_2$ Pfd. Timothegras, Phleum pratense.
2 Pfd. weißen Klee, Trifolium repens.
2 Pfd. Wundklee, Anthyllis vulneraria.

Im feuchten Niederungslande muß Timothegras vorwalten, hiernach Raygras und Knaulgras. Eine zweijährige Weide ist vortheilhafter als die einjährige, doch muß die letzte Frucht vor der Weide gedüngt werden; man habe dann aber auch eine zweijährige üppige Weide und diese, mit Knochenmehl gedüngt, gewähre wieder eine gute Roggenernte. Es verlange obige Mischung jedoch gemergelten Boden, wenn der Sand an sich nicht schon etwas besser ist. Zu bemerken sei noch, daß die Aussaat der Gräser am Besten im Herbst zwischen den Winterroggen geschehe und zwar vor dem letzten Eggenstrich, auch weißen Klee habe man in dieser Weise noch am 6. November gesäet und sei der Klee ganz gut geworden. (Frauend. Blätter.)

Anzeigen.

Schrannenzettel.

Schranne.	Datum	Waizen		Kern		Korn		Gerste		Haber	
		Mittelpreise									
		fl	kr	fl	kr	fl	kr	fl	kr	fl	kr
	April										
Ansbach	17. „	23	15	24	45	20	49	—	—	9	36
Augsburg	12. „	24	50	26	25	18	19	16	9	8	—
Bamberg	10. „	—	—	24	15	18	14	—	—	6	52
Beilngries	—	—	—	—	—	—	—	—	—	—	—
Dinkelsbühl	10. „	24	56	24	56	19	7	16	29	7	40
Eichstätt	13. „	—	—	24	36	19	59	15	45	8	58
Erlangen	13. „	—	—	25	8	19	—	—	—	9	10
Gunzenhausen	—	—	—	—	—	—	—	—	—	—	—
Kempten	10. „	25	8	—	—	18	51	17	24	9	1
Landshut	17. „	—	—	22	12	16	40	15	9	8	9
Lindau	13. „	24	46	28	21	18	29	—	—	8	30
München	13. „	—	—	23	48	16	47	16	25	6	8
Neuburg a/D.	10. „	—	—	22	4	18	41	15	15	8	31
Nördlingen	13. „	24	13	23	20	19	20	16	13	8	20
Nürnberg	16 „	—	—	24	2	—		16	34	10	17
Regensburg	13. „	—	—	22	20	16	58	16	24	9	7
Rothenburg a. T.	13. „	24	36	24	44	20	41	—	—	—	—
Schwabach	13. „	—	—	25	6	17	30	—	—	9	—
Schweinfurt	—	—	—	—	—	—	—	—	—	—	—
Weißenburg	13. „	—	—	23	49	19	40	15	46	8	57

Verantwortlicher Redakteur C. Glaser.

Druck von C. Brügel und Sohn in Ansbach.

Landwirthschaftliches Wochenblatt

Erscheint
jede Woche einen halben Bogen stark und kann durch alle Poststellen bezogen werden.

Preis
für's ganze Jahr sammt Postaufschlag 1 fl. Inserate werden die gespaltene Petitzeile oder deren Raum auf 4 kr. berechnet.

für Mittelfranken.

(Früher landwirthschaftliche Mittheilungen.)

Organ des landwirthschaftlichen Kreis-Comité für Mittelfranken.

Nr. 18. Ansbach, Mai 1867. I. Jahrgang.

Bekanntmachung.

(Fohlenpreisvertheilung und Wanderversammlung des landwirthschaftlichen Bezirksvereines Windsheim betr.)

Dem Antrage des landwirthschaftlichen Bezirksvereines Windsheim entsprechend wird auf

Freitag den 17. Mai d. Jrs.

eine Preisevertheilung für diejenigen Hengst- und Stuten-Fohlen veranstaltet, welche von den Hengsten der Vereinsbeschälstation Windsheim aus den Beschälperioden 1864 und 1865 abstammen, d. h. welche im Jahr 1865 und 1866 gefallen, und somit jetzt $2^1/_2$ und $1^1/_2$ jährig sind.

Die betreffenden Pferdezüchter werden hiemit eingeladen, ihre aus jener Beschälzeit von den Vereinshengsten der Station Windsheim abstammenden Hengst- und Stutenfohlen sammt den Mutterstuten

Freitag den 17. Mai d. Js.

längstens bis Vormittags 9 Uhr nach Windsheim zu bringen und sie auf dem freien Platze bei dem städtischen Schießhause aufzustellen.

Die ausgesetzten Preise betragen:

16 fl., 14 fl., 12 fl., 10 fl., 8 fl., 6 fl., 4 fl., 2 fl., 1 fl. 45 kr. und 1 fl.

Auch erhält jeder Preisträger eine Preisfahne und ein Preisbuch.

Ueber die Preiswürdigkeit entscheidet eine besondere für diesen Zweck niedergesetzte Commission.

Nach der Preisevertheilung findet die Vereinsversammlung statt.

Dieselbe wird mit einem Vortrage über den Gypsreichthum der Stadt und des Bezirkes Windsheim, über die Bedeutung des Gypses für die gesammte vaterländische Landwirthschaft u. Industrie und über die dringende Nothwendigkeit einer Eisenbahnverbindung zwischen Steinach, Windsheim und Neustadt a/A., namentlich behufs leichteren und billigeren Versandtes des Gypses eröffnet werden. Hierauf kommen besondere Wünsche und Anträge aus der Mitte der Versammlung zur Berathung, und wird einer zahlreichen Betheiligung an der Fohlenpreiſevertheilung und an der darauf folgenden Verſammlung entgegen geſehen.

· Ansbach, den 28. April 1867.

Kreiskomite

des landwirthſchaftlichen Vereins für Mittelfranken.

I. Vorſtand.

v. Feder.

Claſſen.

Mittheilungen über meine während eines ſiebenzehnjährigen Betriebes dahier gemachten Erfahrungen.

Von Gutspächter Groß in Hartershofen, landwirthſchaftlichen Bezirks Rothenburg o/T.

(Fortſetzung.)

Compoſt wird viel bereitet und auf die Wieſen verwendet, nur wird oft der Fehler begangen, daß derſelbe zu früh verwendet und zu wenig umgearbeitet wird. Es ſollte jeder Landwirth wenigſtens 2 Compoſt-Haufen haben, und dieſelben immer erſt nach 2 Jahren ausfahren. Es gibt immer ſo viel Zeit, daß man dieſelben bei ſchlechtem Wetter gehörig umſtechen und mit allerlei Abfällen wie Kalk, Aſche, Bauſchutt und Dünger miſchen kann. Auch werden die Haufen nicht immer richtig aufgeſetzt. Ein guter Compoſthaufen muß die Form eines Daches haben, daß das Waſſer abfließt; er muß ſchön locker und ſoll unten nicht breiter ſein als 10′, damit die Luft wirken kann, welche dazu beiträgt, daß ſich der Haufen ſchnell zerſetzt.

Pferch wird überall angewendet, und Dünger aus der Stadt zu ſchönen Preiſen angekauft.

Künſtlicher Dünger wird wohl hie und da verwendet, aber allgemein iſt er noch nicht. Vor einigen Jahren wurde in der Gegend ein Kunſtdünger verkauft, welcher meiſtens Torfmulle enthielt und ſchlecht wirkte. Dieſe Erfahrung hat viele Landwirthe abgeſchreckt und das Vertrauen zu Kunſtdüngern geſchwächt. So wie aber, wie in ſicherer Ausſicht ſteht, bei Rothenburg eine Knochenmühle errichtet wird, dürfte ſämmtliches dort erzeugte Knochenmehl im hieſigen Bezirke zur Verwendung kommen.

Brache. Gebracht wird in unſerm ſchweren Boden noch ſehr viel; außer Klee wendet man keine Brachfrucht an. Die beſte Brache iſt hier, wenn es recht trocken herumgebrochen wird, wie faſt überall. In der Regel wird dreimal vor der Saat geackert, bei trockenem Sommer reicht aber auch zweimal, und iſt es oft beſſer nicht eher wieder zu ackern, als bis ſich der Boden geſetzt hat. Meine ſchönſten Ernten habe ich in dem ſchweren Boden nach bloß zweimaligem Ackern gemacht, und werde ich in Zukunft immer nur zweimal brachen; es ſetzt ſich der Boden und die kleinen Würzelchen der Saatfrucht finden gleich Feuchtigkeit, während ſie in zu trockenem Boden, welcher leicht austrocknet, nicht eindringen können.

Der leichtere Boden, Mergel- und Muſchelkalklehm wird 3mal geackert, es werden aber auch hier Brachfrüchte wie Rüben, Kartoffel ꝛc. gebaut.

e) Fruchtfolge. Allgemein iſt in der Gegend die Dreifelderwirthſchaft. Es wird zwar auf dem leichten Boden etwas Brachfrucht gebaut, aber doch im Ganzen wenig. In dem ſchweren Boden kann man keine Hackfrüchte anbauen, aber Futtergewächſe wie Klee, Wicken, Bohnen gerathen dort recht gut.

Vor Allem, ehe man an Brachfrüchte denkt, muß der Acker mehr Dünger und eine tiefere Ackerung erhalten, dann kann man nach und nach mit Brachfrüchten anfangen.

Alſo vor Allem Futterfelder angelegt, daß der Dunghaufen größer und beſſer wird, die Miſtjauche auf Wieſen oder Aecker gefahren, den Acker im Herbſt gehörig geſtürzt, dann kann man erſt zu einer andern Fruchtfolge ſchreiten, z. B. Fruchtwechſel, wo immer eine Halmfrucht mit einer Blattfrucht abwechſelt. In ſchweren Feldern ſollten ſich die Beſitzer vereinigen Schafweide in die Winterfrucht zu ſäen, und nach 2 Jahren wieder umbrechen, was gewiß in mancher Gemeinde, welche keine natürliche Schafweide beſitzt, ſehr nothwendig wäre.

In meinen leichten Feldern habe ich folgende Fruchtfolge mit gutem Erfolg.

1. Jahr ſtark gedüngte Brache.
2. Jahr Reps.
3. Jahr Korn mit Klee.

4. Jahr Klee.
5. gedüngt Weizen.
6. Kartoffel und Wickfutter, Runkeln.
7. Gerste.

Bei dieser Fruchtfolge wird der Acker in sieben Jahren einmal gebracht und zweimal gedüngt, und bleibt recht rein von Unkraut. Ein Hauptmißstand bei der Dreifelder-Wirthschaft ist, daß man sein Heil blos im Körnerbau sucht, aber nicht immer findet. Es wird zu wenig Futter gebaut, das Winterfutter besteht meist aus Stroh, welches doch hauptsächlich zum Streuen da ist. Das Vieh leidet Noth, der Dünger ist schlecht, kurz es ist eine Wirthschaft, welche zu jetzigen Verhältnissen nicht mehr paßt, bei welcher unsre Renten zu gering bleiben, und der Landwirth, wenn er keine andere Hülfsmittel hat, nicht mehr bestehen kann.

(Fortsetzung folgt.)

Kurze Mittheilungen.

Habt Acht!

Die Rinderpest ist nahe.

Diese schreckliche Seuche, welche Euren ganzen Wohlstand bedroht, ist in Untersteinach, k. Landgerichts Stadtsteinach in Oberfranken ausgebrochen; sie hat bereits 12 Ställe ergriffen und schon sind ihr 36 Stücke Rindvieh zum Opfer gefallen.

Wir empfehlen jedem Landwirth das so eben erschienene Schriftchen:

Belehrung über die Rinderpest.

Nach amtlichen und sonstigen zuverlässigen Quellen bearbeitet.

Der Reinertrag ist für die Nationalinvalidenstiftung bestimmt.

Linnich, Druck und Verlag von C. Quos.

Als Hauptvorsichtsmaßregeln werden in diesem Schriftchen empfohlen:

1. Kaufe vor Allem kein fremdes Rindvieh;
2. Kaufe auch keine fremden Schafe, Ziegen, Schweine, Hunde, Federvieh u. s. f.;
3. Kaufe kein Stroh, Heu, Dünger, Wolle, wollene und andere Stoffe;
4. Sei vorsichtig beim Verkauf;
5. Lasse keine Viehhändler, Metzger, überhaupt keine fremden Menschen in deinen Stall;
6. Gehe nicht in Ställe, in welchen die Krankheit herrscht;
7. Sei überhaupt vorsichtig im Verkehr mit fremden Leuten, im Wirthshause, auf Reisen ꝛc.;
8. Halte deine Leute vom Verkehr mit Fremden ab.
9. Wenn dein Vieh weidet, so sorge dafür, daß es nicht mit dem Vieh des Nachbarn in Berührung kommt.

Beobachte diese Vorschriften gewissenhaft und dein Vieh wird vor Ansteckung bewahrt bleiben.

Preis des Schriftchens $3^1/_2$ Kreuzer.

In den nächsten Tagen werden 1000 Exemplare des Schriftchens vom landwirthschaftlichen Kreis-Comité an die landwirthschaftlichen Bezirks-Comités zur Vertheilung an die Gemeinden hinausgegeben. Gemeindevorsteher und Lehrer werden es sich Angesichts der großen Gefahr angelegen sein lassen, in öffentlichen Versammlungen den Inhalt des Schriftchens und die Allerhöchste Verordnung, Maßregeln gegen die Rinderpest betr., Kreisamtsblatt Nr. 114 Jahrgang 1866 bekannt zu geben und zu erklären.

Bauernsprüche.

Der Winter gepflügt, ist halb gedüngt.

Der Sandboden frißt den Dung und der Steinboden die Schneid'.

Durch Pflügen in der Nässe wird der Thonboden vergiftet.

Für den Thonboden ist der Frost der beste Ackersmann.

Lieber ein Fuder Mergel auf den Mist, als zwanzig auf den Acker.

Frühsaat trügt selten, Spätsaat oft.

Der Frühsäer hat die Zeit vor sich, der Spätsäer hinter sich.

Wer über Winter zu dünn und über Sommer zu dicht säet, braucht seine Scheunen nicht größer zu machen.

Wie der Acker, so die Rüben; wie die Saat so die Ernte.

Den Weizen schneid' in der Gülbe, den Spelz untergrün, den Roggen in der Vollreife.

Zu Georgi soll ein Rabe sich im Roggen verbergen können.

Wer den Acker pflegt, den pflegt der Acker.

Arm ist nicht, wer wenig hat, sondern wer viel bedarf.

Zur Haushaltung gehören vier Pfennige: ein Nothpfennig und ein Zehrpfennig, ein Ehrpfennig und ein Wehrpfennig.

Gutes machen, so viel man kann, ist besser, als warten bis man das Beste machen könnte.

Der Tröler ist ein Bruder des Schelmen, und sein Vetter ist im Zuchthaus gewesen.

Ein Sonntagsschöpplein thut dir besser als jeden Tag eine Halbe.

Maulwurfhaufen im März zerstreut
Lohnen sich zur Erntezeit.

Gut gefuttert — viel gebuttert.

Treibst auf schlechte Weid' die Kuh,
So verlierst du die Milch und den Mist dazu.

Striegel und Streu thun mehr als Heu.

Es ist kein Wässerchen noch so klein,
Es bringt einen Zentner Heu dir ein.

Wasch' und striegle dein Schwein,
Es bringt dir's zehnfach ein.

Wer verderben will, und weiß nicht wie,
Der halte nur viel Federvieh.

Wer sein Geld nicht kann lassen liegen,
Der kaufe Tauben, dann sieht er's — fliegen.

Mühlenwarm und ofenwarm
Macht den reichsten Bauern arm.

(Tschudi, landwirthschaftliches Lesebuch.)

Anzeigen.

Schrannenzettel.

Schranne.	Datum	Waizen		Korn		Kern		Gerste		Haber	
		Mittelpreise									
		fl	kr	fl	kr	fl	kr	fl	kr	fl	kr
	April										
Ansbach .	24. „	24	47	24	17	19	46	—	—	9	11
Augsburg .	17. „	23	42	24	23	18	14	16	15	6	36
Bamberg .	17. „	24	23	—	—	18	6	—	—	—	—
Beilngries .	—	—	—	—	—	—	—	—	—	—	—
Dinkelsbühl	17. „	26	8	26	5	19	35	16	26	8	12
Eichstätt .	20. „	24	47	—	—	20	14	—	—	9	26
Erlangen .	20. „	24	49	—	—	18	59	—	—	9	45
Gunzenhausen	25. „	25	4	—	—	19	28	17	12	9	18
Kempten .	24. „	—	—	25	30	19	14	17	12	9	18
Landshut .	—	—	—	—	—	—	—	—	—	—	—
Lindau . .	20. „	26	23	25	43	—	—	—	—	—	—
München .	20. „	23	32	—	—	16	26	16	2	8	9
Neuburg a/D.	24. „	22	20	—	—	19	47	14	46	9	20
Nördlingen	20. „	24	59	25	40	19	14	16	18	9	30
Nürnberg .	23 „	23	7	—	—	-		17	15	10	27
Regensburg	20. „	22	29	—	—	17	26	15	13	9	22
Rothenburg. .	20. „	24	53	24	26	—	—	—	—	—	—
Schwabach .	—	—	—	—	—	—	—	—	—	—	—
Schweinfurt	24. „	24	29	—	—	19	30	15	31	9	51
Weißenburg	20. „	24	19	—	—	20	26	16	22	9	12

Verantwortlicher Redakteur C. Glaser.

Druck von C. Brügel und Sohn in Ansbach.

Landwirthschaftliches Wochenblatt

Erscheint ebe Woche einen halben Bogen stark und kann durch alle Poststellen bezogen werden.

Preis für's ganze Jahr sammt Postaufschlag 1 fl. Inserate werden die gespaltene Petitzeile oder deren Raum auf 4 kr. berechnet.

für Mittelfranken.

(Früher landwirthschaftliche Mittheilungen.)

Organ des landwirthschaftlichen Kreis-Comité für Mittelfranken.

Nr. 19. Ansbach, Mai 1867. I. Jahrgang.

Bekanntmachung.

Im Nachgange veröffentlichen wir die von der kgl. Regierung von Mittelfranken, Kammer des Innern erlassenen, im Kreisamtsblatt Nr. 42 enthaltenen oberpolizeilichen Vorschriften gegen die Rinderpest.

Ansbach, den 4. Mai 1867.

Kreiskomite

des landwirthschaftlichen Vereins für Mittelfranken.

I. Vorstand.

v. Feder.

Classen.

K. Num. 18276.

(Oberpolizeiliche Vorschriften gegen die Rinderpest betr.)

Im Namen Seiner Majestät des Königs.

Inhaltlich höchster Ministerial-Entschließung vom 28. vor. Mts. ist in Untersteinach, Bezirksamts Stadtsteinach, im Kreise Oberfranken, der Ausbruch der Rinderpest konstatirt und sind bis jetzt 12 Stallungen von der Seuche ergriffen und 86 Thiere erkrankt.

Anläßlich dieser Thatsachen, sowie in Vollziehung eines höchsten Auftrages werden hiemit auf Grund des Art. 363 des Strafgesetzbuches und des §. 23 der Allerh. Verordnung vom 6. Dezember 1866, Maßregeln gegen die Rinderpest betr., für den Regierungsbezirk Mittelfranken nachstehende oberpolizeiliche Vorschriften erlassen:

§. 1.

Jede Erkrankung oder Verendung beim Rindvieh, es mag ansteckende oder nicht ansteckende Krankheit gegeben seyn, — mit einziger Ausnahme jener Fälle, welche lediglich durch äußere Verletzungen hervorgerufen sind — ist von dem betreffenden Thierbesitzer **ohne den geringsten Verzug** der Polizeibehörde des Ortes anzuzeigen, auf dessen Markung sich das betreffende Thier jeweils befindet.

§. 2.

Der Vorstand der Ortspolizeibehörde und in dessen Verhinderung der Stellvertreter desselben hat **ungesäumt** den angezeigten Erkrankungs- oder Verendungsfall unter thunlichst genauer Beschreibung der Krankheits-, beziehungsweise Verendungs-Erscheinungen dem zuständigen Bezirksthierarzte mitzutheilen.

§. 3.

Ergibt sich aus dieser Mittheilung auch nur der geringste Verdacht der Möglichkeit einer ansteckenden Krankheit, so hat der Bezirksthierarzt sofort an Ort und Stelle eine gründliche Thiervisitation vorzunehmen und diese Visitation nicht blos auf die verdächtigen Thierstücke, sondern auf den gesammten Rindviehstand, sowie nach Umständen auch auf die Schafe und Ziegen der betreffenden Gemeinde (bei kombinirten Gemeinden in dem betreffenden Orte, Weiler oder Einöde) zu erstrecken und je nach Befund, sowie nach Maßgabe der einschlägigen Vorschriften sofort das Entsprechende vorzukehren, beziehungsweise zu veranlassen.

§. 4.

Bei Verendungsfällen hat der Thierarzt unter allen Umständen mit der Visitation die Sektion des Thierkörpers zu verbinden und sich im Uebrigen nach den Anordnungen im vorstehenden §. zu richten.

§. 5.

Zuwiderhandlungen gegen diese Vorschriften werden auf Grund des Art. 363 des Strafgesetzbuches mit Arrest oder an Geld bis zu 150 fl. und wenn in Folge der Zuwiderhandlung fremdes Vieh von der Seuche ergriffen wurde, mit Gefängniß bis zu 1 Jahr oder an Geld bis zu 400 fl. bestraft. Zugleich verliert der richterlich verurtheilte Viehbesitzer den Anspruch auf Entschädigung für seine nach Maßgabe der Eingangs allegirten Verordnung etwa getödtet werdenden eigenen Thiere. Die selbstständige Disciplinar-Einschreitung gegen die Vorstände der Ortspolizeibehörden und deren Stellvertreter, sowie gegen die Thierärzte bleibt vorbehalten.

§. 6.

Die Wirksamkeit dieser Vorschriften beginnt mit dem Tage ihrer Bekanntmachung durch das Kreisamtsblatt.

Ansbach, den 1. Mai 1867.

Königliche Regierung von Mittelfranken,

Kammer des Innern.

von Feder, Präsident.

Gromeder.

* * *

An sämmtliche Distriktspolizeibehörden und Bezirksärzte des Regierungsbezirkes.

(Maßregeln gegen den Ausbruch der Rinderpest betr.)

Im Namen Seiner Majestät des Königs.

Mit Bezugnahme auf die in derselben Nummer des Kreisamtsblattes erlassenen oberpolizeilichen Vorschriften gegen den Ausbruch der Rinderpest vom Heutigen ergehen nachfolgende weitere Anordnungen:

I.

Die erwähnten oberpolizeilichen Vorschriften sind sofort auf angemessenem Wege, insbesondere durch die Bezirksamtsblätter, beziehungsweise durch die politischen Tagesblätter zur Kenntniß des gesammten betheiligten Publikums zu bringen.

In den Landgemeinden hat außerdem die Verkündung derselben vor versammelter Gemeinde zu erfolgen, und haben sich die kgl. Bezirksämter innerhalb kurzer Frist die Publikationsnachweise vorlegen zu lassen.

II.

Gleichzeitig ist auf passende Weise dafür zu sorgen, daß das betheiligte Publikum über den wesentlichen Inhalt der Allerh. Verordnung vom 6. Dezember 1866 „Maßregeln gegen die Rinderpest betr.", sowie der zugehörigen Beilagen derselben (Kreisamtsblatt Jahrgg. 1866 Nr. 114) verständiget, aufgeklärt und belehrt werde.

Hiebei ist ganz besonders zu betonen, daß

1) ein hauptsächliches Schutzmittel gegen die Rinderpest und ihre Verheerungen in der eigenen persönlichen Wachsamkeit und Sorgfalt der Viehbesitzer liegt, daß
2) nur durch rechtzeitige Anzeige einer etwa vorkommenden Erkrankung irgend welcher Art die Bürgschaft für die rasche Unterdrückung der Seuche, sowie die Verhinderung ihrer Weiterverbreitung gegeben werden kann, daß
3) durch Verheimlichung von Krankheitsfällen die allgemeinen Wohlfahrtsinteressen auf das Schwerste gefährdet werden und zugleich der verheimlichende Viehbesitzer seine eigenen Interessen selbst am meisten schädiget, indem erfahrungsgemäß die Verheimlichung auf die Dauer doch nicht ermöglichet ist, der Viehbesitzer eine solche Verheimlichung mit den schweren Strafen des Gesetzes büßen muß

und der Wohlthat der vollen Entschädigung für die getödteten eigenen Thiere verlustig wird.

III.

Bereits durch die im Kreisamtsblatte Jahrg. 1862 S. 1149 u. ff. erlassenen oberpolizeilichen Vorschriften zu Art. 122 des Polizeistrafgesetzbuches ist angeordnet, daß auf allen Pferde-, Rindvieh- und Schafmärkten von der Ortspolizeibehörde eine Aufsicht durch den verpflichteten Thierarzt zu bestellen ist, welcher zu konstatiren und der Ortspolizeibehörde anzuzeigen hat, wenn durch ansteckende oder seuchenartige Erkrankungen verdächtige Thiere vorhanden sind.

Diese Vorschrift wird hiemit in Erinnerung gebracht und deren strengste Handhabung eingeschärft.

Die Ortspolizeibehörden, sowie Tierärzte sind in diesem Sinne nachdrücklich anzuweisen, und ist die wirkliche Durchführung dieser Vorschrift sorgfältigst zu überwachen.

IV.

Den Wasenmeistern sind mit besonderer Verfügung die denselben gemäß der oberpolizeilichen Vorschriften vom 4. Juni 1862 (Kreisamtsblatt S. 1151 u. ff.) aufliegenden Verpflichtungen zur pünktlichsten Darnachachtung einzuschärfen und sind die durch die erwähnten Vorschriften angeordneten Control-, sowie Visitations-Maßregeln Seitens der Distrikts-, wie Ortspolizeibehörden, der kgl. Bezirks- und der Thierärzte lebendiger und häufiger, als solches unter normalen Verhältnissen zu geschehen pflegt, in Vollzug zu setzen, demgemäß insbesondere die Wasenstätten bis auf Weiteres mindestens allmonatlich einer unvermutheten und strengen Visitation zu unterstellen.

Die Wasenmeister sind namentlich an ihre Verpflichtung zu erinnern, jeden Verdacht der Erkrankung eines gefallenen Thieres an einer ansteckenden Krankheit unverzüglich zur Anzeige zu bringen (§. 10, loc. cit.), die vorgeschriebene Uebersicht über die in ihren Bezirken gefallenen und abgedeckten Thiere pünktlichst zu führen (§. 12 loc. cit.) und dem Verbote, kranke Thiere zur Fütterung oder Beobachtung aufzunehmen, gewissenhaftest nachzukommen (§. 13 loc. cit.).

V.

Die Fleischbeschauer sind mittelst besonderer Verfügungen zum strengsten Vollzuge der oberpolizeilichen Vorschriften vom 14. Juni 1862, sowie der Instruktion vom nämlichen Tage (Kreisamtsbl. Jahrgang 1862 Seite 1159 und ff.) anzuweisen und insbesondere auf die §§. 7 mit 9 der Instruktion und die dort gegebenen Belehrungen und Anweisungen wiederholt aufmerksam zu machen.

Zugleich ist denselben und namentlich den sogenannten empirischen Fleischbeschauern die strengste Handhabung der Bestimmungen unter Ziff. IV. der oberpolizeilichen Vorschriften in Bezug auf das Verfahren bei Seuchen nachdrücklich einzuschärfen.

VI.

Die Distriktspolizeibehörden werden es sich angelegen sein lassen, sich mit den Bestimmungen der Allerhöchsten Verordnung vom 6. Dezember und den hiezu ergangenen Vollzugsvorschriften nach ihrem vollen Umfange, insbesondere rücksichtlich der den Distriktspolizeibehörden dort zugewiesenen Zuständigkeiten und Obliegenheiten vertraut zu machen und werden dieselben zugleich auf ihre durch Art. 363 des Strafgesetzbuches begründete Befugniß direkter Einschreitung bei ansteckenden Viehkrankheiten aufmerksam gemacht.

In gleichem Sinne sind die Ortspolizeibehörden bezüglich der denselben nach Maßgabe der nämlichen Vorschriften zukommenden Rechte und Verpflichtungen aufzufordern und sind dieselben insbesondere auf den gewissenhaften Vollzug des §. 13 Abs. 3 der Allerhöchsten Verordnung vom 6. Dezember v. Js. hinzuweisen, wornach Personen, welche aus einem Seuchorte kommen, unter den dort bestimmten Voraussetzungen unter ortspolizeilicher Aufsicht sich ausreichend zu reinigen haben, gleichwie auch auf den genauen Vollzug der oberpolizeilichen Vorschriften vom 10. vor. Mts. (Kreisamtsblatt S. 597 u. f.) aufmerksam zu machen.

Die Thierärzte werden für verpflichtet erklärt, über den Inhalt der ihnen nach Maßgabe der oberpolizeilichen Vorschriften vom Heutigen zukommenden ortspolizeilichen Mittheilungen den Distriktspolizeibehörden von 8 zu 8 Tagen Bericht zu erstatten. Falls aus den erwähnten Mittheilungen sich ein Verdacht einer ansteckenden Krankheit ergibt, haben die Thierärzte sofort an die Distrikts-polizei-Behörden zu berichten und bleiben selbstverständlich im Uebrigen die Bestimmungen der allerhöchsten Verordnung bezüglich der Anzeigepflicht des thierärztlichen Personales vom 13. Juli 1862 (Kreisamtsblatt S. 1809) in Anwendung.

Die unterfertigte königl. Stelle erwartet von den Thierärzten, welche von dem Inhalte gegenwärtigen Ausschreibens besonders in Kenntniß zu setzen sind, daß solche die Bedeutung der ihnen durch die allerhöchste Verordnung vom 6. Dezember vor. Irs. zugedachten Wirksamkeit richtig erkennen und berufsgetreu bemüht sein werden, die aufhabenden Pflichten nach allen Richtungen ebenso rasch als gründlich zu erfüllen.

Die Ortspolizeibehörden werden sich nicht allein durch die im Falle der Pflichtwidrigkeit zu gewärtigende richterliche Straf- sowie Diszilinareinschreitung, sondern insbesondere durch ein reges, dem Interessen der Einzelnen wie der Gesammtheit gewidmetes Pflichtgefühl zu einer lebendigen und sorgsamen Erfüllung aller Obliegenheiten bestimmen lassen und den Wasenmeistern sowie Fleischbeschauern ist zu eröffnen, daß etwaige Pflichtwidrigkeiten derselben außer der strafrichterlichen Aburtheilung je nach Umständen die Dienstentlassung, beziehungsweise Einstellung des Gewerbsbetriebes oder Einziehung der Gewerbs-Concession zur Folge haben müßte.

Von den Distriktspolizeibehörden wird erwartet, daß dieselben mit einer der Wichtigkeit des Gegenstandes entsprechenden Sorgfalt diesen Gegenstand behandeln und mit genauer Beachtung der im gegenwärtigen Ausschreiben enthaltenen Gesichtspunkte nach Maßgabe der eigenen Zuständigkeiten nunmehr das weiter Geeignete verfügen werden.

Die k. Bezirksärzte haben, insoweit durch die bestehenden Vorschriften deren Zuständigkeit begründet ist, sonach insbesondere rücksichtlich der unter Ziffer III. IV. und V dieses Ausschreibens berührten Punkte die entsprechende Mitwirkung eintreten zu lassen.

Schlüßlich vertraut die unterfertigte Stelle zu den betheiligten Kreisbewohnern, daß dieselben in richtiger Würdigung des tiefen Ernstes der vorwürfigen Angelegenheit, sowie im wohlverstandenen eigenen Interesse die bestehenden Vorschriften nach allen Richtungen hin gewissenhaft beachten und die Vollzugsbehörden nach Kräften unterstützen werden, auf daß es der vereinten Thätigkeit der Behörden und der Verwalteten gelingen möge, eine Seuche von den mittelfränkischen Gauen fernezuhalten, deren ganz ungewöhnliche Gefährlichkeit und Ansteckungskraft nur zu sehr geeignet ist, den Wohlstand ganzer Gegenden auf lange hinaus zu erschüttern.

Ansbach, den 1. Mai 1867.

Königliche Regierung von Mittelfranken,

Kammer des Innern.

von Feder, Präsident.

Gromeder.

Kurze Mittheilungen.

Bauernsprüche.

Wenn der Schimmel über die Hecke guckt, ist's Zeit zur Hafersaat.

Frühhafer — Schwerhafer.

Wer Rüben säen will, muß den Pflug an den Erntewagen hängen.

(Tschudi, landwirthschaftliches Lesebuch.)

Schrannenzettel.

Schranne.	Datum	Waizen		Kern		Korn		Gerste		Haber	
		Mittelpreise									
		fl.	kr.	fl.	kr.	fl.	kr.	fl.	kr.	fl.	kr.
	April										
Ansbach .	27. "	24	42	—	—	18	17	—	—	9	27
Augsburg .	26. "	26	25	25	23	18	35	16	3	8	34
Bamberg .	27. "	25	31	—	—	19	3	—	—	7	55
Beilngries .	—	—	—	—	—	—	—	—	—	—	—
Dinkelsbühl	24. "	25	54	25	54	20	19	16	21	8	57
Eichstätt .	27. "	24	—	—	—	19	54	15	30	8	57
Erlangen .	27. "	25	2	—	—	18	51	—	—	9	31
Gunzenhausen	25. "	25	4	—	—	19	23	17	12	9	18
Kempten .	—	—	—	—	—	—	—	—	—	—	—
Landshut .	26. "	23	2	—	—	16	57	14	55	6	13
Lindau . .	27. "	25	22	28	44	19	1	—	—	—	—
München .	27. "	24	2	—	—	17	22	15	47	8	5
Neuburg a/D.	24. "	20	20	—	—	19	47	14	46	9	20
Nördlingen	27. "	25	43	25	—	20	6	16	22	9	42
Nürnberg .	27. "	23	38	—	—	-	-	16	19	10	25
Regensburg	27. "	23	11	—	—	17	46	15	44	9	28
Rothenburg .	27. "	24	25	25	12	20	12	—	—	—	—
Schwabach .	—	—	—	—	—	—	—	—	—	—	—
Schweinfurt	1. M.	24	19	—	—	19	—	14	45	10	1
Weißenburg	27. Ap.	24	12	—	—	20	2	15	34	9	14

Verantwortlicher Redakteur G. Glaßen.

Druck von C. Brügel und Sohn in Ansbach.

Landwirthschaftliches Wochenblatt

Erscheint jede Woche einen halben Bogen stark und kann durch alle Poststellen bezogen werden.

Preis fürs ganze Jahr sammt Postaufschlag 1 fl. Inserate werden die gespaltene Petitzeile oder deren Raum auf 4 kr. berechnet.

für Mittelfranken.

(Früher landwirthschaftliche Mittheilungen.)

Organ des landwirthschaftlichen Kreis-Comité für Mittelfranken.

Nr. 20. Ansbach, Mai 1867. **I. Jahrgang.**

Jahresbericht des landwirthschaftlichen Kreis-Comité's für Mittelfranken pro 1866.

Das abgelaufene Jahr ist in keiner Beziehung ein Günstiges zu nennen. Namentlich die Landwirthschaft hatte mit Hindernissen jeder Art zu kämpfen. Zu den bedauerlichen Kriegsereignissen gesellten sich ungünstige Witterungsverhältnisse, und trotz der fast durchweg unter das Mittel herabgesunkenen Ernte trat eine peinliche Entwerthung aller Produkte ein, der selbstverständlich auch eine Entwerthung von Grund und Boden folgte. Real- und Personalcredit wurden hiedurch auf das Empfindlichste erschüttert und bedarf es gewiß der angestrengtesten, fortgesetzten Bemühungen aller Glieder der Gesellschaft, um Herr der Situation zu werden. Unzweifelhaft ist es Hauptaufgabe des landwirthschaftlichen Vereins, die Wege zu ebnen, welche aus der allgemeinen Bedrängniß hinausführen und für alle Zeiten eine bessere Zukunft sichern. Es wurde Nichts versäumt diese Wege gründlich zu studieren, und alle Vereinsorgane, welche sich dieses Studium angelegen sein ließen, sind darin völlig übereingekommen, daß die verschiedenen vorgeschlagenen Mittel und Wege zur Sicherung bleibend besserer Zustände sich in einem Hauptausgangspunkte, in der Hebung der allgemeinen Volksbildung concentriren. Diese Anschauung theilend, hat auch die hohe Staatsregierung Maßnahmen ergriffen, welche darauf berechnet sind, den bisherigen Schulunterricht möglichst zu ergänzen, und ist bei dem Anklange, den dieser wichtige Gegenstand bei dem intelligenteren Theil der Landbevölkerung bisher gefunden hat, ein günstiger Erfolg zu gewärtigen. Dem folgenden Berichte lassen wir wie bisher eine kurze Mittheilung unseres Comitémitgliedes, k. Hofgärtner Herrn Seitz über den allgemeinen Witterungscharakter des abgelaufenen Jahres vorangehen.

Zusammenstellung der Temperatur- und Regenmenge-Beobachtungen im Jahre 1866.

I. Mittlere Temperatur im Monate	Januar	+	2,12
	Februar	+	2,82
	März	+	3,39
	April	+	8,76
	Mai	+	9,23
	Juni	+	16,79
	Juli	+	15,85
	August	+	14,04
	September	+	12,87
	Oktober	+	4,92
	November	+	2,79
	Dezember	+	1,23
Mittlere Jahrestemperatur		+	7,91.
II. Höhe der Niederschläge im	Januar		1,50"
	Februar		2,57
	März		1,94
	April		1,31
	Mai		1,46
	Juni		1,54
	Juli		2,63
	August		3,78
	September		1,91
	Oktober		0,25
	November		3,23
	Dezember		3,32
	Summa		25,36"

Die ersten drei Monate des Jahres zeichneten sich durch geringe Kälte und gleichmäßiges Steigen der Temperatur aus, so daß die Extreme stets störend auf die vorgeschrittene Entwicklung der Vegetation einwirken mußten. So finden wir am 15. März eine Kälte von — 5,5°, während im Februar nur an drei Tagen eine durchschnittliche Temperatur unter 0 beobachtet wurde. Merklich nahm die Wärme vom März zum April zu, fand aber im Mai erhebliche Störungen, so am 5. mit 0, am 22. mit — 0,5°, am 23. mit 0. Die Folgen an den Blüthen und Früchten der Obstbäume sind bekannt.

Der Juni war durchschnittlich der wärmste Monat des Jahres, von wo an die Temperatur stetig und gleichmäßig abnahm, aber selbst im Dezember nicht tiefer als — 6° (am 25.) sank.

Obwohl die Wärme in den Sommermonaten nicht dieselbe Höhe, wie in den gleichen Monaten des Vorjahres erreichte, berechnete sich doch ein höheres Jahresmittel (+ 7,91 gegen + 7,35 im Jahre 1865), da die mittlere Temperatur in keinem Monate unter Null fiel.

Die Niederschläge erreichten die seit Jahren ungewöhnliche Höhe von 25,36 Zoll. Eine Zunahme derselben machte sich erstlich im Februar bemerkbar; April und Mai waren verhältnißmäßig trocken. Vom Juni ab ließ sich wieder eine Zunahme der Regen beobachten, die sich derart steigerte, daß sich schon im Juli das Wasserquantum auf 263 c'' per Quadratfuß, und im August auf 376 c'' per Quadratfuß berechnete. Der September zeigte eine merkliche Abnahme, und der Oktober war der trockenste Monat des Jahres. Im November und Dezember traten wieder bedeutende Niederschläge ein.

Würde man sich die Gesammtmenge des im Jahre 1866 gefallenen Regenwassers vereinigt denken, so müßte ein Wasserspiegel von 2' 5'' 3,6''' Höhe die Erdoberfläche decken; im gleichen Falle würde im Vorjahre die Menge nur die Höhe von 1' 7'' 3,1''' erreicht haben.

I. Innere Angelegenheiten.

a. Mitgliederstand:

Gegenwärtig .	2781
Im Vorjahre .	2865
Abgang	84

b. Organismus des Vereines:

Personalstand des landwirthschaftlichen Kreiscomité's pro 1866/8.

Freiherr von Pechmann, k. Regierungspräsident, I. Vorstand.
Freiherr von Lindenfels, k. Regierungsdirektor, II. Vorstand.
Helbrich, k. Kreisforstmeister,
Leuchs, Gemeindevorsteher von Lichtenau,
Ott, Bezirksthierarzt in Ansbach,
Seitz, k. Hofgärtner in Ansbach,
Wellhöfer, Oekonom in Leutershausen,
Freiherr von Pechmann, k. Forstmeister in Ansbach,
Spies, k. Regierungssekretär in Ansbach,
Freiherr von Crailsheim, k. Regierungsrath in Ansbach,
Dürig, Direktor des landwirthschaftlichen Kreditvereins in Ansbach,
Herwig, Gutspächter in Rüdhof,
Eckert, k. Poststallmeister in Ansbach.

Officialmitglieder:

Strebel, Rektor der k. Gewerbschule in Ansbach,
Reichelt, k. Lehrer an derselben Anstalt,
Lampel, k. Inspektor und Vorstand der Ackerbauschule in Triesdorf,
Wagner, k. Ackerbaulehrer an derselben Anstalt,
I. Secretär: Classen, k. Kreiskulturingenieur,
II. Secretär und Cassier: Schultheiß.

Den Comitésitzungen wohnte der Regierungsreferent, k. Regierungsrath Meinel, regelmäßig bei.

c. Geschäftliche Thätigkeit:

In den Sitzungen des landwirthschaftlichen Kreiscomité wurden hauptsächlich berathen: Das Vereinsbeschälwesen, die Jahresrechnung pro 1865 und Etat pro 1866, die Abänderung der Vereinsstatuten, Ehrenzeichenverleihungen, Gutachten der agrikulturchemischen Versuchsstation München, betreffend die Baumplantage in Triesdorf, die Neuwahlen der Vereinsorgane pro 1866/68, der Fortbestand der Hafner'schen Baumplantage in Gaisburg, Prämiirung verdienstlicher Leistungen im landwirthschaftlichen Fortbildungswesen, Abhaltung des Schäfereikurses pro 1866, Ermäßigung der Vereinsbeiträge, Gründung landwirthschaftlicher Versuchsstationen, Anstellung von Culturversuchen, Beitritt zur süddeutschen Ackerbaugesellschaft, Maßregeln gegen die Rinderpest, Gutachten betreffend Cultivirung der Gemeindegründe in Berolzheim, Gutachten betreffend die Vertheilung der Gemeindegründe in Thalmässing, Gutachten betreffend eine Schäfereiordnung in Heidenheim, Denkschrift, die Förderung des landwirthschaftlichen Fortbildungswesens betreffend, Vorstellung betreffend die Entlassung einer Verordnung gegen das Wegfangen der für die Landwirthschaft nützlichen Vögel, Antrag auf Ertheilung eines physikalischen und chemischen Unterrichtes an der k. Kreisackerbauschule in Triesdorf, Gründung einer landwirthschaftlichen Winterschule in Ansbach, Gründung landwirthschaftlicher Laboratorien.

Bei der am 31. Oktober unter dem Vorsitze des k. Regierungsrathes Freiherrn von Crailsheim stattgehabten landwirthschaftlichen Kreisversammlung kam nach Bekanntgabe des Vollzuges der im Vorjahre gefaßten Beschlüsse, des revidirten Rechnungsergebnisses pro 1865, der Statuten und des Lehrplanes für die in Ansbach gegründete landwirthschaftliche Winterschule, ein Antrag des landwirthschaftlichen Bezirkscomité [illegible] zur Berathung, betreffend die Errichtung einer Stammschäferei mit Bockverkauf an der Kreisviehzüchtungsanstalt Triesdorf. Der gefaßte Beschluß lautete dahin: „**Es solle durch das landwirthschaftliche Kreis-Comité an die kgl. Regierung von Mittelfranken, Kammer des Innern, die Bitte gestellt werden, die Schaffung von Bezugsquellen für Zuchtwidder zu fördern und hiebei die Errichtung einer Stammschäferei für Mittelfranken in's Auge zu fassen.**" Im Versammlungslokale war das von dem landwirthschaftlichen General-Comité herausgegebene Thieralbum in Photographien, ferner Pläne von genossenschaftlichen Bewässerungsanlagen und einige Steuerpläne aus der Umgebung von Gunzenhausen mit Vorschlägen zur Feldweg- und Parzellengrenzregulirung aufgelegt; auch hatte Fabrikant Scharrer von Nürnberg eine Ausstellung land- und hauswirthschaftlicher Maschinen veranstaltet.

Versammlungen und Verhandlungen der landwirthschaftlichen Bezirks-Comité.

Das landwirthschaftliche Bezirks-Comité Ansbach hat an verschiedenen Orten 8 sehr besuchte Wanderversammlungen abgehalten. Aus denselben gingen namentlich 3 eingehend motivirte Vorstellungen, betreffend die Verschärfung anzuwendender verordnungsmäßiger und gesetzlicher Maßregeln gegen die Rinderpest, ferner die Veranlassung einer k. Verordnung gegen das Wegfangen der für die Landwirthschaft nützlichen Vögel und endlich die Abänderung des Gesetzes bezüglich der Gewährleistung bei Viehveräußerungen vom 26. März 1859 hervor.

Die beiden Ersteren haben zu einem willfahrenden Erfolge geführt. Ebenso ist die mit bestem Erfolge gegründete landwirthschaftliche Winterschule in Ansbach ausschließlich das Werk dieser landwirthschaftlichen Wanderversammlungen. Im landwirthschaftlichen Bezirke Altdorf fanden 3 Versammlungen und Sitzungen des Ausschusses statt und hat das Comité an das k. Bezirksamt Nürnberg mehrere Gutachten in Betreff der Vertheilung und Cultivirung von Gemeindegründen abgegeben.

Das landwirthschaftliche Bezirks-Comité Dinkelsbühl veranstaltete gelegentlich einer Fohlenpreisevertheilung in Dinkelsbühl am 24. Oktober eine Versammlung, in welcher Kulturingenieur Classen einen Vortrag über Ent- und Bewässerung, Flußcorrection und Uferschutz mit besonderer Bezugnahme auf die Verhältnisse im Wörnitzgrund hielt. Weitere Besprechungen landwirthschaftlicher Fragen wurden gelegentlich der Quartalversammlungen der Gemeindevorsteher gepflogen.

Das landwirthschaftliche Bezirks-Comité Eichstätt berichtet über eine Generalversammlung und mehrere Wanderversammlungen, in welchen über folgende Gegenstände Berathung gepflogen wurde: die Gestaltung der Hausschrotmühlen, beziehungsweise die Bildung von Genossenschaften hiefür, Aufstellung eines Thierarztes für den Landgerichtsbezirk Kipfenberg, Anschaffung eines Hohenheimer Pfluges für die Gemeinde Irfersdorf, die Ursachen der landwirthschaftlichen Krisis und die Mittel zur Beseitigung derselben, Obstbaumzucht und deren Nutzen, insbesondere in Hinsicht auf Bepflanzung von Straßen und Gemeindeverbindungswegen. Landwirthschaftliche Selbsthilfe durch Vereinigung der Theorie mit der Praxis, Mittel zur Verbesserung des Flurschutzes.

Das landwirthschaftliche Bezirks-Comité Ellingen behandelte in seinen Versammlungen die Fragen über Aufhebung der reinen Brache, vermehrten Futterbau, Anlage besserer Düngerstätten und über Drainirung.

Das landwirthschaftliche Bezirkscomité Feuchtwangen bringt gelegentlich der Quartalsversammlungen zu Feuchtwangen und Herrieden Fragen von landwirthschaftlichem Interesse zur Sprache.

In dem landwirthschaftlichen Bezirk Fürth-Cadolzburg haben wegen der Kriegsereignisse keine Versammlungen stattgefunden.

Das landwirthschaftliche Bezirks-Comité Greding berichtet über 11 Comité-Sitzungen und 2 Wanderversammlungen, wovon die eine am 22. Mai in Thalmässing, die andere am 18. Juli in Emsing abgehalten wurde. Die Berathungsgegenstände bei der zahlreich besuchten Versammlung in Thalmässing betrafen zunächst die Hebung der Obstbaumzucht, worüber der Pfarrer Lindner von Offenbau einen eingehenden Vortrag hielt. Ferner sprach Bezirksgeometer Lamprecht über Urbarmachung und Vertheilung der Weidegründe, und der Vereinsvorstand Dr. Hofmann über die Trichinen. Zur Besprechung kamen dann noch der landwirthschaftliche Creditverein und die Wanderversammlung bayerischer Landwirthe in Aschaffenburg. Am Schlusse wurde den Lehrern des Bezirkes, welche sich in Ertheilung des landwirthschaftlichen Fortbildungsunterrichtes auszeichneten, die von dem landwirthschaftlichen Kreis-Comité bewilligten Geldprämien ausgehändigt.

In der am 18. Juli zu Emsing stattgehabten Versammlung sprach Pfarrer Heuberger von da über Bienenzucht.

Sodann fand am 11. Dezember in Greding die Schlußversammlung statt, in welcher zunächst der allgemeine landwirthschaftliche Nothstand zur Sprache kam und wobei die Dringlichkeit der Zulassung genossenschaftlicher Schrotmühlen, rege Theilnahme am landwirthschaftlichen Creditvereine und die baldige Erlassung der Seuchenordnung besonders betont wurden. Empfohlen wurden die Betheiligung an dem Obstbaucurse und an der landwirthschaftlichen Winterschule in Ansbach.

Das landwirthschaftliche Bezirkscomité hat mehrfache Gutachten in Betreff der Vertheilung und Cultivirung der Gemeindegründe abgegeben.

Das landwirthschaftliche Bezirks-Comité Gunzenhausen veranstaltete auf Veranlassung des landwirthschaftlichen Kreis-Comité am 24. Mai eine sehr zahlreich besuchte Versammlung behufs der Gründung einer Genossenschaft für Ent- und Bewässerung einer zusammenhängenden Wiesenfläche von circa 600 Tagw., worüber vom Culturingenieur Gleissen Plan und Kostenvoranschlag vorgelegt und erläutert wurden. Der größere Theil der Betheiligten lehnte die Vorschläge entschieden ab und wurde das Unternehmen auf bessere Zeiten vertagt.

Die von dem landwirthschaftlichen Bezirks-Comité abgegebenen Gutachten betrafen die Zuchtbullenhaltung und Cultivirung und Vertheilung der Gemeindegründe in Unterwurmbach und Kronheim.

Im landwirthschaftlichen Bezirk Heilsbronn fanden Vereinsversammlungen statt, die Berathungsgegenstände sind im Jahresberichte jedoch nicht speziell angeführt.

Das landwirthschaftliche Bezirkscomité Hersbruck berichtet, daß in Folge der ungünstigen Zeitverhältnisse nur eine größere Versammlung abgehalten werden konnte.

Im landwirthschaftlichen Bezirk Neustadt fanden 5 größere Versammlungen statt und wurden in denselben folgende Gegenstände besprochen: Abänderung der Vereinsstatuten, Förderung der Obstbaumzucht, Hebung der Pferdezucht, Samenbeizung, die landwirthschaftliche Krisis, Anstellung von Culturversuchen, Hopfenbau an Stangen und Draht, Vermittlung von Hopfendörren, das landwirthschaftliche Fortbildungswesen, Hebung der Rindvieh- und Schafzucht.

Der Bericht des landwirthschaftlichen Bezirks Nürnberg enthält eine eingehende Mittheilung über die bisher leider erfolglosen eifrigen Bemühungen des landwirthschaftlichen Bezirkscomité um die Gründung eines Aktienvereins für Gewinnung und Abfuhr des Nürnberger Stadtdüngers. Eine eigene für diesen Zweck aus Mitgliedern der Bezirkscomité gebildete Commission hielt 3 sehr besuchte Versammlungen in Muggenhof, Nürnberg und Großreuth. Unter Hinweisung auf die musterhaften Vorgänge in den größeren Städten Frankreichs, der Niederlande etc. empfahl Rektor Dr. Kellermann die dort übliche Entleerung der Abtrittgruben zum Zwecke der Düngergewinnung und wurde hierin durch den I. Vorstand des landwirthschaftlichen Bezirkscomité, I. Bezirksamtmann Esper, sowie durch Regierungsrath Schrodt in eindringlichster Weise unterstützt, um zum Vortheile der Stadt- und Landbewohner sämmtlichen Stadtdünger für immer zu erwerben. Behufs der Durchführung des Unternehmens wurde die Schaffung eines Aktienkapitales von 16000 bis 20000 fl. für nöthig erachtet, welcher Bedarf durch Zeichnungen sämmtlicher Landwirthe und Gärtner in und um Nürnberg zu decken gewesen wäre. Der Stadtmagistrat und die Gemeindebevollmächtigten Nürnberg's unterstützten das Unternehmen kräftigst, genehmigten die Zeichnung von 2000 fl. aus städtischen Mitteln; verschiedene andere Hindernisse, insbesondere die Frage, ob die leeren Düngerwagen auch Pflasterzoll zu zahlen hätten, wurden von der k. Regierung von Mittelfranken, Kammer des Innern zum Vortheile des Unternehmens entschieden, aber trotzdem kam dasselbe wegen Mangel an Theilnahme nicht zu Stande, indem incl. obiger 2000 fl. nur 5700 fl. gezeichnet wurden. An dieser schwachen Betheiligung mögen hauptsächlich die vorjährigen drückenden Verhältnisse schuld sein und ist anzunehmen, daß für die Zukunft die sehr dankenswerthen Bestrebungen der landwirthschaftlichen Bezirkscomité dennoch ihre segensreichen Früchte tragen werden.

Weitere Berathungen hielt das landwirthschaftliche Bezirkscomité Nürnberg am 22. Januar in Großreuth hinter der Veste, bezüglich der Abänderung der Vereinssatzungen, am 22. März in Nürnberg behufs der Ergänzungswahlen des landwirthschaftlichen Kreiscomité's, am 29. März in Nürnberg behufs Constatirung der Ursachen der landwirthschaftlichen Krisis; am 3. November wurde die Jahresversammlung in Muggenhof abgehalten und bei derselben hauptsächlich bestimmt, daß in der Nürnberger Latrinenangelegenheit in einer weiteren Versammlung, zu welcher auch Nichtmitglieder des Vereins einzuladen seien, endlich ein Beschluß gefaßt werden solle.

Das landwirthschaftliche Bezirkscomité Rothenburg berichtet über 6 Versammlungen, in welchen die Wiederherstellung der durch die Engerlinge zerstörten Wiesen, die Anpflanzung geringer Gemeindehuten mit Holz, die Salzgaben für die Hausthiere, die Vortheile arrondirter Güter, die Behandlung der Schafwolle, das Schützen und Abmähen des jungen Klee's, die Mittel zur Abwehr der Kinderpest besprochen wurden.

Der Bericht des landwirthschaftlichen Bezirkscomité Schillingsfürst enthält keinen näheren Nachweis über die in den Versammlungen zur Sprache gekommenen Gegenstände.

In dem landwirthschaftlichen Bezirke Scheinfeld wurden am 27. Februar und 28. März Versammlungen abgehalten; die von Seite des Comité's abgegebenen Gutachten betrafen die Abhaltung von Viehmärkten in Bibert und Oberscheinfeld, und die Ursachen der landwirthschaftlichen Krisis.

Aus dem Berichte des landwirthschaftlichen Bezirkscomité Weißenburg ist ersichtlich, daß in Oberhochstadt und Burgsalach landwirthschaftliche Wanderversammlungen stattgefunden haben.

Der Bericht des landwirthschaftlichen Bezirkscomité Windsheim enthält keine Mittheilung über stattgehabte Versammlungen.

(Fortsetzung folgt.)

Kurze Mittheilungen.

Bauernsprüche.

Des Klee's wird der Boden bald müde.

Beim Hanf spare das Pflügen, und beim Lein das Eggen nicht.

Hanf, Hopfen, Reps und Mais sollte man auf dem Misthaufen bauen.

Dem Weinstock, den Bohnen und dem Mais wird's nie zu heiß.

Wasser macht Gras.

Gutes Werkzeug ist halbe Arbeit.

Die Kühe melkt man durch's Maul.

Ordnung im Stall ist halbes Futter.

Schafe haben goldene Klauen.

Eine Hand voll Stroh gibt zwei Hände voll Mist, und diese geben eine Hand voll Körner.

Die Düngergrube ist der Geldbeutel des Bauern.

Hast du viel Mist, so dünge den Acker; hast du wenig, so dünge die Pflanzung.

Fette Straße — magere Aecker.

Willst du Korn bauen, so schaff' erst Wiesen und Futter.

Ein rechter Ackerwirth läßt immer den Pflug der Sichel gleich nachfolgen; die dadurch bewirkte Reinigung und Bereicherung der Ackerkrume lohnt die Arbeit des Stürzens zehnfach.

Wetzen hält den Mäher nicht auf.

Wer sein Gut vernachlässigt, verliert das Drittel seiner Einnahmen, und wenn er's verkauft, das halbe Kapital dazu.

Lauf ohne Noth nicht den Märkten nach; es sind ohne dich schon genug Faullenzer dort.

Des Herrn Auge schafft mehr als seine Hände.

Des Herrn Fuß düngt den Acker.

(Tschudi, landwirthschaftliches Lesebuch).

Anzeigen.

Schrannenzettel.

Schranne.	Datum	Waizen		Kern		Korn		Gerste		Haber	
		Mittelpreise									
		fl.	kr.	fl.	kr.	fl.	kr.	fl.	kr.	fl.	kr.
	Mai										
Ansbach	11. "	24	13	23	36	18	32	—	—	9	21
Augsburg	10. "	25	35	24	18	18	52	15	40	8	12
Bamberg	4. "	25	31	—	—	18	38	—	—	7	28
Beilngries	9. "	21	30	—	—	18	12	15	9	8	48
Dinkelsbühl	8. "	26	2	—	—	20	11	16	38	9	6
Eichstätt	11. "	23	14	—	—	19	24	13	33	9	6
Erlangen	11. "	24	28	—	—	18	35	—	—	9	52
Gunzenhausen	9. "	24	15	—	—	19	54	15	18	9	49
Kempten	8. "	25	32	—	—	19	24	17	22	9	23
Landshut	10. "	21	6	—	—	17	17	14	14	8	1
Lindau	11. "	28	34	25	42	—	—	—	—	8	30
München	11. "	23	25	—	—	17	2	16	2	8	35
Neuburg a/D.	8. "	21	44	—	—	19	5	14	34	9	5
Nördlingen	4. "	23	19	26	27	19	51	16	21	9	25
Nürnberg	7. "	23	3	—	—	18	41	16	30	10	17
Regensburg	4. "	23	29	—	—	18	37	15	54	9	38
Rothenburg o.T.	7. "	23	38	—	—	20	30	—	—	—	—
Schwabach	—	—	—	—	—	—	—	—	—	—	—
Schweinfurt	8.	25	10	—	—	20	26	14	45	9	38
Weißenburg	11.	28	—	—	—	18	40	14	—	9	7

Verantwortlicher Redakteur C. Glasser. — Druck von C. Brügel und Sohn in Ansbach.

Landwirthschaftliches Wochenblatt

Erscheint jede Woche einen halben Bogen stark und kann durch alle Poststellen bezogen werden.

Preis für's ganze Jahr sammt Postaufschlag 1 fl. Inserate werden die gespaltene Petitzeile oder deren Raum mit 4 kr. berechnet.

für Mittelfranken.

(Früher landwirthschaftliche Mittheilungen.)

Organ des landwirthschaftlichen Kreis-Comité für Mittelfranken.

Nr. 21. | Ansbach, Mai 1867. | I. Jahrgang.

Inhalt: Jahresbericht des landwirthschaftlichen Kreiscomité's für Mittelfranken pro 1866. — Kurze Mittheilungen. — Schrannenzettel.

Jahresbericht
des
landwirthschaftlichen Kreis-Comité's
für
Mittelfranken
pro 1866.

(Fortsetzung.)

II. Stand der Thierzucht.

a. Pferdezucht:

Aus der Zusammenstellung der Materialien zur XVI. Versammlung des Centralberathungscomité's für die Angelegenheiten des Landgestüts diesseits des Rheins für 1865/66 entnehmen wir folgendes Ergebniß der Leistungen des Landgestütes im Kreise Mittelfranken pro 1865/66.

Auf 16 königlichen Stationen wurden im Jahre 1865 von 61 Hengsten 2691 Stuten gedeckt. Hievon als trächtig ermittelt wurden 1121 Stuten.

Im Jahr 1866 wurden auf 16 Stationen von 59 Hengsten 2500 Stuten gedeckt.

Eine Landgestüts-Preisevertheilung fand der ungünstigen Zeitverhältnisse halber nicht statt.

Auf den Vereinsbeschälstationen Obermichelbach, Leutershausen, Windsheim, Dammersdorf und Lauf wurden im Jahr 1865 von 10 Hengsten 482 Stuten gedeckt, und sind von diesen im Jahr 1866 210 Fohlen gefallen. Im Jahre 1866 deckten 9 Hengste derselben Stationen 405 Stuten; das Abfohlungsergebniß ist noch nicht bekannt.

Auf der Vereinsstation Windsheim ging der Percheronhengst Apollo am Starrkrampf zu Grund.

Am 24. Oktober wurde in Dinkelsbühl eine Preisevertheilung für die von den Hengsten der Vereinsbeschälstation Obermichelbach abstammenden 2½- und 1½jährigen Stuten- und Hengstfohlen abgehalten. Es wurden 32 Fohlen vorgeführt und hievon 12 Stück, nämlich 8 Stutenfohlen und 4 Hengstfohlen prämiirt. Die Preise betrugen 15 fl., 12 fl., 10 fl., 8 fl., 6 fl., 4 fl., 2 fl., zwei Preise à 1 fl. 45 kr. und drei Preise à 1 fl. Außerdem erhielt jeder Preisträger eine Fahne und ein Buch über Pferdezucht. Das Ergebniß der Musterung der vorgeführten Fohlen ist kurz dahin zusammenzufassen, daß wohl alle vorgeführten Fohlen gut genährt erschienen, dagegen ließen die meisten erkennen, daß es ihnen noch immer an der nöthigen freien Bewegung in Laufständen und besonderen Tummelplätzen fehle; auch wurden Manche trotz ihres zarten Alters schon geritten und eingespannt. Im Uebrigen war nicht zu verkennen, daß die Station Obermichelbach das leistet, was unsere Landwirthe wollen; die Fohlen zeigten einen kräftigen, gedrungenen Bau, mit regelrecht gestellten Gliedmaßen und eignen sich zu mittelschweren und leichteren Wagenpferden. So lautet der Bericht des von uns zur Fohlenpreisvertheilung als Sachverständiger abgeordneten k. Regimentsveterinärs Hofbauer.

Zu bemerken ist noch, daß wir zur Förderung des Vereinsbeschälwesens pro 1866 sowohl aus Central- als aus Kreisfonds je einen Zuschuß von 500 fl. erhielten.

b. Rindviehzucht:

Die von uns eingeführten und gelegentlich der größeren Rindviehmärkte stattfindenden Bullenausstellungen und Prämirungen erfreuen sich nur in den Bezirken eines entsprechenden Fortganges, wo der gelbe Scheinfelder oder Heilbronner Schlag zu Hause ist. Die dortigen Ausstellungen sind immer sehr besucht und liefern in der Regel vortreffliches Zuchtmaterial, das bedeutende Nachfrage hat. Hieher gehören die Märkte von Scheinfeld und Uffenheim.

Bei dem am 16. April in Scheinfeld stattgehabten Markte waren 39 Bullen, 1—1¾ jährig, des reinen Heilbronner Schlages aufgestellt und wurden hievon 10 Stück prämiirt. Das zweite Preisstück, 1¾ jährig, Aussteller Johann Holzberger von Neubauhof, wurde um 127 fl. 30 kr. an Andreas Hauf in Kitzingen verkauft. Das dritte Preisstück, 1½ jährig, Aussteller Konrad Kuhn, Bierbrauer in Elsbathheim, wurde an Andreas Krämer in Rothheim um 132 fl.

verkauft; das vierte Preisstück, 1½ jährig, Aussteller Georg Nückel von Hechendorf, erstand um 135 fl. 42 kr. Georg Brecklein von Schellenstein, Bezirksamts Staffelstein.

Am 1. Mai kamen bei dem in Uffenheim stattgehabten Rindviehmarkte 21 Bullen des Heilbronner Schlages im Alter von 1—1½ Jahren zur Ausstellung; es wurden hievon 12 Stück prämiirt. 5 Preisthiere wurden um den Betrag von 561 fl. 15 kr. durch eine Commission des württ. landwirthschaftlichen Bezirksvereins Mergentheim aufgekauft. Es sind dies Resultate, die den Landwirthen jener Gegend gewiß zur vollsten Ehre gereichen.

Von geringerer Bedeutung waren folgende Märkte:

„Der am 14. März zu Neustadt a/A. abgehaltene, bei welchem 9 Bullen zur Ausstellung kamen und 8 prämiirt wurden."

„Der am 27. Februar zu Ansbach stattgehabte; es wurden 12 Bullen vorgeführt und davon 6 prämiirt."

„Am 5. März wurden in Eichstätt 10 Bullen vorgeführt und hievon 5 prämiirt."

„Endlich fand am 23. März in Öttingen eine Ausstellung statt, bei welcher 15 Bullen vorgeführt und 5 Stück prämiirt wurden."

„In Summa wurden aus Kreisvereinsmitteln auf Bullenprämiirungen 300 fl. verwendet, aber zugleich an die betheiligten Bezirks-Comité bekannt gegeben, daß der Aufwand für die folgenden Prämiirungen nunmehr aus den Mitteln der besser dotirten Bezirksvereine zu bestreiten sei."

Mehrere Bezirks-Comité beklagen die mangelhafte Bullenhaltung und wünschen dieselbe auf dem Verordnungswege geregelt.

Das landwirthschaftliche Bezirks-Comité Erlangen berichtet, daß in zwei Gemeinden, Kriegenbrunn und Eltersdorf die Lungenseuche namhaften Schaden brachte.

Das landwirthschaftliche Kreis-Comité stellte auf Grund zweier dringlicher Vorstellungen von Seiten der landwirthschaftlichen Bezirks-Comité Ansbach und Rothenburg, betreffend die Ergreifung energischer Maßregeln zur Beseitigung der drohenden Gefahr der Rinderpest folgende dringliche Anträge bei dem landwirthschaftlichen General-Comité behufs Vertretung bei höchster Stelle:

1) Die baldige Erlassung einer Seuchenordnung.
2) Anbahnung obligatorischer Versicherung zum Zwecke der Entschädigung des Werthes derjenigen Thiere, welche zur Bekämpfung der Rinderpest als wirklich erkrankt, oder auch nur als krankheitsverdächtig getödtet werden müssen.
3) Abordnung möglichst vieler Thierärzte in die von der Rinderpest heimgesuchten Gegenden.

Sämmtlichen Anträgen ist in der erfreulichsten Weise entsprochen worden und glaubt das landwirthschaftliche Kreis-Comité ganz im Sinne aller mittelfränkischen Vereinsorgane und Landwirthe zu handeln, wenn es hier gegen die hohe Staatsregierung den tiefgefühltesten Dank für die durch die betreffende Verordnung getroffenen Maßregeln ausspricht.

Mögen nur auch alle betheiligten Landwirthe das Ihrige zur glücklichen Durchführung dieser Maßregeln beitragen.

c. Schafzucht.

An dem Schäferlehrkurse pro 1866 betheiligten sich blos 5 Schäfer, welche geringe Frequenz wohl darin ihren Grund hat, daß während des sehr milden Winters fast ohne Unterbrechung fortgehütet wurde, und deshalb nur wenige Schäfer abkommen konnten.

Das namentlich im Bezirke Greding sonst sehr verbreitete sog. Stallhinken der Schafe hat sich vollständig verloren, dagegen greift die Räude immer mehr um sich, und ist gegründeter Verdacht vorhanden, daß dieselbe namentlich von Württemberger Schäfern des Gewinnes halber vorsätzlich unterhalten wird. Hiedurch erleiden die Landwirthe, welche sofort die räudigen Thiere um jeden Preis absetzen, namhaften Schaden, und ist deshalb bei verschiedenen Versammlungen wiederholt der dringende Wunsch ausgesprochen worden, es möchten die zur Verhütung der Weiterverbreitung der Schafräude erlassenen oberpolizeilichen Vorschriften aufgehoben und nach dem Vorgange der Nachbarländer die dort allgemein übliche und den Schäfern überlassene sogenannte Schmierkur mit freier Bewegung gestattet werden.

Daß Schafzucht und Schafhaltung, namentlich Hammelmast in Mittelfranken eine Haupteinnahmsquelle bilden, ist längst bekannt; die aus amtlichen Mittheilungen geschöpfte Nachricht verdient aber gewiß besondere Beachtung, daß im Jahre 1866 auf der Eisenbahnstation Oberdachstetten allein 4000 Stück nach Paris und London bestimmte fette Hämmel zur Verladung kamen, welche aus der bekannten Brunst und den Nachbarbezirken zugetrieben wurden.

III. Vermittlung von Sämereien.

Im abgelaufenen Jahre wurden auffallend wenige Bestellungen auf Sämereien gemacht. Blos aus dem Berichte des landwirthschaftlichen Bezirkscomité's Neustadt a/A. ist ersichtlich, daß dasselbe von Daniel Schäfer in Nürnberg für 641 fl. 21 kr. Klee-, Lein- und Wald-Samen gekauft hat und mit der Lieferung, wie immer, sehr zufrieden ist.

IV. Landwirthschaftliche Maschinen und Geräthe.

Zu den im vorigen Jahresberichte aufgeführten 26 Dampfdreschgenossenschaften kommen nach den eingelaufenen Berichten weitere solche Genossenschaften in Oberdachstetten, landwirthschaftlichen Bezirks Ansbach, Gerolfingen-Weiltingen, landwirthschaftlichen Bezirks Dinkelsbühl, Hundszell, landwirthschaftlichen Bezirks Greding, Stübach, landwirthschaftlichen Bezirks Neustadt, und Unterweihersbuch, landwirthschaftlichen Bezirks Nürnberg.

Ferner führt der Bericht des landwirthschaftlichen Bezirkscomité Fürth ohne Ortsangabe zwei neue Genossenschaften an, so daß nunmehr im ganzen Kreise 33 genossenschaftliche Dampfdreschmaschinen thätig sind.

Eine gemeinschaftliche Schrotmühle wurde in Biebhausen, landwirthschaftlichen Bezirks Greding, aufgestellt und in Weißenkirchen und Moritzbrunn, landwirthschaftlichen Bezirks Eichstätt, befindet sich je eine Getreidemähmaschine.

Auch hat Gutspächter Herwig in Bechhof, landwirthschaftlichen Bezirks Ansbach, seit letzter Saat eine Garrett'sche Säemaschine im Gebrauch.

An Bezugsquellen landwirthschaftlicher Maschinen aller Art, großer und kleiner Fabrikanten, Niederlagen, Reparaturwerkstätten etc. fehlt es keineswegs mehr und ist damit ein Haupthinderniß der Verbreitung verbesserter landwirthschaftlicher Geräthe und Maschinen beseitigt.

V. Landwirthschaftliches Fortbildungswesen.

Im November 1865 trat die landwirthschaftliche Winterschule in Ansbach unter der Vorstandschaft des Comitévorstandes, Regierungsrath Faber, in's Leben. Statuten und Lehrplan wurden im Kreisamtsblatt schon bekannt gegeben, und werden deßhalb hier nicht wiederholt.

Die Schule war von 11 aus der Sonntagsschule entlassenen Söhnen ausübender Landwirthe der Bezirke Ansbach, Dinkelsbühl, Uffenheim und Neustadt besucht und das Ergebniß war nach dem Urtheile des zur öffentlichen Prüfung als Commissär abgeordneten Generalsekretärs Adam Müller von München ein im vollsten Maße befriedigendes.

Der Unterricht dauerte 4 Monate, die Mehrzahl der Schüler war hier bei Privaten auf Rechnung der Eltern untergebracht, und die Kosten des Unterrichtes, Heizung und Beleuchtung wurde durch einen außerordentlichen Zuschuß von 400 fl. aus Centralfonds gedeckt.

Weitere Mittheilungen über den Stand des landwirthschaftlichen Fortbildungsunterrichtes auf dem Lande enthält der Bericht des landwirthschaftlichen Bezirkscomité Ansbach nicht.

Im landwirthschaftlichen Bezirke Altdorf besteht der landwirthschaftliche Ortsleseverein in Gutenberg, Gersdorf und Oberheidelbach unter der Leitung des Cantors Buck von Entenberg fort; auch ertheilt derselbe, sowie Cantor Leuchner in Leinburg, landwirthschaftlichen Fortbildungsunterricht in der Werk- und Sonntagsschule. Weiter sind in dieser Beziehung im Jahresbericht des Bezirkes Altdorf erwähnt die Lehrer Maurer von Weißenbrunn, Locher von Penzenhofen, Ammler von Burgthann und Rösch von Schwarzenbruck.

Der Jahresbericht des Bezirkscomité's Dinkelsbühl führt an, daß die Lehrer von Wittelshofen, Obermichelbach und Weidelbach bemüht waren, in ihren Gemeinden gemeinnützliche, landwirthschaftliche Kenntnisse zu verbreiten.

Der Bericht des landwirthschaftlichen Bezirkscomité's Erlangen sagt, daß die landwirthschaftlichen Ortsvereine zu Brand, Bruck, Eltersdorf, Eschenau und Kalchreuth keinen protokollarischen Nachweis über ihr Fortbestehen und ihre Thätigkeit geliefert hätten, auch die Lehrer Leuthel zu Kriegenbrunn und Neumeister zu Tennenlohe legten keine Protokolle über ihre Leistungen vor.

Nach dem Jahresbericht des landwirthschaftlichen Bezirkscomité's Feuchtwangen bestehen die landwirthschaftlichen Kränzchen in Banzenweiler, Elbersroth und Dentlein unter Leitung der betreffenden Lehrer fort.

In dem landwirthschaftlichen Bezirke Greding bestehen wie früher in 19 Gemeinden 17 landwirthschaftliche Ortsvereine mit circa 300 Mitgliedern. Die Thätigkeit war aber zu Folge der ungünstigen Zeitverhältnisse eine sehr beschränkte.

Aus dem landwirthschaftlichen Bezirke Gunzenhausen wird berichtet, daß in den Gemeinden Aha, Merkendorf, Pfofeld und Wachstein der landwirthschaftliche Unterricht mit großer Vorliebe ertheilt werde.

Der Bericht des landwirthschaftlichen Bezirkscomité's Heilsbronn läßt ersehen, daß in mehreren Schulen landwirthschaftlicher Unterricht ertheilt wird, auch sind Lesevereine im Entstehen begriffen.

Von großem Interesse ist der Bericht des landwirthschaftlichen Bezirkscomité's Neustadt a/A. Dort bestehen noch ungeschwächt 10 landwirthschaftliche Ortslesevereine, zu:

Altershausen mit 20 Mitgliedern, Vorstand Lehrer Lauer.
Dachsbach mit 22 Mitglieder, Vorstand Gemeindevorsteher Niederlein.
Gerhardshofen mit 20 Mitgliedern, Vorstand Lehrer Sauermann.
Hambühl mit 13 Mitgliedern, Vorstand Lehrer Dürr.
Münchsteinach mit 20 Mitgliedern, Vorstand Bauer Kreiser.
Oberroßbach mit 18 Mitgliedern, Vorstand Lehrer Maurer.
Rauschenberg mit 20 Mitgliedern, Vorstand Lehrer Loos und Gemeindevorsteher Hubmann.
Schornweisach mit 21 Mitgliedern, Vorstand Lehrer Schäfer.
Uehlfeld mit 24 Mitgliedern, Vorstand Lehrer Berg.
Unterschweinach mit 30 Mitgliedern, Vorstand Lehrer Maurer.

In den langen Winterabenden, aber auch zu anderen Tages- und Jahreszeiten werden gute Aufsätze vorgelesen und landwirthschaftliche Fragen eingehender Besprechung unterzogen. Bei den Ortsvereinen circuliren von dem Bezirksverein ausgehend verschiedene landwirthschaftliche Schriften. Besonders hervorgehoben sind die Leistungen der Lehrer Sauermann in Gerhardshofen, Maurer in Unterschweinach, Schäfer in Schornweisach, Loos in Rauschenberg, Lauer in Altershausen, Dürr in Hambühl, welche sich besonders auch den landwirthschaftlichen Unterricht in der Werk- und Sonntagsschule sehr angelegen sein lassen.

Sauermann erklärt in der Elementarschule die Benennung der Pflanzen, die Wirkung von Regen und Sonnenschein. Die Mittelklasse lernt die Boden- und Düngerarten, Anlagen der Düngerstätten kennen. In der Oberklasse wurde die Bodenbearbeitung, das Geräthewesen, Wiesenkultur, Viehzucht und Obstbaumzucht behandelt. In der Sonntagsschule kommt praktische Obstbaum- und Bienenzucht, sowie landwirthschaftliche Buchhaltung vor.

Lehrer Maurer in Unterschweinach und Oberroßbach wählt in der Oberklasse der Werktagsschule als Stoff beim Diktirschreiben, die Lehre von der Saat, Getreide- und Futterbau. In der Sonntagsschule behandelt derselbe den Fruchtwechsel, das Düngerwesen, Saat und Ernte. Die Schüler führen Einnahme- und Ausgaberegister. Bei den Ortslesevereinen, welche in Unterschweinach am Dienstag, in Oberroßbach am Freitag Zusammenkünfte halten, wurden verschiedene Besprechungen über das gesammte Dünger- und Geräthewesen, über Futternoth, Wiesenbewässerung, mittelfränkische Bodenverhältnisse, Arrondirung, Dienstboten- und Rechtswesen, Lupinenbau, Fruchtwechsel, Nachtheile der schmalen Beete rc. gepflogen. Der Erfolg dieser Besprechungen zeigt sich in der Anschaffung vieler verbesserter Geräthe und Maschinen, Ankauf künstlicher Düngmittel, Anlage breiter Beete.

Lehrer Schäfer in Schornweisach benützt vielfach die täglichen Erscheinungen in der Landwirthschaft als Unterrichtsstoff und erklärt die Elemente der populären Landwirthschaftslehre. Die Schüler der Oberklasse erhalten besonderen Unterricht in der Obstbaumzucht. In der Sonntagsschule wird der landwirthschaftliche Unterricht nach Riedel's Leitfaden fortgesetzt und kurze landwirthschaftliche Abhandlungen als Schönschreibstoff benützt; auch werden die Sonntagsschüler in der Buchführung unterwiesen. Die Erfolge der Bestrebungen Schäfers beim Ortslesevereine bestehen darin, daß der Hopfenbau bedeutend gehoben wurde, und die Dzierzon'sche Bienenzuchtmethode Eingang gefunden hat.

Bei den Versammlungen des Lesevereins in Rauschenberg unter Leitung des Lehrers Loos und Gemeindevorsteher Hubmann wurden namentlich die Zusammenlegung der Grundstücke, Benützung der Küchenabfälle als Dünger und Behandlung des Stalldüngers auf dem Felde besprochen.

Lehrer Lauer in Altershausen behandelt in der Werktagsschule namentlich die Obstbaumzucht, und beschäftigt die Schüler bei Anpflanzungen. Die Sonntagsschüler schreiben Diktate und fertigen Aufsätze über Ent- und Bewässerung, Düngerbereitung, Bodenbearbeitung und Bestellung. Beim Lesevereine circuliren verschiedene Schriften und wurden auf Lauers Veranlassung 16 Ctr. Knochenmehl und Kalidünger bestellt.

Lehrer Dürr behandelte beim Ortsleseverein den Vogelschutz nach Roßmäßler, die Bedeutung des Lehms für die Landwirthschaft nach Reinsch, und die [illegible] nach Leer. In der Sonntagsschule werden landwirthschaftliche Gegenstände zu Erzählungen, Erklärungen und als Diktirübungen benützt.

Endlich gedenkt der Bericht der vortrefflichen Leistungen des Bezirksthierarztes Hollenbach durch Abhaltung eines Curses im Hufbeschlag. Der Unterricht wird in wöchentlich 2 Stunden ertheilt und erstreckt sich auf theoretische und praktische Hufbeschlagkunst.

Ohne spezielle Hervorhebung besonderer Verdienste berichtet das landwirthschaftliche Bezirks-Comité Rothenburg, daß die Lehrer fortfahren, bei den Lese- und Schreibübungen das Material aus der Landwirthschaftslehre zu nehmen; auch bestehen im Bezirke verschiedene Lesevereine.

Lehrer Babel von Faulenberg, landwirthschaftlichen Bezirks Schillingsfürst, weist in einem besonderen Berichte an das landwirthschaftliche Kreis-Comité nach, daß er 34 zahlreich besuchte Ortsvereinsversammlungen abgehalten, den Sonntagsschülern in besonderen Stunden Unterricht in der Landwirthschaft, Buchführung und Dezimalrechnung ertheilt, zur allgemeinen Belehrung Dzierzon'sche Bienenwohnungen eingerichtet und die Ortsvereinsmitglieder zur Anschaffung von Saatkorn, Topinambur, Mais, Lupinen, Hopfenfexer, Gras- und Kleesamen im Gesammtwerthe von 10[illegible] fl. veranlaßt hat.

Das landwirthschaftliche Bezirks-Comité Scheinfeld berichtet über die verdienstlichen Leistungen der Lehrer Brügel in Oberscheinfeld, Limberger in Kornhöfstadt und Gemeindevorsteher Ulrich in Hellmitzheim. Sämmtliche Vorstände haben fortlaufende Protokolle über ihre bei den Ortsvereinsversammlungen gepflogenen Berathungen vorgelegt, aus denen hervorgeht, daß meist über wichtige Lokalfragen rein landwirthschaftlichen Inhaltes Berathung gepflogen und die gefaßten Beschlüsse soweit thunlich auch durchgeführt wurden.

Den Bezirk Schwabach betreffend, entnehmen wir aus einem Berichte des k. Bezirksamtes an die k. Regierung von Mittelfranken, Kammer des Innern, daß Schulverweser Braun in Dietersdorf der Aufforderung zur Errichtung einer landwirthschaftlichen Fortbildungsschule im Sinne der höchsten Ministerial-Entschließung nachgekommen ist. Braun begann zunächst damit den ortsangehörigen Landwirthen landwirthschaftliche Vorträge zu halten, wodurch es ihm gelang, die Dringlichkeit der Fortbildungsschule zu begründen. Bald darauf konnte er eine solche mit 10 Schülern eröffnen. An Sonn- und Festtagen wird der Unterricht von 2—4 Uhr, am Donnerstag Abends von 7—9 Uhr im Schullokale unentgeltlich ertheilt.

In Uffenheim besteht unter Leitung des Oberlehrers Bauer und Bezirksthierarzt Ströbel ein landwirthschaftlicher Unterhaltungsverein für Erwachsene. Bauer hält wöchentliche Vorträge nach Babo's populären Schriften, die Theilnehmer führen landwirthschaftliche Correspondenzen und üben sich in der Buchführung, Zinsrechnung etc. Ströbel belehrt dieselben über die Rinderpest, Erscheinung, Wesen, Verlauf und Sicherheitsmaßregeln; ferner über die Rotzkrankheit. Heizung und Beleuchtung des Schullokales gewährte Bauer bisher gratis.

In Oberhochstadt, landwirthschaftlichen Bezirks Weißenburg, hält Lehrer Knoblauch jeden Sonntag Abends landwirthschaftliche Vorträge.

Auf Grund vorstehender Leistungen wurden den nachgenannten Lehrern, Thierärzten, Gemeindevorstehern und Oeconomen folgende Auszeichnungen zuerkannt:

A. Eine Geldprämie von je 10 fl.

Im landwirthschaftlichen Bezirk Neustadt a/A. 1. Lehrer Sauermann in Gerhardshofen, 2. Lehrer Maurer in Unterschweinach, 3. Lehrer Loos in Rauschenberg, 4. Lehrer Dürr in Hambühl, 5. Lehrer Schäfer in Schornweisach, 6. Lehrer Bauer in Altershausen, 7. Lehrer Berg in Dachsbach.

Im landwirthschaftlichen Bezirk Schillingsfürst: 8. Lehrer Babel in Faulenberg. Im landwirthschaftlichen Bezirk Scheinfeld: 9. Lehrer Brügel in Oberscheinfeld, 10. Lehrer Limberger in Kornhöfstadt. Im landwirthschaftlichen Bezirk Uffenheim: 11. Oberlehrer Bauer in Uffenheim. Im landwirthschaftlichen Bezirk Schwabach: 12. Schulverweser Braun in Dietersdorf; außerdem wurde demselben noch ein weiteres Honorar von 15 fl. bewilligt, weil er nach dem Berichte des k. Bezirksamts Schwabach an die k. Regierung von Mittelfranken, Kammer des Innern, die erste landwirthschaftliche Fortbildungsschule im Sinne der höchsten Ministerialentschließung vom 25. Januar 1867 errichtet hat.

B. Preisbücher erhielten:

Im landwirthschaftlichen Bezirk Neustadt a/A.: 13. Bezirksthierarzt Hollenbach in Neustadt: Die Pferdezucht von Wilcens und Müller. 14. Gemeindevorsteher Niederlein in Dachsbach: Müller, Lehrbuch der Landwirthschaft. 15. Oekonom Kreller in Münchsteinach: Lehrbuch der Landwirthschaft. 16. Gemeindevorsteher Hubmann in Rauschenberg: Müller, Lehrbuch der Landwirthschaft. Im landwirthschaftlichen Bezirk Scheinfeld: 17. Gemeindevorsteher Ulrich in Hellmitzheim: Müller, Lehrbuch der Landwirthschaft. Im landwirthschaftlichen Bezirk Uffenheim: 18. Bezirksthierarzt Ströbel: Wochenblatt, der landwirthschaftliche Thierproduktionslehrer.

C. Oeffentlich belobt wurden:

Im landwirthschaftlichen Bezirk Altdorf: 19. Cantor Buck in Entenberg, 20. Cantor Leuchner in Leinburg, 21. Lehrer Maurer in Weißenbrunn, 22. Lehrer Locher in Penzenhofen, 23. Lehrer Kemmler in Burgthann, 24. Lehrer Rösch in Schwarzenbruck. Im landwirthschaftlichen Bezirk Weissenburg: 25. Lehrer Knoblauch von Oberhochstadt.

(Fortsetzung folgt.)

Kurze Mittheilungen.

Bauernsprüche.

Eine Kuh deckt alle Armuth zu.

Wenn das Kalb ersoffen ist, deckt der Bauer den Jauchekasten zu.

Fleißiger Hausvater schafft hurtig Gesinde.

Arbeit hat bittere Wurzel, aber süße Frucht.

Sammt und Seide löschen das Feuer in der Küche aus.

Arbeit und Sparen macht reiche Knechte.

Wer seine Schulden bezahlt, verbessert sein Gut.

Wer seinen Acker erschöpft, erschöpft seinen Geldbeutel.

(Tschudi, landwirthschaftliches Lesebuch).

Schrannenzettel.

Schranne.	Datum	Waizen		Kern		Korn		Gerste		Haber	
		Mittelpreise									
		fl	kr	fl	kr	fl	kr	fl	kr	fl	kr
	Mai										
Ansbach .	18. „	22	16	24	30	16	48	—	—	8	58
Augsburg .	—	—	—	—	—	—	—	—	—	—	—
Bamberg .	—	—	—	—	—	—	—	—	—	—	—
Beilngries .	16. „	21	26	—	—	18	18	14	—	7	23
Dinkelsbühl	—	—	—	—	—	—	—	—	—	—	—
Eichstätt .	18. „	23	24	—	—	19	45	15	2	9	25
Erlangen .	18. „	24	23	—	—	18	23	—	—	9	34
Gunzenhausen	16. „	22	39	—	—	18	41	14	18	8	53
Kempten .	—	—	—	—	—	—	—	—	—	—	—
Landshut .	17. „	21	14	—	—	17	31	14	1	7	55
Lindau . .	18. „	28	11	25	3	—	—	—	—	10	—
München .	18. „	23	9	—	—	16	42	15	28	8	28
Neuburg a/D.	—	—	—	—	—	—	—	—	—	—	—
Nördlingen	18. „	23	39	24	18	20	7	14	45	8	49
Nürnberg .	14. „	21	52	—	—	18	56	—	—	9	53
Regensburg	—	—	—	—	—	—	—	—	—	—	—
Rothenburg a/T.	14. „	23	30	22	45	—	—	—	—	—	—
Schwabach .	—	—	—	—	—	—	—	—	—	—	—
Schweinfurt	18. „	25	56	—	—	20	7	15	30	9	33
Weißenburg	18. „	22	30	—	—	18	25	14	18	9	1

Landwirthschaftliches Wochenblatt

Erscheint jede Woche einen halben Bogen stark und kann durch alle Poststellen bezogen werden.

Preis für's ganze Jahr sammt Postaufschlag 1 fl. Inserate werden die gespaltene Petitzeile oder deren Raum mit 4 kr berechnet.

für Mittelfranken.

(Früher landwirthschaftliche Mittheilungen.)

Organ des landwirthschaftlichen Kreis-Comité für Mittelfranken.

Nr. [illegible]. Ansbach, Mai 1867. I. Jahrgang.

Inhalt: Jahresbericht des landwirthschaftlichen Kreiscomité's für Mittelfranken pro 1866. — Anzeigen. — Schrannenzettel.

Jahresbericht
des
landwirthschaftlichen Kreis-Comité's
für
Mittelfranken
pro 1866.

(Fortsetzung und Schluß.)

VI. Landwirthschaftliche Feste.

Zu solchen war im Jahre 1866 kein Anlaß gegeben.

VII. Verwandte Vereine.

Im landwirthschaftlichen Bezirk Nürnberg bestehen zu Nürnberg:

Ein Gartenbauverein, welcher Fortschritte des Garten- und Obstbaues und der Blumenzucht zu verbreiten sucht,
Ein Gärtnerverein, der ähnliche Zwecke verfolgt,
Der Industrie- und Cultur-Verein,
Der Bienenzüchter-Verein.
Der landwirthschaftliche Fortbildungsverein in Unterweihersbuch.

Dieser Verein zählt 130 Mitglieder; sein Zweck ist, Förderung der Landwirthschaft im Allgemeinen und insbesondere des Obstbaues und der Waldkultur. Jeden Sonntag Nachmittag finden sehr besuchte Versammlungen statt.

Die Bienengesellschaft in Geiersdorf mit 204 Mitgliedern in 26 Ortschaften.

Im landwirthschaftlichen Bezirk Fürth:

Der Landesverein für Bienenzucht mit 500 Mitgliedern.

Die Betheiligung bei den Hagelversicherungsvereinen hat im Jahre 1866 zugenommen, da eine große Strecke von Dinkelsbühl bis Schwabach in der Richtung von Südwest nach Nordost mehrere Male bedeutend vom Hagel heimgesucht wurde.

Der landwirthschaftliche Creditverein für Mittelfranken zählt auf 27 Agenturen 498 Mitglieder mit einem einbezahlten Stammkapital von 46967 fl. 4 kr. und die Umsatzsumme pro 1866 beträgt auf 51 Darlehen 72127 fl.

VIII. Cultur-Unternehmungen, Ent- und Bewässerungs-Anlagen, Arrondirung und Obstbaumzucht.

Die von dem Vereine für Gründung landwirthschaftlicher Versuchsstationen veranlaßten Düngerversuche wurden auf 12 Gütern, nämlich:

1) von der k. Verwaltung der Polizeianstalt Rebdorf,
2) von der k. Inspektion der Kreisackerbauschule in Triesdorf,
3) von dem k. Rektorat der Kreislandwirthschaftsschule in Lichtenhof,
4) von Graf Du Ponteil in Thürnhofen,
5) von Gutsbesitzer Löhe in Bollingen,
6) von Gutspächter Graß in Hartershofen,
7) von Freiherr von Süßkind in Dennenlohe,
8) von Reichsrath Lothar von Faber in Stein,
9) von Stadl, Oekonom in Unterweihersbuch,
10) von Beyold, Oekonom daselbst,
11) von Paulus Löhr, Oekonom in Buchberg, und
12) von Oekonom und Ziegeleibesitzer Bachmann in Ansbach

ausgeführt.

Es wurde hiezu im Ganzen 19 Tagwerk 87 Dezimalen verwendet. Der Versuch, welcher auf 4 Jahre auszudehnen ist, wurde mit Hackfrüchten, und zwar theils mit Kartoffeln, theils mit Runkeln und Kohlrüben begonnen. Wegen ungünstiger Witterung lieferte der Düngerversuch mit Kartoffeln kein brauchbares Resultat. Von Bedeutung waren dagegen die Ergebnisse des Rüben- rc. Baues. Dieselben sind tabellarisch zusammengestellt bereits in Nr. 1 und 2 des landwirthschaftlichen Wochenblattes enthalten, und verweisen wir zunächst auf jene Ausführung, aus welcher im Allgemeinen hervorgeht, daß bei Kohlrüben Stallmist das Wenigste, Superphosphat das Meiste leistete.

Dasselbe Verhältniß fanden wir in einem Falle (Graß in Hartershofen) mit Runkeln. Die übrigen mit Runkeln angestellten Versuche zeigen ein umgekehrtes Verhältniß. Wir wollen jedoch den weiteren Schlüssen, die die Vorstandschaft der agrikulturchemischen Versuchsstation aus diesen und den folgenden Versuchen ziehen und seiner Zeit veröffentlichen wird, nicht vorgreifen.

Wie in den Vorjahren, so hatten wir auch im Jahre 1866 empfindlichen Wassermangel. Angesichts dessen mehrere Gesuche in Betreff der Herstellung größerer genossenschaftlicher Bewässerungsanlagen auf heftigen Widerspruch stießen und bis jetzt noch nicht genehmigt sind. Außer den zahlreichen Wasserwerkbesitzern ist es namentlich auch die k. Kanalverwaltung, welche neuen Anträgen auf Genehmigung von Bewässerungs-Anlagen entgegen tritt und sogar gegen Drainageanlagen, die in Entfernungen von mehreren Stunden am Kanale ausgeführt werden sollen, Verwahrung einlegt, weil dadurch im Kanale Versandungen herbeigeführt werden könnten. In der Regel werden die Einsprachen Seitens der betheiligten Wasserwerkbesitzer und sonstigen Berechtigten mit großer Energie und Ausdauer geführt, und ziehen sich die Verhandlungen deßhalb in den meisten Fällen sehr in die Länge. Außerdem wirkten die ungünstigen Zeitverhältnisse lähmend auf alle derartigen Unternehmungen ein.

Mit Ausnahme kleinerer Drainage-Anlagen in den landwirthschaftlichen Bezirken Ansbach, Feuchtwangen und Herrieden kamen keine Ausführungen vor. Neue technische Aufnahmen behufs Herstellung von Ent- und Bewässerungsanlagen betrafen ein genossenschaftliches Unternehmen in Ebersbach, landwirthschaftlichen Bezirks Heilsbronn mit 65 Tagw. ein genossenschaftliches Unternehmen in Unteremmendorf, landwirthschaftlichen Bezirks Kipfenberg, mit 500 Tagw. Die Drainirung einer städtischen Wiese in Weissenburg mit 16 Tagw.

Behufs Heranbildung und Aufstellung von Culturvorarbeitern bewilligten 19 Distriktsräthe 1062 fl.

An Oedgründen wurden im landwirthschaftlichen Bezirke Dinkelsbühl 87 Tagw., im landwirthschaftlichen Bezirke Hersbruck 19 Tagw. cultivirt.

Die Obstbaumpflanzungen fanden namentlich wieder im landwirthschaftlichen Bezirke Hersbruck einen erfreulichen Fortgang; es kamen dort an Distrikts- und Verbindungs-Straßen 1800 Stück Obstbäume zur Anpflanzung. Für Förderung der Obstbaumzucht bewilligten 12 Distriktsräthe 1327 fl. 30 kr.

Etatsvoranschlag über Einnahmen und Ausgaben bei dem Kreiscomité des landwirthschaftlichen Vereins von Mittelfranken für das Jahr 1867.

Capitel	§.	Titel	Einnahmen.	Nach dem Antrage des Proponenten: partial fl.	partial kr.	total fl.	total kr.	Nach den Beschlüssen des Kreis-Comité's fl.	kr.
			Abtheilung I. **Aus dem Bestand der Vorjahre:**						
I			Aktivrest voriger Rechnung	—	—	—	—	—	—
II			Aktivausstände	—	—	863	14	863	14
III			Zurückerstattete Vorschüsse	—	—	90	30	90	30
IV			Rechnungsdefekte und Ersatzposten	—	—	—	—	—	—
			Abtheilung II. **Einnahmen des laufenden Jahres:**						
I			Ordentliche Mitgliederbeiträge von 2550 Mitgliedern à 45 kr.	—	—	1912	30	1912	30
II			Außerordentliche Beiträge:						
	1		Staatsbeiträge:						
		a	im Allgemeinen	—	—	1875	—	1875	—
		b	speciell für Zuchtstiere	—	—	—	—	—	—
		c	Zuschuß zur Gründung einer Schäferschule	—	—	600	—	600	—
		d	Zuschuß zur Gründung von Privatbeschälstationen	—	—	500	—	500	—
		e	Zuschuß zur Förderung des landwirthschaftlichen Fortbildungsunterrichts (für die Winterschule).	—	—	—	—	—	—
	2		Beiträge aus Kreisfonds:						
		a	für Ackerbauschulen	—	—	—	—	—	—
		b	für den Culturtechniker	—	—	—	—	—	—
		c	zur Beförderung der Pferdezucht	—	—	625	—	625	—
	3		Beiträge des General-Comité:						
			zur Ausbildung der technischen Assistenten	—	—	—	—	—	—
		a	zur Aufstellung von Culturvorarbeitern und Wiesenbaugehilfen	—	—	250	—	250	—
		b	zur Förderung des landwirthschaftlichen Fortbildungswesens	—	—	250	—	250	—
		c	zur Gründung eines landwirthschaftlichen Laboratoriums in Mittelfranken	—	—	250	—	250	—
III		d	Erlös aus:						
	1		Zuchtstieren	—	—	—	—	—	—
	2		Zuchtwiddern	—	—	—	—	—	—
	3		Sämereien	—	—	—	—	—	—
	4		verkauften Inventarstücken: (Heu- und Drainröhrenpresse)	—	—	584	—	584	—
IV			Kapitalszinsen: aus 6000 fl. à 4 Prozent	—	—	240	—	240	—
V			Zurückgenommene verzinslich angelegte Gelder	—	—	—	—	—	—
VI			Uebrige Einnahmen	—	—	—	—	—	—
			Summa der Einnahmen	—	—	8040	14	8040	14

Capitel	§.	Titel	Ausgaben.	Nach dem Antrage des Proponenten: partial fl.	kr.	total fl.	kr.	Nach den Beschlüssen des Kreis-Comité's. fl.	kr.
			Abtheilung I. **Auf den Bestand der Vorjahre:**						
I			Passivrest vorjähriger Rechnung	—	—	1079	45	1079	45
II			Zahlungsrückstände	—	—	—	—	—	—
III			Rechnungsdefekte und Ersatzposten	—	—	—	—	—	—
			Abtheilung II. **Ausgaben des laufenden Jahres:**						
I			Auf die Verwaltung:						
	1		Gehälter:						
		1	dem I. Vereins-Sekretär	500	—				
		2	dem II. Vereins-Sekretär und Kassier	600	—				
		3	dem Vereinsdiener	30	—				
						1130	—	1130	—
	2		Commissionskosten und Reisediäten:						
		1	dem I. Vereins-Sekretär	150	—				
		2	bei den übrigen Ausschüssen	350	—				
						500	—	500	—
	3		Auf Regie:						
		1	Geschäftslokal:						
			a. Miethe	—	—	—	—	—	—
			b. Reinigung	—	—	13	12	13	12
			c. Beheizung und Beleuchtung	—	—	80	—	80	—
		2	Druck- und Lithographiekosten	—	—	70	—	70	—
		3	Buchbinderlöhne	—	—	25	—	25	—
		4	Schreibmaterialien und Bureaubedürfnisse	—	—	60	—	60	—
		5	für Stempelpapier	—	—	3	30	3	30
		6	Postporto und Löhne	—	—	120	—	120	—
		7	Remunerationen	—	—	18	—	18	—
II			Auf Vereinszwecke:						
	1		Statutenmäßige Abträge.						
		1	An das General-Comité	—	—	—	—	—	—
		2	Postporto-Aversum an dasselbe	—	—	—	—	—	—
		3	An die Bezirks-Comité	—	—	—	—	—	—
	2		Beiträge an andere Vereine:						
			Landwirthschaftliche Versuchsstation in München	—	—	200	—	200	—
	3		Auf die Vereinsbibliothek	—	—	100	—	100	—
	4		Auf allgemeine Culturzwecke						
		1	für den Culturtechniker	—	—	—	—	—	—
		2	für die technischen Assistenten	—	—	1200	—	1200	—
		3	für die technischen Vorarbeiter	—	—	—	—	—	—
	5		Auf einzelne Culturzwecke:						
		1	für Sämereien, Samen- und Düngervermittlung, Hopfensiegel ꝛc.	—	—	—	—	—	—
		2	Zuchtthiere:						
			a. Zuchtstiere, Zuchtviehmärkte	—	—	—	—	—	—
			b. Zuchtwidder	—	—	—	—	—	—
			c. Pferdezucht, Privatbeschälstationen	—	—	1125	—	1125	—
		3	für Geräthe und Instrumente	—	—	150	—	150	—
		4	Landwirthschaftliches Laboratorium	—	—	250	—	250	—
		5	Förderung der Fischzucht	—	—	—	—	—	—
		6	Förderung der Bienenzucht	—	—	15	—	15	—
		7	Förderung der Obstbaumzucht:						
			a. Zuschuß zur Besoldung des Obstbaumgärtners zu Triesdorf	—	—	300	—	300	—
			b. für Wanderbaumgärtner	—	—	—	—	—	—
			c. für Heranbildung von Bezirksbaumwärtern	—	—	—	—	—	—
	6		Auf Unterstützung:						
		1	für Ackerbauschüler	—	—	15	—	15	—
		2	für Zöglinge landwirthschaftlicher Anstalten	—	—	400	—	400	—
		3	Lehrkurs für Ent- und Bewässerung	—	—	250	—	250	—
		4	für Bauernsöhne auf Musterwirthschaften	—	—	—	—	—	—
		5	für das landwirthschaftliche Fortbildungswesen	—	—	250	—	250	—
		6	für die Schäferschule	—	—	600	—	600	—
	7		Auf Kreisfeste	—	—	—	—	—	—
			Summe	—	—	7954	27	7954	27

Capitel	§	Titel	Ausgaben.	Nach dem Antrage des Proponenten partial fl.	kr.	total fl.	kr.	Nach den Beschlüssen des Kreis-Comité's fl.	kr.
			Uebertrag	—	—	7954	27	7954	27
	8		Auf Districtsfeste	—	—	—	—	—	—
	9		Uebrige Ausgaben:						
		1	Landwirthschaftlicher Kalender	—	—	—	—	—	—
		2	Aufnahmsdiplome	—	—	27	30	27	30
		3	Auf Miethzinse	—	—	—	—	—	—
		4	Für den Transport der Meßinstrumente	—	—	—	—	—	—
		5	Auf Remunerationen, Arrondirung, Flußcorrektionen, Ent- und Bewässerungsunternehmen	—	—	—	—	—	—
		6	Auf außerordentliche Ausgaben	—	—	58	17	58	17
III			Auf den Vermögensstand:						
	1		Auf verzinslich angelegte Baarschaften						
	2		Auf den Umsatz von Aktivurkunden	—	—	—	—	—	—
	3		Auf getilgte Aktivrezesse	—	—	—	—	—	—
			Summa der Ausgaben	—	—	8040	14	8040	14

Abschluß:

Einnahmen . . 8040 fl. 14 kr.
Ausgaben . . 8040 fl. 14 kr.
bilancirt.

Ansbach, den 4. Mai 1867.

Kreiscomité des landwirthschaftlichen Vereins für Mittelfranken.
v. Feder, I. Vorstand.
Classen.

Anzeigen.

Die permanente Maschinen-Ausstellung von Scharrer & Co. in Nürnberg

empfiehlt

Häckselschneider neueste verbesserte patentirte Sorten
Futterschrotmühlen
Heuwender
Heurechen

in großer Auswahl zu Fabrikpreisen.

Erndte-Maschinen.

Getreidemähmaschinen, Gras- & Kleemähmaschinen, Heuwendermaschinen, Pferderechen, neuester, verbesserter Construktion aus den berühmtesten Fabriken Englands bezogen, liefern wir zu möglichst billigen Preisen unter Garantie für gute Leistungen.

Durch die Zahlungseinstellungen eines bedeutenden Hauses in England, waren wir in der Lage 40 Stück Mc. **Cormick'sche Getreidemähmaschinen** mit neuer Selbstablegevorrichtung billig zu übernehmen. — Wir können dieselben, so lange der Vorrath reicht anstatt wie früher zu fl. 492. — nun zu fl. 375. — franco auf jede Eisenbahnstation liefern und laden zur Benützung dieser günstigen Gelegenheit für Anschaffung solcher Maschinen freundlichst ein.

J. P. Lanz & Comp.
in **Mannheim** und **Regensburg** in Verbindung mit **Schwann & Comp.** in **London.**

Schrannenzettel.

Schranne.	Datum	Waizen fl.	kr.	Kern fl.	kr.	Korn fl.	kr.	Gerste fl.	kr.	Haber fl.	kr.
	Mai										
Ansbach	25. „	23	12	23	33	17	54	—	—	8	33
Augsburg	24. „	23	37	23	11	18	15	15	50	8	26
Bamberg	18. „	25	1	—	—	18	58	—	—	7	16
Beilngries	23. „	21	43	—	—	18	29	14	10	8	29
Dinkelsbühl	22. „	24	8	24	8	19	1	14	30	7	39
Eichstätt		—	—	—	—	—	—	—	—	—	—
Erlangen	—	—	—	—	—	—	—	—	—	—	—
Gunzenhausen	23. „	22	29	—	—	18	25	14	6	8	36
Kempten	—	—	—	—	—	—	—	—	—	—	—
Landshut	—	—	—	—	—	—	—	—	—	—	—
Lindau	—	—	—	—	—	—	—	—	—	—	—
München	25. „	23	48	—	—	17	48	15	31	8	32
Neuburg a/D.	22. „	21	14	—	—	18	45	15	5	8	53
Nördlingen	—	—	—	—	—	—	—	—	—	—	—
Nürnberg	21 „	22	15	—	—	18	20	—	—	9	52
Regensburg	—	—	—	—	—	—	—	—	—	—	—
Rothenburg a/T.	18. „	23	20	22	4	17	21	—	—	—	—
Schwabach	—	—	—	—	—	—	—	—	—	—	—
Schweinfurt	22. „	24	35	—	—	20	30	—	—	9	19
Weißenburg	—	—	—	—	—	—	—	—	—	—	—

Verantwortlicher Redakteur C. Classen.
Druck von C. Brügel und Sohn in Ansbach.

Landwirthschaftliches Wochenblatt

Erscheint jede Woche einen halben Bogen stark und kann durch alle Postämter bezogen werden.

Preis für's ganze Jahr sammt Postaufschlag 1 fl. Inserate werden die gespaltene Petitzeile oder deren Raum auf 4 kr berechnet.

für Mittelfranken.

(Früher landwirthschaftliche Mittheilungen.)

Organ des landwirthschaftlichen Kreis-Comité für Mittelfranken.

Nr. 23. Ansbach, Juni 1867. I. Jahrgang.

Mittheilungen über meine während eines siebenzehnjährigen Betriebes dahier gemachten Erfahrungen.

Von Gutspächter Groß in Harterohesen, landwirthschaftlichen Bezirks Rothenburg o/T.

(Fortsetzung.)

Die Saat. Die beste Zeit der Saat anzugeben ist eine große Kunst, welche ich mir nicht anmaße zu verstehen; soviel ist gewiß, daß man im Frühjahr lieber wartet, als früh und schlecht zu bestellen und im Herbst Korn trocken, und Waizen und Dinkel feucht säen soll. Aus einer trocknen Waizensaat habe ich noch nie etwas Gutes werden sehen.

Sommerfrüchte werden in unsrer Gegend drei Monate lang gesäet; die frühen Saaten geben in der Regel die besten Körner und weniger Stroh als die späten Saaten. Keuperboden verträgt eine sehr frühe, während der Wildenboden nur eine späte Saat verträgt.

Winterfrüchte werden im Ganzen etwas spät gesäet, was ich nicht für gut halte. Es ist sicherer früh zu säen, besonders wenn die Aecker ausgebracht werden, wie in hiesiger Gegend; nur darf man den Fehler bei früher Saat nicht begehen, daß man zu dick säet, wie häufig geschieht. Es bestockt sich diese Saat im Herbst noch sehr stark und der Stand wird bei gutem Wetter ein zu dichter, was zur Folge hat, daß es leicht auswintert, leichte Aehren gibt und sich beim geringsten Regen lagert. Ich habe zu meinen frühen Kernsaaten per Tagwerk 1¼ bayer. Metzen Samen verwendet, und sehr schöne Erträge gehabt, was nicht der Fall gewesen wäre, wenn die Saat dichter gestanden hätte. Anfangs September kann man getrost mit der Saat beginnen, wenn passendes Wetter ist; je später es wird, desto dicker muß man säen.

Die Saatfrucht wird allgemein eingeackert, was schon der Bifangbau mit sich bringt. Bei großen Beeten hingegen ist dies nicht nöthig; man eggt da die Frucht ein, und dieselbe hält sich so gut, als wenn sie eingeackert wäre.

Es ist durchaus nicht nöthig, daß unmittelbar vor der Saat noch einmal geackert wird; das Korn hat es sogar sehr gern, wenn es auf einem Acker gesäet wird, welcher sich schon gesetzt hat. Auf diese Art ist es möglich, die Herbstsaaten vorzubereiten, und wenn günstiges Wetter kommt, die Bestellung in kurzer Zeit zu vollenden.

Fehlt es an Dünger, so daß erst zur Saat gedüngt werden kann, dann ackere ich auch den

Samen, besonders Dinkel ein; Letzterer eggt sich überhaupt nur sehr schwer ein, und ist das Einackern desselben dem Eineggen vorzuziehen.

Die Saatfrüchte sollen immer recht reif, ohne Unkraut sein, und dürr eingefahren werden; beobachtet man dies, dann wird man im Waizen und Dinkel keinen oder wenig Brand finden und das Korn wird schön aufgehen.

Ich behandle meinen Saatwaizen seit vierzehn Jahren so, daß ich ihn recht reif und dürr auf's Gebälk setze, bald dresche und dünn aufschütte. Seit dieser Zeit habe ich wenig oder gar keinen Brand, während ich früher, wo ich den Saatwaizen mit Vitriol einbeitzte, aber nicht so auf vollkommene Reife und Dürre sah, viel vom Brand zu leiden hatte.

Der Saatfruchtwechsel ist sehr gut, wird aber zu wenig beachtet. Die Saatfruchtmärkte werden zwar abgehalten, aber es findet hauptsächlich nur im Herbst ein Austausch oder Kauf statt; im Frühjahr sieht man wenig wechseln, während dieß gewiß auch für die Sommersaatfrüchte zu empfehlen ist.

(Fortsetzung folgt.)

Landwirthschaftliche Versammlungen.

Landwirthschaftlicher Bezirk Nürnberg.

Am 17. Mai d. J. hat der landwirthschaftliche Bezirksverein von Nürnberg in Muggenhof eine sehr zahlreich besuchte Versammlung abgehalten, in welcher nach eingehender allseitiger Besprechung folgende Beschlüsse einstimmig gefaßt wurden:

1) die in den Landschulen dermalen erzielte Schulbildung genüge den Anforderungen der fortgeschrittenen Zeit nicht mehr;

2) die bisherigen Sonntagsschulen seien nicht im entferntesten geeignet, diese Schulbildung auf das nothwendige Maas zu fördern;

3) vielmehr sollte unter gänzlicher Aufhebung der Sonntagsschulen die Werktagsschulpflicht allgemein und obligatorisch, jedenfalls wenigstens für die Knaben, um ein Jahr verlängert werden;

4) um dem bestehenden Mangel wenigstens einigermassen abzuhelfen, seien versuchsweise für den Landgerichtsbezirk Nürnberg zwei Fortbildungsschulen mit unentgeldlichem Besuche in Kleinreuth und Höfen zu errichten; die erforderlichen Besoldungen der Lehrer wurden aus Kreis- und Distriktsmitteln verfügbar gemacht.

Landwirthschaftlicher Bezirk Windsheim.

Auf Veranlassung des landwirthschaftlichen Kreiscomité's fand am 17. Mai ds. Js. in Windsheim eine Preiseverthheilung für die von den Hengsten der Vereinsbeschälstation Windsheim abstammenden 2½- und 1½jährigen Hengst- und Stutenfohlen und in Verbindung damit unter dem Vorsitz des k. Regierungsrathes Meinel von Ansbach und des k. Bezirksamtmanns Zink von Uffenheim eine landwirthschaftliche Bezirksversammlung statt. Der Hauptberathungsgegenstand betraf den Reichthum der Stadt und des Bezirkes Windsheim an Gyps, dessen Bedeutung für die gesammte vaterländische Landwirthschaft und die dringende Nothwendigkeit einer Eisenbahnverbindung zwischen Steinach, Windsheim und Neustadt, namentlich behufs leichteren und billigeren Versendung des Gypses. Wir werden den von dem Vereinssekretär Ingenieur Classen hierüber erstatteten Vortrag in einer späteren Nummer wörtlich folgen lassen und beschränken uns vorerst auf die Mittheilung, daß inhaltlich dieses Vortrages nach früher schon gemachten Erhebungen das Windsheimer Gypsgebiet 50 Steuerblätter mit 80,000 Tagwerk von 15 Fuß mittlerer Mächtigkeit umfaßt. Diese Gypsmasse hat ein Gewicht von 43200 Millionen Centner. Der bisherige Kleebau in Bayern umfaßt 800,000 Tagwerk; er ist noch lange nicht ausreichend und wird sich bald auf den doppelten Anbau steigern, wenn durch Vervollständigung des Eisenbahnnetzes der Gypsbezug erleichtert und der Hauptgypsstock in Windsheim und Umgebung, dessen Mächtigkeit 30 bis 36 Fuß beträgt, durch die 8½ Stunden lange Verbindungsbahn Steinach-Windsheim-Neustadt, zugänglich gemacht ist. Es wurde der Nachweis geliefert, daß für Bayern allein alljährlich vier Millionen Centner Gyps für landwirthschaftliche Zwecke erforderlich werden, welche auf der oben genannten Verbindungsbahn eine Fracht von 145,832 fl. abwerfen. Die Gesammtgypsfracht auf den bayerischen Bahnen wurde bei obigem Bedarf von vier Millionen Centner auf 641,666 fl. berechnet.

Anknüpfend an diese Thatsachen wurde der Bau der Verbindungsbahn Steinach-Windsheim

Neustadt behufs Förderung der Interessen der gesammten vaterländischen Landwirthschaft, als dringend nothwendig bezeichnet, welcher Anschauung die Versammlung vollkommen beipflichtete. Dieselbe stellte die weiteren Schritte behufs Erzielung der beantragten Verbindungsbahn der Stadt Windsheim und dem dort bestehenden Eisenbahncomité anheim.

Schließlich beantragte Direktor *Dürig* von Ansbach unter Hinweisung auf die Fortschritte in der Pferdezucht im Bezirke Windsheim die Errichtung eines *Fohlengartens*.

Ueber das Ergebniß der Eingangs erwähnten Fohlenmusterung und Preisevertheilung erstattete Bezirksthierarzt Ott von Ansbach, welcher als *Delegirter* des landwirthschaftlichen Kreiscomité's der Musterung beiwohnte, folgenden Bericht:

Im Vollzuge geehrten Auftrages eines hohen Kreis-Comité's des landwirthschaftlichen Vereins von Mittelfranken vom 10. ds. Mts. verfügte sich der ergebenst Unterzeichnete am 17. ds. Mts. nach Windsheim und wohnte der anberaumten Preisevertheilung für diejenigen Hengst- und Stutenfohlen, welche von den Hengsten der Vereinsbeschälstation Windsheim — Zampa, Pollux, Apollo und Großvenor — aus der Beschälperiode 1864 und 1865 abstammen, als *Preisrichter* bei; über das hiebei erzielte Resultat wird nachstehender Bericht in Vorlage gebracht:

Die Vereinsbeschälplatte, welche vor der Musterung der zugeführten Preis-Concurrenten, in Augenschein genommen wurde, ist zur Zeit mit 2 Hengsten, dem Percheron Pollux und dem veredelten Rottthaler „Zampa", ersterer ein Schimmel, letzterer braun von Farbe besetzt; Pollux, den Schlag IV. (schwerer Fracht- oder Zugschlag) — Zampa, den Schlag III. (starker kräftiger Wagenschlag) repräsentirend. — *Beide haben befriedigt*, ebenso ihre Haltung und Pflege; nur dürfte der sonst in seinem Baue zur Zucht tadellos erscheinende Zampa wegen der Beschaffenheit seiner Hufe — Rehhufe — bei Gelegenheit durch einen andern Hengst, womöglich desselben Schlages ersetzt werden. — Von den beiden Hengsten Apollo und Großvenor, welche der Vereinsstation angehörten und von denen die spätere Musterung mehrere, (von Apollo 5, von Großvenor 2) preiswürdige Abkömmlinge aufgewiesen hat, ist der erstere im Laufe des vergangenen Jahres umgestanden, der letztere auf eine andere Station versetzt worden*); die Güte und Brauchbarkeit derselben, namentlich des ersteren ist nach den Produkten zu schließen, eine unzweifelhafte gewesen.

Der Musterung selbst wurden 43, meist aus den Bezirken Windsheim und Uffenheim stammende $1\frac{1}{2}$- und $2\frac{1}{2}$ jährige Fohlen (ohne Müller) zugeführt, unter denen jedoch 3 Wallachen waren; von den sonach verbleibenden 40 Fohlen, welche nach Alter und Geschlecht „zufällig" ganz gleich vertheilt waren (20 Hengst- und 20 Stutfohlen, 20 2jährige und 20 1jährige, und welche nach der Farbe aus 16 braunen, 13 Schimmeln, 9 Füchsen und 2 Rappen bestanden haben) sind „31" als concurrenzfähig erklärt worden, während die andern 9 theils in Folge auffallender Bildungsfehler, theils wegen undeutlicher, unzugehöriger oder gänzlich mangelnder Approbations- resp. Füllenscheine zurückgewiesen werden mußten.

Ohngefähr die Hälfte dieser Concurrenten waren mit wenigen Ausnahmen *auffallend kräftig und stark gebaut*; sie gehörten dem schweren Schlage d. i. den Percherons Apollo und Pollux an, als welche Abkömmlinge sie ein weites Knochengerüste des Rumpfes, groß entwickelte Körperformen mit vorwaltend derben Muskeln am Halse, der Brust und Schultern, dann des breiten Kreuzes, sowie schwammige massive Knochen und Gelenke, die Grundbedingungen zum schweren Zuge, — Masse gegen Masse — zur Schau trugen und insbesondere mit ihrem durch „ausgezeichnete Fütterung" erzielten starken Wachsthum, mit ihrer frühzeitigen Reife, mit ihrer Schwere und Größe ein empfehlendes, dem weniger Kundigen imponirendes Ansehen von sich gaben. Daß solche Vorzüge aber auch ihre Schattenseiten haben, läßt sich denken; sie zeigten sich hier in dem Gange und in der Bewegungsfähigkeit. Alle diese mit Fleisch überladenen Thiere gingen und wendeten sich mehr oder weniger plump, ungeschickt, fuchtelnd oder mindestens nicht „linear"; im Schritte und im Trabe hemmte der schwere Hals und die fleischigen Schultern mit den großen Hufen ein ergiebiges Vor- und Ausgreifen der Brustextremitäten, wie auch das niedere Kreuz mit dem tiefen Schweifansatz, die bei Race-

*) Wurde verkauft. A. d. R.

pferden so viel ausmachende Streckung des Körpers und spielende Fortbewegung der Hinterhand „unmöglich", oder wenigstens „unschön" machte.

(Schluß folgt).

Anzeigen.

Krell & Hünerkopf,
Maschinenfabrik in Nürnberg,
empfehlen ihre selbstgefertigten

Dampf-Dresch-Maschinen

von anerkannt vorzüglichster Leistungsfähigkeit und äußerst solider, dauerhafter Bauart

Garantie für zwei Dreschzeiten.

Maschinenwärter werden in der Fabrik bei Zusammenstellung der Maschinen unentgeldlich gründlich unterrichtet.

Die besten Zeugnisse und Referenzen über bereits längere Zeit benützte Maschinen aus unserer Fabrik stehen uns zur Seite, und können neue Maschinen bei uns besichtigt werden.

Gebrüder Clauß in Nürnberg

empfehlen ihre

chemischen Düngerfabrikate:

Knochenmehl, guanisirt, feinstes,
Kali-Dünger (schwefelsaure Kali-Magnesia),
Superphosphat,
Kali-Superphosphat,
Kali-Superphosphat-Ammoniak (Phosphoguano)
Ammoniak, schwefelsaures,
zu gefälliger Abnahme.

Sämmtliche Dünger werden stets in gleichmäßiger Qualität unter Garantie für deren Gehalt und Reinheit geliefert und unter Controlle des landwirthschaftlichen Vereins und der agrikulturchemischen Versuchsstationen gestellt.

Kali-Dünger in entsprechender Weise mit Phosphorsäure-Düngern und Stallmist angewendet, ergaben bei
Rüben eine Erhöhung des Zuckergehaltes und eine Ertragssteigerung um 14 Proc.; bei
Kartoffeln eine Erhöhung des Stärkemehlgehaltes, gesunde Früchte und eine Vermehrung des Ertrages um 12 Proc.; bei
Getreidearten kräftigeren Halm, schwereres Korn und reichere Ernte; bei
Wiesen, namentlich nassen und sauren, Beseitigung der sauren Gräser und zwei- bis dreifache Steigerung der Heuernte; bei
Flachs längere u. feinere Stengel u. höheren Sammenertrag; bei
Klee (Luzerne), Raps und besonders auch bei
Hülsenfrüchten erhebliche Ertragsvermehrung; bei
Wein Vermehrung der Trauben und Erhöhung des Zuckergehaltes der Beeren; endlich bei
Hopfen wesentliche Ertragsvermehrung und Qualitätsverbesserung.

Phosphoguano empfiehlt sich zur Kräftigung junger Saaten und zum Treiben.

Für sämmtliche Dünger, namentlich für Kali-Dünger, wird **Herbstdüngung** empfohlen.

Bei **Frühjahrsdüngung** sind die Dünger recht früh, Kali-Salze womöglich noch auf den Schnee vor Eintritt der nassen Jahreszeit aufzubringen.

Die Dünger werden in mit dem Fabrikzeichen **plombirten** Säcken von circa 200 Pfund Zollgewicht geliefert.

Analysen, Preislisten und Gebrauchsanweisungen gratis.

Die permanente Maschinen-Ausstellung
von Scharrer & Co. in Nürnberg
empfiehlt
Häckselschneider neueste verbesserte patentirte Sorten
Futterschrotmühlen
Heuwender
Heurechen
in großer Auswahl zu Fabrikpreisen.

Ausstellung landwirthschaftlicher Maschinen.

Unsere permanente Ausstellungen in Mannheim und Regensburg umfassen eine Auswahl der besten Maschinen und Geräthe aus allen berühmten Fabriken Englands, sowie der erprobtesten Ackergeräthe des Inlandes. Einzelne Maschinen können auf Verlangen praktischen Proben unterworfen, oder zur Probe bezogen werden.

Wir laden die Landwirthe zur Besichtigung und Benützung unseres Unternehmens höflichst ein. Prospekte und Preislisten auf Verlangen gratis.

J. P. Lanz & Comp.
in **Mannheim** und **Regensburg** in Verbindung mit **Schwann & Comp.** in **London**.

Schrannenzettel.

Schranne.	Datum	Waizen ℳ	₰	Kern ℳ	₰	Korn ℳ	₰	Gerste ℳ	₰	Haber ℳ	₰
		Mittelpreise									
Ansbach	Mai 29. „	23	29	24	8	17	51	—	—	8	23
Augsburg	—	—	—	—	—	—	—	—	—	—	—
Bamberg		—	—	—	—	—	—	—	—	—	—
Beilngries	—	—	—	—	—	—	—	—	—	—	—
Dinkelsbühl	29. „	23	6	—	—	19	24	14	26	7	15
Eichstätt	25. „	23	35	—	—	19	48	14	38	9	38
Erlangen	25. „	21	23	—		18	14	—	—	9	30
Gunzenhausen	29. „	22	18	—	—	18	51	13	56	8	30
Kempten	22. „	—	—	24	36	19	9	15	53	9	—
Landshut	25. „	21	18	—	—	17	44	14	4	8	14
Lindau	25. „	28	1	24	25	19	26	—	—	9	6
München	1. „	23	—	—	—	16	33	14	52	8	31
Neuburg a/D.	—	—				—	—	—	—	—	
Nördlingen	25. „	21	51	23	25	19	38	14	19	8	51
Nürnberg	28. „	22	34	—	—	18	27	12	57	9	25
Regensburg	—	—	—	—	—	—	—		—	—	—
Rothenburg	25. „	22	16	—	—	17	35	—	—	8	4
Schwabach	—	—		—		—	—	—	—	—	—
Schweinfurt	25. „	25		—	—	20	27	—		9	19
Weißenburg	25. „	23	21	—	—	18	48	14	16	8	56

Verantwortlicher Redakteur C. Claßen.

Druck von C. Brügel und Sohn in Ansbach.

Landwirthschaftliches Wochenblatt

Erscheint jede Woche einen halben Bogen stark und kann durch alle Poststellen bezogen werden.

Preis für's ganze Jahr sammt Postaufschlag 1 fl. Inserate werden die gespaltene Petitzeile oder deren Raum auf 4 kr berechnet.

für Mittelfranken.

(Früher landwirthschaftliche Mittheilungen.)

Organ des landwirthschaftlichen Kreis-Comité für Mittelfranken.

Nr. 24. Ansbach, Juni 1867. I. Jahrgang.

Bekanntmachung.

Im Nachgange veröffentlichen wir die Bekanntmachung der kgl. Regierung von Mittelfranken, Kammer des Innern, vom 11. d. Mts. Nr. 21918 betreffend die Rinderpest in Tiefenthal, Bezirksamts Ansbach.

Ansbach, den 12. Juni 1867.

Kreiscomité
des landwirthschaftlichen Vereins für Mittelfranken.

* * *

E. Num. 21918.

(Rinderpest in Tiefenthal, Bezirksamts Ansbach, betr.)

Im Namen Seiner Majestät des Königs.

In dem $2\frac{1}{2}$ Stunden von Ansbach entfernten Weiler Tiefenthal, kgl. Bezirksamtes Ansbach, erkrankte am 2. ds. Mts. ein Ochse, welcher am 6. ds. Mts. geschlachtet, und noch an demselben Tage nach Eintreffen des Thierarztes secirt wurde. Auf den hiebei erhobenen Verdacht fanden sofort die weitern Untersuchungen statt, als deren Ergebniß heute die Erkrankung des bezeichneten Viehstückes von den Sachverständigen unter Beipflichtung des von dem kgl. Staats-Ministerium des Innern eigens hiezu abgeordneten Experten als Rinderpestfall constatirt worden ist.

Indem dieses hiemit zur öffentlichen Kenntniß gebracht wird, wird sogleich beigefügt, daß schon am 7. ds. Mts. die geeigneten Vorkehrungen zur Verhütung einer Verschleppung der Seuche angeordnet und am 8. ds. Mts. die vollständige Absperrung und militärische Cernirung des Weilers Tiefenthal vollzogen worden war, und daß nun auch die Bestimmungen II. der Allerhöchsten Verordnung vom 6. Dezember 1866 für Tiefenthal in Vollzug zu treten haben.

Hiebei wird bis auf Weiteres die Abhaltung von Rindvieh- und Schafmärkten in den Städten Ansbach, Dinkelsbühl und Rothenburg a/T., dann in den Verwaltungsbezirken Ansbach, Dinkelsbühl, Feuchtwangen, Heilsbronn, Rothenburg a/T. und Uffenheim verboten.

Zugleich wird nachstehende Instruktion für Vornahme der verordnungsmäßigen Desinfektion von Personen zur Nachachtung bekannt gemacht.

Ansbach, den 11. Juni 1867.

Königliche Regierung von Mittelfranken,
Kammer des Innern.
von Feder, Präsident.

Gromeder.

* * *

Instruktion
über
die Vornahme der Desinfektion von Personen.

Alle Personen, auch Aerzte, Beamte, Bedienstete, Geistliche, selbst das Aufsichtspersonal und das Militär, welche aus infizirten Orten bestimmte Absperrungslinien überschreiten, haben sich einer Desinfektion in bestimmten Desinfektionsräumen in nachstehender Weise zu unterwerfen.

Nur jene Desinfektion ist giltend und genügend, welche nach Maßgabe folgender Instruktion stattfindet:

1. Sind gemauerte Lokalitäten vorhanden, bei denen 2 gesonderte Räume (Zimmer oder Kabinett) an einanderstoßen, so sind diese dazu am besten geeignet. Außerdem müßte eine Bretterhütte mit 2 Abtheilungen, einer größeren für die Personen und einer kleineren für die Kleider, Reisetaschen u. s. w. errichtet und beide Räume durch eine Thüre verbunden werden.

2. In dem kleineren Raume ist nöthig:

a) eine gewöhnlich 3 bis 4 Fuß im Quadrat haltende Packkiste,

b) ein Lattenstellage von 6 bis 10 Fuß Länge, 2 bis 3 Fuß Breite mit 3 bis 3½ hohen Füßen.

In diese Packkiste wird eine steinerne oder porzellanene Schale gestellt, und in diese je nach der Größe des Desinfektionsraumes 2—2½ Loth Chlorkalk gebracht, dieser mit Wasser zu einem Brei angerührt und mit 2 Loth roher Salzsäure versetzt. Das Ganze wird mit einem hölzernen Stäbchen umgerührt und dann der Lattentisch über die Packkiste aufgestellt.

Statt der obigen Mischung kann auch ein gut gemischtes Pulver aus 2½ Loth Kochsalz, 2 Loth pulverisirten Braunstein gebraucht werden, welchem Gemische sodann 2 Loth concentrirte Schwefelsäure (Vitriolöl) zugegossen und nach obiger Vorschrift behandelt werden muß.

Die Kleider u. s. w. bleiben 5 bis 8 Minuten auf dem Lattentisch über den sich entwickelnden Chlordämpfen liegen. Wenn sich keine Dämpfe mehr entwickeln, muß eine neue Mischung obiger Ingredienzen gemacht und in einer Schale in die Kiste gestellt werden.

3. In dem größeren für die Desinfektion der Menschen bestimmten Raum werden die nöthigen Waschschüsseln u. s. w. aufgestellt; ferner frisches Chlorwasser, oder dünne Chlorkalkmilch in dunklen Bouteillen.

Da haben sich hier sämmtliche Personen die Hände, das Gesicht, Kopf- und Barthaare mit einer Mischung aus 1 Theil Brunnenwasser und ½ Theil Chlorwasser oder Chlorkalkwasser zu waschen, während die Oberkleider derselben, Röcke, Mäntel, Mützen, Hüte, Schuhe, Beinkleider, Westen, sowie die entsprechenden Kleidungsstücke des weiblichen Geschlechtes auf dem Desinfektionstische des Seitenkabinetes sich befinden.

Die in den Kleider-Desinfektionsraum führende Thüre hat fortwährend offen zu stehen und die an dem einen Tage dort verwendeten Chlorentwicklungsschalen mit ihrem Inhalte sind am darauffolgenden Tage ohne frisch gefüllt zu werden, in dem Personenraume aufzustellen, damit auch in diesem Raume eine fortwährend mit mäßigem Gehalte an Chlorgas versehene Luft vorhanden sei.

Fenster und Thüren müssen dabei möglichst geschlossen gehalten werden. Ebenso ist dafür zu sorgen, daß im Falle Bretterhütten errichtet werden, dieselben wenigstens bis auf 6 Fuß vom Boden möglichst dicht sein und etwaige offene Ritze und Löcher gut verschlossen werden.

Es versteht sich von selbst, daß bei Personen, die aus Stallungen kommen, in denen kranke Thiere sich befinden, die Dauer der Chloreinwirkung auf die Kleidungsstücke u. s. w. eine längere (10—15 Minuten) sein, und insbesondere die Fußbekleidung derselben noch mit Chlorkalklösung tüchtig abgewaschen werden muß. Auch haben sich dieselben wenigstens 4 bis 5 Minuten lang in dem Kleiderreinigungs-Raume selbst aufzuhalten.

Landwirthschaftliche Versammlungen.
Landwirthschaftlicher Bezirk Windsheim.
(Schluß.)

Wie ganz anders zeigten dieses die Abkömmlinge des Zampa; war auch „kein Eclipse“*) zugegen, so hatten doch die meisten, namentlich der braune Hengst des rc. Dürr von Lenkersheim bei gutem Fundament eine freie Schulterbewegung, einen leichten, sicheren Schritt und Trab, kurzum Geschick im Gehen und Wenden, und unverkennbar eine, allem Dienste angemessene, nicht genug zu schätzende, in dem strammen, soliden Muskel- und Knochenbau liegende Fähigkeit zu großer Ausdauer und einer weniger schnellen Ermüdung. — Freilich mußte man auch hier an einzelnen Exemplaren wahrnehmen, daß frühzeitige Uebung der Pferde am Wagen oft Schaden anrichtet, wenn auch der Landwirth kaum eine andere Absicht, als die einer „ihm gutdünkenden Austummelung“ in Ermanglung anderer Gelegenheit dabei im Auge hat; und ganz so, wie dieser immer und immer wieder beklagt werdende Umstand zeigt sich das Gegentheil in seinen Folgen, ich meine, das ewige Stehenlassen der jungen Pferde im Stalle, der Mangel jeglicher Bewegung. — Wurden diese Uebelstände leichter bei der Musterung verdeckt durch den edleren Körperbau und leichteren Gang bei den Abkömmlingen des Zampa, so traten sie dafür um so schroffer bei den Percherons hervor. Die Masse des Fleisches zehrte hier auf Kosten der Kraft und Solidität der Glieder und Nichts hätte mehr die Lichtseite dieser Race verdunkeln können, als die

*) Eclipse war unter allen Rennern Englands der berühmteste; sein Name kommt von einer Sonnenfinsterniß her, welche am Tage seiner Geburt statt hatte.

Er war ein Sohn des Marsk und Enkel von Godolphin; seine Ueberlegenheit war so allgemein anerkannt, daß kein anderes Pferd mehr wagte mit ihm zu concurriren. Er lief zum letzten Male 1770 und verließ die Rennbahn um als Beschäler zu dienen, nachdem er seinem Herrn, dem Obrist O'Kelly etwa 25000 Pf. Sterling (300000 fl.) eingetragen hatte.

Als Beschäler erlangte er keine geringere Berühmtheit, als auf der Rennbahn, man zahlte für einen Sprung von ihm 50 Guineen, nebst 1 Guinee Trinkgeld für den Wärter, zusammen 612 fl. Als Beschäler allein hat er seinem Herrn einen Ertrag von 160,000 Pf. Sterling (1,920,000 fl.) eingebracht, 334 Pferde producirt, welche sich alle mehr oder weniger auf der Rennbahn auszeichneten.

Als Renner hatte Eclipse auf der Rennbahn 11 Königspreise gewonnen; nie hat ihn der Sporn oder die Reitgerte berührt, er übereilte jedesmal seine Gegner mit der größten Leichtigkeit.

Er starb am 26. Februar 1789 im Alter von 26 Jahren.

(Villeroy und Müller. Handb. der Pferdezucht.)

mastige Aufzucht im Stalle und die unterlassene Bewegung; plumpes und ungeschicktes Anlassen zur Arbeit bleiben für das ganze Leben solchen Thieren eigenthümlich.

An diese Wahrnehmungen, welche im Allgemeinen bei dem vorhandenen Züchtungs-Material ein erfreuliches Resultat ergeben haben und unverkennbar einen Fortschritt in der dortigen Pferdezucht an dem größeren Theile der bei der Preisevertheilung konkurrirenden Fohlen haben erkennen lassen, würde sich folgende Betrachtung anknüpfen lassen:

1) Die Züchtung des schweren Schlages IV. entspricht nicht immer den Zwecken der Landwirthschaft in unserer Gegend; die Nachfrage ist gering, einestheils, weil Ländereien, wie Belgien, Luxemburg, Flandern, Steyermark, Pinzgau 2c. 2c. dieselben in großer Anzahl auf den Weltmarkt bringen, und anderntheils, weil die Ausbreitung der Eisenbahnen mit jedem Tage die schwere Fracht mehr auf ein kleineres Gebiet einengen dürfte. — Die Zucht für den eigenen Bedarf aber ist ebenso wenig lohnend, denn solche Pferde brauchen mehr, und leisten, weil langsamer, weniger; zudem ist ihre Ausartung, da gemeine Racen immer und unausbleiblich ihre schlechten Eigenschaften vererben, mit der Zeit nicht zu verhüten. Die Zucht und Einführung dieser Pferde wird, wie eine Mode, wieder verschwinden.

2) Anders ist es mit der Zucht von Hengsten des Schlages III.: als Produkte davon werden je nach der Mutter, der kräftige Reit- oder Wagenschlag hervorgehen, mit denen der Landwirth ebenso seine Oeconomie bestellen kann, als er dieselben bei Armee-Remontirungen, und bei entsprechender Vollkommenheit zu besseren Reit- oder zu Carosse-Pferden verkaufen kann. — Der Hengst Zampa ist der Repräsentant solcher Ziele.

„Hohe Veredlung" eines Pferdes mißachtet in der Regel der Landmann, weil er nicht allein die Leistungen dieser Racen verkennt, sondern auch andere, im Ganzen genommen, nicht unrichtige Begriffe von der Schönheit eines Pferdes hat, wie der Cavalier 2c., eine theilweise Veredlung hingegen weiß er eben sowohl zu schätzen, wie ihm ein ganz gemeines Pferd mißfällt. In Allem der goldene Mittelweg; darum auch hier die Zucht mit „Halbblut". Hengste von gutem Fundament, und kräftigen, nicht zu feinen Gliederbau, dabei im Gang und in der Körperform edel, werden jederzeit im Franken Gutes stiften und es wäre die beste Acquisition für die Beschälplatte Windsheim, wenn sie an Stelle des leider abgenützten, nicht mehr fehlerfreien Zampa's einen oder zwei von eben solchen Kaliber bekommen würde.

3) Für jeden Kenner eines Pferdes ist die Leichtigkeit seiner Bewegung, dessen räumender und ausgreifender Gang, mindestens von ebensoviel Werth als seine schöne Körperform und seine edle Haltung. Auch ein weniger edles Pferd kann mit diesen letzteren Eigenschaften ausgerüstet sein, sie liegen deßhalb nicht ausschließlich in der Abstammung, sondern können durch die Art und Weise der Aufzucht hervorgezaubert werden. — Damit ist auch gesagt, daß die Pferdezüchter Windsheims in der letzteren große Fehler machen und daß es sehr wünschenswerth erscheinen muß, wenn durch geeignete Belehrung, Aufmunterung und dergleichen fortwährend dahin gewirkt wird, daß die Aufzucht der jungen Pferde „entsprechender" bethätigt würde.

In Verbindung mit der Fohlenpreisevertheilung der landwirthschaftlichen Versammlung fand am Samstag, den 18. ds. Mts., die Verloosung landwirthschaftlicher Hausthiere, Geräthe und Maschinen statt. Es wurden 16300 Loose à 36 kr. abgesetzt. Die Einnahme beträgt somit 9780 fl. — Hievon wurden nach Abzug der Kosten 818 Gewinnste angekauft.

50 Proz. hievon wurden auf den Ankauf von Pferden, Rindvieh und Schafen.

50 Proz. auf Anschaffung von Maschinen und Geräthen verwendet.

Die für den Ankauf der Thiere bestimmte Summe war zur Hälfte für Pferde, zur Hälfte für Rindvieh und Schafe bestimmt.

In der Wirklichkeit angekauft wurden:

9 junge Pferde, darunter 7 Stück, welche von den Hengsten der Vereinsbeschälstation Windsheim abstammen und bei der erwähnten Fohlenpreisevertheilung prämiirt wurden.

16 Stück Kühe und Kalbinnen, die Mehrzahl dem Scheinfelder Schlage angehörig.

30 Stück Hämmel.

An landwirthschaftlichen Geräthen und Maschinen, welche für die Verloosung angekauft wurden, waren im städtischen Schießhause und sog. Schießhauswasen in schönster Ordnung aufgestellt.

4 Bernerwägelein, 6 Oeconomiewägen, 1 eleganter Schlitten, 4 Futterschneidmaschinen, 5

Grasbänke, 4 Rübenschneider, 2 Putzmühlen, 16 Pflüge mit und ohne Vordergestell, 4 Eggen, 1 Luzernegge, 1 Jauchenfaß und viele andere kleine landwirthschaftliche und hauswirthschaftliche Geräthe.

Sämmtliche Maschinen und Geräthe waren von Windsheimer Werkleuten in vorzüglicher Qualität angefertigt.

Anzeigen.

Marktbericht.

Woll-Geschäft.

Augsburg. 11. Mai. Wollmarkt sehr frequent. Zufuhr 4000 Ctr. Wäsche sehr gut. Preisaufschlag gegen Vorjahr 12—15 Proc. Hochfeine Wolle 148—247 fl. Rauh-Bastardwolle 130 bis 133 fl. Deutsche Wolle 100—106 fl. (A.A.Ztg.)

Ungarn. Zufuhr auf dem Losonczer Wollmarkt 2000 Ctr. Wäsche nicht befriedigend. Bauernwolle 108—120 fl. Herrschaftliche Schäfereien 130 fl. (Allg. Ztg.)

Schrannenzettel.

Schranne.	Datum	Waizen		Kern		Korn		Gerste		Haber	
		Mittelpreise									
		fl.	kr.	fl.	kr.	fl.	kr.	fl.	kr.	fl.	kr.
Ansbach	Juni 8. "	22	36	22	48	17	54	—	—	8	20
Augsburg	—	—	—	—	—	—	—	—	—	—	—
Bamberg	—	—	—	—	—	—	—	—	—	—	—
Beilngries	6. "	21	—	—	—	17	54	13	10	8	44
Dinkelsbühl	5. "	22	16	22	16	18	23	14	28	8	15
Eichstätt	8. "	22	36	22	48	17	55	—	—	8	20
Erlangen	8. "	22	29	—	—	19	4	—	—	9	39
Gunzenhausen	6. "	21	34	—	—	17	37	14	—	8	40
Kempten	—	—	—	—	—	—	—	—	—	—	—
Landshut	—	—	—	—	—	—	—	—	—	—	—
Lindau	—	—	—	—	—	—	—	—	—	—	—
München	8. "	22	32	—	—	16	26	15	17	8	20
Neuburg a/D.	—	—	—	—	—	—	—	—	—	—	—
Nördlingen	8. "	20	11	23	3	18	39	14	18	8	50
Nürnberg	4. "	21	9	—	—	17	56	—	—	9	19
Regensburg	—	—	—	—	—	—	—	—	—	—	—
Rothenburg	8. "	21	58	21	38	17	18	—	—	9	14
Schwabach	—	—	—	—	—	—	—	—	—	—	—
Schweinfurt	8. "	23	24	—	—	19	10	—	—	9	31
Weißenburg	8. "	22	30	—	—	18	5	13	30	9	14

Verantwortlicher Redakteur C. Glasen. Druck von C. Brügel und Sohn in Ansbach.

Landwirthschaftliches Wochenblatt

Erscheint jede Woche einen halben Bogen stark und kann durch alle Poststellen bezogen werden.

Preis für's ganze Jahr sammt Postaufschlag 1 fl. Inserate werden die gespaltene Petitzeile oder deren Raum auf 4 kr berechnet.

für Mittelfranken.

(Früher landwirthschaftliche Mittheilungen.)

Organ des landwirthschaftlichen Kreis-Comité für Mittelfranken.

Nr. 25. Ansbach, Juni 1867. I. Jahrgang.

Abonnements-Einladung.

☛ Die verehrten Herren Abonnenten werden hiemit ersucht, die Bestellung auf das landwirthschaftliche Wochenblatt für das mit dem 1. Juli beginnende III. Quartal zuverlässig im Laufe dieser Woche zu erneuern, und zu diesem Zwecke den der vorigen Nummer beigelegten Bestellzettel unterschrieben, dem Postboten gefälligst auszuhändigen.

Die Redaktion.

Der Reichthum der Stadt und des Bezirkes Windsheim an Gyps, dessen Bedeutung für die gesammte vaterländische Landwirthschaft und Industrie und die dringende Nothwendigkeit einer Eisenbahnverbindung von Steinach, Windsheim und Neustadt a/A. behufs rationeller Ausbeute und billigeren Versandtes des Gypses.

Vortrag des Ingenieurs Clasen, gehalten bei der am 17. Mai in Windsheim stattgehabten landwirthschaftlichen Versammlung.

Die unterste Schichte der in Mittelfranken sehr entwickelten Keuperformation bildet der Gyps. Selten wird man denselben so mächtig vertreten und in weiter Fläche offen zu Tage stehend finden, als im Stadt- und Landgerichtsbezirke Windsheim, wo häufig der Pflug unmittelbar über den obersten Gypsschichten hinweggleitet, wo es aber auch in Folge deren bedeutender Mächtigkeit, wie beispielsweise in der Stadt Windsheim vorkommt, daß Bierkeller 3 Etagen hoch freitragend in reinem Gypsfelsen ausgeführt werden konnten.

Zur Bestätigung dessen, was hier gesagt ist, führe ich aus einer im Jahresberichte des historischen Vereins für Mittelfranken pro 1844 enthaltenen Abhandlung über die geognostische Beschaffenheit des Kreises Mittelfranken Folgendes an. Dort heißt es wörtlich:

„Der untere Gyps. Dieser ist durchgängig „als das untere Glied des Keupers verbreitet und „bildet einen Stock von abwechselnder Mächtigkeit. „Dieser Gyps wird in dortiger Gegend häufig zu „technischen Zwecken und zur Düngung der Felder „gebrannt; er bildet aber auch einen Gegenstand „des Ausfuhrhandels, indem eine sehr bedeutende „Menge im rohen Zustande mainabwärts in die

„Rheingrenken verführt wird. Seinen Anfang „nimmt derselbe bei Weltringen, läuft dann in nord„westlicher Richtung nahe bei Insingen, Lohr, Ro„thenburg a/T., Ohrenbach, Mörlbach, Pfaffen„hofen, Uttenhofen, Hohenlandsberg, Nenzenheim, „Hüttenheim, Willanzheim bis Iphofen, von da „südlich über Hellmitzheim, Dornheim, Krassolzheim, „Ingolstadt, Sugenheim, Rüdisbronn, Altheim „bis in die Nähe von Beerbach, sodann südwestlich „über Hoheneck, Ickelheim, (wo er als Alabaster „auftritt) über Westheim, Mkt. Bergel, Rocken„berg, Wachenberg, Neusitz, Kirnberg, Faulenberg „und Frankenheim bis Wörnitz, wo er sich seinem „Anfangspunkte wieder anschließt. Alles Terrain, „das von diesen Ortschaften umschlossen wird, bildet „theils überirdisch, theils in einer Tiefe von nur „wenigen Fußen ein zusammenhängendes Gypslager, „das westlich durch Muschelkalk, den der Urgyps „theilweise überlagert, östlich aber vom Keuper„sandsteine begränzt wird, und einen Flächenraum „von 15½ Stunden in der Länge und von nahe „½ bis 4½ Stunden abwechselnd in der Breite, „einnimmt."

Die Abhandlung sagt weiter:

„Die Gypslager in dem Landgerichtsbezirke „Rothenburg a/T. haben eine unbedeutende Mächtig„keit, oberhalb Rothenburg bei Gebsattel, Bocken„feld und Oestheim ist das Gypslager im Thale „3—4' stark. In dem Flurbezirke der Stadt „Windsheim befinden sich Gypsbrüche, die eine „nähere Einsicht in die Lagerungsverhältnisse dieses „Erdproduktes gewähren; die dortigen Gypslager „sind durchgängig wellenförmig. An erhabenen „Stellen sind sie mit einer Schichte von Damm„erde 3—4' hoch bedeckt; an tiefer gelegenen Flächen „ist diese Erdschichte, jedoch abwechselnd, in den „Bestandtheilen oft 10—15 Fuß tief. Unter dieser „Decke findet sich ein 30—36 Fuß mächtiges Gyps„lager in nachfolgenden Schichtenabtheilungen von „Oben nach Unten:

„1) körniger Gyps (Flötzgyps), 5 Fuß hoch, „wellenförmig; 2) faseriger Gyps, Federweiß, „auch Katzenstein genannt, ½—1 Zoll dick; 3) „Stinkstein, 3—5 Zoll dick; 4) Flötzgyps, 3 Fuß „dickes Lager; 5) Katzenstein, ½ Zoll dicke Schichte; „6) Stinkstein, 8 Zoll dick; 7) Urgyps, 8 Fuß „mächtig, wird zu Mauer- und Quadersteinen ver„wendet; 8) Katzenstein, ½ Zoll dick; 9) Stink„stein, 8 Zoll dick; 10) Urgyps, 8 Fuß dick; 11) „Urgyps in Schalen zum Pflastern tauglich, 6 Zoll; „12) Stinkstein, 2—3 Zoll dick; 13) Urgyps, „18 Zoll stark, zu Quadern zu gebrauchen; 14) „Stinkstein, 5 Fuß stark."

„Bei Iphofen, wo die Lager ausstreichen, be„halten dieselben immer noch eine Mächtigkeit von „8—10 Fuß mit denselben Ablagerungen, wie in „der Flurmarkung Windsheim."

Diese auf sorgfältigen Erhebungen beruhende Abhandlung weist zur Genüge nach, daß Windsheim den eigentlichen Kern des Hauptgypsstockes bildet, was auch Jedem, der die fragliche Gegend einmal eines aufmerksamen Blickes würdigt, sofort in die Augen springen muß.

Der Gypsvorrath, welchen die geschilderte Gegend einschließt, dürfte sich, wie folgt, berechnen:

Die auf der vorliegenden Karte*) nach Inhalt obiger Abhandlung durch eine blaue Contour bezeichnete Gypsgegend umfaßt mit Ausnahme des weniger ergiebigen Terrains im Bezirke Rothenburg 50 Steuerblätter à 1600 Tagw., zusammen also 80000 Tagwerk. Als durchschnittliche Mächtigkeit dürften 15 Fuß angenommen werden, da die Lager in Steinach und Iphofen ziemlich gleiche Tiefe, 7—8 Fuß haben, in Windsheim und Umgebung die Mächtigkeit aber bis zu 30 Fuß beträgt. Hienach enthält ein Tagwerk durchschnittlich 15 × 40,000 = 600,000' = 6,000 Schachtruthen Gyps und obige Fläche von 80,000 Tagw. 480 Millionen Schachtruthen.

Nimmt man das Gewicht von 1' Gyps zu 90 Zollpfund an, so wiegt eine Schachtruthe 90 Centner und 480 Millionen Schachtruthen 43,200 Millionen Centner.

Den Verkaufspreis pro Centner rohen Gypsstein, wie bisher, mit 1 kr. berechnet, ergibt sich ein Rohmaterialwerth des bezeichneten Gypsterrains von 960 Millionen Gulden.

Was die Verwendung des Gypses anbelangt, so ist seine Bedeutung als Dünger schon längst bekannt. Auf welche Weise Gyps wirkt, darüber streiten zur Zeit die Gelehrten noch; die Hauptsache für uns ist, daß er wirkt und vortrefflich

*) Die Karte folgt mit der nächsten Nummer.

wirkt. Es ist dies der einzige Mineraldünger, der keiner besonderen Empfehlung bedarf, der sich vielmehr längst überall eingebürgert hat, wo er überhaupt nur käuflich ist. Gyps streut der Rittergutsbesitzer wie der Gütler, wenn er ihn nur bekommen kann und nicht selten sieht man, wie Leute, die sonst die nachlässigste Düngerwirthschaft haben, dennoch den Gyps zu Rath halten, als wenn er mit Geld aufgewogen werden müßte. Wie seufzt man oft nach Regen, um Gyps streuen zu können!

Aus diesen Thatsachen geht hervor, daß Gypslager, wie die fraglichen, einen unschätzbaren Werth für die Landwirthschaft haben und daß eine sorgfältigere, rationellere Ausbeute derselben gleichbedeutend mit der allmähligen möglichsten Ausdehnung des Kleebaues ist.

(Schluß folgt.)

Versammlungen im landwirthschaftlichen Bezirke Ansbach-Leutershausen.

Am 14. Mai ds. Js. fand unter dem Vorsitze des Vereinsvorstandes Regierungsrath Faber in Bruckberg eine stark besuchte landwirthschaftliche Versammlung statt. In derselben wurde hauptsächlich die Frage berathen:

Ob denn die bisher zur Anwendung gekommenen polizeilichen Anordnungen gegen die Schafräude, wodurch die Schafzüchter bei dem Ausbruche der Letzteren unter ihren Heerden außerordentlich große Vermögensverluste erleiden, nicht füglich aufgehoben werden könnten?

Die Versammlung nahm an der Berathung lebhaften Antheil und wurde Folgendes zum Beschluß erhoben:

1) Der Art. 122 des Polizeistrafgesetzbuches könne unverändert beibehalten werden, jedoch sollten die oberpolizeilichen Vorschriften nur eine vor dem alljährlichen Weidgange vorzunehmende Beschau der Schafe anordnen.

2) Dem Art. 123 des Polizeistrafgesetzbuches sollte der Beisatz angereiht werden:

„Auf die Schafräude habe dieser Artikel „nur dann Anwendung zu finden, wenn bei „einer gemeinschaftlichen Heerde die betheilig„ten Schafhalter die Fernhaltung und sofor„tige Entfernung von räudigen Schafen nicht „sich ausgemacht haben."

3) Endlich sollten polizeiliche Maßregeln gegen die Schafräude nie mehr vorgekehrt, daher die desfalls erlassenen höchsten Anordnungen sämmtlich aufgehoben und eine Anwendung des Art. 363 des neuen Strafgesetzbuches auf die Schafräude nie gemacht werden.

Eine Anzahl ausübender Landwirthe aus der Mitte der Versammlung übernahm es, diesen Beschluß in Form einer Denkschrift bei dem landwirthschaftlichen Kreiscomité zur weiteren Vertretung einzureichen.

Am 26. Mai ds. Js. fand gleichfalls unter dem Vorsitze des Vorstandes Regierungsrath Faber eine landwirthschaftliche Versammlung in Geslau statt, welche zu den Besuchtesten zu rechnen ist.

Domänenpächter Herwig von Rödhof setzte seinen auf früheren Versammlungen begonnenen Vortrag fort:

Die Gerste verlange einen kräftigen, unkrautreinen Boden. Alte Kraft sei für Gerste besser als frisch gedüngt. Am besten gedeihe Gerste nach Hackfrucht; sie könne aber auch nach Winterfrucht gebaut werden. Herwig empfiehlt im Herbst und Frühjahr je zweimaliges Pflügen. Was die Geslauer schweren Bodenverhältnisse anbelange, so werde dort im Frühjahr zur Gerste nur ein Mal geackert, und die Saat hineingestrichen.

Der Hafer werde in der Regel am schlechtesten behandelt. Er verlange aber ebenso einen reinen Boden; das Feld solle daher im Herbst gehörig vorbereitet, und der Hafer im Frühjahr zeitig untergeeggt werden.

Hafer sei anzubauen:

1) nach Winterfrucht, 2) nach Klee, 3) nach Hackfrüchten.

Groß von Hartershofen empfiehlt für den Hafer die Bifänge in achtfurchige Beete zusammenzuackern, und das folgende Jahr wieder Bifänge daraus zu machen.

In Betreff des Hammeltransportes beschließt die Versammlung, es solle ein Gesuch um Vermehrung der eigens für den Hammeltransport gebauten Eisenbahnwagen eingereicht werden.

Endlich wird der Wunsch ausgesprochen, es solle behufs Förderung der Drainageanlagen dem

Ziegler Lochner in Buch am Wald die Vereinsröhrenpresse überlassen werden.

Landwirthschaftliche Versammlung in Rothenstein, kgl. Bezirksamts Weißenburg.

Am 16. Juni ds. Js. vereinigten sich die landwirthschaftlichen Bezirksvereine Eichstätt und Pappenheim in Rothenstein. Hauptgegenstand der Besprechung war die Richtung der Schafzucht auf Fleischthiere, da seit etwa zwanzig Jahren die Wolle ziemlich den alten Preis behalten habe, das Fleisch dagegen um 50 und mehr Procente gestiegen sei. Das Resultat der Berathung war, daß ein mastfähiges Schaf zu züchten sei, die Wolle jedoch unter keiner Bedingung vernachlässigt werden dürfe.

Um dem zur Erreichung dieser Zwecke wiederholt constatirten Mangel an geeigneten Zuchtböcken abzuhelfen, wurde schließlich folgender Antrag formulirt und einstimmig angenommen:

Die landwirthschaftlichen Bezirksvereine Eichstätt und Pappenheim in ihrer Wanderversammlung am 16. Juni in Rothenstein beschließen an das geehrte landwirthschaftliche Kreiscomite die dringende Bitte zu stellen:

„Dasselbe möge mit allen Mitteln bei der k. „Regierung darauf hinwirken, daß in Triesdorf „eine Stammschäferei errichtet werde, welche den „Zweck hat, geeignete Zuchtböcke im Kreise zu ver„breiten. Es möge berücksichtigt werden, daß ein „mastfähiges und dabei wollreiches Schaf den jetzi„gen Marktverhältnissen am besten entspricht, und „daß also schön gebaute große Böcke mit raschem „Wachsthum und reichlicher Wolle von den Land„wirthen gesucht werden.

Anzeigen.

Marktbericht.

Woll-Geschäft.

Kirchheim. Zufuhr bedeutend. Die Wollhalle faßt 10000 Ctr. Markt beginnt Freitag, den 21. Juni. (Schwäb. Merkur.)

Ulm, 16. Juni. 3000 Ctr. complett verkauft. Wäsche gut. Deutsche Wolle 100—106 fl. Rauh-Bastard 106—116 fl. Bastard 118—124 fl. Fein Bastard 126—130 fl.

Berlin, 19. Juni. 1866er Zufuhr 80000 bis 100000 Ctr. 1867er Zufuhr 180—200000 Ctr. Preise 1866er feine Tuchwolle 60—62 Thlr., mittelfeine 52—60 Thlr. Pommersche Kammwolle 50—56 Thlr. Mecklenburger 50—52 Thlr. Bauernwolle 40—50 Thlr. Preise pro 1867 durchweg 15—20 Thlr. höher.

Leipzig, 17. Juni. Wollzufuhr 4976 Ctr.

Warschau, 15. Juni. Wollzufuhr 4976 Pud, circa 2000 Ctr.

Viehmarkt.

Wien, 17. Juni. Auftrieb 2427 St. Ochsen. Schätzungsgewicht 490—670 Pfd. Preis per St. 136—190 fl., per Ctr. 27—28½ fl.

Aus Unterfranken, 18. Juni. Sehr hohe Viehpreise, weil die Viehmärkte verboten und die Futterernte günstig ist. Am theuersten ist Fettvieh, Aufschlag 2 kr. per Pfund. Mastochsen 38 bis 56 Carolin, per Centner 33—36 fl., Kühe am theuersten, selbst ganz schlechte über Gebühr bezahlt. Kälber und Schafe sind gesucht, aber weniger Preis haltend. (Frankfurter Handelszeitung.)

Schrannenzettel.

Schranne.	Datum	Waizen		Kern		Korn		Gerste		Haber	
		Mittelpreise									
		fl.	kr.	fl.	kr.	fl.	kr.	fl.	kr.	fl.	kr.
	Juni										
Ansbach	19. „	22	58	23	28	17	23	—	—	7	55
Augsburg	14. „	24	50	21	34	17	[illegible]	14	23	8	29
Bamberg	—	—	—	—	—	—	—	—	—	—	—
Beilngries	13. „	19	47	—	—	16	7	13	53	8	40
Dinkelsbühl	12. „	23	24	23	24	17	59	14	28	8	20
Eichstätt	—	—	—	—	—	—	—	—	—	—	—
Erlangen	—	—	—	—	—	—	—	—	—	—	—
Gunzenhausen	13. „	21	51	—	—	17	6	13	50	8	44
Kempten	—	—	—	—	—	—	—	—	—	—	—
Landshut	14. „	19	53	—	—	16	13	—	—	8	10
Lindau	15. „	26	21	22	26	19	45	—	—	8	36
München	15. „	22	20	—	—	16	38	15	11	8	15
Neuburg a/D.	12. „	20	9	—	—	17	49	—	—	9	4
Nördlingen	—	21	—	23	9	18	40	14	—	8	24
Nürnberg	11. „	—	—	—	—	17	7	—	—	9	21
Regensburg	—	—	—	—	—	—	—	—	—	—	—
Rothenburg	15. „	22	36	20	25	17	9	—	—	7	53
Schwabach	—	—	—	—	—	—	—	—	—	—	—
Schweinfurt	—	—	—	—	—	—	—	—	—	—	—
Weißenburg	15. „	22	41	—	—	19	2	13	44	9	25

Verantwortlicher Redakteur C. Classen. Druck von C. Brügel und Sohn in Ansbach.

Landwirthschaftliches Wochenblatt

Erscheint jede Woche einen halben Bogen stark und kann durch alle Poststellen bezogen werden.

Preis für's ganze Jahr sammt Postaufschlag 1 fl. Inserate werden die gespaltene Petitzeile oder deren Raum mit 4 kr berechnet.

für Mittelfranken.

(Früher landwirthschaftliche Mittheilungen.)

Organ des landwirthschaftlichen Kreis-Comité für Mittelfranken.

Nr. 26. | Ansbach, Juni 1867. | I. Jahrgang.

Inhalt: Abhandlung über das Vorkommen des Gypses in Mittelfranken etc. (Schluß). — Marktbericht. — Schrannenzettel.

Abonnements-Einladung.

☞ Die verehrten Herren Abonnenten werden hiermit ersucht, die Bestellung auf das landwirthschaftliche Wochenblatt für das mit dem 1. Juli beginnende III. Quartal zuverlässig im Laufe dieser Woche zu erneuern, und zu diesem Zwecke den der 24 Nummer beigelegten Bestellzettel unterschrieben, dem Postboten gefälligst auszuhändigen. Die Redaktion.

Der Reichthum der Stadt und des Bezirkes Windsheim an Gyps, dessen Bedeutung für die gesammte vaterländische Landwirthschaft und Industrie und die dringende Nothwendigkeit einer Eisenbahnverbindung von Steinach, Windsheim und Neustadt a/A. behufs rationeller Ausbeute und billigeren Versandtes des Gypses.

Vortrag des Ingenieurs Glassen, gehalten bei der am 17. Mai in Windsheim stattgehabten landwirthschaftlichen Versammlung.

(Schluß.)

Nach den offiziellen statistischen Erhebungen des Staatsrathes Dr. Hermann vom Jahre 1866 umfaßt der künstliche Futterbau (Kleebau) in Bayern dermalen 800,000 Tagwerk.

Als volle Düngung rechnet man per Tagwerk 6 Metzen Gyps, circa 3½ Centner. Man hätte somit für obige 800,000 Tagwerk jährlich einen Bedarf von nahezu 3 Millionen Centner, der jedenfalls nur in so weit gedeckt wird, als Wasserstraßen und Eisenbahnen den Transport erleichtern. Oberbayern, Schwaben und Niederbayern werden theils zu Wasser auf dem Inn und der Isar, theils per Eisenbahn vom Gebirge her, spärlich mit Gyps versehen; auch unser in Rede stehendes Gypsgebiet hat an seinen äußersten, allerdings weniger ergiebigen Grenzen, in Steinach und Ipsheim, wo es von den beiden Staatsbahnen München—Würzburg, und Nürnberg—Würzburg berührt wird, den Gypsversandt eröffnet. Außerdem findet von Crailsheim aus per Eisenbahn über Nördlingen eine Gypseinfuhr in Bayern statt, trotzdem wird aber sicherlich kaum die Hälfte des gegenwärtigen Bedarfes an Gyps gedeckt und ist man berechtigt anzunehmen, daß das Windsheimer Gypscentrum, das seines Gleichen in Deutschland nicht hat, unbeschadet des Absatzes der vorgenannten Bezugsquellen für landwirthschaftliche und technische Zwecke vorerst wenigstens 2 Millionen Centner Gyps zu liefern haben wird.

Daß dem Windsheimer Gyps von jeher der Vorzug namentlich vor dem Gyps im bayerischen Gebirg gegeben wurde, geht aus einer Abhandlung im Wochenblatte des landwirthschaftlichen Vereins in Bayern vom Jahre 1816 hervor. Das Vereinsmitglied **Weigmann** zu Fürth sagt in dieser Abhandlung:

„Der Gyps, der aus Windsheim und oben„genannten fränkischen Orten (Einersheim, Iphofen) „kommt, wird zum Düngen und zum Putzen der „Gebäude höher geschätzt, als der, welcher auf der „Donau heruntergebracht wird; daher der in Nürn„berg (von Windsheim bezogene) gemahlene in Re„gensburg lieber theuerer gekauft wird, als der ihnen „näher liegende (oberbayerische Gebirgsgyps).

Dieses Zeugniß bietet ebenfalls eine Garantie dafür, daß das in Betrieb gesetzte Windsheimer Gypscentrum mit allen süddeutschen Gypslagern in Concurrenz treten kann, ja in Concurrenz treten muß, wenn der Gesammtlandwirthschaftsbetrieb durch vermehrten Futterkräuterbau und bessere Düngerbereitung überhaupt gehoben werden soll.

Es wurde die Möglichkeit eines anfänglichen jährlichen Absatzes von 2 Millionen Centner Gyps nachgewiesen. Der erleichterte billigere Bezug wird aber die Lust zum Kleebau immer mehr wecken. Rationelle Unternehmer werden die entlegensten Gegenden in und außerhalb Bayern durchwandern, um Geschäfte in Gyps zu machen und derselbe wird überall den besten Absatz finden. In Bayern, wo noch vielfach aus Mangel an Futter der Weidegang üblich ist, kann blos durch vermehrten Kleebau die Stallfütterung ermöglicht werden und ist im Verhältniß zu dem bisherigen vorherrschenden Getreidebau eine Ausdehnung des Kleebaues auf den doppelten Flächeninhalt sehr wünschenswerth; diese Ausdehnung wird auch erfolgen, sowie ein vermehrter und billiger Gypsbezug gesichert ist.

In dieser Beziehung erscheint nun aber eine Eisenbahnverbindung von Windsheim nach den Bahnhöfen von Steinach und Neustadt um so nothwendiger, als das mehrgenannte Gypscentrum von ersterem Bahnhofe $1\frac{3}{4}$ deutsche Meilen und von Letzterem $2\frac{3}{4}$ deutsche Meilen entfernt ist, auf welche Entfernung der gewöhnliche Achstransport viel zu theuer wird, und eine Concurrenz des Windsheimer mit andern Lagern besonders mit den Württembergischen in Crailsheim nicht wohl möglich ist. Von dort ging früher der Gyps per Fuhr über Feuchtwangen und Dinkelsbühl zur Eisenbahn nach Wassertrüdingen. Seit Verbindung der Württemberger Remsthalbahn mit Crailsheim ist jener Verkehr gänzlich erloschen und geht der Württemberger Gyps in Masse per Eisenbahn nach Nördlingen. Von dort droht dem einheimischen Gypsgeschäft ein namhafter Stoß, der blos dadurch vermieden wird, daß man das ausgiebigste Gypslager von Windsheim und Umgebung durch eine von Windsheim nach beiden Bahnhöfen, Steinach und Neustadt führende Verbindungsbahn zugänglich macht. Es wurde bisher nachgewiesen, daß behufs gründlicher Förderung der gesammten landwirthschaftlichen und gewerblichen Interessen die Eröffnung des vorbeschriebenen Gypscentrums unumgänglich nothwendig ist; es soll nun aber auch nachgewiesen werden, daß die zu diesem Zwecke vorgeschlagene Verbindungsbahn auch eine entsprechende Rente abwerfen muß.

Als augenblicklicher, durch die Windsheimer Brüche zu deckender Bedarf für landwirthschaftliche und bauliche Zwecke an Gyps, wurden zwei Millionen Centner nachgewiesen. Ferner wurde, gestützt auf die festgegründete Ansicht aller rationellen Landwirthe, daß der wünschenswerthe Fortschritt in der Landwirthschaft vor Allem durch vermehrten Futterbau, insbesondere Kleebau bedingt sei, nachgewiesen, daß obiger Gypsbedarf für die Zukunft sich auf das Doppelte, also auf vier Millionen Centner steigern werde.

Betrachten wir nun, welche Fracht dieser Transport zunächst auf der Verbindungsbahn **allein** abwerfen wird, wenn zwei Millionen Centner in der Richtung von Windsheim nach Steinach — und zwei Millionen Centner in der Richtung von Windsheim nach Neustadt, abgeführt werden; auch soll die Hälfte des Gypses als Stein, die andere Hälfte gemahlen in den Handel kommen:

a. **In der Richtung von Windsheim nach Steinach auf $1\frac{3}{4}$ Meilen:**

Eine Million Centner Gypsstein II. Cl. c à $1\frac{3}{4}$ kr.	29166 fl.
Eine Million Centner Gyps gemahlen II. Cl. b à $2\frac{1}{4}$ kr.	37500 fl.

b. **In der Richtung von Windsheim nach Neustadt auf $2\frac{3}{4}$ Meilen:**

Eine Million Centner Gypsstein II. Cl. c à 2 kr.	33333 fl.

Eine Million Centner Gypsmehl II.
Cl. b à $2^{3}/_{4}$ kr. . . . . . . 45833 fl.
Summa 145832 fl.

Diese Fracht für Gyps allein repräsentirt schon ein vierprocentiges Kapital von 3,645,800 fl. mit welchem die $4^{1}/_{4}$ Meilen, oder $8^{1}/_{2}$ Stunden lange Verbindungsbahn bei den sehr günstigen Terrainverhältnissen wohl auszuführen sein dürfte.

„Zieht man aber noch ferner den übrigen sehr lebhaften Personen- und Güterverkehr von Stadt und Bezirk Windsheim in Betracht, so läßt sich eine Rente der Bau- und Betriebskosten dieser kurzen Strecke voraussehen, wie sie wohl selten erreicht werden wird.

Die Frequenz dieser Verbindungsbahn trägt aber auch wesentlich zur Erhöhung der Gesammteinnahmen aus dem Eisenbahnbetrieb bei. Nehmen wir an, die Entfernung Windsheim—Donauwörth (19 Meilen) stelle den mittleren Radius des Gebietes in Bayern dar, auf welches sich obige 4 Millionen Centner Gyps vertheilen, und zwar sollen wieder 2 Millionen als Gypsstein und zwei Millionen als Gypsmehl verfrachtet werden.

Gypsstein bezahlt II. Cl. a auf 19 Meilen mittlere Transportweite $8^{1}/_{4}$ kr. . . . . 275000 fl.
Gypsmehl pro Centner II. Cl. b 11 kr. 366000 fl.
Summa der durch Gypsabsatz erzielten Fracht . . . . 641666 fl.

Eine solche Mehreinnahme ist aus der Verfrachtung dieses wichtigen Rohproduktes erreichbar, wenn das bayerische Eisenbahnnetz sich vollständig entwickelt hat, wenn aber auch gleichzeitig die Verbindungsbahn Steinach — Windsheim — Neustadt, welche durch den Hauptgypsstock führt, gebaut wird.

Bei diesen Berechnungen ist der Gypsabsatz in die Nachbarländer noch ganz außer Acht gelassen. Nach Bernhard Cotta, (confr. dessen Werk: „Deutschlands Boden") befinden sich Gypslager:

1) in der Posener Ebene bei Wapno, wo zum Gypsbetrieb eine Dampfmaschine aufgestellt ist;
2) bei Lübthena im südlichen Mecklenburg, wo einzelne Gypskuppen vorkommen, die ausgebaut sind;
3) im Norden von Holstein, z. B. bei Segeberg, dessen Gyps und Steinsalzbildung längst schon ein für Holstein wichtiger Gegenstand der Bemühung ist;
4) bei Lüneburg am sogenannten Kalkberg;
5) in den ausgedehnten Steinsalzgebieten von Schönebeck, Staßfurt ꝛc.;
6) im Trebnitzer und Tarnowitzer Berggebiet;
7) am Rande des Harzes, wo der Gyps vielfach als Dünger und zu Stuck benützt wird;
8) in Thüringen, namentlich am Kyffhäuser, bei Ruhla und an mehreren anderen Orten;
9) spärlich im Riesengebirge bei Neuland.

Keinen, oder nur sehr spärlich Gyps besitzen die Rheinlande und Deutschösterreich und da die obenbezeichneten norddeutschen Lager auch nur zum Theil von Eisenbahnen berührt werden und die dortigen Lager, namentlich die ergiebigsten von Staßfurt, Schönebeck durch tiefe Schächte abgebaut werden müssen, was mit großen Kosten verbunden ist, so können die mächtigsten Windsheimer Lager mit allen Obengenannten mit der Aussicht auf besten Erfolg in Concurrenz treten.

Es stehen hiernach für die Eisenbahnverwaltung durch das lebhafteste Gypsgeschäft nach Außen noch weit höhere Einnahmen als bisher berechnet, in sicherer Aussicht.

In Anbetracht nun, daß nicht allein die Staatsbahn dadurch weit rentirlicher gemacht, sondern durch wesentliche Hebung der Gesammtlandwirthschaft auch das National-Einkommen bleibend erhöht wird, dürfte zur Zeit kein Bahnbau, als der hier vorgeschlagene, dringlicher erscheinen, und steht auch zu erwarten, daß hohe Staatsregierung einen auf vorliegendes Gutachten gestützten Antrag um so geneigter entgegen nehmen wird, als das kgl. Staatsministerium des Handels und der öffentlichen Arbeiten mittelst höchster Entschließung vom 30. Mai 1865 Nr. 5798 unter Hinweisung auf die Vorgänge in Württemberg die rationelle Behandlung der mittelfränkischen Gypslager empfohlen und dabei bestimmt hat, daß in Erwägung gezogen werde, in welcher Weise die bezeichnete Güterquelle am Ersprießlichsten ausgebeutet werden kann.

Marktbericht.

Getreide.

Magdeburg, 22. Juni. Roggen 68 bis $69^{1}/_{2}$ Thlr. für 2000 Ø. ab hier. Landmarkt: Roggen 64—69, Waizen 66—68, Gerste 49 bis 54, Hafer $29^{1}/_{2}$—32 Thlr.

Regensburg, 22. Juni. Ernte verspricht

durchweg reichen Ertrag. Geschäft in Waizen flau. Roggen gesucht. In Erding Waizen um 30 kr. gefallen. Roggen um 38 kr. gestiegen. Schranne in Landshut vom 21. Juni. Waizen 19 fl. 24 kr., Roggen 16 fl. 21 kr., Hafer 7 fl. 59 kr. Regensburger Schranne vom 22. Juni. Waizen $18-24\frac{3}{4}$ fl., gute Waare 23 bis $22\frac{1}{2}$ fl., Roggen 16—19 fl., Hafer $7-9\frac{3}{10}$ fl. Mittelpreise: Waizen 22 fl., Roggen 17 fl. 36 kr., Hafer 8 fl. 58 kr.

Heilbronn, 22. Juni. Im Getreidegeschäft gar keine Thätigkeit. Waizen von Ungarn 15 bis $15\frac{1}{4}$ fl., bayerischer $13\frac{1}{2}-14$ fl., Roggen $12-12\frac{1}{2}$ fl., Gerste $10\frac{1}{2}-11$ fl. für 200 Zollpfund, Hafer $4\frac{1}{4}-4\frac{1}{2}$ fl. pro 100 Zollpfund.

Ulm, 22. Juni. Unbedeutende Zufuhr, hohe Preise. Kerner 1814 Ctr. Umsatz, Mittelpreis 7 fl. 12 kr. Roggen 189 Ctr. Umsatz, Mittelpreis 6 fl. 6 kr. Gerste 148 Ctr. Umsatz, Mittelpreis 5 fl. 16 kr. Haser 190 Ctr. Umsatz, Mittelpreis 4 fl. 38 kr. per Zollzentner. Reichlicher Futterertrag, günstige Ernteaussichten.

Pesth, 21. Juni. Nachfrage lebhaft. Umsatz 25000 Metzen. Theißwaizen 89—90 Pf. 6 fl. 50 kr. Banater Waizen 88—89 Pf. 6 fl. 25 kr. auf drei Monate Lieferzeit. $87\frac{1}{2}-89$ Pf. zu 6 fl. 15 kr. baar.

Wolle.

Rostock, 21. Juni. Zufuhr 16000 Stein, nach Qualität 60—70 Thlr.

Prag. Bauernwolle 118—110 fl. Herrschaftswolle gefragt, mittlere Qualität 140—150 fl., feine bis 150 fl.

Tuttlingen, 18. Juni. Beträchtliche Zufuhr und rascher Verkauf. Bastardwolle 112—183 fl. Mischling 106—118 fl.

Kirchheim u/T. 22. Juni. Zufuhr bauernd, [illegible] verkauft. Mittelfein Bastard 139—145 fl. Hochfein Achalm 180 fl. Rechberg 162 fl. Staufenberg in Bayern 159 fl. Verkehr so rasch, wie noch nie.

Rindvieh, Schafe, Schweine.

Frankfurt, 24. Juni. Heute erheblicher Zutrieb aus Schwaben. Ochsen 1. Qual. 33 fl. 2. Qual. 31 fl. Kühe und Rinder 1. Qual. 30 fl. 2. Qual. 28 fl. Kälber 1. Qual. 27 fl. Hämmel 1. Qual. 26 fl. per Centner.

Pesth. Wochenmarkt vom 19. Juni. Verkauft 2000 Stück, 712 Ochsen, 75—290 fl., 283 Kühe, 76—156 fl., [illegible] Melkkühe, 55—155 fl., 82 Jungvieh, 23—75 fl., 359 Kälber, 22—38 fl., 477 Schafe, $11-14\frac{1}{4}$ fl. per Paar.

(Merkstr. Handelsztg.)

Ansbach, 25. Juni. Schweinemarkt. Ferkel 8—11 fl. 30 kr. Läufer 16—30 fl. per Paar.

London, 6. Juni. Zugeführt 520 Stück Hornvieh, 12540 Schafe. Hornviehhandel lebhaft. Preise höher. Hammelhandel ebenso. Preise per 8 Pf. englisch, gleich $6\frac{1}{2}$ Pf. bayerisch. Fremdes Hornvieh 4 Schilling 6 Pence bis 5 Schilling d. i. 2 fl. 42 kr. bis 3 fl. also per bayer. Pf. 24 bis 27 kr., geschorene Schafe 4 Schilling 6 Pence bis 5 Schilling 2 Pence., d. h. 2 fl. 42 kr. bis 3 fl. 6 kr., also pro bayer. Pf. 24—28 kr., Schweine 3 Schilling bis 3 Schilling 4 Pence., d. i. 1 fl. 48 kr. bis 2 fl., also pro bayer. Pf. 18 bis 20 kr.

Berlin, 17. Juni. Lebhafter Handel nach dem Rhein und in das Ausland. Auftrieb 1351 Stück Rindvieh Prima Qualität 16—18 Thaler, mittlere 14—15 Thaler, ordinäre 10—12 Thaler pro 100 Pf. Fleischgewicht. Schweine 2146 Stck., Kernwaare 17 Thaler pro 100 Pf. Fleischgewicht. Schafe 10790 Stck. Handel sehr lebhaft nach dem Rhein, 50 Pf. Fleischgewicht 8—9 Thaler.

Schrannenzettel.

Schranne.	Datum	Waizen		Kern		Korn		Gerste		Haber	
		Mittelpreise									
		fl	kr	fl	kr	fl	kr	fl	kr	fl	kr
	Juni										
Ansbach .	22. „	23	6	23	6	17	6	—	—	9	6
Augsburg .	21. „	24	44	22	32	17	42	14	—	9	5
Bamberg .	15. „	24	9	—	—	18	4	—	—	—	—
Beilngries .	19. „	20	41	—	—	16	59	11	7	9	21
Dinkelsbühl	12. „	23	24	23	24	17	59	14	28	8	20
Eichstätt .	15. „	21	50	—	—	18	38	—	—	9	19
Erlangen .	15. „	24	3	—	—	18	20	—	—	8	44
Gunzenhausen	20. „	22	20	—	—	17	53	13	58	8	48
Kempten .	18. „	—	—	22	55	18	30	16	2	9	20
Landshut .	21. „	19	24	—	—	16	21	12	—	7	50
Lindau .	22. „	25	38	23	36	—	—	—	—	—	—
München .	23. „	22	—	—	—	16	50	15	4	8	20
Neuburg a/D.	—	—	—	—	—	—	—	—	—	—	—
Nördlingen	22. „	19	20	23	22	18	52	14	18	9	37
Nürnberg .	18 „	21	45	—	—	—	—	15	—	9	49
Regensburg .	15. „	21	43	—	—	17	30	—	—	9	25
Rothenburg a.T.	18. „	22	—	21	30	17	17	—	—	8	—
Schwabach .	—	—	—	—	—	—	—	—	—	—	—
Schweinfurt	19. „	23	4	—	—	19	4	—	—	9	14
Weißenburg	—	—	—	—	—	—	—	—	—	—	—

Mit einer Beilage: „Die Karte vom mittelfränkischen Gypsgebiet."

Verantwortlicher Redakteur C. Eichele. Druck von C. Brügel und Sohn in Ansbach.

Karte vom Mittelfränkischen

...nisationen zu fördern, und ein Personalcredit namentlich auf Wechsel solle vom Landwirth nie in Anspruch genommen werden.

Stimmrechtes, Competenzübertragung an den Districts- und Landrath in Betreff der Ansässigmachung &c., Gewerbsprüfungen, Armenfürsorge durch die

Verantwortlicher Redakteur C. Ulrich. Druck von C. Brügel und Sohn in Ansbach.

Landwirthschaftliches Wochenblatt

Erscheint
jede Woche einen halben Bogen stark
und kann durch alle Poststellen bezogen werden.

Preis
für's ganze Jahr sammt Postaufschlag
1 fl. Inserate werden die gespaltene
Petitzeile oder deren Raum auf 4 kr.
berechnet.

für Mittelfranken.

(Früher landwirthschaftliche Mittheilungen.)

Organ des landwirthschaftlichen Kreis-Comité für Mittelfranken.

Nr. 27. Ansbach, Juli 1867. I. Jahrgang.

I. Wanderversammlung bayerischer Landwirthe in Aschaffenburg am 21. und 22. Mai 1867.

Das Programm für diese Versammlung wurde in Nro. 16 des landwirthschaftlichen Wochenblattes mitgetheilt.

Frage 1. Worin liegen die Ursachen der gegenwärtigen Ackerbaukrisis, in welcher Weise und mit welchen Mitteln wäre derselben wirksam zu begegnen?

leitete Dr. Varrentrapp ein. Derselbe suchte nachzuweisen, daß eine eigentliche Ackerbaukrisis nicht bestehe. Er betrachte den gegenwärtigen peinlichen Zustand nur als das Ergebniß der bloßen Furcht vor einer Ackerbaukrisis. Immerhin müsse deren Verwirklichung entgegengearbeitet werden, und dieß könne nur geschehen durch erhöhte Bildung, durch Vereine und Zusammenkünfte, in welchen die gemeinschaftlichen Interessen berathen werden, durch größere Publicität besonders in Transport- und Zollangelegenheiten. Bezüglich der Hebung des Kredites selbst beantragte Referent eine Umgestaltung des Hypothekenwesens und die Schaffung von Hypothekenbanken; der Mobiliarcredit sei durch Association zu fördern, und ein Personalcredit namentlich auf Wechsel solle vom Landwirth nie in Anspruch genommen werden.

Die Versammlung konnte sich mit der Ansicht, daß keine Krisis bestehe, nicht befreunden; daß zur Beseitigung künftiger Krisen hauptsächlich bessere Bildung und Hebung der Sittlichkeit Noth thue, wurde allgemein anerkannt, aber wie augenblicklich geholfen werden könne, darüber einigte man sich eigentlich nicht.

Die Punkte 2 und 3 des Programmes, betreffend die Arrondirung und die unterfränkische Schafzucht kamen wegen Mangel an Zeit nicht zur Berathung.

Frage 4. Welche Wünsche hat die ausübende Landwirthschaft Bayerns gegenüber der bevorstehenden socialen Gesetzgebung?

leitete Freiherr von Guttenberg ein. Der Vortrag verbreitete sich hauptsächlich über folgende Punkte: Vertheilung der Gemeindelasten auf die eigentlichen Gemeindeangehörigen und Forensen, Leistung der Gemeindedienste durch Geldumlagen, Anstellung der bisherigen Gemeindediener, z. B. des Flurers durch die Grundbesitzer, Stellung der Großbegüterten in der Gemeinde bezüglich ihres Stimmrechtes, Competenzübertragung an den Distrikts- und Landrath in Betreff der Ansässigmachung ꝛc., Gewerbsprüfungen, Armenfürsorge durch die

Gemeinden, oder durch größere Distriktsverbände, Pflicht der Arbeitsvermittlung für Arme, Verwendung der Aufnahmsgebühren für die Armenkassen.

Die nach dem Dr. Varrentrapp'schen Gute Rilkheim unternommene Excursion bot viel Interessantes. Sehr günstige, völlig ebene Lage und ein milder, durchlassender, warmer Boden erleichtern den Betrieb ungemein und ermöglichen namentlich die Anwendung der Sä- und Erndtemaschinen, welche mit vielen vorzüglichen Ackergeräthen im Wirthschaftshofe ausgestellt waren. Der Ertrag von circa 80 Holländer Kühen wird zur Fabrikation von Edamer Käs verwendet, auf welche Weise nach Angabe des Verwalters die bayerische Maas Milch zu 4—5 Kreuzer verwerthet wird, indem 35—45 Pfund, d. j. 16—21 Maas Milch erforderlich sind um 4—4½ Pfund Edamer Käs zu bereiten, wofür per Pfund 24 kr. bezahlt wird.

Am folgenden Tage begab man sich auf das Freiherrlich von Gemmingen'sche Gut Unterbessendorf. Dort findet man außer dem nöthigen Gespannvieh und Schafen keinen weiteren Viehstand. Es wird seit zwei Jahren hauptsächlich mit Kunstdünger gewirthschaftet und das entbehrliche Futter verkauft. Ausgedehnte Wässerwiesen erleichtern ein solches Verfahren, rechnerische Resultate hierüber liegen jedoch noch nicht vor. Von besonderem Interesse war eine Drahthopfenanlage, deren äußerste Enden durch Vorrichtungen, ähnlich dem Erdanker, so befestigt waren, daß der Sturm der Anlage unmöglich schaden kann.

Landwirthschaftliche Wanderversammlung des Bezirksvereins Ansbach-Leutershausen in Großhaslach.

Bei günstigem Wetter fand am Sonntag, den 30. Juni d. Js. Nachmittags auf dem Dorn'schen Bierkeller in Großhaslach eine landwirthschaftliche Versammlung im Freien statt. Es hatten sich außer vielen Bezirksangehörigen Oekonomen und Freunden der Landwirthschaft auch mehrere Gäste aus den Nachbarbezirken Markterlbach, Fürth und Heilsbronn eingefunden. Die Frage: Welche Benützung des Wassers die Landwirthschaft den Müllern gegenüber zu fordern berechtigt ist? leitete Vereinsvorstand Regierungsrath Faber ein, durch eine übersichtliche Erörterung der wichtigsten Artikel des Wassergesetzes vom 28. Mai 1852. Hiebei betonte er hauptsächlich die Artikel 33 und 63, die für die Verhältnisse des Bezirkes Ansbach-Leutershausen von besonderem Interesse sind. Es ist nämlich hier auf der Hauptwasserscheide zwischen Donau und Rhein kein Ueberfluß an Wasser und erscheint es daher unstatthaft, ein unbedingtes Mitbenützungsrecht für die Landwirthschaft in Anspruch nehmen oder befürworten zu wollen. Art. 33 handelt vom geschlossenen Wasser und von den Quellen, die unbedingt von Denjenigen benützt werden dürfen, auf deren Grundstück sie entspringen, soferne nicht nachweisbar wohlerworbene Rechte Dritter entgegenstehen. Art. 63 räumt der Landwirthschaft ein zeitenweises Mitbenützungsrecht an dem fließenden Wasser ein. Dieser Artikel ist insoferne von großer Wichtigkeit für Landwirthe und Müller, als er es ermöglicht, die befruchtenden Früh- und Spätjahrsfluthen zur Bewässerung zu verwenden, welche sonst unbenützt und häufig auch zum Nachtheil der Müller, die dann wegen zu vielem Hinterwasser nicht arbeiten können, vorüberlaufen und höchstens die Ufer ruiniren. So verwendet würden die Gewässer unendlichen Nutzen gewähren, ihre zerstörende Gewalt, mit welcher sie unaufhaltsam den Niederungen zueilen, Ufer- und Mühlengerinne ruiniren, würde durch zweckmäßige Vertheilung auf die Wiesen gebrochen, und das Wasser würde den Müllern nach und nach zufließen, so daß sie sicher bei jedem höheren Wasserstande, der ihnen bisher schädliches Hinterwasser brachte, mit gleichem Vortheile fortarbeiten könnten. Ferner könne billigerweise ein Mitbenützungsrecht für die Sonntage beansprucht werden. Schließlich wurde den Müllern empfohlen, zu Vermeidung neuer kostspieligen Stauanlagen den Wiesenbesitzern gegen Entschädigung die Mitbenützung der Mühlwehre zu gestatten. Es waren mehrere Mühlenbesitzer bei der Versammlung zugegen, und zeigten dieselben sich mit dem Ergebniß der Besprechung im Wesentlichen einverstanden.

Domänenpächter Herwig von Rößhof setzte seinen Vortrag über die Bodenbeschaffenheit für die einzelnen Ackergewächse und deren Fruchtfolge fort, indem er über die Futterpflanzen sprach. Deren Hauptwerth bestehe darin, daß sie die Sommerstallfütterung ermöglichen, den Boden reinigen lockern, aufschließen und zugleich bereichern. Am wichtigsten seien die Kleearten, sie verlangen vor Allem einen kalkhaltigen Boden. **Rothklee** soll nur alle 6—9 Jahre auf demselben Felde angebaut werden; er folge am besten nach gedüngter Brache, nach Winterfrucht oder nach Sommerfrucht. Der Klee wolle einen lockern Boden und deshalb sei Hackfrucht die beste Vorfrucht. Die Frage, ob man den Klee in die Winterfrucht oder in die Sommerfrucht säen soll, könne man so beantworten: „**Bei trockenem, durchlassendem Boden säe den Klee recht frühe in die Winterfrucht, bei feuchtem Boden in die Sommerfrucht.**" Hiebei tadelt Herwig die Beibehaltung so vieler **Höhen- oder Bergwiesen**, welche allerdings ausnahmsweise heuer das beste und meiste, in gewöhnlichen Jahrgängen aber wenig oder gar kein Futter liefern. Man solle sie umbrechen, in Anbau nehmen und den Kleegrasbau einführen, wozu er namentlich den **weißen Klee** empfiehlt.

Die Königin der Futterpflanzen sei die **Luzerne** oder der **Monatsklee**. Er verlange einen trockenen, warmen, tiefgründigen Boden. Unsere **Kipperböden** seien hiezu ganz geeignet, nur sollten sie rajolt werden. Südliche Abhänge seien jeder andern Lage vorzuziehen; nur bei trockenem Boden empfehle sich eine Ueberfrucht. Vor Winter sollen die Luzerne-Felder als Schutz und Düngung eine schwache Bedeckung mit Compost oder klarem Kipper erhalten, im Frühjahr aber zur Vertilgung des Grases scharf geeggt werden. Als Saatquantum empfiehlt Herwig für Rothklee 10 ℔., für Luzerne 18—24 ℔.

Eingesandt.

Eine zu Rothenstein tagende landwirthschaftliche Versammlung hat nach dem Wochenblatte Nr. 25 folgenden Beschluß gefaßt:

„Das Kreis-Comité möge mit allen Mitteln darauf hinwirken, daß in Triesdorf eine Stammschäferei errichtet werde, welche den Zweck hat, geeignete Zuchtböcke im Kreise zu verbreiten. Es möge dabei berücksichtigt werden, daß ein mastfähiges und dabei wollreiches Schaf den jetzigen Marktverhältnissen am besten entspricht, und daß also schön gebaute, große Böcke mit raschem Wachsthum und reichlicher Wolle von den Landwirthen gesucht werden."

Ein Landwirth der Eichstätter Gegend erlaubt sich gegen obigen Beschluß folgende Bedenken anzuregen, und würde mit Dank der Beseitigung derselben entgegen sehen.

Das erste Bedenken ist das, der Vorstand einer landwirthschaftlichen Lehranstalt, zu gleicher Zeit Dirigent der betreffenden Oekonomie, soll auf höheren Befehl zum Schafzüchter gemacht werden, oder dazu einen Beruf in sich fühlt, oder nicht. Was wird er im letzteren Falle leisten, oder wäre es nicht geradezu ein glücklicher Zufall, wann der betreffende Vorstand diejenigen Eigenschaften besitzt, die zu einem tüchtigen Schafzüchter erforderlich sind? Diese Frage stellt der Einsender ohne weiteren Kommentar und überläßt seinen sehr geehrten Kollegen darüber nachzudenken.

Das zweite, am Ende gewichtigere Bedenken resultirt aus der Fassung des Antrages: Es solle auf mastfähige und zu gleicher Zeit wollreiche Thiere gezüchtet werden. Es wird also von dem betreffenden Dirigenten geradezu Unmögliches verlangt. Einsender zweifelt sehr stark, ob er im Stande sein wird, auch nur den zehnten Theil der Käufer zu befriedigen; das Loos desselben wäre sicher kein Beneidenswerthes.

Der Grundsatz dürfte denn doch unumstößlich fest stehen, daß die Natur nicht nach 2 Seiten hin gleich produktiv sein kann. Das Verlangen nach Thieren, die mastfähig, wollreich, dabei groß und schnellwüchsig sind, gehört nach der Ansicht des Einsenders in's Reich der Ideale. Ein in dieser Richtung so vielseitiges Streben kann zu nichts weiter führen, als daß nach keiner Seite hin etwas Rechtes geleistet wird. — Die Ansichten über die Qualitäten eines Zuchtbockes gehen so aus einander, daß es bekannter Maßen kaum 2 Oekonomen gibt, die vollständig in ihren Ansprüchen übereinstimmen; nun soll der Vorstand einer öffentlichen Anstalt es auf sich nehmen, einen ganzen Kreis zu befriedigen. Einsender fürchtet, daß er das nicht kann, daß sich Jeder für berufen erachten wird, den Stab über ein vielleicht redliches Streben zu brechen.

Ueberlassen wir es den Privaten und der Concurrenz, die richtigen Mittel und Wege zu finden, ein gewiß fühlbares Bedürfniß zu befriedigen; soll aber der Staat helfend in's Mittel treten, so wäre der einzige Weg der einer Unterstützung von Privaten, die sich die Aufgabe stellen, passendes Zuchtmaterial zum Verkaufe zu bringen.

Einsender könnte aber nur dann einer derartigen Subvention das Wort reden, wenn erst der Begriff festgestellt ist, was man von einem einzelnen Thiere verlangen kann; er müßte 2 verschiedene Richtungen wünschen: die eine in hauptsächlicher Berücksichtigung des Körpers und der Schnellwüchsigkeit, die andere in hauptsächlicher Berücksichtigung der Wolle. Soviel für heute, vielleicht findet sich später in einer ruhigeren Zeit Gelegenheit, auf diese hochwichtige Frage zurückzukommen, in der jetzigen Zeit wird Niemand von den ausübenden Oekonomen lange schriftliche Auseinandersetzungen erwarten*). Den 1. Juli.

*) Es sind diese Worte, um mit einem Weisen des Alterthums zu sprechen, goldene Aepfel in silbernen Schalen, für welche wir vor Allem dem Herrn Einsender unseren wärmsten Dank hiemit aussprechen. Möchte dieses „Eingesandt" eingedenk der Verhandlungen bei der vorigen Jahresversammlung in Gunzenhausen bei den Schafzüchtern die verdiente Würdigung finden. Die Redaktion.

Anzeigen.

Verantwortlicher Redakteur C. Classen.

Marktbericht.

Getreide.

Pesth, 2. Juli. Waizen. Weißenburger 86—88 ℔. 6 fl. 40 kr. Banater $86^{1}/_{2}$—89 ℔. 6 fl. 30 kr. Theiß 88—89 ℔. 6 fl. 57 kr. auf 3 Monate Lieferzeit. Per Monat September 10000 Metzen Theißwaizen, Maschinenwaare 84 bis $89^{1}/_{2}$ ℔. zu 4 fl. verschlossen.

Oelsaaten.

Pesth, 2. Juli. Per August und September wurden 10000 Metzen Kohlreps zu $5^{1}/_{4}$ fl. verschlossen.

Wolle.

Heilbronn, 4. Juli. Zufuhr vom 1—3. Juli 6000 Ctr. Preise 5—8 % niederer als die von Kirchheim, Deutsch und rauh Bastard 100 bis 110 fl. Mittel Bastard 112—120 fl. Fein Bastard 122—130 fl.

Schrannenzettel.

Schranne.	Datum	Waizen		Kern		Korn		Gerste		Haber	
		Mittelpreise									
		fl.	kr.	fl.	kr.	fl.	kr.	fl.	kr.	fl.	kr.
Ansbach	3. Juli	22	33	22	48	17	54	—	—	8	11
Augsburg	28. Juni	23	47	23	33	17	38	14	45	9	12
Bamberg	—	—	—	—	—	—	—	—	—	—	—
Beilngries	4. Juli	20	35	—	—	15	42	—	—	8	34
Dinkelsbühl	3. „	22	39	—	—	16	59	13	—	8	14
Eichstätt	22. Juni	22	8	—	—	18	40	—	—	9	42
Erlangen	22. „	23	51	—	—	18	16	—	—	8	29
Gunzenhausen	27. „	22	45	—	—	17	14	14	—	9	9
Kempten	26. „	—	—	24	21	19	—	15	53	9	26
Landshut	28. „	20	17	—	—	16	21	—	—	8	14
Lindau	30. „	28	—	24	40	19	15	—	—	9	6
München	28. „	21	50	—	—	17	3	15	6	8	28
Neuburg a/D.	26. „	19	54	—	—	18	8	—	—	9	37
Nördlingen	29. „	20	15	22	29	17	53	14	17	9	22
Nürnberg	25 „	—	—	—	—	17	—	14	30	9	38
Regensburg	—	—	—	—	—	—	—	—	—	—	—
Rothenburg	29. „	22	23	21	15	16	52	—	—	—	—
Schwabach	—	—	—	—	—	—	—	—	—	—	—
Schweinfurt	26. „	23	41	—	—	19	30	—	—	9	12
Weißenburg	29. „	22	35	—	—	18	14	13	12	9	25

Druck von C. Brügel und Sohn in Ansbach.

Landwirthschaftliches Wochenblatt

Erscheint jede Woche einen halben Bogen stark und kann durch alle Poststellen bezogen werden.

Preis für's ganze Jahr sammt Postaufschlag 1 fl. Inserate werden die gespaltene Petitzeile oder deren Raum auf 4 kr berechnet.

für Mittelfranken.

(Früher landwirthschaftliche Mittheilungen.)

Organ des landwirthschaftlichen Kreis-Comité für Mittelfranken.

Nr. 28. Ansbach, Juli 1867. I. Jahrgang.

Ein empfehlenswerthes Buch.

☛ Im Verlage von Gustav Weise in Stuttgart ist soeben erschienen und durch alle Buchhandlungen zu beziehen:

Volkswirthschaft für Jedermann.

Nach dem preisgekrönten französischen Werke: **„Populäres Handbuch der Moral und Volkswirthschaft"** von J. J. Rapet, Generalinspektor des Elementarunterrichts in Frankreich, auf Veranlassung der k. württembergischen Centralstelle für Handel und Gewerbe frei bearbeitet von F. Mayer.

Preis 1 fl. 12 kr.

Dieses interessante Werk, welches theils in erzählender, theils in Gesprächsform unsere volkswirthschaftlichen Zustände in der trefflichsten Weise schildert, namentlich durch richtige Darlegung des Lebens und Treibens im öffentlichen und Privathaushalt die genaueste Bekanntschaft des Verfassers mit unseren socialen Verhältnissen bekundet und deßhalb dessen Rathschläge zur Beseitigung der volkswirthschaftlichen Gebrechen doppelt beherzigenswerth macht, sollte in keiner Gemeindebibliothek, bei keinem landwirthschaftlichen Leseverein fehlen. Niemand wird dieses Buch aus der Hand legen, ohne daß er sich gestehen muß, in solch klarer, gemeinverständlicher und zugleich anziehender Weise habe ich den sonst so trockenen Stoff der Volkswirthschaftslehre noch nie behandelt gefunden. Dabei fühlt sich jeder unbefangene Leser ganz besonders angesprochen durch den tiefen, sittlich-religiösen Ernst, der wie ein goldener Faden durch das ganze Buch läuft. Wo die Grundsätze und Lehren desselben Eingang finden, da muß Glück und Wohlstand in einer Gemeinde einkehren, und namentlich das Gespenst der landwirthschaftlichen Krisis für immer weichen.

Indem wir auf das hier abgedruckte Inhaltsverzeichniß verweisen, lassen wir mit Erlaubniß des Uebersetzers die drei ersten Capitel der Einleitung: Ein armes Dorf, das wohlhabende Dorf und die Folgen einer Unklugheit folgen.

Inhalts-Verzeichniß. Einleitung. I. Ein armes Dorf. II. Das wohlhabende Dorf. III. Die Folgen einer Unklugheit. — Erste Unterhaltung. Die Weltordnung unter ewigen Gesetzen. Das Sittengesetz als nothwendige Grundlage alles Menschenverkehrs. — Zweite Unterhaltung. Die Stellung des Menschen auf dieser Erde; allmähliche Verbesserung der Zustände der Menschheit. — Dritte Unterhaltung. Die Bedürfnisse des Menschen sind die Grundlage der Familie und der

Wirthschaft und der Ursprung des Nützlichen in der Welt. — Vierte Unterhaltung. Ein Tag aus dem Leben eines Armen oder der Nutzen, den jeder Einzelne aus der Arbeit einer großen Anzahl Menschen zieht; Theilung der Arbeit. — Fünfte Unterhaltung. Die Gesellschaft und die Vortheile, welche sie dem Menschen gewährt. — Sechste Unterhaltung. Zusammenhang der menschlichen Angelegenheiten. Jeder trägt, indem er sein Wohl sucht, zu dem der Gesellschaft bei. — Der Aufruhr und seine Folgen. — Siebente Unterhaltung. Reichthum und Armuth. Wie Reichthum erworben und erhalten wird; wie er den Armen zu Statten kommt. — Achte Unterhaltung. Das Eigenthum als Ergebniß der Arbeit und als Grundlage des allgemeinen Wohlseins. — Neunte Unterhaltung. Die Ungleichheit unter den Menschen; ihre Ursachen und ihr Nutzen; Mittel, deren Wirkung abzuschwächen. — Zehnte Unterhaltung. Die Beziehungen der Menschen unter einander bestehen im Austausch von Dienstleistungen. — Eilfte Unterhaltung. Alle Dienstleistungen laufen auf einen Austausch geleisteter oder zu leistender Arbeiten hinaus. Der Werth der Arbeit steht im Verhältnisse zu der aufgewandten Mühe und der Begabung, welche dazu erforderlich ist. — Zwölfte Unterhaltung. Der Werth der Dinge steht im Verhältnisse zur Wichtigkeit des mit ihrer Herstellung oder Beschaffung geleisteten Dienstes. — Dreizehnte Unterhaltung. Das Geld als Tauschmittel und Preisoder Werthmesser. Der Kredit und das Papiergeld. — Vierzehnte Unterhaltung. Der Preis aller Dinge ist veränderlich nach Maßgabe des Angebots und der Nachfrage. — Fünfzehnte Unterhaltung. Der Preis der Lebensmittel wird ebenfalls durch das Verhältniß zwischen Angebot und Nachfrage bestimmt. — Sechzehnte Unterhaltung. Die Handelsfreiheit allein kann für das Ausreichen der Nahrungsstoffe und die richtige Bestimmung der Preise Gewähr leisten. — Siebzehnte Unterhaltung. Jede Erleichterung der Mühe bei der Befriedigung unserer Bedürfnisse ist eine Wohlthat. Nutzen der richtigen Leitung der Arbeit. — Achtzehnte Unterhaltung. Die Maschinen, welche die Arbeit abkürzen und Mühe ersparen, sind eine Wohlthat für die Menschheit. — Neunzehnte Unterhaltung. Das Kapital ist der angesammelte Ertrag früher geleisteter Arbeit; dasselbe ist eine Wohlthat für die Gesellschaft. — Zwanzigste Unterhaltung. Die Arbeit ist eine Waare, deren Preis nicht willkürlich bestimmt werden kann. — Einundzwanzigste Unterhaltung. Das Maß der Löhne wird durch das Verhältniß von Angebot und Nachfrage bestimmt. Die Arbeiterverbindungen und die Arbeitseinstellungen. — Zweiundzwanzigste Unterhaltung. Bevölkerung, Lebensbedürfnisse und Löhne. Verhältniß zwischen der Bevölkerung und den Lebensbedürfnissen; ihr Einfluß auf die Löhne. — Dreiundzwanzigste Unterhaltung. Producenten und Consumenten. Konkurrenz schafft Wohlfeilheit. — Vierundzwanzigste Unterhaltung. Die Steuern und der Staat. — Fünfundzwanzigste Unterhaltung. Ueber das Genossenschaftswesen und seine verschiedenen Formen. Genossenschaften unter den Arbeitern. — Sechsundzwanzigste Unterhaltung. Ueber das letzte Ziel des Genossenschaftswesens: die Errichtung eigener größerer Industriegeschäfte; über Betheiligung der Arbeiter an dem Gewinn der Fabrikbesitzer. — Siebenundzwanzigste Unterhaltung. Wohlthätigkeitsanstalten überhaupt als Mittel zur Verbesserung der Lage der arbeitenden Klassen. — Nachwort.

I. Ein armes Dorf.

An einem schönen Sonntag des Jahres 1846 hatte der größte Theil der Einwohner des Dorfes Schönfeld die Leiche eines Mitbürgers, eines einfachen Fabrikarbeiters, zur letzten Ruhestätte begleitet.

Von den Zurückgekehrten blieb nahe der Kirche ein Häuflein um einen Mann stehen, der sich dem Geleite ebenfalls angeschlossen hatte, einen Mann von vorgerückten Jahren, aber noch von der Rüstigkeit eines Sechzigers.

Es war der Doktor Auer, dessen Namen man im ganzen Dorf mit Achtung nannte. Als Regimentsarzt hatte er in den Kriegsjahren fast alle Feldzüge mitgemacht und sich durch Geschicklichkeit und freundliche Fürsorge für die Soldaten ausgezeichnet. Nach dem Kriege zog er sich, 35 Jahre alt, in seinen Geburtsort zurück, wo seine Familie in einem durch Arbeit erworbenen, mäßigen Wohlstand lebte. Er heirathete eine Wittwe, wurde Vater von zwei Kindern und hatte so viel Einkommen, daß er bequem leben und noch Wohlthätigkeit üben konnte.

Lag er noch seinem Berufe als Arzt ob, so geschah es hauptsächlich, um den Armen beizustehen; die wohlhabenderen Kranken wies er seinen Collegen in der benachbarten Stadt zu; es war ihm nicht um eine größere Praxis zu thun. Noch aus einem andern Grunde wollte sich der Doktor seiner Freiheit nicht begeben. Er machte, so lange er noch kinderlos war, alle Jahre eine Reise von einigen Monaten, bald in dieses, bald in jenes Land von Europa, theils um seiner Liebe zur Botanik nachzugehen, theils um die Menschen und ihre Sitten zu studiren.

Kam er zurück, so verglich er dann den Zustand seiner Gemeinde mit denjenigen anderer Dörfer, die er gesehen hatte. Er gewahrte, wie seit dem Frieden in einer Menge von Ortschaften Veränderungen vorgegangen waren, die an's Wunderbare grenzten. Wo früher eine spärliche und armselige Bevölkerung elend vegetirte, lebten heute zahlreiche Einwohner in Wohlhabenheit; wo sonst nur das Geschrei wilder Vögel die Stille der Felder und Wälder unterbrach, da ließ sich jetzt das Geräusch der Thätigkeit und Arbeit vernehmen. Es waren die Vervollkommnungen im Landbau und die Fortschritte in der Industrie, die diese Veränderungen bewirkt hatten.

Mitten in dieser allgemeinen Bewegung war das Dorf Schönfeld vollkommen stehen geblieben. Auer stellte die Frage an sich, ob denn wohl die unentgeltlichen Dienste, die er den Armen leistete, das einzige Mittel seien, um sich seinen Mitbürgern nützlich zu machen. Für einen aufgeklärten Mann, der so viel gesehen und gut beobachtet hatte, konnte die Antwort hierauf nicht zweifelhaft sein.

Wirklich wandte er unter Beschränkung seiner Ausflüge, seine Gedanken nun ganz der Hebung seiner Gemeinde zu; er wollte, indem er den Anstoß zu den Verbesserungen der Neuzeit gab, der Wohlthäter seiner Mitbürger werden.

Das Dorf Schönfeld hatte eine glückliche Lage, die seine Bewohner nur nicht zu benützen verstanden. Es lag am Ufer eines Flusses, der kurz oberhalb anfing schiffbar zu werden, und sein Gebiet in zwei Theile trennte; die Wohnungen standen aber fast sämmtlich auf dem rechten Ufer, am sanften Abhang eines Hügels. Mitten im Dorfe war dieser Abhang am steilsten; ein freier Platz vor der Kirche, vor dem man eine sehr schöne Aussicht, namentlich über das jenseitige Ufer genoß, fiel sogar ganz schroff ab.

Hinter den Wohnungen auf einer Anhöhe dehnte sich eine kleine Ebene aus, die gegen Norden von bewaldeten Hügeln eingeschlossen war. Letztere schützten das Dorf gegen rauhe Winde. Nach vorn bildete der Fluß ein Hufeisen, in dessen Mittelpunkt die Kirche lag. Verfolgte man den Lauf des Flusses, so gewahrte man gegen Abend auf anderthalb Stunden Entfernung eine kleine an seinem Ufer liegende Stadt, die den Horizont begrenzte. Innerhalb des Hufeisens lag eine Ebene von der Breite einer Stunde, durch die ein Bach floß, der sich mitten im Ort in den Fluß ergoß. Es fehlte diesem Bach nie an Wasser; an stillen Stellen war er tief, sonst war er rauschend und hatte selbst von Strecke zu Strecke unbenützte Gefälle.

Aber während er für das Dorf eine Quelle der Wohlhabenheit hätte sein können, war er dessen größte Plage geworden. Nach heftigen Regen überschwemmte er oft seine niedrigen Ufer und verwandelte die Ebene in eine Art von Sumpf. Statt fetter Wiesen bot diese daher nur eine magere, mit Binsen und ungesunden Wasserpflanzen bewachsene Weide. Zudem war das an den niedrigsten Stellen stehen bleibende Wasser im Herbste die Ursache von kalten Fiebern, welche alljährlich von der auf diesem Ufer wohnenden Bevölkerung viele Opfer forderten und die Menschen auf die andere Seite des Flusses hinüber trieben. So gab diese Ebene, die nur auf eine verständige Hand wartete, um reichen Segen zu gewähren, den Anblick einer Art Wüste, in der ein Paar armselige Heerden weideten. Die auf der Hochebene hinter dem Dorf gelegenen Güter hatten im Ganzen einen guten Boden; aber, erschöpft durch den fortgesetzten Anbau der nämlichen Gewächse, lieferten sie schwache Ernten. Aus Mangel an Futter und aus diesem Grund an Vieh, eine Folge des beklagenswerthen Zustandes ihrer Wiesen, konnten die Einwohner, die nichts von einem künstlichen Wiesenbau verstanden, ihren Feldern den

Dünger nicht gewähren, der zur Fruchtbarkeit erforderlich ist. Sie ließen jedes Jahr einen Theil brach liegen und verloren so den Ertrag, den ihnen eine vernünftige Folge in den Ernten gegeben hätte. Von jenen besonderen Culturen, von dem Anbau von Handelsgewächsen, deren Einführung oft allein einer ganzen Gemeinde Leben gibt, war ihnen ohnehin nichts bekannt.

So schleppte sich die Bevölkerung von Schönfeld, die kaum 500 Seelen zählte, in Armuth dahin. Man hielt an der althergebrachten Verfahrungsart im Feldbau fest. Korn, Roggen, Haber, Kartoffeln, ein wenig Wein aus guten Lagen zwar, aber werthlos, weil nicht mit der gehörigen Sorgfalt behandelt, etwas Wolle von armseligen Schafen, nebst ein wenig Hanf für den eigenen Verbrauch, das waren die Erzeugnisse der Gemeinde. Fügen wir noch einige der gewöhnlichsten Gemüse hinzu und rauhes, geschmackloses Obst von schlecht gezogenen Bäumen und wir haben die vollständige Liste der im Dorfe geernteten Gegenstände.

Etwas Korn, Eier, einiges Geflügel, selten Obst und Gemüse waren das Einzige, was die Bewohner in die Stadt zu Markt bringen konnten, um von dem Erlöse die Steuern zu bezahlen, und das Unentbehrlichste anzukaufen. Mit Ausnahme eines Maurers, eines Schreiners, eines Zimmermanns und eines Schmieds, ohne welche auch die unbedeutendste Niederlassung nicht bestehen kann, war in dem Dorfe nichts von Gewerbefleiß zu finden. Dazu fehlte es an aller Thätigkeit, an jedem Unternehmungsgeist. (Forts. folgt.)

Anzeigen.

Krell & Hünerkopf,
Maschinenfabrik in Nürnberg,
empfehlen ihre [illegible]

Dampf-Dresch-Maschinen

von anerkannt vorzüglichster Leistungsfähigkeit und in der leichten, dauerhafter Bauart

Garantie für zwei Dreschzeiten.

Maschinenführer werden in der Fabrik bei Zusammenstellung der Maschinen unentgeldlich gründlich unterrichtet.

Die besten Zeugnisse und Referenzen über bereits längere Zeit benützte Maschinen aus unserer Fabrik stehen uns zur Seite, und können neue Maschinen [illegible] besichtigt werden.

Verantwortlicher Redakteur G. Glaser.

Erndte-Maschinen.

Getreidemähmaschinen, Gras- & Kleemähmaschinen, Heuwendermaschinen, Pferderechen,
neuester, verbesserter Construktion aus den berühmtesten Fabriken Englands bezogen, liefern wir zu möglichst billigen Preisen unter Garantie für gute Leistungen.

Durch die Zahlungseinstellungen eines bedeutenden Hauses in England, waren wir in der Lage 40 Stück Mc. Cormick'sche Getreidemähmaschinen mit neuer Selbstablegevorrichtung billig zu übernehmen. — Wir können dieselben, solange der Vorrath reicht anstatt wie früher zu fl. 492. — nun zu fl. 375. — franco auf jede Eisenbahnstation liefern und laden zur Benützung dieser günstigen Gelegenheit für Anschaffung solcher Maschinen freundlichst ein.

J. P. Lanz & Comp.
in **Mannheim** und **Regensburg** in Verbindung mit **Schwann & Comp.** in **London.**

Marktbericht.

Pesth, 9. Juli. Waizen. Umsatz 40,000 Metzen pro September und Oktober zu 4 fl. 15 kr. bis 25 kr.

Hafer: im Detail 1 fl. 65 kr.

Ansbach, 9. Juli. Schweinemarkt. Ferkel 15 fl. — 12 fl. Läufer 16 fl. — 28 fl.

Schrannenzettel.

Schranne.	Datum	Waizen		Kern		Korn		Gerste		Haber	
		Mittelpreise									
		fl.	kr.	fl.	kr.	fl.	kr.	fl.	kr.	fl.	kr.
Ansbach	6. Juli	22	15	–		17	45	—	—	8	10
Augsburg	–	–	—			—	—		—		
Bamberg	6. „	19	41		—	17	11			9	12
Beilngries	—	—	—							—	–
Dinkelsbühl	3. „	22	39	22		16	59	13	—	8	14
Eichstätt	6. „	24	17		—	17	36	—	—	8	36
Erlangen	6. „	24	10	–	–	17	40	—		8	44
Gunzenhausen	11. „	20	55	–	–	16	23	13	28	8	51
Kempten	—	—	—	—	—	–		—	—	—	—
Landshut			—		–	—				–	—
Lindau	—	—			—						–
München	6.	22	13	–	—	16	44	14	55	8	33
Neuburg a/D.	–	—	—		—	–	—	—	—	—	—
Nördlingen	6. „	21	49	—	—	18	52	13	23	8	56
Nürnberg	2. „	21	26	–	—	17	26	15		9	35
Regensburg	—	—	—	—	—	—	—	—	–	—	—
Rothenburg	6. „	22	22	20	30	16	50	–	—	7	20
Schwabach	—	—	—		—	—	—	—	—		—
Schweinfurt	3. „	23	21	—	—	19	23	—	—	9	37
Weißenburg	6. „	22	27	—	—	17	51	13	33	9	36

Druck von C. Brügel und Sohn in Ansbach.

Landwirthschaftliches Wochenblatt

Erscheint jede Woche einen halben Bogen stark und kann durch alle Poststellen bezogen werden.

Preis für's ganze Jahr sammt Postaufschlag 1 fl. Inserate werden die gespaltene Petitzeile oder deren Raum auf 4 kr berechnet.

für Mittelfranken.

(Früher landwirthschaftliche Mittheilungen.)

Organ des landwirthschaftlichen Kreis-Comité für Mittelfranken.

Nr. 28. | Ansbach, Juli 1867. | I. Jahrgang.

Erwiderung auf das „Eingesandt“ in Nr. 27 ds. Bl., betreffs Errichtung einer Stamm-Schäferei in Triesdorf.

Der Herr Verfasser des „Eingesandt“ von voriger Nummer bricht über den Beschluß und Antrag, den eine zu Rothenstein abgehaltene Versammlung der Bezirkskomités Pappenheim und Eichstädt und Oekonomen dortiger Gegend an das Kreis-Comité stellte, vollständig, d. h. nach jeder Richtung, den Stab. Da der betr. Herr Einsender als einen Landwirth der Eichstädter Gegend sich zu erkennen gibt, so sei zunächst hier angeführt, daß in jener Versammlung zufällig alle Bewirthschafter größerer Güter der unmitelbaren Umgegend von Eichstädt vertreten waren, daß gerade von ihnen, — die in dieser Gegend große Schäfereien schon seit 10 Jahren und länger besitzen — dieser Antrag unterstützt wurde, aus dem längst und schwer gefühlten Grunde, daß der Mangel an geeigneten Stammschäfereien ein fauler Fleck in der bayerischen Landwirthschaft sei.

Verfasser dieser Zeilen möchte schließen, daß der Herr Einsender des betr. Aufsatzes von letzter Nummer an und für sich der tüchtigste Schafzüchter sein mag, doch mit den Verhältnissen, wie sie sich hier dem Betrieb einer Schäferei bieten, nicht genau vertraut ist.

Anläßlich des ersten Bedenkens des „Eingesandt“, ob der jeweilige Vorstand einer landwirthschaftlichen Lehranstalt und Dirigent der betr. Oekonomie Beruf in sich fühle, Schafzüchter zu sein? so glauben wir diese Voraussetzung bei dem Dirigenten einer solchen Wirthschaft wie Triesdorf — die stets mit dem Fortschritt in der Landwirthschaft Schritt halten muß — gewiß unbedingt stellen zu sollen, um so mehr aber, wenn diese Anstalt den Namen „Kreisviehzüchtungs-Anstalt“ führt*). Und sollte denn das Vorhandensein einer Stamm-

*) Die Bezeichnung „Kreis-Viehzüchtungs-Anstalt“ erscheint allerdings nach 2 Richtungen hin nicht stichhaltig. 1) Weil blos Rindvieh gezüchtet wird, während man erwarten könnte, daß ebenso Pferde, Schafe, Schweine, ja sogar Geflügel gezüchtet würden, und 2) weil von den im Kreise vorhandenen und wesentlich von einander verschiedenen 4 Hauptrindviehschlägen in der Kreisviehzüchtungsanstalt nur Einer, nämlich der Ansbach-Triesdorfer Schlag Berücksichtigung findet. Hiezu erhält die Anstalt alljährlich aus Kreisfonds Zuschüsse. Sollte dieselbe nun dahin erweitert werden, daß sie im vollen Sinne des Wortes eine „Kreisviehzüchtungs-Anstalt“ genannt werden könnte, so würden für bauliche Einrichtungen, Ankauf und Unterhaltung von Stammthieren rc. Summen erforderlich, die der hohe Landrath wahrscheinlich nie bewilligen, sondern vielleicht eher auf jene [illegible] Bezeichnung verzichten würde.

Anm. der Redaktion.

Schäferei nicht gerade auch für eine landwirthschaftliche Bildungsanstalt von besonderem Nutzen sein? Ganz abgesehen von der größeren Leichtigkeit, sie da durchzuführen, wo derartige disponible Hülfskräfte vorhanden, wie sie Triesdorf in seinen Zöglingen besitzt. Muß bei Besetzung der Dirigentenstelle einer solchen Anstalt die eine Rücksicht einer anderen, höheren, weichen, nun so ist das nicht Sache der Landwirthe und die Antragsteller bescheiden sich.

Das „Eingesandt“ sagt weiter, daß in dem Antrage geradezu Unmögliches verlangt werde, indem in der gewünschten Stammschäferei „auf mastfähige und zu gleicher Zeit wollreiche Thiere gezüchtet werden solle.“

Gerne zugegeben, daß es nicht möglich ist, an ein und demselben Thiere nach den zwei Richtungen der Fleisch- und Wollproduktion das Gleiche zu leisten, was eine intelligente Züchtung entweder allein an Fleisch oder an Wollquantum zu erzielen vermag, so ist aber doch die möglichste Vereinigung beider Eigenschaften da anzustreben, wo wie hier der größte Theil der mittelfränkischen Landwirthe stets bekennen muß, daß sowohl das einseitige Hinarbeiten auf Fleischproduktion ihren Verhältnissen in so fern nicht anpaßt, als es — mit gewiß nur wenigen Ausnahmen — mit unverhältnißmäßigem Aufwand erzielt werden müßte, und das um so mehr, als uns nicht die englischen Fleischpreise entschädigen, als auch andererseits die einstimmige Ansicht feststeht, daß die landwirthschaftlichen Verhältnisse und die Wollpreise nicht mehr der Art sind, um bei hauptsächlicher Berücksichtigung der Wolle befriedigt zu werden.

Daher ist es ganz gewiß nicht nach Idealen getappt, wenn man durch möglichste Vereinigung beider Richtungen den Verhältnissen, in denen man verkehrt, Rechnung zu tragen versucht, und nicht mit Opfern einen einseitigen Hochzuchtsbetrieb verfolgt, der entweder aus Orts- oder mercantilischen Rücksichten nimmermehr die gebührende wirthschaftliche Rente giebt.

Was ist denn die neuerdings tausendfältige Erscheinung in den, größtentheils so vorzüglich geleiteten, norddeutschen Schäfereien, Kreuzung von Southdowns mit Merinos[*] d. h. Fleischschafen mit Wollschafen — Anderes, als das Hinstreben nach der Richtung, die die Antragsteller auch hier durch die Stammschäferei verfolgt zu sehen wünschten? Man wird sich nicht irren, wenn man dem Herrn Einsender des „Eingesandt“ eine besondere Bevorzugung der Fleischproduktion zuschreibt; es ist nun aber Thatsache, daß selbst die passionirtesten Züchter dieser Richtung, die Engländer — anfänglich 8 lange Jahre auch der Meinung: eine gute Wollproduktion vertrage sich nicht mit einem guten Fleischthiere — jetzt von ihren besten Züchtern die Southdowns mit großer Berücksichtigung der Wolle gezüchtet sehen.

Um so mehr wird man auf dem Continent, speziell in Bayern, besonders aber in Mittelfranken, gewiß wohl daran thun, die Aufmerksamkeit auf Fleisch- und Wollproduktion zugleich zu richten; nur dadurch halten wir, besonders unter unseren Verhältnissen, eine gute Verwerthung des Futters, eine Rente der Thierproduktion für möglich.

Wer schließlich den Uebelstand des Mangels an gutem Zuchtmaterial für Schäfereien, wie er in ganz Bayern, vorzüglich aber in Mittelfranken, in wirklich unbegreiflich höchstem Grade herrscht, schon seit längeren Jahren erkennen und bitter fühlen mußte und keine Abhülfe sieht — wer berücksichtigt, daß die wenigen Stammschäfereien, die in Bayern sind, für Private, die auf ihre wirthschaftlichen Renten angewiesen sind, von gar keiner wirthschaftlichen Brauchbarkeit sind — wer erwägt, von welch' ungleich größeren Bedeutung noch die Benützung guten männlichen Zuchtmaterials bei den Schäfereien gegenüber der übrigen Thierproduktion ist — der Landwirth, sollten wir meinen, müßte es begrüßen, wenn in einem Kreise wie Mittelfranken, wo die Schafzucht so bedeutend an Stückzahl ist, der obige Antrag auf Errichtung einer Stammschäferei gestellt würde.

Der ursprüngliche Antragsteller bei der letzten Jahresversammlung in Gunzenhausen gab sich ob der günstigen Aufnahme beim hohen Kreiscomite keiner Illusionen hin, ist deßhalb auch jetzt nicht

---

*) Wir werden versuchen, später die bisherigen Ergebnisse dieser Kreuzungsversuche mitzutheilen.

Anm. der Redakt.

überrascht, die sehr verehrte Redaction d. l. W. Bl. zur Berathung der betr. Errichtung geneigt zu finden*.) Jedenfalls zeigt aber die aus der Rothensteiner Versammlung frei hervorgegangene Aufnahme des ursprünglichen Gunzenhausener Antrages, daß die ausübenden Landwirthe und größeren Schäfereibesitzer der näheren Pappenheimer und Eichstätter Gegend die Sache anders auffassen und würdigen wie das „Eingesandt" und sie sind wohl auch nach Lesung des Letzteren keinen Augenblick in der Lage gewesen, bereuen zu müssen, durch das hohe Kreiscomite der k. Regierung einen landwirthschaftlichen Uebelstand unterbreitet zu haben, der nach ihrer Meinung, wie kaum irgend ein anderer dringend der Abhülfe bedarf.

---

*) Wir wünschen von Herzen, daß den Anforderungen der Landwirthe im Betreff der Beschaffung tüchtiger Zuchtböcke in ausgedehntestem Maßstabe entsprochen werden möchte. Wir können es aber nicht gut heißen, daß man das landwirthschaftliche Kreis-Comité dazu bringt, als berathendes Organ der k. Kreisregierung eine Anschauung so rasch und so leichten Kaufes wieder aufzugeben, die es vor wenigen Jahren gelegentlich der Aufhebung des Vertrags mit der Stammschäferei Frankenberg und der allgemein begrüßten Errichtung einer Schäferschule geltend machte. Damals ging das wohlmotivirte Gutachten dahin, vor Allem brauchbare Schäfer heranzubilden und die disponiblen Mittel hierauf zu verwenden. Jetzt schon wieder von Seiten des landwirthschaftlichen Vereins der Schaffung einer öffentlichen Stammschäferei im Sinne des fraglichen Antrages das Wort zu reden, erscheint daher verfrüht und mehr als gewagt; dagegen halten wir die Errichtung einer Zuchtschäferei in Triesdorf im Interesse der Ackerbauschule und der Schäferschule für angezeigt. Sie kann ohne besondere Zuschüsse gegründet und erhalten werden und ihre Böcke wie jeder andere Concurrent auf den Markt bringen. Mag sie ihr Zuchtmaterial hernehmen, wo sie will. So wird man gewiß sicherer zu einem erwünschten Ziele kommen, weil sich der betreffende Dirigent, ob gerade für die Schafzucht passionirt oder nicht, wie jeder andere Schafzüchter frei bewegen kann, was ihm auch schon aus Humanitätsrücksichten zu gönnen ist. Oder stellt man sich wirklich die beständige Controlle einer öffentlichen Stammschäferei, auch wenn sie von den tüchtigsten Schafzüchtern ausgeübt wird, das beständige Anfragen wegen An- und Verkauf, Ausbracken, Ausstreichen der Heerde rc., als so besonders angenehm und zweckdienlich vor? Wurde je in Norddeutschland, wo doch die Schafzucht auf hoher Stufe steht, in ähnlicher Weise mit Erfolg verfahren, oder hat nicht vielmehr die Privatthätigkeit hierin das Meiste geleistet?

Anm. der Redakt.

Anzeigen.

Marktbericht.

Antwerpen, 11. Juli. **Waizen** von Wolgast 37 1/4 Francs, von Königsberg 35 Francs, rother pommerischer 36 1/2 Francs, schlesischer 35 1/2 Francs, für 100 Kilogr. à 2 Zollpfund. **Roggen** von Enos 23 Francs, Gallatz 24 Francs per 100 Kilogr. **Donaugerste** 23 Francs, Ungarischer **Hafer** 22 1/2 Francs per 100 Kilogramm.

Paris, 12. Juli. Ochsenfleisch $1_{,24}$ bis $1_{,56}$ per Kilogr., das sind 36—44 kr. per Zollpfund.

Poissy, 11. Juli. **Hornvieh** zurückgegangen. **Kälber und Hämmel** höher. Verkauft 2867 Ochsen zu 1 Francs 28 Cts. bis 1 Francs 56 Cts. per Kilogr. **Kühe** 324, zu 1 Francs 18 Cts. bis 1 Francs 44 Cts. **Kälber** 562, zu 1 Francs 55 Cts. bis 2 Francs. **Hammel** 12870, zu 1 Francs 40 Cts. bis 1 Francs 80 Cts. per Kilogr.

Wien, 13. Juli. Regnerisches Erndtewetter. Deßhalb und wegen starker Nachfrage höhere Preise. Neuerdings bei günstigem Wetter Kauflust schwächer. **Waizen** 88/89 ℔. fest 7 fl., **Wien** 7 fl. 10 kr. **Hafer** 45/49 ℔. 1 fl. 75 kr. bis 1 fl. 86 kr. **Korn** 77/80 ℔. 4 fl. 45 kr. bis 4 fl. 60 kr. **Kohlreps** fest 5 3/4 fl. Franco Westbahnhof **Wien** wird notirt per 100 Kilogr. (200 Zollpfund). **Prima Gelbwaizen** Francs Gold 27 1/2, **Marosscher** 28, **Theiß** 28 1/2. **Reps** 28 3/4, **Rüböl** 92, **Kuchen** 7.

Köln. **Waizen** 9 Thlr. bis 9 Thlr. 17 1/2 Gr. **Hafer** 5 Thlr. 27 1/2 Gr. bis 6 Thlr. per 200 Zollpfund.

Breslau, 12. Juli. **Wolle**. Neue Zufuhr 2000 Ctr. Ungarische und polnische Mittelwolle 60 bis 70 Thlr. Schlesische 80 Thlr. Feine 100 Thaler.

Frankfurt, 13. Juli. **Heu und Stroh** reichliche Zufuhr. **Heu** 1 fl. bis 1 fl. 6 kr. **Stroh** 42 bis 50 kr. **Butter** I. Qual. 32 kr., II. Qual. 29 kr.

Worms, 12 Juli. **Repsernte** vorüber. Quantitativ halbe Erndte; nach Qualität der vorjährigen nahezu gleich. **Waizen** 16 1/4—16 1/2 fl. **Gerste** 12 fl. **Roggen** 12—12 1/4 fl. **Hafer** 5 fl. **Neuer Reps** 25 1/3—25 1/2 fl. per 85 Kilogramm.

Straubing, 13. Juli. **Waizen** 19 bis 23 fl. **Roggen** 16 1/2—18 fl. **Hafer** 8—10 fl. **Reps** 19—22 fl., **wenig Umsatz**. **Für gute Waare** 24—25 fl. **verlangt**.

Schrannenzettel.

Schranne.	Datum	Waizen		Kern		Korn		Gerste		Haber	
		Mittelpreise									
		fl.	kr.	fl.	kr.	fl.	kr.	fl.	kr.	fl.	kr.
	Juli.										
Ansbach	13. „	21	23	21	42	16	5	—	—	8	7
Augsburg	12. „	21	46	21	15	15	42	14	42	8	35
Bamberg	—	—	—	—	—	—	—	—	—	—	—
Beilngries	11. „	19	40	—	—	14	1	12	12	8	18
Dinkelsbühl	10. „	21	31	21	31	16	4	13	18	8	33
Eichstätt	—	—	—	—	—	—	—	—	—	—	—
Erlangen	—	—	—	—	—	—	—	—	—	—	—
Gunzenhausen		—	—	—	—	—	—	—	—	—	—
Kempten .	—	—	—	—	—	—	—	—	—	—	—
Landshut .	12. „	19	19	—	—	16	22	14	12	8	—
Lindau . .	—	—	—	—	—	—	—	—	—	—	—
München .	13. „	22	7	—	—	16	32	15	13	8	26
Neuburg a/D.	—	—	—	—	—	—	—	—	—	—	—
Nördlingen	13. „	20	42	21	29	17	24	14	6	8	45
Nürnberg	9. „	21	37	—	—	17	8	—	—	9	33
Regensburg	—	—	—	—	—	—	—	—	—	—	—
Rothenburg o/T.	13. „	21	7	20	30	16	35	—	—	7	36
Schwabach	—	—	—	—	—	—	—	—	—	—	—
Schweinfurt	10. „	23	3	—	—	18	45	15	—	10	—
Weißenburg	13. „	20	54	—	—	17	31	—	—	9	32

Verantwortlicher Redakteur C. Ulassen.   Druck von C. Brügel und Sohn in Ansbach.

Landwirthschaftliches Wochenblatt

Erscheint jede Woche einen halben Bogen stark und kann durch alle Poststellen bezogen werden.

Preis für's ganze Jahr sammt Postaufschlag 1 fl. Inserate werden die gespaltene Petitzeile oder deren Raum auf 4 kr berechnet.

für Mittelfranken.

(Früher landwirthschaftliche Mittheilungen.)

Organ des landwirthschaftlichen Kreis-Comité für Mittelfranken.

Nr. 30. Ansbach, Juli 1867. I. Jahrgang.

I. Ein armes Dorf.

(Fortsetzung.)

An diese elenden Zustände knüpfte sich dann jene Eifersucht, die sich der Armen gegenüber denen, die in besserer Lage sind, leicht bemächtigt. Denn die Armen leben oft in dem Irrthum, was die Andern besitzen, sei ihnen genommen und sehen nicht ein, daß der Reichthum wieder Reichthum erzeugt und die Armuth Aller nur das Elend des Einzelnen fortpflanzt.

Kamen Bürger aus der Stadt, um sich in der Gemeinde anzukaufen, so wurden sie von den Ortsangehörigen mit scheelen Augen angesehen. Während sie sich über den Zufluß von Kapitalien, der den Güterwerth erhöht und den Verkehr belebt, hätten Glück wünschen sollen, wurden sie ärgerlich über eine Concurrenz, die ihnen den Preis des Feldes erhöhte, um dessen kleinste Stücke sie sich zankten. Wenn auch die schöne Lage des Dorfes Fremde anzog, konnte sich doch Niemand daselbst niederlassen, da er die Beute der kleinlichsten Anfechtungen zu werden fürchten mußte.

Schon der bloße Anblick der Mehrzahl der Dorfwohnungen kündigte das Elend und die Rohheit der Bewohner an; einige dieser Wohnungen schienen mehr zur Aufnahme von Thieren, als von Menschen geeignet. Es waren enge Hütten, mit der Thüre als alleinigem Luftloch und einem einzigen Raum im Innern, in welchem Vater, Mutter und Kinder von beiden Geschlechtern und von jedem Alter ungeschieden zusammenlebten. Der Boden aus nackter Erde und niedriger als die Umgebung, unterhielt eine beständige Feuchtigkeit. Dazu Mangel an Luft, Licht und Reinlichkeit, oft auch an genügender Nahrung, und so konnte es nicht fehlen, daß die Kinder schwächlich und ungesund, entweder in frühem Alter weggerafft wurden, oder ihr Leben lang verkommen blieben. Außerhalb der Häuser eine Anhäufung von Abfällen und Unrath aller Art, stehende, stinkende Wasser und Pfützen von Jauche, das war der Anblick, den die Gemeinde bot.

Im Uebrigen nichts von jenen lachenden Baumgärten, die vielen Dörfern ein so reizendes Aussehen geben; nichts von den Einfassungen, den Blumenrabatten, die bei einer so großen Zahl von Landbewohnern zugleich den Wohlstand und den Geschmack für feinere Lebens-Genüsse beurkunden. Kaum sah man bei einigen Hütten fünf oder sechs verkrüppelte Obstbäume und zwei oder drei Krautgärtchen, mit zerfallenem Zaun schlecht gegen das Eindringen der Hausthiere geschützt.

Schritt man durch das leblose Dorf, so hörte man höchstens einige klatschsüchtige Gevatterinnen, die ihre bösen Zungen aneinander wetzten, oder das Geschrei sich selbst überlassener auf der Straße spielender Kinder; denn auch mit dem Schulbesuche wurde es nicht streng genommen. Während die Eltern behaupteten, sie könnten ihre Kinder für ihre Arbeit nicht entbehren, lungerten diese auf der Gasse umher. Einige hüteten während der guten Jahreszeit eine magere Kuh auf den Gemeindewiesen oder führten ein Paar Hämmel in die Wälder, die dort großen Schaden thaten, im Winter aber lasen sie Abfallholz auf. Was sie aber noch mehr auflasen, war die Gewohnheit des Müssiggangs mit allen seinen Lastern.

Auch die Wege der Gemeinde boten denselben Anblick dar, wie das Dorf. Das Zugvieh erschöpfte seine Kräfte bei dem schlechten Zustande derselben. Die daraus entstehende Unmöglichkeit, die Fuhrwerke gehörig zu beladen, vervielfältigte die Fahrten und veranlaßte viel Zeitverlust, oft kamen Rad- und Wagenbrüche vor. Mit dem Winter wurden die meisten Wege ganz unfahrbar, und da kein Fuhrwerk mehr auf's Feld ging, so hörten auch die Arbeiten im Dorfe auf, was die Folge hatte, daß die Einwohner den größten Theil des Tages in den Schenken zubrachten. Aber auch die Stadt wurde alle Wochen besucht, von Mann und Frau, so wie man auch allen Märkten der umliegenden Dörfer auf vier oder fünf Stunden im Umkreise nachlief.

In den Kneipen, auf den Messen und Märkten, bei allen Volksversammlungen zeichneten sich die Schönfelder durch grobe Reden und Streitsucht aus, und es kam nicht selten zu Schlägereien. Bei ihrem zänkischen und streitigen Wesen vermied man es auch sonst, sich mit ihnen einzulassen. Einige Bürger der Stadt wären gerne geneigt gewesen, das Gefäll des oben erwähnten Baches nutzbar zu machen, aber sie scheuten sich, mit so ungeselligen Nachbarn in Verhandlung zu treten.

Dies war der Zustand der Gemeinde, als der Doktor es unternahm, denselben zu verbessern.

Ehe er sein großes Vorhaben in Angriff nahm, berechnete er alle Folgen. Es konnte nicht zweifelhaft sein, daß, wenn es ihm gelang, der modernen Civilisation in der Gemeinde Bahn zu brechen, auch der Geist und die Sitten sich ändern würden. Aber er war sich auch wohl bewußt, mit welchen Schwierigkeiten er würde zu kämpfen haben, welche Hindernisse ihm Vorurtheil, Trägheit, Eifersucht, Verläumdung bereiten und wie er für eine Zeit lang seine Ruhe und seinen Frieden opfern werde. Dieser Kampf schreckte jedoch den für seinen Gegenstand begeisterten Mann nicht zurück. Komme ich nicht an's Ziel, dachte er, so erreichen es Andere nach mir.

Uebrigens sah er wohl ein, daß er allein einer so großen Aufgabe nicht gewachsen sei. Bescheiden, wie alle Männer von wahrem Verdienst, begriff er, daß er sich nach Hülfe umsehen müsse, und sich solche zu verschaffen, war daher die erste seiner Sorgen.

II. Das wohlhabende Dorf.

In das Gebiet der Gemeinde gehörte auch das Besitzthum eines reichen Mannes mit Namen Hofmann, bestehend aus einem hübschen Landgut mit Schlößchen; er selbst wohnte jedoch in der Stadt und kam nur in der schönen Jahreszeit manchmal heraus. Der Charakter der Schönfelder und der Anblick ihres Elends waren ihm zuwider. Er hatte den guten Willen, Hülfe zu leisten, wo es Noth that, sah aber wohl ein, daß seine Wohlthätigkeit dem Uebel nie an die Wurzel kam. Arbeitsam und beharrlich, aber schüchtern und schwer von Entschluß, hätte er nie das Werk begonnen, das sich Doktor Auer zur Aufgabe machte.

Dieser aber begriff, welchen Beistand er bei einem Manne finden könne, der Glücksgüter und die erforderliche Muße, neben einem offenen Sinn für das Wohl seiner Mitmenschen besitze. Er machte daher Herrn Hofmann mit seinem Vorhaben bekannt, welcher es beifällig aufnahm und Unterstützung versprach. Schon wiederholt war ihm die Stelle des Ortsvorstandes angeboten worden; nun entschloß er sich, sie anzunehmen, was die Nothwendigkeit mit sich brachte, öfter in Schönfeld zu verweilen; ja er verlegte, eingenommen für das Werk, an dem er mitwirken sollte, bald seinen ständigen Wohnsitz dahin.

Ein Umstand begünstigte sogleich beim Beginn der beiden Männer Vorhaben. Der alte achtzigjährige Pfarrer starb, und da der Doktor wohl einsah, daß die Wiedergeburt einer verwahrlosten Gemeinde ohne den Beistand der Religion und der

Moral sehr schwierig sein werde, so bot er allen seinen Einfluß auf, daß der Gemeinde ein Geistlicher bestimmt werde, der jung, kräftig und erleuchtet ihn in seinen Vorhaben unterstützen könnte. Dies gelang und der Doktor sah seine Kräfte nun verdreifacht.

Es würde zu weit führen, wenn wir die Mittel nachweisen wollten, welche in schöner Uebereinstimmung von den drei Männern angewandt wurden, um dem Dorf ein anderes Ansehen zu geben. Die Veränderung war eine solche, daß es eigentlich, um die Zustände zwanzig Jahre später darzustellen, nur der Kehrseite der Schilderung bedürfte, die wir oben gegeben haben.

Eine in Unwissenheit versunkene Bevölkerung wird am besten durch Beispiel überzeugt. Um also die Bewohner von Schönfeld zu einem besseren Feldbau anzuspornen, mußten sie auf günstige Erfolge hingewiesen werden können. Eben jetzt lief der Pacht auf dem Besitzthum des Herrn Hofmann ab und indem er große Verbesserungsarbeiten auf seine Kosten vornahm, mußte sich der neue Pächter seinen Ansichten fügen. Dem kleineren Besitzthum des Doktors stand ein Verwalter vor; auch hier Verbesserungen durchzuführen, dazu fehlte es ihm an dem nöthigen Kapital. Er entschloß sich zu einem Schritt, der sich als eines der heilsamsten Beispiele erwies. Statt Geld aufzunehmen, verkaufte er die Hälfte seines Besitzes und nun hatte er die Mittel, den Rest nutzbarer zu machen. Daß dies nicht nur ein gutes Beispiel, sondern auch eine gute Spekulation war, zeigte sich zehn Jahre später, wo ihm die Hälfte seiner Güter einen schöneren Ertrag abwarf, als vorher das Ganze. Der Werth seines, nach allen Richtungen verbesserten Besitzes hatte sich fast verdreifacht.

Solche Resultate stachen nun doch den Bewohnern von Schönfeld in die Augen. Nachdem einmal einige Bauern, von dem Beispiel, dem Zuspruch und hie und da durch geheime Unterstützung des Herrn Hofmann ermuntert, für Verbesserungen gewonnen waren, war das Schwerste überwunden, dennoch blieb des Doktors Leben von nun an ein immerwährender Kampf mit Hindernissen. Er mußte persönlich alle Arbeiten überwachen und durfte nicht müde werden, Belehrung und Rath zu ertheilen, wozu er die Sonntage benützte, an welchen sich die Bewohner in Gruppen um die Kirche zu versammeln pflegten.

Worauf er vor allen Dingen seine Aufmerksamkeit richtete, das war die Eindämmung des Baches, der die Ebene bei dem Dorfe durchschnitt. Hatte man diese bewerkstelligt, so waren nicht nur die Ueberschwemmungen beseitigt, welche die Ebene in einen ungesunden Sumpf verwandelten, sondern auch gute Wiesen gewonnen. Man schritt an's Werk, dämmte den Bach ein, leitete die Wasser in zahlreichen Gräben ab und in kurzer Zeit war ein gutes und fettes Futter für vermehrtes Vieh und damit auch Dung gewonnen, an dem das Dorf immer Mangel gelitten hatte.

(Fortsetzung folgt.)

Sitzung des landwirthschaftlichen Kreiscomité für Mittelfranken am 22. Juli 1867.

Berathungsgegenstände:

1) Ergebniß der Fohlen-Preisevertheilung in Windsheim;
2) Unterstützungsgesuch des Hengsthalters Schirmer daselbst;
3) Ausübung des Privatbeschälgeschäftes;
4) Verlegung der III. Roßmesse in Ansbach;
5) Die Erbauung von Vizinal-Eisenbahnen;
   a) in der Richtung von Ansbach über Spalt nach Beilngries;
   b) in der Richtung von Altdorf nach Nürnberg;
6) Gesuch des Gemeindevorstehers Gebele und Consorten zu Willburgstetten um Gewährung eines Zuschusses zu den Kosten ihres Bockankaufes;
7) Herstellung einer Wasserhebmaschine, beziehungsweise Gewährung eines Darlehens hiezu;
8) Abordnung zur dritten internationalen thierärztlichen Congreß in Zürich;
9) Beschaffung tüchtiger Zuchtwidder und Errichtung einer Stammschäferei in Triesdorf;
10) Abhaltung der Jahresversammlung in Verbindung mit einer Obstausstellung in Triesdorf.

Anzeigen.

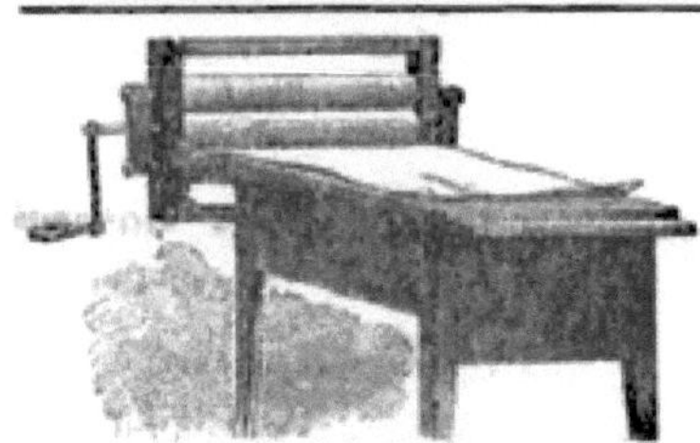

Marktbericht.

Paris, 16. Juli. **Waizen** 42—46 Frcs. pr. 120 Kilo. **Roggen** pr. Sept. 23[1/2] Francs pr. 115 Kilo.

Poissy, 18. Juli. **Die Preise für alle Viehgattungen mit Ausnahme der Kälber in die Höhe gegangen.** 2700 **Ochsen**, 1_{65}—1_{74} Francs pr. Kilo. 306 **Kühe** [illegible] Francs pr. Kilo. 572 **Kälber** [illegible] Francs pr. Kilo. 15509 **Hämmel** [illegible] Francs pr. Kilo.

Pesth, 16. Juli. Banater **Reps** für spätere Lieferung zu 11[1/4] fl. pr. 150 Pfd. **Kohlreps** auf Lieferung 11[3/4] fl. prompt zu 11[3/4] fl. bis 11[1/2] fl. Von neuem **Waizen** Zufuhr gering. **Rüböl** pr. Herbst 2000 Ctr. zu 23 fl.

Wien, 20. Juli. Unbeständiges Wetter stört die Erndtearbeiten und da schon Noth an Getreide ist, wird prompte Waare theurer bezahlt, und kosten auch spätere Termine mehr. Starke Käufe von Seiten des Auslandes beleben die Märkte und bewirken die Preissteigerung. Usance Waizen loco Pesth 4 fl. 50 kr. Marchfelder loco Wien, Juli, 6 fl. 25 kr. 1. Hälfte August 6 fl. 2. Hälfte August 5 fl. 60 kr. Korn prompt 4 fl. 60 kr. Reps ab Pesth 5[3/4] — 6 fl. pr. öster. Metzen. Franco Westbahnhof Wien spesenfrei pr. 100 Kilo. Prima-Gelbwaizen 28 Francs. **Maresscher** 28[1/2]. **Theiß** 29. **Reps** 29[3/4]. **Rüböl** 92. **Kuchen** 7. Alles in Gold. Alter Waizen pr. 88 Pf. 7 fl. 35 kr — 7 fl. 50 kr. Umsatz 15000 Metzen.

Schrannenzettel.

Schranne.	Datum	Waizen fl.	Waizen kr.	Kern fl.	Kern kr.	Korn fl.	Korn kr.	Gerste fl.	Gerste kr.	Haber fl.	Haber kr.
		Mittelpreise									
	Juli.										
Ansbach	20. „	21	32	—	—	16	19	—	—	8	3
Augsburg	19. „	21	26	21	37	15	21	14	11	8	50
Bamberg	—	—	—	—	—	—	—	—	—	—	—
Beilngries	18. „	19	35	—	—	14	30	—	—	8	45
Dinkelsbühl	17. „	21	26	21	26	16	30	—	—	8	51
Eichstätt		—	—	—	—	—	—			—	—
Erlangen		—	—	—	—	—	—	—			—
Gunzenhausen	18. „	20	45	—	—	15	55	13	55	8	44
Kempten	—	—	—	—	—	—	—	—	—	—	—
Landshut	20. „	20	9	—	—	16	57	—	—	7	59
Lindau		—	—	—	—	—	—	—	—	—	—
München	20. „	22	4			16	46	15	12	8	12
Neuburg a/D.		—	—				—	—	—	—	—
Nördlingen	20. „	20	9	20	50	18	19	13	47	8	42
Nürnberg		—	—	—	—	—	—	—	—	—	—
Regensburg	20. „	20	49	—	—	15	16	—	—	8	55
Rothenburg	20. „	21	32	20	23	17	40	—	—	7	30
Schwabach	—	—	—	—	—	—	—	—	—	—	—
Schweinfurt	17. „	22	59	—	—	19	33	13	—	9	57
Weißenburg	20. „	20	1	—	—	16	56	—	—	9	42

Verantwortlicher Redakteur C. Claren. — Druck von C. Brügel und Sohn in Ansbach.

Landwirthschaftliches Wochenblatt

Erscheint jede Woche einen halben Bogen stark und kann durch alle Poststellen bezogen werden.

Preis für's ganze Jahr sammt Postaufschlag 1 fl. Inserate werden die gespaltene Petitzeile oder deren Raum auf 4 kr berechnet.

für Mittelfranken.

(Früher landwirthschaftliche Mittheilungen.)

Organ des landwirthschaftlichen Kreis-Comité für Mittelfranken.

Nr. 31 und 32. (Doppelnummer). Ansbach, August 1867. I. Jahrgang.

Inhalt: Bekanntmachung. — Das wohlhabende Dorf (Schluß). — Erwiderung. Stammschäferei betreffend. — Ueber Tabakbau und Tabakbesteuerung. — Anzeigen. — Marktbericht. — Schrannenzettel.

E. Nr. 419.

(Centrallandwirthschaftsfest pro 1867 betr.)

Das Kreis-Comité des landw. Vereins von Mittelfranken

an

die landw. Bezirks-Comités in Mittelfranken.

Unter Hinweisung auf das im Kreisamtsblatte Nr. 70. vom 27. Juli d. Js. enthaltene Programm für das diesjährige Centrallandwirthschaftsfest, stellen wir das Ansuchen, etwaige Preisbewerbungen längstens bis zum 31. August d. Js. an uns einsenden zu wollen, indem später einlaufende Bewerbungen nicht mehr berücksichtigt werden können.

Ansbach, den 7. August 1867.

Der II. Vorstand.

Freiherr von Lindenfels.

Classen.

II. Das wohlhabende Dorf.

(Schluß.)

Das war aber nicht Alles. Wir wissen, daß der Bach viel Gefäll hatte. Das dem Dorf zunächst liegende erwarb der Doktor und baute daselbst eine Mahlmühle, die dem Ort fehlte; auf weite Entfernung und auf schlechten Wegen hatten die Bewohner bisher ihre Frucht zur Mühle führen müssen. Nun ging er weiter. Grund und Boden der Gemeinde war nicht so groß, daß die Bewohner hinreichend mit Feldarbeit beschäftigt gewesen wären. Er beschloß daher, eine Industrie in das Dorf zu rufen. Durch den Verkauf eines Theils seines Besitzthums an einige unternehmende Capitalisten wurde auch dies ermöglicht. Bald sah man die Mauern einer Spinnerei sich erheben, an die sich später eine Kattunfabrik anschloß. Der Anfang mit derlei Anstalten war nun gemacht, und da immer noch Wasserkräfte übrig und die Holzpreise bei den zahlreichen Waldungen der Umgegend niedrig waren, so gab dies zur Errichtung einiger Hammerschmieden Anlaß. Ohne Anstände liefen diese Neuerungen aber nicht ab. Schönfelds Einwohner waren für diese neue Gewerbsthätigkeit theils nicht zahlreich, theils nicht verständig genug und es mußten daher fremde Arbeiter herbeigezogen werden, welche man als eben soviel Mäuler, die dem Ort das Brod wegessen und die Waaren vertheuern, mit Neid und Unwillen ansah.

Der Doktor mußte die Aufgeregten zu beruhigen. Es galt aber noch in einer anderen Richtung allen seinen Einfluß geltend zu machen, da es sich nun auch darum handelte, die Gemeindegüter, ein ansehnliches Territorium, auf das die Armen ihre Kühe und Schafe zur Weide schickten, zu verkaufen. „Das heißt die Gemeinde ruiniren und die Armen vollends an den Bettelstab bringen," war das Gerede im Dorf. Der Doktor setzte aber auch dies vermöge seiner Beliebtheit in der Ueberzeugung durch, daß der Verkauf die beste Auskunft sei, für die gemeinnützlichen Verbesserungen Mittel zu schaffen und werthlose Weiden in gutes Ackerland zu verwandeln.

So wurde denn auf sein Anrathen ein Theil des Gemeindeguts unter die Einwohner vertheilt, der Rest kam zum Verkauf und gelangte in die Hände auswärtiger Eigenthümer, die eine bessere Bearbeitung des Bodens einführten.

Jetzt wendete Herr Auer seine Sorgfalt auch den Wäldern zu, die bisher fast werthlos waren, weil Ziegen und Schafe keinen Nachwuchs aufkommen ließen. Die Triftgerechtigkeit wurde aufgehoben und da gleichzeitig die Hammerschmieden Nachfrage nach Holz veranlaßten, so kamen die Forsten bald in schönen Ertrag und die Bevölkerung fand auch hier Arbeit.

Mit den gewonnenen Mitteln konnten nun auch diejenigen Arbeiten in Angriff genommen werden, die den Verkehr des Orts nach auswärts erleichtern sollten. In erster Linie mußten die so verwahrlosten Verbindungsstraßen hergestellt werden. Anfänglich sahen viele auch darin nur Frohnen zum Besten der Wohlhabenden. Bald aber, als sie wahrnahmen, wie die Gewerbsthätigkeit und die Fortschritte im Feldbau das Fuhrwerk vermehrten, begriffen sie, daß dem Armen wie dem Reichen der gute Zustand der Wege zu statten kam.

Mittlerweile hatte auch der neue Geistliche durch Wohlwollen und freundliche Theilnahme an den Angelegenheiten der einzelnen Familien sich die Herzen gewonnen und nun war es ihm leicht, an der Wiedergeburt der Gemeinde mitzuarbeiten. Seine Kirche war besuchter als je, so zwar, daß an ihre Vergrößerung Hand angelegt werden mußte. Indem sich die Glücksumstände der Leute verbesserten, wurden sie auch sittlich besser.

Nach so vielen Fortschritten im Haushalt der Gemeinde konnte man nun auch an Verschönerungen denken. Der Platz vor der Kirche wurde vergrößert, mit Bäumen bepflanzt und in einen Spaziergang mit Bänken verwandelt. Dort saß der Doktor gerne und plauderte mit den Bewohnern, von welchen er viele noch als Kinder gekannt hatte und die er daher nach ländlicher Sitte duzte.

Wie hatte sich der Anblick, von der Terrasse aus, seit wenigen Jahren verändert! Die Ufer des sich unten vorüberschlängelnden Flusses waren auf beiden Seiten mit Reihen von Pappelbäumen eingefaßt, die nicht nur die Landschaft mit ihrem heitern Grün verschönten, sondern auch der Gemeindekasse einen Ertrag abwarfen. Ueber sie weg ruhte das Auge auf einem herrlichen Teppich von Wiesen. Inmitten dieses Bildes lag dann die Fabrik, deren imponirendes Bauwesen die kleinen umherliegenden Arbeiterwohnungen beherrschte, die selbst einen heitern Anblick gewährten. Auch bei ihrem Aufbau hatte der Doktor seinen Einfluß geltend gemacht und bei Herrn Hofmann und den Fabrikbesitzern willige Unterstützung gefunden. Licht und Luft durfte den Häuschen nicht fehlen. Sie waren von Gärten mit Obstbäumen umgeben und durch lebendige Hecken von einander getrennt. An der Liebhaberei für Blumenzucht konnte man wahrnehmen, daß der veredelnde Sinn für das Schöne Einkehr gefunden habe. Solche Beispiele wirkten auch auf die Bewohner im Dorfe zurück. Ueberall war man beflissen, den alten, schmutzigen und unbequemen Wohnungen ein besseres Gewand anzuziehen und das ganze Dorf gewann allmählig ein besseres Ansehen, zumal auch die nützliche Jauche, bisher auf die Straße geflossen, wo dies thunlich war, von dieser entfernt wurde.

Bei allen diesen Verbesserungen rechnete Herr Auer besonders auf das nachwachsende Geschlecht und dabei mußte ihm namentlich die Schule behilflich sein, in welcher der einsichtsvolle Lehrer, Herr Raimund, im Sinne des Doktors wirkte. Der Geistliche besuchte sie fleißig und Versäumnisse wurden nicht mehr geduldet.

Mit dem veränderten Ansehen des Dorfes ging so allmählich auch eine Veränderung der Sitten vor sich. Die frühere Rohheit, der wilde Charakter, die Faulheit der Bewohner machten mehr und mehr einem gebildeteren Benehmen und besseren Gesinnungen Platz; die Märkte, die Wirthshäuser wurden nicht mehr so häufig besucht, die Felder besser bebaut, der häusliche Erwerbsfleiß nahm zu. Auch der Anbau von Handelsgewächsen kam nun mehr auf und brachte Geld in's Dorf. Besonders leistete der Doktor auch der Obstzucht, deren Ertrag eine mühelose Ernte ist, Vorschub. Er sorgte für die Anpflanzung guter Sorten von Obstbäumen und gab selbst im Pfropfen und Beschneiden der Bäume Unterweisung. Eine Verbesserung des Viehschlages durfte auch nicht fehlen und daran knüpfte sich auf seinen Rath und unter seinem Beistand ein neuer Erwerb, die Bereitung von Käse. Nach Vorgängen in der Schweiz wurde täglich die entbehrliche Milch sämmtlicher Kühe an einen zur Käsebereitung aufgestellten Einwohner abgeliefert, der den Besitzern Rechnung darüber hielt. Selbst das kleinste Quantum konnte auf diese Weise ohne Kosten verwerthet werden. Da die Bienenzucht ebenfalls einen ziemlich sichern Ertrag abwirft, so weckte er auch dafür die Liebhaberei, und fast in jedem Garten stand jetzt ein kleines Bienenhaus.

So war das Dorf Schönfeld fast nicht mehr zu erkennen. Seine Bevölkerung hatte sich in zwanzig Jahren verdreifacht und der Wohlstand war noch in größeren Verhältnissen gestiegen.

Wie aber eben nirgends in der Welt ein vollständiges Glück zu finden ist, so hatte der Umschwung auch Manche über das Ziel hinausgeführt. Den und jenen verlockte das Emporkommen seiner Nachbarn in schlecht berechnete, gewagte Unternehmungen. Diese scheiterten dann, während wieder Andere von unvorhergesehenen Unglücksfällen heimgesucht wurden. Jetzt eben lag auf der ganzen Gemeinde der Druck einiger schlechten Jahrgänge, die ihren kaum gewonnenen Wohlstand zu erschüttern und besonders auch eine Stockung der Gewerbe hervorzurufen drohten. Der Doktor hatte dies aber kommen sehen und war davon nicht betreten. Er verdoppelte seine Thätigkeit, um die Niedergeschlagenen aufzurichten. Ihn, der nie auf ein ununterbrochenes Wohlergehen zählte, erschreckte ein augenblicklicher Rückschlag nicht. Ihm waren solche Zeiten nur Augenblicke der Ruhe, in welchen die Menschheit Kräfte zu neuen Fortschritten sammelt.

Was ihm allein Sorge machte, war, daß sich falsche Ansichten in die Gemeinde einschleichen, daß eine harte Zeit dem Laster und der Unvernunft wieder Bahn brechen möchte.

Alle seine Anstrengungen waren daher darauf gerichtet, durch Belehrung dem kommenden Uebel vorzubeugen. Er wußte wohl, daß noch viele Irrthümer und Vorurtheile zu bekämpfen seien.

Damit kommen wir auf die Versammlung zurück, die wir im Eingang unserer Erzählung bei der Kirche verlassen haben.

Ein weiteres Wort über Errichtung einer Stammschäferei in Triesdorf.

Die Erwiderung in Nr. 29 dieses Blattes betont zunächst die Anwesenheit der meisten Oekonomen der unmittelbaren Umgegend von Eichstätt bei Fassung des Antrages, bezüglich der Errichtung einer Stammschäferei. Wenn aus zehnjähriger Erfahrung das Bedürfniß nach gutem Zuchtmaterial hervorgeht, so dürfte doch der Schluß etwas gewagt erscheinen, daß man sich auf keinen Fall in der Wahl der richtigen Mittel vergreifen kann, ein erstrebtes Ziel zu erreichen. Es ist ein alter volkswirthschaftlicher Grundsatz, daß sich das Angebot nach der Nachfrage richtet; sollte nicht gerade der Umstand, daß die Nachfrage nach ganz bestimmt ausgeprägtem Charakter des Zuchtthieres fehlt, von dem Versuche abhalten, sich auf diesen Zweig der Viehzucht zu werfen? Der Züchter muß vor Allem erst wissen, was gesucht wird, ehe er Geld, Zeit und Intelligenz einer Sache opfert, es muß ein bestimmtes Ziel vorgezeichnet sein.

Anlangend den 2. Einwurf, ein mangelndes Vertrautsein mit lokalen Verhältnissen, so glauben wir von der Ansicht ausgehen zu dürfen, daß allgemein anerkannte Grundsätze der Thierzucht, die sich nach bestimmten Naturgesetzen regeln, sich nicht an erstere binden, sondern unabweisbar und überall feststehen.

Die Voraussetzung, daß der Vorstand einer Lehranstalt, die auf der Höhe der Zeit stehen will, eo ipso auch Schafzüchter sein muß, erscheint uns nach wie vor, nicht zutreffend, und bleiben wir dabei, daß es ein äußerst glücklicher Zufall wäre, wenn derselbe, ein tüchtiger Lehrer, zu gleicher Zeit dem vielsagenden Titel, Vorstand einer Kreisviehzüchtungsanstalt, nach allen Seiten entsprechen wollte; uns will es bedünken, daß in dieser Richtung von Triesdorf zuviel verlangt wird, und daß man besser thun würde, auf obigen Titel zu verzichten.

Die weitere Frage, ob Triesdorf nicht zu klein ist, um auch in der Schafzucht Erhebliches zu leisten, lassen wir ununtersucht, betonen nur, daß es äußerst schwer ist, mit einer kleinen Heerde irgend Nennenswerthes zu leisten, was wir aus eigener Erfahrung zu belegen im Stande sind.

In wie weit aber die eine Rücksicht einer andern, höhern, sollte weichen müssen, ist uns vollständig unklar; wir wollten blos die Unwahrscheinlichkeit andeuten, in ein und derselben Persönlichkeit Alles vereinigt zu sehen.

Im weiteren Verlaufe des Artikels finden wir die Ansicht aufgestellt, daß es nicht mehr vortheilhaft erscheine, einseitig, wie früher, die Wollproduktion oben anzustellen, daß die Körperform eine wesentliche Berücksichtigung mit erheische. Wir unterschreiben dieß Wort für Wort, und haben uns nie und nirgends dagegen erklärt.

Wie aber wird dieses Ziel erreicht? Glaubt der Herr Einsender etwa, Zuchtböcke, welche die in dem ursprünglichen Antrage verlangten Eigenschaften besitzen, würden solche auch sicher vererben? Steht es denn nicht fest, daß bei jeder Kreuzung, eine gleiche Constanz auf beiden Seiten angenommen, die Hälfte der Eigenschaften des Vaters und der Mutter sich auf das Produkt vererben? Ist nicht gerade der Umstand, daß in Norddeutschland viel mit Southdowns gekreuzt wird, ein Beweis, den wir für uns in Anspruch nehmen dürfen, daß wir in der Wahl von Zuchtthieren ganz bestimmte Raceeigenschaften berücksichtigen sollen? Hat nicht in Mittelfranken jeder intelligente Oekonom ziemlich befriedigende Schurresultate, wo fehlt es denn eigentlich?

Wir denken uns, in den nöthigen Körperformen und der Schnellwüchsigkeit ahmen wir sonach Norddeutschland nach, kreuzen wir unsere Wollthiere mit Fleischschafen und es wird das erreicht, was die Herrn Antragsteller im Auge haben.

Wir haben bei dem Verlangen nach 2 bestimmt ausgeprägten Richtungen im Auge gehabt, daß Oekonomen im Sinne der Herrn Antragsteller offenbar nach Southdowns greifen, und ihren Thieren soviel von diesem Blute einimpfen, als ihnen wünschenswerth erscheint, jeder nach seiner individuellen Ansicht. Andere, die das nicht wollen, kaufen sich Wollthiere. Wenn also beide Zuchtrichtungen scharf getrennt ihre Berücksichtigung in Stammschäfereien finden, dann dächten wir es beruhigt der Intelligenz unserer Herren Collegen überlassen zu dürfen, das Richtige zu wählen, und denken es uns wenig wünschenswerth, in Allem und Jedem die Initiative dem Staate zuzuweisen.

Es scheint uns überhaupt, daß wir uns mit unserem Herrn Gegner mehr in Uebereinstimmung befinden, als er annimmt; Ein einseitiger Hochzuchtbetrieb liegt uns eben so fern, wie ihm; wir überlassen solchen den Stammschäfereien. Unsere Ansichten gehen nur in der Wahl der Mittel auseinander; wir weisen der Intelligenz des einzelnen Schafhalters das Meiste zu.

Es ist uns recht wohl bekannt, in wie weit in England die Wolle berücksichtigt wird und werden kann; bei Fleischthieren sicher nicht zum Schaden der Körperformen. Aus eigener Erfahrung konstatiren wir, daß ein Merino-Southdown-Kreuzungsthier um mindestens 1 Pfd. Wolle gegen das Merino zurückgeht. Ueberhaupt haben wir ein Gebiet betreten, das wir Anfangs meiden wollten, ist es dennoch geschehen, so forderte die Nothwehr dazu heraus.

Wir rekapituliren unsere Ansicht wiederholt dahin:

eine Stammschäferei muß und darf nur eine der angedeuteten Richtungen wählen, will sie Erhebliches leisten.

Sache des Käufers aber ist es, solche Zuchtthiere für seine Heerde zu suchen, die, je nachdem er Wolle oder Fleisch will, solches auch mit einiger Sicherheit versprechen.

Gerade das, was die Herren Antragsteller, unsere geehrten Collegen von einer Stammschäferei in Triesdorf verlangen, ist ihre Sache.

Unter welchen Voraussetzungen kann der Tabaksbau eine Besteuerung ertragen.

Wenn wir diese Frage aufwerfen, so haben wir dabei durchaus nicht die Absicht, in die Klagen der politischen Tagesblätter einzustimmen, welche sich bisher ob der von Preußen in Aussicht gestellten Tabaksteuer so arg ereiferten. Uns liegt in erster Reihe daran, zu erörtern, ob der Tabaksbau in Mittelfranken überhaupt eine entsprechende Rente abwirft; wenn nicht, so steht zu befürchten, daß mit der Einführung der Tabaksteuer der Tabaksbau einfach aufhört, nicht aus Haß gegen Preußen, sondern aus Besorgniß das Geschäft möchte nichts mehr einbringen.

Bevor wir in unserer Betrachtung fortfahren, machen wir unsere Leser auf folgende Zusammenstellung der vorjährigen Tabakernte aufmerksam:

Fortlaufende Nr.	Bezeichnung der Distrikts-Polizei-Behörden.	Zahl der bayer. Tagw. Ackerland im Distrikte überhaupt	mit Tabak bepflanzten Landes im Jahre 1866	Menge des gewonnenen Tabakes in getrockneten Blättern in b. Ctr. überhaupt		a. höchster u. b. niedrigster Ertrag des Tagwerkes		Preise des bayer. Centners getrockneter Tabakblätter: höchster		mittlerer		niedrigster		durchschnittlich	
		Tagwerk	Tagw.	Ctr.	Pfd.	Ctr.	Pfd.	fl.	kr.	fl.	kr.	fl.	kr.	fl.	kr.
	Magistrate:														
1	Erlangen	1012	12,[illegible]	79	25	a 9 b 5	— —	8	30	8	24	8	—	8	18
2	Fürth	1506	4,[illegible]	31	—	a 10 b 6	— —	8	30	—	—	—	—	8	30
3	Nürnberg	1858	25	188	—	a 9 b 6	— —	10	—	9	—	8	—	9	—
4	Schwabach	1502	36	430	—	a 10 b 9	— 50	7	—	6	30	6	—	6	30
	Bezirksämter														
5	Erlangen	20239	254,[illegible]	1915	25	a 7 b 5	33 1/3 33 1/3	9	10	8	15	7	15	8	33
6	Fürth	58092,[illegible]	1116,[illegible]	8925	—	a 8 b 6	33 1/3 —	8	24	7	30	6	36	7	30
7	Heilsbronn	52184	12	81	—	a 7 b 4	75 25	7	—	6	45	6	30	6	45
8	Nürnberg	10442	424	3113	50	a 9 b 6	— —	9	40	8	30	7	30	8	33
9	Schwabach	32994	12,[illegible]	105	81	a 11 b 3	— —	10	—	7	30	5	—	7	30
	Summa	179831,[illegible]	1898,[illegible]	14868	81	a 81 b 51	41 2/3 8 1/3	78	14	62	24	54	51	71	9
	Durchschnitt							8	42	7	48	6	54	7	54

Hieraus ergibt sich als höchster Durchschnitts-Ertrag: 9 Ctr. pr. Tagwerk zu 8 fl. 42 kr. 70 fl. 18 kr.
Als niedrigster Durchschnitts-Ertrag:
5 2/3 Ctr. zu 6 fl. 54 kr. 39 fl. — kr.

In früheren Jahren hatte der Tabaksbau bei uns eine größere Ausdehnung, weil bessere Preise bezahlt wurden. Seit den beständigen Stockungen im Handel und Verkehr, namentlich aber seitdem die Amerikaner einen namhaften Eingangszoll auf die Pfälzer Tabake, unter welchem Namen auch unser Produkt in den Handel kommt, legten, hat dessen Bau beständig abgenommen. Viele pflanzen den Tabak nur noch der Gewohnheit halber, auch weil sie dessen Cultur lieb gewonnen und die Einrichtungen zum Trocknen haben.

Rechnen wir aus obigen Erträgnissen den wahren Durchschnitt, so ergibt sich per Tagwerk à $7\frac{1}{3}$ Ctr. zu 7 fl. 48 kr. die Summe von 57 fl. 10 kr.

Die Culturkosten berechnen sich folgendermaßen:

Das Feld 4 Mal ackern à 1 fl. 24 kr.	5 fl.	36 kr.
„ „ 4 „ eggen à fl. 18 kr.	1 fl.	12 kr.
„ „ 1 „ walzen	— fl.	12 kr.
10—12000 Pflanzen	10 fl.	— kr.
Für das Furchenziehen oder Stufenmachen, Pflanzen und Nachpflanzen	2 fl.	— kr.
Hacken	3 fl.	— kr.
Anhäufeln	2 fl.	— kr.
Köpfen	— fl.	30 kr.
Dreimaliges Geizen	1 fl.	30 kr.
Ernbten und Einfahren	1 fl.	30 kr.
Einfädeln	5 fl.	30 kr.
Aufhängen	1 fl.	— kr.
Schnüre ꝛc.	1 fl.	— kr.
Abhängen, Streichen und Verpacken	4 fl.	— kr.
Dünger, dessen voller Werth hier nicht in Rechnung kommt, weil die folgenden Früchte nicht gedüngt werden	12 fl.	— kr.
Summa der Culturkosten	50 fl.	— kr.

Es verbleibt somit gegenüber von obigem wahren Durchschnittsertrag eine Einnahme von 7 fl. 10 kr. Zieht man hievon noch die gewöhnlichen jährlichen Steuern ꝛc. ab, so repräsentirt der Rest eine so winzig kleine Bodenrente, daß es gewiß keinem Pflanzer zu verargen wäre, wenn er mit Einführung der Produktionssteuer den Tabaksbau fallen ließe. Und dennoch wäre es sehr zu beklagen, wenn es soweit käme, eben weil der Tabaksbau eine hohe Culturstufe voraussetzt, und somit ein Aufgeben desselben als ein merklicher Rückschritt betrachtet werden müßte. Den Handelsgewächsbau in allen seinen bisherigen Formen nicht allein zu erhalten, sondern noch weiter auszudehnen und zu entwickeln muß unsere Hauptaufgabe sein. Um aber das Möglichste, d. h. die höchsten Reinerträge daraus zu erzielen, müssen wir namentlich beim Tabaksbau nicht allein auf eine höhere Cultur hinarbeiten, sondern es muß eingedenk des Mahnrufes, „Veredelt Eure Produkte“ die eigene Verarbeitung des Tabaks Platz greifen.

Das ist die wichtigste Voraussetzung, unter welcher der Tabaksbau eine Besteuerung ertragen kann. Daß diese Selbstverarbeitung des Tabakes möglich und sehr rentierlich ist, unterliegt nicht dem geringsten Zweifel. Möglich ist die eigene Verarbeitung, weil man im Winter Zeit dazu hat, und Jung und Alt dabei beschäftigt werden kann. Die Rentierlichkeit geht aber aus folgender kurzen Rechnung hervor: Aus 1 Ctr. Blätter erhält man 8000 Cigarren. Sind sie auch von der geringsten Sorte, so können sie pro Tausend mit 5 Thlr. oder 8 fl. 45 kr., d. h. circa $\frac{1}{2}$ kr. pro Stück verwerthet werden. 8000 Stück oder 1 Ctr. Blätter entziffern somit einen Werth von 70 fl. Als wirklichen Durchschnittsertrag von 1 Tagwerk haben wir $7\frac{1}{3}$ Ctr. Tabak nachgewiesen; der Gesammtertrag durch eigene Verarbeitung berechnet sich somit pr. Tagwerk auf 618 fl. Wir haben diesem Ertrage die geringste Tabaksorte zu Grunde gelegt. Werden bessere Sorten gepflanzt und entsprechend behandelt, so stehen weit höhere Erträge in Aussicht, und wir betrachten es als eine Hauptaufgabe des landwirthschaftlichen Vereines, durch Wort und That den Tabaksbau, welcher nachweislich seinem Verfall entgegen geht, zu fördern, gleichzeitig aber dessen Selbstverarbeitung etwa durch geübte Cigarrenarbeiter, welche als Wanderlehrer die einzelnen Gemeinden bereisen, anzubahnen.

Eine weitere Voraussetzung, unter welcher der Tabaksbau eine Besteuerung ertragen kann, ist die Erhebung eines entsprechenden Schutzzolles von fremdem Tabak. Da man jedenfalls auf hohe Einnahmen durch die Tabaksteuer rechnet, der Tabaksbau aber nicht zwangsweise erhalten werden kann, so wird man wohl gerne den Schutzzoll gewähren. Allerdings sollte es nicht erst der Besteuerung bedürfen, um den Tabaksbau zu fördern und durch eigene Verarbeitung eine weit höhere Rente daraus zu erzielen. Aber die Macht der Gewohnheit ließ auch in diesem Culturzweige vorerst keinen Fortschritt aufkommen, erst die Besteuerung wird ihn bringen, wie sie die Rübenkultur und die Zucker-Fabrikation förderte. So erwarten denn auch wir durch die in Aussicht gestellte Tabaksteuer einen neuen Aufschwung im Tabaksbau selbst.

Schließlich empfehlen wir einstweilen unseren geehrten Lesern ein erst kürzlich bei Thienemann in Gotha 1867 erschienenes Werkchen „Neue Tabaksbau-Methode von Pastor Holzschuher zu Stedten bei Gotha. Preis 42 kr.

Anzeigen.

Die Fabrik von **Neufeld** empfiehlt den Herren Gutsbesitzern und Oekonomen ihre

Dünger

mit dem Bemerken, daß dieselben der Controle der Versuchsstationen zu **München, Memmingen und Regensburg** unterstellt, unter Gehaltsgarantie verkauft werden. — Gebrauchsanweisungen und neue Preislisten stehen auf Verlangen sofort zu Diensten.

Im Juli 1867.

Dampfdreschmaschinen & Locomobilen.

Die bedeutendste Fabrik dieser Maschinen, **Clayton Shuttleworth & Comp.** hat bei den diesjährigen großen Preisproben aller ähnlichen Maschinen in Bury von der Königlichen landwirthschaftlichen Gesellschaft von England folgende Auszeichnungen von sachverständigen Preisrichtern erhalten:

Erster Preis Pfd. 25 für beste Locomobile mit einfachem Cylinder,

Erster Preis Pfd. 25 für beste Locomobile mit doppeltem Cylinder,

Erster Preis Pfd. 20 für beste feststehende Dampfmaschine,

Erster Preis Pfd. 15 und die einzige Medaille für beste Dampfdresch-Maschine, welche das Getreide marktfertig abliefert.

In **Paris** erhielt die gleiche Fabrik **die erste goldene Medaille** für die beste Locomobile und Dreschmaschine.

Nähere Auskunft ertheilen die unterzeichneten alleinigen Vertreter, welche in den letzten 3 Jahren über 170 Locomobilen und Dampfdreschmaschinen lieferten. Atteste und Angaben über Rentabilität dieser Maschinen werden bereitwilligst gegeben.

Göpeldresch-Maschinen, Häcksel- und Rübenschneidmaschinen, sowie alle anderen Arten von landwirthschaftlichen Maschinen und Geräthen sind durch die Unterzeichneten ebenfalls sehr vortheilhaft und billig zu beziehen.

J. P. Lanz & Comp.

in **Mannheim** und **Regensburg** in Verbindung mit **Schwann & Comp.** in **London.**

Die Unterzeichneten vom **Guano-Depot der peruanischen Regierung** für ganz **Deutschland** zur Aufschließung des **Peru-Guano** einzig und allein autorisirten Fabrikanten zeigen hierdurch an, daß ihre Preise für den

aufgeschlossenen Peru-Guano
(ammoniak. Superphosphat)

mit 10% gegen Verflüchtigung geschütztem Stickstoff und 10% löslicher Phosphorsäure in feinster sofort verwendbarer Pulverform unverändert sind ab Fabriken in Hamburg und Emmerich a/R.:

pro Ctr. Thlr. 4⅓ bei Entnahme von u. über 600 Ctr.,
pro Ctr. Thlr. 4⅔ „ „ „ „ unter „ „
pro 100 Pfund Brutto Zollgewicht incl. Säcke gegen comptante Zahlung.

Hinsichtlich unserer sonstigen Verkaufsbedingungen, sowie der im vorigen Jahre mit unserem Fabrikate erzielten, hervorleuchtend günstigen Resultate verweisen wir auf unseren 3. Bericht (vom Januar ds. Js.), welcher von unserem alleinigen Depositär in Bayern, Herrn Just. Phil. Bellerth in Ochsenfurt a/M. gratis zu beziehen ist.

Hamburg und Emmerich a/R., im Juli 1867.

Ohlendorf & Comp.

Indem ich im Hinweise auf obige Anzeigen den Herren Landwirthen Bayerns den von den hervorragendsten landwirthschaftlichen und chemischen Autoritäten warm empfohlenen **aufgeschlossenen Peru-Guano** zur geneigten Abnahme empfehle, bemerke ich, daß ich dieses ammoniakalische Superphosphat, sowie auch ächten **Ia. Peru-Guano** nach allen Eisenbahnstationen Bayerns franco liefere. Briefe und Gelder franco.

Just. Phil. Bellerth
in Ochsenfurt a/M.
alleiniger Depositär des aufgeschlossenen Peru-Guano in Bayern.

Gebrüder Clauß in Nürnberg

empfehlen ihre

chemischen Düngerfabrikate:

Knochenmehl, guanisirt, feinstes,
Kali-Dünger (schwefelsaure Kali-Magnesia),
Superphosphat,
Kali-Superphosphat,
Kali-Superphosphat-Ammoniak (Phosphoguano)
Ammoniak, schwefelsaures,
zu gefälliger Abnahme.

Sämmtliche Dünger werden stets in gleichmäßiger Qualität unter Garantie für deren Gehalt und Reinheit geliefert und unter Controlle des landwirthschaftlichen Vereins und der agrikulturchemischen Versuchsstationen gestellt.

Kali-Dünger in entsprechender Weise mit Phosphorsäure-Düngern und Stallmist angewendet, ergeben bei Rüben eine Erhöhung des Zuckergehaltes und eine Ertragssteigerung um 14 Proc.; bei

Kartoffeln eine Erhöhung des Stärkemehlgehaltes, gesunde Früchte und eine Vermehrung des Ertrages um 12 Proc.; bei

Getreidearten kräftigeren Halm, schwereres Korn und reichere Ernte; bei

Wiesen, namentlich nassen und sauren, Beseitigung der sauren Gräser und zwei- bis dreifache Steigerung der Heuernte; bei

Flachs längere u. bessere Stengel u. höheren Samenertrag; bei

Klee, (Luzerne), Raps und besonders auch bei

Hülsenfrüchten erhebliche Ertragsvermehrung; bei

Wein Vermehrung der Trauben und Erhöhung des Zuckergehaltes der Beeren; endlich bei

Hopfen wesentliche Ertragsvermehrung und Qualitätsverbesserung.

[Obstbäume?] empfiehlt sich zur Kräftigung junger Saaten und zum Treiben.

Für sämmtliche Dünger, namentlich für Kali-Dünger, wird Herbstdüngung empfohlen.

Bei Frühjahrsdüngung sind die Dünger recht früh, Kali-Salze womöglich noch auf den Schnee vor Eintritt der nassen Jahreszeit aufzubringen.

Die Dünger werden in mit dem Fabrikzeichen plombirten Säcken von circa 200 Pfund Zollgewicht geliefert.

Analysen, Preislisten und Gebrauchsanweisungen gratis.

Marktbericht.

Berlin, 4. Aug. Erndtewetter fortgesetzt naß und kühl; stört die Arbeiten, mindert die Qualität der Früchte und fördert namentlich in den Niederungen die Kartoffelkrankheit. Es werden deshalb durchweg höhere Preise bezahlt. Neuer ungarischer und galizischer Waizen zu 88—94 Thlr. pro 2100 Pfd. Die ungarischen Stapelplätze sind sehr stark von französischen, belgischen, süddeutschen, Stettiner und Hamburger Käufern besucht.

Köln, 5. Aug. Waizen 10 Thlr., fremder 9 Thlr., pr. November 7,12 Thlr. Roggen 6,1 bis 6,2 Thlr., pr. November 5¼ Thlr. Hafer 6,15 Thlr. Alles pr. 200 Pfd.

Frankfurt, 6. Aug. Waizen 15½ fl., pr. Oktober 12⅔ fl., pr. November 12½ fl. Roggen 11¾ fl., pr. Oktober 10½ fl., pr. November 10½ fl. Hafer 10 fl., pr. August 9⅔ fl., pr. Oktober 8¼ fl., pr. November 8½ fl. Alles pr. 200 Zollpfd. (Frankfurter Handels-Ztg.)

Mannheim, 4. Aug. Erndtewetter bessert sich und deshalb die Haltung ruhiger. Wegen zu geringer Vorräthe vor Herbst Preisminderung nicht zu erwarten. Am Schluß der Woche Waizen 15½ bis 16 fl., pr. August 14—15 fl., September und Oktober 13½ fl. Roggen 12—12¼ fl. Gerste 9⅔—10 fl. pr. 200 Zollpfd. Hafer 5—5¼ pr. 100 Zllpfd.

Schweinfurt, 3. Aug. Waizen 22 fl. 44 kr. bis 23 fl. 42 kr., Korn 18 fl. 40 kr. bis 19 fl. 51 kr., Gerste 12 bis 12 fl. 6 kr., Hafer 10 fl. per Schaff.

Frankfurt, 6. Aug. Viehmarkt: belebter Zutrieb, 280 Ochsen, 120 Kühe und Rinder, 160 Kälber, 200 Hämmel.

per Centner Ochsen 1. Qualität . . . . 33 fl.
per Centner Kühe und Rinder 1. Qual. 29 fl.
" " Hämmel 1. Qual. . . . . 26 fl.
" " Kälber 1. Qual. . . . . 28 fl.
(Heilbronner Anzeiger.)

Aus der Allg. Hopfenzeitung entnehmen wir, daß der Stand der Hopfenpflanzungen in Stadt **Spalt** ein ganz ausgezeichneter ist. Andere mittelfränkische Orte klagen über die nachtheilige Wirkung der bisherigen kalten Witterung.

Aus **Pommelsbrunn** bei Hersbruck wird von angeblichen Käufen 67r Waare zu 100 fl. berichtet. Auch aus **Würtemberg**, (Rottenburg und Tübingen) hört man Klagen über ungünstige Witterung; doch ist die Pflanze gesund und verspricht man sich eine gute Mittelernte. Aus **Böhmen** ähnliche Berichte. Im Bezirke von **Fürstenfeld** (Steiermark) sollen Käufe zu 105 fl. pr. Ctr. abgeschlossen worden sein. Angebot nicht lebhaft, weil man höhere Preise hofft. In **Frankreich** (Bischweiler und Hagenau) dieselben Witterungsverhältnisse, doch gesunde Pflanzen. Mittelerndte. Ertrag nach Schätzung 325 Gramm oder circa ⅔ Pfd. bayerisch per Stange. Man bietet 170 Francs pr. 50 Kil. d. i. 79—80 fl. per 90 Pfd. bayerisch, also nahe 88 fl. pr. Ctr. bayr. Aus England und Amerika lauten die Berichte nicht günstig; namentlich in den amerikanischen Pflanzungen viel Ungeziefer.

Schrannenzettel.

Schranne.	Datum	Waizen		Kern		Korn		Gerste		Haber	
		Mittelpreise									
		fl.	kr.	fl.	kr.	fl.	kr.	fl.	kr.	fl.	kr.
	Aug.										
Ansbach	7. "	21	7	21	24	16	57	—	—	8	33
Augsburg	2. "	21	1	21	45	16	36	12	30	8	59
Bamberg	—	—	—	—	—	—	—	—	—	—	—
Beilngries	1. "	20	54	—	—	14	53	—	—	8	21
Dinkelsbühl	—	—	—	—	—	—	—	—	—	—	—
Eichstätt	3. "	19	6	—	—	16	45	—	—	10	11
Erlangen	—	—	—	—	—	—	—	—	—	—	—
Gunzenhausen	3. "	21	42	—	—	18	1	13	30	9	30
Kempten	31. Juli	—	—	22	52	18	—	14	18	9	27
Landshut	3. Aug.	20	45	—	—	17	26	—	—	8	3
Lindau	—	—	—	—	—	—	—	—	—	—	—
München	3. "	22	58	20	50	16	33	14	35	8	1
Neuburg a/D.	31. Juli	19	12	—	—	15	—	—	—	9	16
Nördlingen	3. Aug.	20	9	—	—	18	48	13	45	9	39
Nürnberg	3. "	21	36	—	—	18	—	—	—	9	30
Regensburg	3. "	21	34	—	—	18	22	10	—	9	4
Rothenburg a/T.	3. "	21	17	21	—	17	33	—	—	—	—
Schwabach	—	—	—	—	—	—	—	—	—	—	—
Schweinfurt	—	—	—	—	—	—	—	—	—	—	—
Weißenburg	3. "	20	59	—	—	17	30	—	—	10	3

Verantwortlicher Redakteur C. Classen. Druck von C. Brügel und Sohn in Ansbach.

Landwirthschaftliches Wochenblatt

Erscheint jede Woche einen halben Bogen stark und kann durch alle Poststellen bezogen werden.

Preis für's ganze Jahr sammt Postaufschlag 1 fl. Inserate werden die gespaltene Petitzeile oder deren Raum auf 4 kr berechnet.

für Mittelfranken.

(Früher landwirthschaftliche Mittheilungen.)

Organ des landwirthschaftlichen Kreis-Comité für Mittelfranken.

Nr. 33. | Ansbach, August 1867. | I. Jahrgang.

Die Folgen einer Unklugheit.

Aus der „Volkswirthschaft für Jedermann."

Ludwig Morhard, ein Schönfelder Kind, hatte vor 18 Jahren die Tochter einer Wittwe geheirathet, die ihm zu ihren Tugenden ein kleines, von einem Gärtchen umgebenes Haus beibrachte. In diesem lebte er von seiner Hände Arbeit, indem er das bescheidene, ihm von seinen eigenen Eltern hinterlassene Gütchen bebaute. Seine und seiner Frau Thätigkeit und Häuslichkeit gewährten hinreichenden Unterhalt für die aus 6 Köpfen, den beiden Eheleuten, seiner Schwiegermutter und 3 Kindern bestehende Familie. Kein Unfall hatte bis jetzt ihr einträchtiges Leben gestört. Morhard hatte selbst schon Ersparnisse gemacht, als er die Unklugheit beging, sich mit seinem älteren Bruder, einem unternehmenden aber schwach bemittelten Mann zu einem kleinen Wassertransport-Geschäft zu verbinden, eine Unternehmung, die anfänglich zu glücken schien, aber bald scheiterte, als sich eine Konkurrenz mit größeren Kapitalien aufthat. Dazu kam, daß bei einer Ueberschwemmung der Bruder mit sammt seinem Schiff zu Grunde ging.

Man mußte dessen Güter verkaufen, um seine Gläubiger befriedigen zu können. Alles ging damit auf und es blieben selbst noch einige Schulden übrig. Morhard wollte aber auch noch diese berichtigen. Er hätte es allerdings nicht nöthig gehabt, denn er war nie der öffentliche Geschäftstheilhaber seines Bruders, hatte auch nie eine schriftliche Verbindlichkeit eingegangen; allein diese Schulden waren aus einem Geschäft hervorgegangen, an dem er Antheil hatte, und so war es für ihn eine Gewissenssache; auch sollte das Andenken seines Bruders in Ehren bleiben. Bald darauf führte der Kummer auch seine Schwägerin in's Grab, welche zwei unversorgte Kinder hinterließ. Ohne sich zu besinnen, nahm Morhard diese zwei Waisen bei sich auf, er meinte, wenn er strenger arbeite, so könne er sie wohl neben seinen eigenen Kindern verhalten.

Es war dies von Ludwig Morhard edel gehandelt und bei seinem Verstand, seiner trefflichen Aufführung und seiner unermüdlichen Thätigkeit hätte ihn wohl auch das Glück ferner begünstigt; aber er beging abermals eine schwere Unklugheit.

Um die Schulden seines Bruders bezahlen zu können, hätte er einen Theil seines eigenen Grund und Bodens verkaufen sollen; statt dessen ließ er sich, als der Nachlaß des Bruders zum Aufstreich kam, von der Versuchung verlocken, einige Güterstücke, die an die seinigen grenzten, zu ersteigern, in der Absicht, seinen Besitz damit abzurunden. Natürlich mußte er hiezu Geld aufnehmen, wie dies die Landleute gerne thun, die nicht begreifen, wie falsch es ist, Geld zu 6 Procent zu borgen, um Güter zu kaufen, die gewöhnlich höchstens 3 — 4 Procent ertragen. Diese Sucht ist die Geißel des Landvolks und macht es zur Beute von Wucherern und Spitzbuben. Auch Morhard sollte es erfahren.

Gleich im Anfang kamen zwei schlechte Jahrgänge, die es ihm unmöglich machten, auch nur die Zinsen seiner Schuld aufzubringen. Sein Haushalt war ja auch durch die Aufnahme der Kinder seines Bruders nun auf acht Köpfe gestiegen. Da mußte er noch froh sein, daß ihm seine Gläubiger gestatteten, den Zinsenrückstand zum Kapital zu schlagen. Morhard verdoppelte nun seinen Fleiß; er war auf dem Felde der erste und letzte und strengte sich so an, daß seine Gesundheit der Uebermüdung unterlag. Er verfiel in eine langwierige Krankheit, ward über 6 Monate in's Haus gebannt und sah sich genöthigt, fremde Arbeiter zu bezahlen. Zu allem Unglück wurden dann noch unmittelbar vor der Ernte seine Aecker von Hagelschlag heimgesucht. Nun hätte er sich entschließen sollen, nicht nur die angekauften Güterstücke wieder wegzugeben, sondern auch noch einen Theil seines väterlichen Erbes zu verkaufen, um wieder freie Hand zu gewinnen; aber wie dies bei Landleuten gewöhnlich ist, so ließen es auch bei ihm trotz des Rathes, den ihm der Doktor gab, Eitelkeit und Eigenliebe nicht zu, etwas zu veräußern, was ihm einmal gehört hatte.

(Fortsetzung folgt.)

Kurze Mittheilungen.

Oberhochstadt bei Weissenburg. In der Hoffnung, daß es Ihnen erwünscht sein möchte von Zeit zu Zeit Einiges über die besondere Thätigkeit der einzelnen landw. Distr.-Vereine zu vernehmen, erlaube ich mir Ihnen mitzutheilen, daß sich in neuester Zeit in dem landw. Distrikts-Vereine Weissenburg unter der Leitung seines I. Herrn Vorstandes, des k. Bezirksamtmanns Brand, eine sehr erfreuliche Thätigkeit entwickelt. In richtiger Erkenntniß, daß ein gedeihliches Vereinswesen ganz besonders durch die landw. Wanderversammlungen gefördert werde, wurden solche auch für den Bezirks-Verein Weissenburg in's Leben gerufen. Dieselben waren bisher großentheils sehr zahlreich besucht und finden bei Stadt- und Landbevölkerung eine immer regere Theilnahme. Außer sehr nützlichen Belehrungen über die Aufzucht unserer landwirthschaftlichen Thiere, sowie die unter denselben am häufigsten vorkommenden Krankheiten und deren Heilung, fanden auch Besprechungen über Creditwesen, Tiefcultur, Arrondirung, Anbau der Luzerne, Hebung der Obstbaumzucht ꝛc. ꝛc. statt.

In richtiger Anerkennung der großen, aber leider noch so wenig beachteten Vortheile, die eine gehörig betriebene Obstbaumzucht gewährt, wurde in der Wanderversammlung zu Holzingen mit freudiger und allseitiger Zustimmung beschlossen, es sei möglichst dafür Sorge zu tragen, daß im Weissenburger Distrikte recht bald ein gelernter Obstbaumgärtner als Distrikts-Baumgärtner aufgestellt werde, welchem in Zukunft nicht nur die technische Leitung und Mitwirkung an sämmtlichen Schulgärten des Distrikts, sondern dem auch die Förderung der Cultur der in den Gemeinden schon vorhandenen Obstbäume übertragen werden könnte und der bei Obstbaumpflanzungen sowohl den einzelnen Grundbesitzern mit Rath und That an die Hand gehen könnte, als auch dem k. Bezirksamte und dem landwirthschaftl. Bezirks-Comité die in diesem Betreffe nöthigen Gutachten abzugeben hätte. Diesem Beschlusse zufolge wurde die Versammlung von dem I. Herrn Vorstande aufgefordert, baldigst eine geeignete Person in Vorschlag zu bringen, der man zu bezüglichem Zwecke auf Kosten des Distrikts ꝛc. eine praktische und theoretische Ausbildung im Obstbau durch entsprechenden Unterricht (Obstbaukurs in Weihenstephan) zu Theil werden lassen könnte. — Ganz besonders zahlreich war jedoch die am 7. d. Mts. stattgehabte Wanderversammlung in den festlich geschmückten Räumlichkeiten des Klein'schen Sommerkellers in Kehl besucht. Daselbst waren nämlich nicht nur zwei Hand-Getreideschrotmühlen, nach welchen sich vielfaches Bedürfniß kundgab, sondern auch verschiedene, sowohl aus der Kasse des landw. Distr.-Vereins angeschaffte, als auch durch die Güte der Herr Domainenpächters Grub von Ellingen zur Ansicht mitgetheilte Acker- und Wiesenbaugeräthschaften aufgestellt, mit denen unter großer Betheiligung der Anwesenden sehr erfreuliche, den Meisten noch gänzlich unbekannte Versuche angestellt wurden. Ohne Zweifel wird eine allgemeinere Einführung der als sehr zweckmäßig anerkannten landw. Geräthschaften früher oder später erfolgen und dadurch die Landwirthschaft unter der ohnehin vielfach intelligenten Landbevölkerung im Distrikte Weissenburg immer erfreulicheren Fortschritten entgegenführen. —

Dürrenmungenau. Der Versuch mit dem Anbau der **Lupine** behufs der Gründüngung scheint in letzter Zeit etwas in Hintergrund getreten zu sein; nachstehende Ergebnisse der Lupinengründüngung sind aber gewiß beachtenswerth. Gemeindevorsteher **Wolkersdorfer** bepflanzte im 1865er Jahre 25 Dez. Sandfeld 4. Bonitätsklasse mit Lupinen. Dieselben wurden untergepflügt und darauf Roggen gesät. Die Ernte lieferte 85 große Garben resp. 1 Schaff. Körner. Im Jahre 1866 bestellte derselbe Berichterstatter ½ Tagwerk Sandfeld 2. Bonitätsklasse zu demselben Zwecke mit Lupinen. Er rechnet nach dem Stande des Roggens auf 1 Schober Ertrag, was sonst bei bester Brache mit voller Düngung dort selten vorkommt. Was den Anbau der Lupine betrifft, so empfiehlt **Wolkersdorfer** vor Allem hiezu trockenen, durchlassenden Sand. Das Feld soll unkrautrein sein und die Aussaat bei feuchter Witterung geschehen, damit die Engerlinge oder sog. Strotzwürmer, welche die gefährlichsten Feinde der jungen Lupinen sind, keinen Schaden anrichten können. Als günstigste Saatzeit wird die erste Hälfte des Monat Mai empfohlen.

Wir glauben unseren Lesern zu dienen, wenn wir dieselben auf die vor Kurzem im Verlage von G. J. Pfingsten in Itzehoe erschienene Schrift „Aufklärungen über den Guano-Handel von Dr. L. Meyn aufmerksam machen. Dieselbe behandelt das Guano-Geschäft von der ersten Importation dieses Artikels an bis auf den heutigen Tag in höchst eingehender Weise, und hebt unter anderem vielem Interessanten und für den Landwirth Wissenswerthen namentlich hervor, wie es unter allen Verhältnissen richtiger und vortheilhafter sei, den Peru-Guano statt, wie bis vor einigen Jahren üblich, in roher Waare, in aufgeschlossener Form in Anwendung zu bringen.

Die Redaktion.

Marktbericht.

Paris, 10. August. Waizen 44 Francs per 120 Kilogr. oder 240 Zollpfund, d. i. 216 Ct. bayrisch zu 20 fl. 32 kr. Roggen 25 Francs per 115 Kilogr. oder 230 Zollpfund, d. i. 207 Ct. bayrisch zu 11 fl. 40 kr. Neue Gerste 22½ Francs per 100 Kilogr. od. 200 Zollpfund, d. i. 180 Ct. bayrisch zu 10 fl. 30 kr. Hafer 24—26 Francs per 100 Kilogr. oder 200 Zollpfund, d. i. 180 Ct. bayrisch zu 11 fl. 40 kr.

Kassel, 9. August. Roggen und Waizen gehen niedriger. Hafer stark gesucht und täglich höher bezahlt. Waizen 260 Ct. 11⅓—12 Thlr. Roggen 240 Ct. 8—8⅓ Thlr. Gerste 210 Ct. 6—6⅓ Thlr. Hafer 150 Ct. 4⅓—4⅔ Thlr. Reps 225 Ct. 11—11⅓ Thlr. Repskuchen 100 Ct. 1 7/12—1¾ Thlr.

Lindau, 10. August. Prima Theißwaizen 33—34 Francs, d. i. 15 fl. 38 kr. Hafer 20½ bis 21 Francs, d. i. 9 fl. 41 kr. für 200 Zollpfund oder 180 Ct. bayerisch, franco Romanshorn oder Rorschach.

Regensburg, 10. August. 22 fl. 43 kr. bis 19 fl. 55 kr. für Waizen, 18 fl. 16 kr. bis 15 fl. 48 kr. für Roggen, 9 fl. 45 kr. bis 8 fl. 27 kr. für Hafer.

Schweinfurt, 10. August. Waizen 20 fl. 46 kr. bis 24 fl. 10 kr. Korn 17 fl. bis 18 fl. 40 kr. Gerste 11 fl. 45 kr. bis 14 fl. Hafer 8 fl. 36 kr. bis 10 fl. Reps 25 fl.

Heilbronn, 14. August. Mittelpreise: Korn 7 fl. 38 kr. Gerste 4 fl. 35 kr. Hafer 4 fl. 53 kr. für 100 Zollpfund oder 90 Ct. bayer. (Heilbronner Anzeiger)

Die Allgemeine Hopfenzeitung bringt in Folge der anhaltenden Dürre weniger erfreuliche Berichte. Alles wartet mit Sehnsucht auf einen ausgiebigen Regen, ohne welchen der Ertrag an Hopfen mit jedem Tage mehr zurückgehen würde. 1866er Hopfen wird in Nürnberg zu 95—105 fl. gekauft; der höchste Preis war am 14. August 110 fl. Diesjähriges Gut aus Tettnang übernahm das Nürnberger Haus Conrad Schmidt zu 130 fl.

Schrannenzettel.

Schranne.	Datum	Waizen		Kern		Korn		Gerste		Haber	
		Mittelpreise									
		fl.	kr.	fl.	kr.	fl.	kr.	fl.	kr.	fl.	kr.
	Aug.										
Ansbach .	14. „	22	9	21	45	16	46	—	—	8	51
Augsburg .	—	—	—	—	—	—	—	—	—	—	—
Bamberg .	—	—	—	—	—	—	—	—	—	—	—
Beilngries .	14. „	21	14	—	—	16	58	12	54	9	—
Dinkelsbühl	7. „	22	6	22	6	17	21	13	30	8	58
Eichstätt .	—	—	—	—	—	—	—	—	—	—	—
Erlangen .	—	—	—	—	—	—	—	—	—	—	—
Gunzenhausen	15. „	22	45	—	—	15	43	—	—	9	58
Kempten .	—	—	—	—	—	—	—	—	—	—	—
Landshut .	9. „	19	54	—	—	16	25	12	55	7	56
Lindau . .	—	—	—	—	—	—	—	—	—	—	—
München .	10. „	22	56	—	—	16	12	13	25	8	3
Neuburg a/D.	—	—	—	—	—	—	—	—	—	—	—
Nördlingen	10. „	22	3	22	8	17	32	14	24	9	56
Nürnberg .	13. „	22	21	—	—	16	52	—	—	10	8
Regensburg	—	—	—	—	—	—	—	—	—	—	—
Rothenburg a/T.	10. „	22	16	22	11	17	18	—	—	—	—
Schwabach .	—	—	—	—	—	—	—	—	—	—	—
Schweinfurt	14. „	22	11	—	—	17	30	13	7	9	31
Weißenburg	10. „	21	44	—	—	18	8	14	30	10	11

Verantwortlicher Redakteur C. Classen. Druck von C. Brügel und Sohn in Ansbach.

Landwirthschaftliches Wochenblatt

Erscheint
jede Woche einen halben Bogen stark
und kann durch alle Poststellen bezogen werden.

Preis
für's ganze Jahr sammt Postaufschlag
1 fl. Inserate werden die gespaltene
Petitzeile oder deren Raum auf 4 kr
berechnet.

für Mittelfranken.

(Früher landwirthschaftliche Mittheilungen.)

Organ des landwirthschaftlichen Kreis-Comité für Mittelfranken.

Nr. 34. Ansbach, August 1867. I. Jahrgang.

Die Folgen einer Unklugheit.

Aus der „Volkswirthschaft für Jedermann."

(Fortsetzung.)

Die Folge war, daß mit entsetzlicher Schnelligkeit seine Schulden anwuchsen, und da er endlich die Zinsen und Kosten nicht mehr aufbringen konnte, so schritten die Gerichte ein und er hatte den Schmerz, auf sein väterliches Erbe nun ganz verzichten zu müssen, und dies wegen einer Schuld, die er mit Aufopferung eines Theiles seiner Zeit hätte abtragen können.

Es blieb ihm nun nichts mehr, als das ihm von der Frau beigebrachte Haus und der Garten. Seine Familie hatte doch wenigstens noch eine Zuflucht.

Genöthigt, Arbeit zu suchen, wandte sich Morhard an die Spinnerei, wo er auch seinen nun 16jährigen Sohn unterzubringen hoffte. Diesen hatte er, trotz seiner Einschränkungen, bis zum 14ten Jahr in die Schule geschickt, da er wohl einsah, daß ein guter Unterricht mit der Angewöhnung an Ordnung und Arbeit das sicherste Erbe sei, das er ihm hinterlassen könne. Wie sehr er recht hatte, zeigten die jetzt eingetretenen Verhältnisse.

Bei der Theilnahme, die das Unglück des fleißigen Mannes allerwärts gefunden hatte, konnte es nicht fehlen, daß er in der Fabrik freundlich aufgenommen wurde. Bald war er mit der Arbeit vertraut und bezog einen ziemlich hohen Lohn. Auch sein zugleich mit ihm angestellter Sohn versprach bei seinem Wissen und seiner Thätigkeit bald ein ganz guter Arbeiter zu werden; die Mutter fand für ihre freie Zeit im Dorf Beschäftigung.

So erhielt sich der Hausstand zwar ärmlich aber schuldenfrei und man konnte ohne allzuschwere Sorgen dem Augenblick entgegengehen, wo auch die andern Kinder in das Alter kämen, um sich selbst ihr Brod verdienen zu können.

Morhard hatte sich von der Erschütterung erholt und seine alte Heiterkeit wiedergefunden; in naher Zukunft hoffte die Familie wieder bessere Tage zu verleben. Da vernichtete ein unerwartetes Ereigniß plötzlich diese Hoffnungen.

Morhard ging eines Abends von der Fabrik nach Hause, wie gewöhnlich mit beschleunigtem Schritt, um daheim noch häusliche Geschäfte verrichten zu können. Plötzlich hörte er Hilferufe. Sie kamen von einem Haufen Kinder, von denen eines, am Ufer spielend, in's Wasser gefallen war. Morhard eilt hinzu, wirft sein Kleid ab und stürzt sich in den Fluß an der Stelle, wo das Kind verschwunden war. Nach kurzem Suchen hat er es gefunden, am Ufer niedergelegt und widmet ihm nun die Sorge, die seine Lage erfordert. Bald ward es wieder zum

Leben gebracht und als es eben zum Bewußtsein gekommen war, fand sich auch seine Großmutter an der Unglücksstelle ein, welcher Morhard, glücklich, ein Menschenleben gerettet zu haben, das Enkelchen übergab. Er selbst ging schnell nach Hause, um die Kleider zu wechseln. Die Rettung des Kindes war jedoch auf seine Kosten erfolgt. Morhard hatte sich, erhitzt vom Gehen, in den Fluß gestürzt und nachher zu lange bei der Wiederbelebung des Kindes am Ufer verweilen müssen. Er legte sich mit Fieberfrost nieder, bekam eine Brustentzündung und wurde trotz aller ärztlichen Bemühungen nach 3 Tagen seiner Familie entrissen.

Dieses Ereigniß setzte das ganze Dorf in Trauer. In guten Zeiten war Morhard's Haus allen Unglücklichen offen gestanden; mit Hintansetzung seines eigenen Vortheils war er dienstfertig gegen alle Nachbarn; die Ursache seines Todes erhöhte noch das Leidwesen. Daher gab ihm auch fast die ganze Gemeinde, den Schultheiß, Herrn Hofmann, an der Spitze nebst allen Fabrikarbeitern mit den Fabrikherren das letzte Geleite.

Zurückgekehrt vom Gottesacker trennten sich, wie wir im Eingang gesehen haben, die Bewohner von Schönfeld. Nur einige waren auf der Terasse vor der Kirche bei Herrn Doktor Auer stehen geblieben; statt der gewöhnlichen Heiterkeit lag aber diesmal neben der Trauer um den verlorenen Mitbürger eine allgemeine Beklemmung auf der kleinen Versammlung.

Jedermann weiß, daß die Ernte von 1845 schlecht war und die von 1846 noch geringer. Die Vorräthe in den Scheunen waren nahezu erschöpft und man bezweifelte die Möglichkeit, bis zur neuen Ernte mit ihnen auszureichen. Die Sorgen der ländlichen Bevölkerung waren auch auf die der Werkstätten übergegangen, von der jene leben. Die Geschäfte stockten, die Magazine füllten sich an, und allerwärts verminderte sich auch die Thätigkeit der Fabriken. In Schönfeld handelte es sich schon von Herabsetzung der Löhne, von Beschränkung der Arbeitstage und selbst von Entlassung einer Anzahl von Arbeitern.

Kein Wunder also, daß auf den Anwesenden eine Wolke von Sorgen lag. Selbst der Doktor, sonst so heiter, schien bekümmert. Stillschweigend hatte er sich auf eine der Bänke mit der Aussicht auf das Thal gesetzt, dessen sonst so lachender Anblick ihm heute traurige Ahnungen erweckte. Er dachte an eine schwere Zukunft und auch die Ortsangehörigen umstanden ihn still.

Endlich unterbrach ein junger Mann mit Namen Andreas Glaubtreu das Schweigen. Er war ein Fabrikarbeiter, thätig, aber hitzig, rasch im Denken und Sprechen. Seit einigen Jahren im Dorfe wohnhaft, hatte er sich bemerklich gemacht durch seinen Verstand, aber auch durch seinen Widerspruchsgeist. Uebrigens ließ er sich gerne durch Vernunftgründe überzeugen.

„Nun," sagte Andreas, „zu was hat dem armen Morhard nun seine Thätigkeit, seine Hingebung und seine Rechtschaffenheit genützt? Er hat sein ganzes Leben wie ein Galeot gearbeitet und jetzt liegt er im Grab und hinterläßt eine Familie, die für immer dem Elend verfallen ist."

„Andreas," erwiederte der Doktor, „du weißt vielleicht nicht, daß deine Frage allerlei enthält, vielleicht mehr, als du bedacht hast."

„O!" erwiederte Andreas, „verstehen Sie mich nicht falsch. Ich habe nicht sagen wollen, Morhard habe Unrecht gehabt, sich für die Rettung des Kindes in's Wasser zu stürzen. Da hat er nur gethan was jeder Mann von Herz an seiner Stelle gethan hätte."

„Du hast nicht nöthig, Andreas, dich zu rechtfertigen, als habest du die Hingebung des Verstorbenen tadeln wollen. Dafür kenne ich dich zu gut. Du wolltest wahrscheinlich nur von dem Vorwurf reden, der ihm wegen des Opfers gemacht wurde, mit dem er für die Schulden seines Bruders eintrat."

„Ganz recht," sagte Andreas.

„Aber, Andreas, das Gute oder Schlechte unserer Handlungen hängt nicht vom Erfolg ab; sonst wäre ja nur gut, was uns nützlich und schlecht, was uns schädlich ist."

„Das meint man nicht," fiel einer der Bauern ein; „aber es ist doch gewiß, daß wenn Morhard die Schulden seines Bruders nicht bezahlt hätte, er sich nicht ruinirt und seine Familie nicht an den Bettelstab gebracht haben würde."

„Vater Schläger," erwiederte der Doktor, „ich weiß, daß über diese Handlung schon seit Jahren hin- und hergesprochen wird. Aber machen wird sie uns deutlich. Waren die Schulden, die Morhard bezahlt hat, nicht auch eigene oder waren es nur die Schulden seines Bruders?"

„Es waren die Schulden seines Bruders," erwiederte Schläger, dem noch mehrere Andere zustimmten.

„Nein, es waren die seinigen," entgegnete Andreas, dem sich ebenfalls einige der Anwesenden anschlossen.

„Also da habt ihr's, ihr seid selbst nicht einig. Versuchen wir uns zu verständigen. Hatte Morhard Geld in das Geschäft seines Bruders gesteckt?"

„Das ist eine bekannte Sache," erwiederten die Anwesenden.

„Und wenn das Unternehmen geglückt wäre, hätte er Theil am Nutzen gehabt?"

„Gewiß", war die übereinstimmende Antwort.

„Also war Morhard der Associé seines Bruders. Da er nun den Nutzen mit ihm getheilt hätte, mußte er nicht auch den Schaden mittragen?"

„Aber," warf Herr Meerwein, ein abgefeimter, als Wucherer verschrieener Geschäftsmann, ein, „Morhard hatte sich für die Verbindlichkeiten seines Bruders nicht unterschrieben."

„Ei, seit wann," erwiederte der Doktor, „ist ein ehrlicher Mann nur verbindlich, wenn er seinen Namen auf ein Stück Papier gesetzt hat. Nein, Nein! seien wir aufrichtiger und gestehen Sie nur zu, Herr Meerwein, daß es sich hier wirklich von einer Schuld des Morhard handelte.

„Im Grunde ja wohl," gab Herr Meerwein zur Antwort; „aber er hätte sich der Bezahlung entziehen können, weil er gesetzlich nicht dazu angehalten werden konnte."

„Das ist wahr," sagte Herr Auer; „die Gerichte hätten ihn nicht zwingen können; aber dies beweist nur, daß, was gesetzlich ist, nicht immer auch rechtlich ist."

„Ich meines Theils erkenne dies an," erwiederte Andreas; „aber es ist ein trauriger Gedanke, daß Morhard's Ehrlichkeit seinen Ruin herbeigeführt hat."

„Weil dir der Gedanke peinlich ist, Andreas, so will ich versuchen, dir das Irrige dieser Ansicht, die von Vielen hier getheilt wird, zu beweisen. Morhard war ein vollkommen rechtschaffener Mann; aber er hat eine schwere Unklugheit begangen."

„Ja und welche?" fragten die Anwesenden.

„Als er das Gut im Hasel kaufte, ohne Mittel zur Bezahlung. Dieses Gut kostete 3000 fl. und er hatte nur die Hälfte. Bei der Schuldenliquidation seines Bruders hatte er 1000 fl. Schulden, die er baar hätte bezahlen können; es wären ihm sogar noch 500 fl. von seinem Ersparten übrig geblieben; jetzt war er auf einmal für 2500 fl. verschuldet."

„Aber," wandte der durch Unglück verbitterte Bauer Jarland ein, der sich eben auch mit fremdem Gelde vergrößern wollte, „hätte sich Morhard denn die Gelegenheit entwischen lassen sollen, sein väterliches Erbe abzurunden?"

„Ganz gewiß; es wäre besser gewesen, als Schulden zu machen." [Schluß folgt.]

Kurze Mittheilungen.

Am vergangenen Sonntage den 18. d. Mts. fand in Birnsberg eine sehr besuchte landwirthschaftliche Wanderversammlung statt. Domänenpächter Herwig von Röthof setzte seinen Vortrag über den Pflanzenbau fort. Gegenstand der Besprechung war der Hackfruchtbau. Als Grundbedingung für dessen Gedeihen wurde tiefe Bodenlockerung und kräftige Düngung bezeichnet. Was den Kartoffelbau anbelangt, so wurde beklagt, daß man ihm nicht genügende Aufmerksamkeit schenke und höchstens für den Bedarf an Speisekartoffeln sorge, während die Kartoffel als Viehfutter nicht genug zu schätzen sei und außerdem eine weitere namhafte Verwerthung in den Brennereien und der Stärkefabrikation finde. Sodann kamen die Vorzüge des Getreideverkaufes nach dem Gewichte zur Sprache und wurde beschlossen, eine Petition an die höchste Stelle zu richten, in welcher beantragt werde, es möchte der öffentliche Getreideverkauf nach dem Gewichte auf dem Verordnungswege eingeführt werden.

Anzeigen.

Marktbericht.

Paris, 17. Aug. Neuer Weizen 42 bis 44 Francs per 120 Kilogr. d. i. 19 fl. 36 kr. bis 20 fl. 32 kr. für 240 Zollpfund oder 216 ℔ bayer.; also per Schaff von 300 ℔ bayer. 27 fl. 28 kr. Roggen still, $24\frac{3}{4}$ — 25 Francs per 115 Kilogr. auf Lieferung, 24 Francs ab Bahnhof, d. i. 11 fl. 12 kr. für 230 Zollpfund oder 207 ℔ bayer.; also per Schaff von 280 ℔ bayer. 15 fl. 9 kr.

Mannheim, 18. Aug. Weizen $15\frac{1}{4}$ bis $15\frac{3}{4}$ fl. Roggen $11\frac{1}{4}$ fl. Gerste 10 fl. auf Lieferung $9\frac{1}{2}$ fl. per 100 Kilogr. oder 180 ℔ bayr.

Stuttgart, 20. August. Gestrige Landesproduktenbörse stark besucht; für effektive Lieferung Aufschlag, auf Lieferung billiger. Ungarischer Weizen 7 fl. 36 kr. Bayerischer Kernen 7 fl. 48 kr. Dinkel 4 fl. 48 kr. Ungarische Gerste 5 fl. 30 kr. bis 5 fl. 36 kr. Württemberger Gerste 5 fl. 12 kr. Haber sehr gesucht 5 fl. 24 kr. für 90 ℔ bayrisch.

Frankfurt, 19. August. Viel Hornvieh nach England aufgekauft. Zutrieb 260 Ochsen, 80 Kühe, 160 Kälber, 200 Hämmel.

Ochsen	I. Qual. 33 fl.	II. Qual. 31 fl.
Kühe u. Rinder	„ 29 fl.	„ 27 fl.
Hämmel	„ 26 fl.	
Kälber	„ 28 fl. per Ctr. Schlächtergewicht.	

(Heilbronner Anzeiger).

Berlin, 12. August. Schlachtviehmarkt. Zutrieb 1228 Stück Rindvieh. Beste Waare 16 bis 17 Thlr., mittel 12 bis 14 Thlr., ordinäre 9 bis 11 Thlr. per 100 ℔ Fleischgewicht. 2370 Stück Schweine, Verkehr lebhaft, Kernwaare 17 Thlr. per 100 ℔ Fleischgewicht. 18485 Schafe, 637 Kälber.

London, 8. Aug. Zugeführt 520 Stück Hornvieh und 8790 Schafe. Hammelhandel flau. Preise per 8 ℔ englisch gleich $6\frac{1}{2}$ ℔ bayer., fremdes Hornvieh 4 Sh. — 4 Sh. 6 Pc. oder 2 fl. 25 kr., d. i. 20 — 22 kr. Schweine 4 Sh., d. i. 20 kr. per bayer. ℔.

Magdeburg, 10. Aug. Weizen 84—93 Thlr. per 2000 Zollpfund. Roggen 63 — 66 Thlr. per 2000 Zollpfund. Gerste 48 — 51 Thlr. per 1700 Zollpfund. Hafer 36 — 38 Thlr. per 1200 Zollpfund. Repskuchen $1\frac{5}{6}$ — $1\frac{7}{8}$ Thlr. per Zollcentner. [Annal. d. preuß. Landwirthsch.]

Nach der Allgemeinen Hopfenzeitung hat in Ravensburg die Ernte des Frühhopfens begonnen, er fällt sehr schön aus. Erster Verkauf zu 110 fl. Aehnlicher Bericht von Tübingen. Aus Saaz Klagen über große Trockenheit; im tieferen feuchten Lagen die Pflanzung frisch und gesund. Ernte nahe; Angebote 136 bis 140 fl. Auch aus Brüssel Klagen über zu große Trockenheit. Aus England keine günstigen Nachrichten, fremder Hopfen werde deßhalb sehr in Nachfrage kommen. Besser soll es mit den Aussichten in Amerika stehen.

Schrannenzettel.

Schranne.	Datum	Waizen		Kern		Korn		Gerste		Haber	
		Mittelpreise									
		fl.	kr.	fl.	kr.	fl.	kr.	fl.	kr.	fl.	kr.
	Aug.										
Ansbach .	21. „	23	6	23	15	14	16	—	—	8	48
Augsburg .	16. „	22	11	22	20	16	49	13	8	9	18
Bamberg .	—	—	—	—	—	—	—	—	—	—	—
Beilngries .	14. „	21	14		—	15	58	12	54	9	—
Dinkelsbühl	14. „	22	48	22	48	16	55	—	—	10	28
Eichstätt .	17. „	21	46	—	—	17	54	10	—	8	14
Erlangen .	17. „	24	4	—	—	17	24	—	—	9	6
Gunzenhausen	22. „	24	48	—	—	17	6	14	2	9	40
Kempten .	—	—	—	—	—	—	—	—	—	—	—
Landshut .	16. „	20	32	—	—	15	49	12	22	7	41
Lindau . .	17. „	27	12	24	12	19	11	—	—	—	—
München .	17. „	23	10	—	—	16	31	13	16	8	10
Neuburg a/D.	14. „	20	4	—	—	15	47	11	27	7	43
Nördlingen	17. „	21	28	22	32	17	53	13	39	9	23
Nürnberg .	20. „	22	36	—	—	16	21	—	—	10	16
Regensburg	17. „	21	21	—	—	17	4	13	11	8	15
Rothenburg o.T.	17. „	23	34	23	21	19	8	—	—	—	—
Schwabach .	—	—	—	—	—	—	—	—	—	—	—
Schweinfurt	21. „	22	28	—	—	16	30	9	30	9	30
Weißenburg	17. „	23	6	—	—	18	24	14	47	9	51

Verantwortlicher Redakteur C. Classen. Druck von C. Brügel und Sohn in Ansbach.

Landwirthschaftliches Wochenblatt

Erscheint jede Woche einen halben Bogen stark und kann durch alle Poststellen bezogen werden.

Preis für's ganze Jahr sammt Postaufschlag 1 fl. Inserate werden die gespaltene Petitzeile oder deren Raum auf 4 kr berechnet.

für Mittelfranken.

(Früher landwirthschaftliche Mittheilungen.)

Organ des landwirthschaftlichen Kreis-Comité für Mittelfranken.

Nr. 35. Ansbach, August 1867. I. Jahrgang.

Die Folgen einer Unklugheit.

Aus der „Volkswirthschaft für Jedermann."

(Schluß.)

„Aber," meinten einige Anwesende, wenn er auch 2500 fl. Schulden hatte, so hatte er ja daneben ein Gut von 3000 fl. und aus dem Ertrag konnte er ja wohl die Zinsen bestreiten."

„Ihr sehet also nicht ein," erwiderte Herr Auer, „daß wenn die Güter nur 3 Procent tragen, und Morhard aus 2500 fl. 6 Procent Zinsen zahlen mußte, ihm nichts verblieb, um das Kapital heimzuzahlen. Ihm, der seine Felder selbst baute, trugen sie etwas mehr, und ich will zugeben, daß er sich am Ende mit Sparsamkeit hätte frei machen können."

„Gewiß," meinte Jarland, „wenn er nicht das Opfer von einer Reihe von Unglücksfällen gewesen wäre."

„Ganz recht, aber kommen Hagel, Regen, Trockenheit, Krankheiten nicht immer wieder und müssen sie vorsichtige Leute nicht auch in Rechnung nehmen? Daß er dieß versäumte, war Morhard's erster Fehler; der zweite war, daß er den Muth nicht hatte zu verkaufen, als er nach der Liquidation 1000 fl. weitere Schulden hatte."

„War dieß ein Fehler," rief Leonhard Holzwarth, ein rechtlicher aber aufgeregter Mann, „so haben ihn die Lumpen von Wucherern theuer dafür bestraft. Wenn sich die Regierung mehr mit dem Wohl der rechtschaffenen Leute beschäftigen wollte, so behielte sie diese Schufte besser im Auge und erlaubte ihnen nicht, die Armen zu unterdrücken."

„Aber, Freunde, warum wollt ihr Alles auf die Regierung schieben? So wenig sie Regen und schönes Wetter und kalt oder warm machen kann, so wenig kann sie alle ehrlich und gut machen. Und wenn sie sich in euren Sinn, in eure Geschäfte mischen wollte, so wäret ihr die ersten, die sich darüber beschwerten. Ich habe es bei Morhard versucht, der doch sonst ein vernünftiger Mann war; er hat mich nicht angehört; er ist doch den Leuten, die Leonhard Lumpen von Wucherer nennt, in die Hände gelaufen. Damals waren sie weder Lumpen noch Schufte; er verfluchte sie nur manchmal, wenn sie keine neuen Anlehen geben wollten."

„Aber," fuhr Leonhard fort, könnte die Regierung nicht selbst für solche, die Geld bedürfen, in's Mittel treten?"

„Ich möchte wissen, in welcher Weise?" erwiderte der Doktor. „Die Regierung kann kein Geld ausleihen, denn sie hat kein anderes, als das wir ihr zu der Verwaltung des Landes geben. Sie kann diejenigen, die Geld haben, nicht zwingen, es denen zu leihen, die keines haben. Sie kann nur verbieten, daß Geld über einen gewissen Zinsfuß ausgeliehen werde; aber dann finden die, welche keine Sicherheit leisten können, auch keinen Darleiher mehr."

„Das heißt also," erwiderte Leonhard, „die Armen müssen arm und von den Reichen unterdrückt bleiben."

„Ganz und gar nicht, Leonhard; ich will weder Unterdrücker noch Unterdrückte. Wenn die Armen nicht alle reich werden können, so sollen sie wenigstens Erleichterung haben. Es ist ja hier in Schönfeld schon manches in diesem Sinne eingeleitet. Das aber was geschah, haben wir für uns gethan, ohne Hilfe der Regierung. Um euch vollständig zu beweisen, wie man sich selbst helfen kann, müßte ich euch auseinander setzen, wie sich die Beziehungen der Menschen unter einander ordnen und euch zeigen, daß die Angelegenheiten in dieser Welt sich nicht alle durch Gesetze regeln lassen. Ich müßte euch vor Allem erklären, wie die Dinge, wenn man versuchen wollte, ihren natürlichen Gang zu stören, zuverlässig sich viel schlimmer gestalten würden, während, wenn wir der natürlichen Ordnung folgen, uns viel Spielraum bleibt, um unsere Lage zu verbessern."

„O, sagen Sie uns dies, Herr Doktor; wir hören ja gerne zu."

„Mehr verlange ich nicht; aber es wird Zeit kosten."

„Das ist einerlei, Herr Doktor."

„Es werden," fuhr der Doktor fort, „nicht nur wenige Stunden nöthig sein, um die Menge von Fragen, die hieher gehören, zu besprechen, sondern wir werden die Unterhaltung von Zeit zu Zeit neu aufnehmen müssen. Für heute aber ist die Stunde zu weit vorgerückt und ich will noch Morhard's Wittwe Trost bringen. Sie weiß noch nicht, daß ihr beschlossen habt, abwechselnd ihren Garten zu bebauen und sie bei allen Arbeiten, die sie verrichten kann, vorzugsweise zu berücksichtigen, wofür ich euch im Namen der Familie danke. Aber nicht hier allein habt Ihr euer Mitgefühl bethätigt. Herr Bertrand will die junge Louise Morhard, die jetzt eben aus der Schule kommt, auf seinem Pachthof beschäftigen; Herr Schwarz hat mich beauftragt, der Mutter anzukünden, daß er dem Sohne Joseph in der Spinnerei eine andere Arbeit mit höherem Lohn bestimmt habe und der Herr Schultheiß hat sich dafür verwendet, daß Morhard's Neffe und der vom Tod des Ertrinkens gerettete Knabe, dessen Erziehung seiner alten Großmutter schwer fiele, in die Kinderbewahranstalt zu K. aufgenommen wurde, wogegen die alte Frau sich erbot, die Mutter und die Kinder der Morhard'schen Wittwe zu versorgen, damit dieser Zeit verbleibe, im Taglohn zu arbeiten."

Der Doktor hatte verschwiegen, daß er es war, der zu diesen Hilfleistungen für die Familie den Anstoß gab. Er wollte zeigen, wie sich die Menschen gegenseitig helfen müssen, und auf wie vielerlei Arten die Wohlthätigkeit wirksam sein kann, selbst, wenn man nichts zu geben hat.

„Jetzt, Freunde," fuhr Herr Auer fort, „sagt mir, ob es nicht das Andenken an Morhard's Rechtschaffenheit und Aufopferung war, das zu allen diesen Entschließungen Anlaß gab und du, Andreas, glaubst du jetzt noch, daß seine Tugenden seiner Familie nichts genützt haben?"

„Das sehe ich jetzt wohl ein. Allein es ist eben doch wahr; er hat Gutes gethan, er war rechtschaffen und gewissenhaft und für all' das wurde ihm nichts als Armuth und der Tod. Meine Frage halte ich daher immer noch aufrecht."

„Du hast Recht, Andreas. Aber die Antwort erfordert eine längere Auseinandersetzung. Kommt, wenn ihr wollt, nächsten Sonntag wieder, dann wollen wir weiter darüber verhandeln. Erlaubt es das Wetter, so setzen wir uns wieder auf diese Bänke; wenn nicht, so suchen wir Schutz in der Schule, die uns mit Erlaubniß des Schultheißen der Herr Lehrer einräumen wird."

„Recht gerne," erwiderte dieser, der immer mit Vergnügen dem Doktor zuhörte und nachdem alle am nächsten Sonntag wieder zu erscheinen versprochen und sich von dem Doktor verabschiedet hatten, begab sich dieser zur Wittwe Morhard, um ihr die tröstlichen Neuigkeiten zu überbringen.

Aufruf zur Förderung und Verbreitung der Bienenzucht mit beweglichem Bau nach Dzierzon'scher Methode.

In unserm engern Vaterlande Bayern wird der Bienenzucht — dieser interessanten und doch so lohnenden Beschäftigung — bei weitem nicht die Aufmerksamkeit und Theilnahme zugewendet, die sie verdient.

Nach O. Hausners vergleichender Statistik von Europa kommen in der Schweiz 445, in Gallizien 302, in Württemberg 289, in Hannover 287, in Bayern aber nur 168 Bienenstöcke auf eine □Meile.

Nach dem Urtheil Sachkundiger fänden aber in Bayern durchschnittlich 500 Stöcke auf der Quadratmeile hinreichendes Auskommen. Dieß würde einen Gesammtertrag von $3^1/_2$ Millionen Gulden entziffern, wenn man bei 1400 □M. vom Stock einen reinen Gewinn von 5 fl. rechnet. Daraus mag hervorgehen, wie viel in dieser Hinsicht noch erstrebt werden kann und soll.

Während nun sehr erfreuliche Beispiele der Einsicht und Fertigkeit in dem rationellen Betrieb der Bienenwirthschaft von einzelnen Landwirthen vorliegen, hält die übergroße Mehrzahl derselben an althergebrachten Vorurtheilen und Gewohnheiten fest. Man sagt, die Bienenzucht könne nicht überall betrieben werden, und wenn, so gäbe es keine zweckmäßigere Weise, als die Korbbienenzucht u. s. w.

Von den rationellen Methoden eines Dzierzon u. A. nimmt man in der Regel gar keine Notiz, oder man belächelt ungläubig und ohne Ueberzeugung ihre Erfolge.

Die Vorzüge der Dzierzon'schen Manier mit beweglichem Bau vor derjenigen in Strohkörben mit unbeweglichem sind unbestreitbar; denn während man in unbeweglichem Bau die Bienen ihrem Schicksal und dem Zufall überlassen muß und nur in seltenen Fällen ihnen bei vorkommenden Unfällen sicher helfen kann; während man, will man von ihnen einen Ertrag an Honig, die Bienenvölker, — oft die besten — abschwefeln und tödten muß, — steht es bei beweglichem Bau nach Dzierzons Weise in der Macht des Züchters nach Umständen seine Stöcke zu vermehren, oder auch nicht, je nachdem er den Honig oder die Völker besser verwerthen kann. Er kann zu jeder Zeit seinen Bienen den überflüssigen Honig nehmen, ohne dieselben zu benachtheiligen, was um so höher anzuschlagen ist, als im Sommer der Honig aus Blumenblüthen und Feldblumen gesammelt, weit werthvoller ist und besser bezahlt wird, als der Wald- und Haide-Honig. Es steht ferner in der Macht des Dzierzonianers, zu jeder Zeit einen genauen Einblick in das Innere des Bienenstockes zu thun; er kann mit Leichtigkeit Tafel um Tafel herausnehmen und untersuchen und so mit Sicherheit vorkommende Abnormitäten erforschen und den Mängeln abhelfen. Er wird daher auch nicht in den Fall kommen, in mißlichen Jahren seinen Bienenstand auf die Hälfte oder auch ganz zu Grunde gerichtet zu sehen, wie es oft bei denen zu finden ist, die mit Strohkörben wirthschaften.

Diese Weise ist aber auch der Grund des Verfalls der Bienenwirthschaft.

Es steht aber fest, daß der Einzelne nur in den seltensten Fällen sich die gehörige Kenntniß in den neuern, anerkannt bessern Methoden der Bienenzucht zu erwerben vermag, ja daß er meistens bedauerliche und von Nachtheilen begleitete Mißgriffe macht, die ihm am Ende die Sache verleiden.

Deßhalb sind Vereinsversammlungen besonders geeignet, allseitige Kenntniß und Aufklärung zu geben und dieß kann sowohl durch Besprechungen, gegenseitige Mittheilung von Erfahrungen und Versuche an den Vereinsstöcken, als auch durch Benützung und Erklärung vorzüglicher Werke und Zeitschriften über Bienenzucht geschehen.

In Erwägung der Sachlage haben mehrere erfahrene Bienenzüchter in und um Nürnberg den einzigen förderlichen Weg behufs Verbreitung der Bienenzucht nach Dzierzons Methode in Gründung von Vereinen erkannt, und es sind deßhalb seit einigen Jahren zu Nürnberg, Gebersdorf, Reichelsdorf, Rohr und Zirndorf derartige Vereine entstanden, die die Sache unter immer zunehmender Theilnahme mit großem Eifer betreiben.

Der Zutritt zu den monatlichen Versammlungen, die dahier immer am 1. Sonntag im Monat stattfinden, ist Jedem gestattet, der sich von dem Wesen der Dzierzon'schen Methode unterrichten, von den Erfolgen derselben durch eigene Anschauung überzeugen, oder sich überhaupt Rath erholen will; auch ist Anstalt getroffen, daß zu jeder andern Zeit Aufschluß ertheilt werden kann.

Wir ersuchen daher alle Diejenigen, welche sich für diese Sache interessiren, von unserem Offert Gebrauch zu machen, insbesondere richten wir an die Tit. Herren Bezirksvorstände, Geistlichen, Aerzte, Lehrer, Gemeindevorsteher etc. die Bitte:

Dieselben wollen vermöge Ihrer Stellung und Intelligenz die Sache im angeregten Sinne fördern und zur Verbreitung der Bienenzucht durch Gründung von Vereinen im Anschluß an den dahier bestehenden Landesverein für Bienenzucht nach Dzierzon'scher Methode das Ihrige beitragen.

Zirndorf, den 12. Aug. 1867.

Der Ausschuß des Landesvereins für Verbreitung der Bienenzucht.

Paul Narr, Vorstand. J. C. Flachenecker, Bienenzüchter. Nikolaus Klampfer, Zeitlermeister. Dr. Volkhardt, prakt. Arzt. Gg. M. Kolb, Cassier. W. Müller. Joh. Folkenstörfer.

Schurig, Schriftführer.

Marktbericht.

Wien, 24. Aug. Getreidezufuhr täglich bedeutender; alle Einladestationen davon so überfüllt, daß fast überall die Aufnahme anderer Güter eingestellt werden mußte. In **Pesth** **Weizen** 88–89 ℔. 5 fl. 50 kr. — 5 fl. 60 kr. Ab **Wien** 89 Pfd. 6 fl. Lieferung pro Sept. bis Dezember 85 — 89 ℔. 5 fl. 25 kr. — 5 fl. 30 kr. **Roggen** matt, 80 ℔. 3 fl. 50 kr. bis 3 fl. 75 kr. **Hafer** 48 ℔. 1 fl. 65 — 1 fl. 75 kr. **Gerste** 70 ℔. 2 fl. 75 kr. — 3 fl. **Rüböl** matt $23\frac{3}{4}$ — 24 fl. pro 100 ℔.

Augsburg, 23. Aug. Schrannenbestand 1974 Schff. 1966 verkauft. Preise meist gewichen. Mittelpreise: **Waizen** 22 fl. 23 kr., gestiegen um 12 kr. **Kern** 21 fl. 56 kr., gefallen um 14 kr. **Roggen** 16 fl. 42 kr., gef. um 7 kr. **Gerste** 13 fl. 10 kr., gef. um 2 kr. **Haser** 7 fl. 36 kr., gef. um 1 fl. 32 kr.

Landshut, 24. Aug. Zufuhr 3500 Schff. Mittelpreise: **Weizen** 22 fl. 25 kr., gest. 1 fl. 53 kr. **Korn** 15 fl. 37 kr., gef. 12 kr. **Gerste** 12 fl. 38 kr., gest. 16 kr. **Haser** 7 fl. 39 kr., gef. 2 kr.

München, 24. Aug. Zufuhr 10147 Schff. Mittelpreise: **Weizen** 23 fl. 26 kr., gest. 16 kr. **Korn** 16 fl. 26 kr., gef. 5 kr. **Gerste** 13 fl. 5 kr., gef. 11 kr. **Haser** 7 fl. 26 kr., gef. 44 kr.

Würzburg, 25. Aug. **Weizen** 20 — 29 fl. **Korn** 18 fl. 45 kr. — 21 fl. **Gerste** 13 fl. — 13 fl. 30 kr. **Haser** 7 fl. — 9 fl. 45 kr. **Erbsen** 17 — 18 fl. **Linsen** 17 fl. 42 kr. — 18 fl. 30 kr. **Reps** 23 fl.

Paris, 14. Aug. Getreideernte in Frankreich völlig beendet; nach Quantität eine mäßige Durchschnittsernte; nach Qualität bleibt in manchen Distrikten viel zu wünschen übrig. Preise fest; **Roggen** still; **Haser** sehr hoch gehalten.

Kassel, 25. Aug. **Weizen** 200 ℔. $10\frac{1}{3}$ bis 11 Thlr. **Roggen** 240 ℔. 7 — $7\frac{1}{2}$ Thlr. **Haber** 150 ℔. $3\frac{1}{3}$ — $3\frac{1}{2}$ Thlr. **Erbsen** 100 ℔. $2\frac{5}{6}$ — $3\frac{1}{6}$ Thlr. **Linsen** 100 ℔. $2\frac{11}{12}$ — $3\frac{1}{6}$ Thlr. **Reps** 225 ℔. $10\frac{5}{6}$ — $11\frac{1}{6}$ Thlr. Repskuchen 100 ℔. $1\frac{7}{12}$ — $1\frac{5}{6}$ Thlr.

Köln, 27. Aug. **Weizen** 200 ℔. 7 — 8 Thlr. 20 Gr. **Roggen** 6 Thlr. 10 Gr — 6 Thlr. $22\frac{1}{2}$ Gr. **Haser** 5 Thlr. 5 Gr. — 5 Thlr. 25 Gr.

Heilbronn, 28. Aug. Mittelpreis: Kern 7 fl. 8 kr. **Gerste** 4 fl. 33 kr. Dinkel 5 fl. 9 Haser 4 fl. 21 kr. per Zoll-Ctr.

Poissy, 22. Aug. 2542 Ochsen 1 Frc. 36 Cts. bis 1 Frc. 64 Cts. pro Kilogr. d. i. 19 bis 22 kr. pr. ℔. bayr. — 279 Kühe 1 Frc. 24 Cts. bis 1 Frc. 52 Cts. pro Kilogr. d. i. 17 — 21 kr. pro ℔. bayr. 485 Kälber zu 1 Frc. 70 Cts. bis 2 Frc. 10 Cts. pro Kilogr. d. i. 23 — 30 kr. pro ℔. bayr. 17325 Hämmel zu 1 Frc. 32 Cts. bis 1 Frc. 70 Cts. pro Kilogr. d. i. 18 — 23 kr. pro ℔. bayr. (Heilbronner Anzeiger.)

Nach der **Allgemeinen Hopfenzeitung** gestalteten sich durch die ausgiebigen Regen in den meisten mittelfränkischen Hopfenorten die Aussichten entschieden günstiger. Am 27. Aug. zu **Nürnberg** wurde Waare zu 110, 115 und 118 fl. verkauft.

Sehr ergiebig soll die Ernte in **Württemberg** ausfallen. In **Tübingen** wurden Käufe zu 100 — 105 fl., in Mengen auf Lieferung zu 70 — 80 fl. und zu 90 — 100 fl. abgeschlossen.

Ernte in **Oesterreich** nahezu beendet und zur vollen Befriedigung ausgefallen. Die Preise in Böhmen bewegen sich zwischen 120 und 150 fl. in Steiermark wurde um 120 — 130 fl. österr. Währung verkauft.

Auch aus dem **Elsaß** lauten die Nachrichten günstig; in **Hagenau** wurden am 23. Aug. 90 ℔. bayr. mit 200 — 210 Frcs., d. i. 93 — 98 fl. verkauft.

In **England** und **Amerika** hat sich der Stand des Hopfens wenig gebessert. Ungeziefer, Brand, Honigthau, Schimmel sind häufig.

Schrannenzettel.

Schranne.	Datum	Waizen		Kern		Korn		Gerste		Haber	
		Mittelpreise									
		fl.	kr.	fl.	kr.	fl.	kr.	fl.	kr.	fl.	kr.
	Aug.										
Ansbach .	28. "	23	48	24	19	14	16	57	—	9	25
Augsburg .	23. "	22	33	21	56	16	42	13	10	7	46
Bamberg .	—	—	—	—	—	—	—	—	—	—	—
Beilngries .	22. "	20	37	—	—	15	9	12	56	8	24
Dinkelsbühl	21. "	24	6	24	6	17	40	12	39	9	50
Eichstätt .	17. "	21	40	—	—	17	54	10	—	8	10
Erlangen .	—	—	—	—	—	—	—	—	—	—	—
Gunzenhausen	22. "	23	48	—	—	17	0	14	2	9	40
Kempten .	—	—	—	—	—	—	—	—	—	—	—
Landshut .	24. "	22	25	—	—	15	37	12	38	7	39
Lindau .	24. "	26	2	24	2	—	—	—	—	9	—
München .	24. "	23	26	—	—	16	26	13	5	7	26
Neuburg a/D.	—	—	—	—	—	—	—	—	—	—	—
Nördlingen	24. "	25	—	23	16	17	29	13	34	8	25
Nürnberg .	24. "	22	24	—	—	16	23	14	4	10	6
Regensburg	24. "	21	30	—	—	16	18	12	30	7	52
Rothenburg .	24. "	23	36	23	40	16	52	—	—	—	—
Schwabach .	—	—	—	—	—	—	—	—	—	—	—
Schweinfurt	24. "	22	6	—	—	17	34	13	7	9	—
Weißenburg	24. "	23	42	—	—	17	58	14	2	10	12

Landwirthschaftliches Wochenblatt

Erscheint jede Woche einen halben Bogen stark und kann durch alle Poststellen bezogen werden.

Preis für's ganze Jahr sammt Postaufschlag 1 fl. Inserate werden die gespaltene Petitzeile oder deren Raum auf 4 kr berechnet.

für Mittelfranken.

(Früher landwirthschaftliche Mittheilungen.)

Organ des landwirthschaftlichen Kreis-Comité für Mittelfranken.

Nr. 26. Ansbach, Septbr. 1867. I. Jahrgang.

Bezüglich des Antrages der Errichtung einer Stammschäferei in Triesdorf.

Wenn wir in einer früheren Nummer dem Herrn Gegner obigen Antrages, anläßlich seines Angriffes, den Verhalt machen mußten, daß er über örtliche Verhältnisse und Bedürfnisse aburtheile, ehe er sie nur kenne, so müssen wir erstaunen, wenn derselbe Herr Gegner, der noch keine Gelegenheit hatte, in größeren, weiteren Kreisen von Landwirthen Mittelfrankens über die gewünschten Bedürfnisse des Kreises Mittheilungen zu hören, nun in seiner letzten Erwiderung sagt, es liege keine Nachfrage nach bestimmt ausgeprägtem Charakter des Zuchtschafes vor, — wir müssen uns über diese Aeußerung verwundern, nachdem doch dem Herrn Gegner bekannt, daß seine sämmtlichen nunmehrigen Nachbarn und Collegen anderer Meinung sind. Wir haben in unserem Antrage und in einer früheren Nummer dieses Blattes ein bestimmtes Ziel hervorgehoben, nach dem wir in unseren Schäfereien streben, nach dem wir auch die sogen. Stammschäferei errichtet zu sehen wünschten. In Bezug auf unsere eigenen Schäfereien scheint der geehrte Herr Gegner nunmehr gleicher Ansicht mit uns zu sein, d. h. in dem Streben der möglichsten Vereinigung von Woll- und Fleischproduktion.

Nur in einer Stammschäferei will der betreff. Herr Angreifende durchaus nur nach Einer Richtung gezüchtet sehen, entweder nach Wolle oder nach Fleisch, wenn sie nicht blos nach Idealen arbeiten, sondern was „Erhebliches" leisten wolle.

Die Antragsteller dürfen sich trösten, sie theilen den Angriff des Herrn Gegners mit den ersten Capazitäten der Thierzucht. Wird denn nicht bekanntlich in Norddeutschland jetzt in den meisten rühmlichst bekannten Stammschäfereien nach möglichster Vereinigung beider Richtungen gezüchtet? Müssen wir einen Namen nennen, den auch der Herr College als den in der Thierzucht berühmtesten in Deutschland, eben so anerkannt in England, gelten lassen muß? Nathusius in Hundisburg.

Leistet derselbe in den Augen des Herrn Gegners auch nichts „Erhebliches"? Letzterer scheint nicht zu wissen, daß Jener in seiner Stammschäferei nach möglichster Vereinigung der Fleisch- und Wollproduktion arbeitet, daß derselbe Southdowns mit Merinos kreuzt? Das weiß der Herr Gegner ja aber, daß die dortigen Produkte bei höchsten Preisen starken Absatz finden, unter anderem auch wieder für Stammschäfereien, wo mit diesem hervorgegangenen Produkt dann in sich fortgearbeitet wird. Gegentheilig könnten wir aber dem Herrn Gegner in Süddeutschland bekannte Namen nennen, die seiner Ansicht der einseitigen Zuchtrichtung in ihren Stammschäfereien auch huldigen, aber durchaus keinen Absatz mehr finden können, weder von der einen noch anderen Richtung. Der erwähnte volkswirthschaftliche Grundsatz, daß das Angebot nach der Nachfrage sich richtet, trifft bezüglich des Bockzuchtmaterials hier nicht ein. Nachfrage ist da, aber kein Angebot, und das sei, wie der ursprüngliche Antragsteller bei der Versammlung in Gunzenhausen schon sagte, die alleinige Ursache und Rechtfertigung, wenn man das betreffende Gesuch, die Errichtung einer Stammschäferei durch das hohe Kreis-Comité an die kgl. Regierung stelle.

Die gegnerische Seite verlangt aber die Abhilfe des Mangels an geeignetem Zuchtmaterial von der Intelligenz der einzelnen Landwirthe; wir fürchten, — besonders was den Bedarf im Großen und Ganzen betrifft — vergeblich, wenn nicht ein reicher Herrschaftsbesitzer eintritt.

Der Herr Gegner wird dem allgemeinen (nicht einzelnen) Bedürfniß auch nicht Rechnung tragen wollen, nicht können, denn eine einseitige Zuchtrichtung, wie er sie von einer Stammschäferei verlangt, würde auch bei ihm wirthschaftlich undurchführbar sein.

Unserm geehrten Herrn Collegen ist aus seiner Unbekanntschaft mit den landwirthschaftlichen Verhältnissen des Kreises ein weiterer Irrthum entsprungen, dem er nach unserer Meinung unrechter Weise wiederholt festhält, daß nämlich „es ein äußerst glücklicher Zufall wäre, wenn der Vorstand einer landwirthschaftlichen Lehranstalt wie Triesdorf (ein tüchtiger Lehrer) auch Schafzüchter sei." Herr College scheint nicht zu wissen, daß bisher in Triesdorf Vorstand und Lehrer nicht in einer Person vereinigt, sondern des Ersteren Obliegenheit die Gutsbewirthschaftung war. Ist unsere Voraussetzung noch falsch?

Schließlich sei uns erlaubt, auf die Anmerkung der verehrl. Redaktion unter unserer vorigen Erwiderung einiges zu bemerken:

Dieselbe beklagt zuvörderst, daß es unbillig sei, das landwirthschaftliche Kreiskomité drängen zu wollen, eine früher von ihm gegenüber der kgl. [illegible] lassung der Abgabe von Zuchtwidder[illegible], [illegible] richtung einer Schäferschule, — so leichten Kaufes aufzugeben.

Wir müssen erwidern:

1) Ein bei der Jahresversammlung in Gunzenhausen in aller Bescheidenheit gestellter Antrag, der zufällig bei einer landwirthschaftlichen Versammlung von zwei Bezirkskomités wieder in gleicher Richtung aufgenommen wird, ohne Zuthun des ursprünglichen Antragstellers, kann und soll durchaus kein Drängen sein.

2) Hätte man in dieser rein landwirthschaftlichen Angelegenheit einer landwirthschaftlichen Versammlung die Frage vorgelegt, ob Errichtung einer den Zeitverhältnissen entsprechenden Stammschäferei oder Errichtung einer Schäferschule? — eines oder das andere, — und wir sind keinen Augenblick über die Beantwortung im Zweifel.

Was bringen die 5 in Triesdorf unterrichteten Schäfer für Nutzen gegenüber der Abgabe von passendem Bockmaterial im ganzen Kreise? Ueber die Möglichkeit und „Humanitätsrücksichten" bei der Frage der Errichtung einer Stammschäferei in Triesdorf will sich Verfasser heute absichtlich nicht weiter einlassen.

R . . . .

Feststehende Thatsachen in der Landwirthschaft.

1. Alle Bodenarten, worauf Klee oder Gräser wachsen, müssen Kalk entweder natürlich oder durch künstliche Zuführung enthalten. Dabei macht es keinen bemerkenswerthen Unterschied, ob derselbe in der Gestalt von Kalkstein oder Mergel ihm zugeführt wird.

2. Alle bleibenden Bodenverbesserungen müssen auf Kalk, als ihre Grundlage, achten.

3. Landflächen, die längere Zeit in Cultur sind, werden durch Düngung in der Gestalt von Knochenmehl, Guano, phosphorsaurem Kalk, Kompost von Züchen, Asche oder auch Kalk oder Mergel, falls der Boden auch des Kalkes bedarf, wesentlich verbessert.

4. Kein Culturland kann in hohem Grade

seiner Fruchtbarkeit erhalten werden, wofern nicht der Klee und die Graspflanzen auf ihm in der Fruchtfolgeordnung cultivirt werden.

5. Humus ist auf jeder Bodenart unerläßlich, und es kann eine gesunde Zuführung desselben nur durch die Cultur des Klees und der Graspflanzen, sowie Unterpflügen der Grünfutterpflanzen oder Verwendung von humusreichen Composten als Düngung fort erhalten werden.

6. Alle besonders concentrirten animalischen Düngungen werden in ihrem Werthe wesentlich durch die Beimischung von pulverisirter Holzkohle verbessert und ihre wohlthätige Einwirkung dadurch verlängert.

7. Tiefes Pflügen verbessert und erhöht erheblich die produktiven Kräfte von einer Reihe von Bodenarten, die nicht naß sind.

8. Ebenso ist das Untergrundpflügen für gesunden, das heißt nicht nassen Boden auffallend einer vermehrten Produktion förderlich.

9. Alle nassen Landflächen müssen durchgängig drainirt werden.

10. Alle Getreidefelder müssen stets mehrere Tage vor ihrer völligen Reife abgemäht werden.

11. Der Klee, sowie die Gräsereien, die man zu Heu bestimmt, müssen gemäht werden, so lange sie noch in Blüthe stehen.

12. Sandige Böden werden sehr wirksam durch Thonerde verbessert. Wenn solche Bodenarten überdieß auch noch gekalkt oder gemergelt werden müssen, so wird der Kalk oder Mergel am zweckmäßigsten als Compost mit Thonerde verarbeitet dazu verwendet. Beim Löschen des Kalks ist Salzlacke besser noch als Wasser.

13. Das vorherige Malzen oder Schroten des Korns, was an Vieh verfüttert werden soll, bewirkt eine Ersparniß von mindestens 25 Procent.

14. Das Drainiren des nassen Bodens erhöht seinen Werth, da es auf ihm größere und schwerere Ernten erzielen läßt, sie früher zur Reife bringt und überdieß den Gesundheitszustand in der Umgebung verbessern hilft.

15. Nasse Böden zu düngen und zu kalken, heißt den Dünger, den Kalk und die darauf verwendete Arbeit fortwerfen.

16. Flaches Pflügen führt die Verarmung des Bodens herbei, während dessen Produktion überdieß vermindert wird.

17. Durch die Stallfütterung des Viehes während des Winters wird eine Ersparniß von einem Viertel des Futterquantums bewirkt, d. h. ein Viertel des den Thieren vorgelegten Futters bleibt ohne Wirkung, so lange das Vieh den Einflüssen der rauhen Witterung ausgesetzt bleibt.

18. Sechs Metzen Gyps auf den Morgen, breitwürfig über den Klee ausgestreut, vermehrt die Klee-Ernte um 100 Procent.

19. Periodische Zuführung von Asche wirkt darauf hin, die Bodenflächen in ihrer vollen Kraft zu erhalten, indem sie die meisten, wo nicht alle unorganischen Substanzen ihnen wieder zuführt.

20. Die möglichst vollständige Bearbeitung des Bodens ist absolut nothwendig für die gedeihliche und üppige Entwickelung der Feldfrüchte.

21. Ernten können im Ueberfluß nicht eine längere Reihe von Jahren hindurch gewonnen werden, sofern man nicht dafür Vorsorge trifft, ein Aequivalent für diejenigen Substanzen dem Boden wieder zurückzuführen, welche in den geernteten auf ihm gewachsenen Produkten ihm entzogen wurden.

22. Um Wiesen in ihrer Produktivität zu erhalten, ist es nothwendig, sie einen Herbst um den andern zu eggen, Düngstoffe darüber zu streuen und sie darnach zu walzen.

(North Carolina Farmer, durch die Schles. Landw. Ztg.)

Anzeigen.

Kartoffeln eine Erhöhung des Stärkemehlgehaltes, gesunde Früchte und eine Vermehrung des Ertrages um 12 Proc.; bei

Getreidearten kräftigeren Halm, schwereres Korn und reichere Ernte; bei

Wiesen, namentlich nassen und sauren, Beseitigung der sauren Gräser und zwei- bis dreifache Steigerung der Heuernte; bei

Flachs längere u. feinere Stengel u. höheren Samenertrag; bei

Klee (Luzerne), Reps und besonders auch bei

Hülsenfrüchten erhebliche Ertragsvermehrung; bei

Wein Vermehrung der Trauben und Erhöhung des Zuckergehaltes der Beeren; endlich bei

Hopfen wesentliche Ertragsvermehrung und Qualitätsverbesserung.

Phosphoguano empfiehlt sich zur Kräftigung junger Saaten und zum Treiben.

Für sämmtliche Dünger, namentlich für Kali-Dünger, wird Herbstdüngung empfohlen.

Bei Frühjahrsdüngung sind die Dünger recht früh, Kali-Salze womöglich noch auf den Schnee vor Eintritt der nassen Jahreszeit aufzubringen.

Die Dünger werden in mit dem Fabrikzeichen plombirten Säcken von circa 200 Pfund Zollgewicht geliefert.

Analysen, Preislisten und Gebrauchsanweisungen gratis.

Dampfdreschmaschinen & Locomobilen.

Die bedeutendste Fabrik dieser Maschinen, Clayton Shuttleworth & Comp. hat bei den diesjährigen großen Wettproben aller ähnlichen Maschinen in Bury von der königlichen landwirthschaftlichen Gesellschaft von England folgende Auszeichnungen von sachverständigen Preisrichtern erhalten:

Erster Preis Pfd. 25 für beste Locomobile mit einfachem Cylinder.

Erster Preis Pfd. 25 für beste Locomobile mit doppeltem Cylinder.

Erster Preis Pfd. 20 für beste feststehende Dampfmaschine.

Großer Preis Pfd. 15 und die einzige Medaille für beste Dampfdresch-Maschine, welche das Getreide marktfertig abliefert.

In Paris erhielt die genannte Fabrik die erste goldene Medaille für die beste Locomobile und Dreschmaschine.

Nähere Auskunft ertheilen die unterzeichneten alleinigen Vertreter, welche in den letzten [illegible] Jahren über 170 Locomobilen und Dampfdreschmaschinen lieferten. Atteste und Angaben über Bezugsquellen dieser Maschinen werden bereitwilligst gegeben.

Göpeldresch-Maschinen, Häcksel- und Rübenschneidmaschinen, sowie alle anderen Arten von landwirthschaftlichen Maschinen und Geräthen sind durch die Unterzeichneten ebenfalls sehr vortheilhaft und billig zu beziehen.

J. P. Lanz & Comp.

in Mannheim und Regensburg in Verbindung mit Schwann & Comp. in London.

Marktbericht.

Köln, 3. September. Waizen 7[illegible] — 9[illegible] Thlr. Roggen 6[illegible] — 6[illegible] Thlr. pr. 200 ℔.

Kassel, 1. September. Waizen 200 ℔. 10½ — 11 Thlr. Roggen 240 ℔. 7½ bis 7⅚ Thlr. Hafer 150 ℔. 4 — 4½ Thlr. Gerste 210 ℔. 5½ — 6½ Thlr. Erbsen 100 ℔. 2⅚ — 3½ Thlr. Reps 225 ℔. 10¾ — 11½ Thlr.

Stuttgart 3. September. Ungar Weizen 7 fl. 45 kr. — 8 fl. 6 kr. bayer. Kern 7 fl. 48 kr. — 8 fl. Gerste 5 fl. 15 kr. — 5 fl. 18 kr. Roggen 5 fl. 30 kr. Dinkel 5 fl. Hafer 4 fl. 15 kr. — 4 fl. 18 kr.

Köln 4. September. 200 ℔. Waizen 7[illegible] bis 9[illegible] Thlr. Roggen 6[illegible] — 6[illegible] Thlr. Gerste 5[illegible] — 6 Thlr.

Heilbronn 4. September. Waizen 7 fl. 43 kr. Gerste 4 fl. 25 kr. Dinkel 5 fl. 14 kr. Hafer 4 fl. 24 kr. pr. Ctr.

Köln 2. Septbr. Fleischpreise: 15—16 Thlr. für kleines Vieh; 18 — 20 Thlr. für bestes Vieh pro 100 ℔.

Frankfurt 2. September. Ochsen 1. Qua. 35 fl. Kühe und Rinder 1. Qualität 32 fl. Hämmel 31 fl. Kälber, 1. Qual. 30 fl. pr. Ctr.

(Heilbronner Anzeiger.)

Die Allgemeine Hopfenzeitung berichtet über theilweisen Rückgang der Hopfenpreise. Das Geschäft ist noch von keiner besonderen Bedeutung, dagegen befriedigt die Ernte allenthalben. Neuere Nachrichten über England und Amerika fehlen.

Schrannenzettel.

Schranne.	Datum	Waizen		Kern		Korn		Gerste		Haber	
		Mittelpreise									
		fl.	kr.	fl.	kr.	fl.	kr.	fl.	kr.	fl.	kr.
	Sept.										
Ansbach	4. „	25	18	—	—	17	17	—	—	8	11
Augsburg	30. „	22	54	22	53	16	48	13	5	7	29
Bamberg	—	—	—	—	—	—	—	—	—	—	—
Beilngries	29. „	21	7	—	—	15	27	11	49	8	22
Dinkelsbühl	—	—	—	—	—	—	—	—	—	—	—
Eichstätt	—	—	—	—	—	—	—	—	—	—	—
Erlangen	—	—	—	—	—	—	—	—	—	—	—
Gunzenhausen	5. „	25	42	—	—	17	24	12	56	7	35
Kempten	28. „	—	—	23	49	18	33	14	50	9	6
Landshut	31. „	21	37	—	—	15	27	11	45	7	24
Lindau	—	—	—	—	—	—	—	—	—	—	—
München	31. „	23	16	—	—	16	5	12	57	7	24
Neuburg a/D.	28. „	21	58	—	—	15	58	11	13	6	32
Nördlingen	31. „	24	55	—	—	18	34	13	17	8	18
Nürnberg	31. „	23	36	—	—	16	7	13	37	10	3
Regensburg	—	—	—	—	—	—	—	—	—	—	—
Rothenburg	31. „	23	50	23	42	18	41	—	—	—	—
Schwabach	—	—	—	—	—	—	—	—	—	—	—
Schweinfurt	—	—	—	—	—	—	—	—	—	—	—
Weißenburg	31. „	25	15	—	—	18	26	13	22	9	10

Verantwortlicher Redakteur G. Glasen.

Druck von C. Brügel und Sohn in Ansbach.

Landwirthschaftliches Wochenblatt

Erscheint jede Woche einen halben Bogen stark und kann durch alle Postämter bezogen werden.

Preis für's ganze Jahr sammt Postaufschlag 1 fl. Inserate werden die gespaltene Petitzeile oder deren Raum mit 4 kr berechnet.

für Mittelfranken.

(Früher landwirthschaftliche Mittheilungen.)

Organ des landwirthschaftlichen Kreis-Comité für Mittelfranken.

Nr. 37. Ansbach, Septbr. 1867. I. Jahrgang.

E. Num. 485.

Bekanntmachung.

(Landwirthschaftliche Kreisversammlung für Mittelfranken pro 1867 betr.)

Gemäß Sitzungsbeschlusses vom 22. Juli ds. Js. wird die diesjährige landwirthschaftliche Kreis-Versammlung für Mittelfranken am

Montag den 21. Oktober 1867

in Triesdorf in Verbindung mit einer Obst-Ausstellung stattfinden.

Indem wir sämmtliche landwirthschaftliche Bezirkskomités und Mitglieder des Vereins zur Theilnahme an der Versammlung hiemit einladen, ersuchen wir dieselben, etwaige Wünsche und Anträge, welche dabei zur Sprache kommen sollen, uns längstens bis zum

16. Oktober d. Js.

kundgeben und dabei bemerken zu wollen, welches Mitglied den jeweiligen Antrag vertreten wird. Im Uebrigen verweisen wir auf das nachfolgende Programm und fügen nur noch bei, daß behufs Erleichterung des Verkehrs bei maßgebender Stelle gebeten werden wird, die beiden Schnellzüge Nr. 41 u. 42 am Versammlungstage auf dem Bahnhofe in Triesdorf anhalten zu lassen.

Ansbach, den 12. Sept. 1867.

Kreis-Comité
des landwirthschaftlichen Vereins für Mittelfranken
I. Vorstand:
v. Feder.

Claffen.

* * *

Programm

für die Jahresversammlung des landwirthschaftlichen Kreisvereines für Mittelfranken zu Triesdorf am Montag den 21. Oktober 1867.

1) Eröffnung der Versammlung Vormittags 11 Uhr.
2) Bekanntgabe des Vollzuges der im Vorjahre gefaßten Beschlüsse und der wichtigsten Vorkommnisse im Vereinsleben, sowie des Rechnungs-Ergebnisses pro 1866.
3) Vortrag über die Bedeutung der agrikulturchemischen Versuchsstationen.
4) Besprechung besonderer Wünsche und Anträge.
5) Um 2 Uhr gemeinschaftliches Mittagsmahl.
6) Von $3\frac{1}{2}$ Uhr an Besichtigung der Anstalts-Lokalitäten, Sammlungen, Stallungen, der Baumplantage und des Staatsgutes.

Die Obstausstellung ꝛc. findet in den anstoßenden Räumen des Versammlungs-Lokales statt.

Entgegnung auf die in Nr. 36 ds. Bl. enthaltene Aeußerung bezüglich der beantragten Stammschäferei.

Der Schluß jener Aeußerung handelte hauptsächlich davon, daß eine Schäferschule weniger nöthig gewesen wäre, als eine Stammschäferei. Wir können uns damit trösten, daß in der im Jahre 1863 stattgehabten Generalversammlung des landwirthschaftlichen Vereins in München die Errichtung von Schäferschulen allgemein gut geheißen wurde. Zum wenigsten ist ein gut unterrichteter Schäfer ebenso nothwendig, als wie ein guter Bock; denn beide können der Heerde in gleichem Grade nützen wie schaden. Was die Frequenz der Schäferschule anbelangt, so war dieselbe seit ihrem 3jährigen Bestande von 36 Schäfern, durchschnittlich also von 12 besucht.

Zur Sache der Stammschäferei selbst muß Folgendes entgegnet werden. Der ursprüngliche Antrag will in Triesdorf eine Stammschäferei, welche Böcke liefert, die allen Anforderungen hinsichtlich Wolle und Fleisch möglichst entsprechen. Daß solche Thiere erst durch sorgfältige Kreuzung von Woll- und Fleischthieren geschaffen werden müssen, hat Herr Antragsteller unter Hinweisung auf die Bestrebungen in Norddeutschland zugegeben, und daß hiezu viele verfügbare Mittel, (mehr als der Kreisviehzüchtungs-Anstalt zur Zeit zur Verfügung stehen) gehören, hat derselbe auch zugegeben.

Aber einen Umstand ließ Herr N. dabei ganz außer Acht, nämlich die Zeit.

Sie ist insofern ein Hauptfaktor bei unserem Kreuzungsprodukt, als Mestizböcke, welche aus der Kreuzung von Thieren so verschiedener Abstammung, wie Southdown und Merinos, hervorgegangen sind, innerhalb der ersten 8 Generationen ja gar nicht zur Zucht verwendet werden sollen.

Es würde also immerhin circa 30 Jahre anstehen, bis man aus der Stammschäferei Kreuzungsböcke bekäme, die soviel Constanz besäßen, daß man mit Zuversicht auf richtige Vererbung ihrer beiderlei Eigenschaften, viel Wolle und viel Fleisch, rechnen könnte. Ob aber innerhalb dieser langen Zeit das Feldgeschrei sich nicht wieder ändert? Schon steht Australiens Massenproduktion an ausgezeichneter Kammwolle wie ein Gespenst im Hintergrunde und Hofrath v. Dedovis sagt am Schlusse seines Urtheils über Rambouillet und andere Schafzuchten: **„Während also die deutschen Kammwollzüchter allerdings die Rivalität der australischen Kammwolle sehr zu fürchten haben, können die deutschen Tuchwollproducenten doch ruhig schlafen*)** ꝛc.

Voraussichtlich werden die australischen Kammwollmassen unseren großen Markt beherrschen, noch lange ehe der vererbungsfähige mittelfränkische Kammwollbock fertig ist, so daß der arme Schlucker gar nicht in's Gefecht kommt, sondern als Embrio den Umständen weichen und einem Merinobock von reinstem Wasser das Feld räumen muß.

Das kann bei mobilen Züchtern, die immer auf dem Laufenden sind, in kürzester Zeit der Fall sein. Die bisherigen Erfahrungen haben wenigstens gelehrt, daß in puncto Schafzucht Alles möglich ist. Namentlich geht uns, was sog. Stammschäfereien mit Bockverkauf betrifft, Norddeutschland mit sehr schönem Beispiele voran, das beweist folgender unseres Wissens bis jetzt noch nicht widerrufene Artikel in der Agronomischen Zeitung:**)

Die Verbreitung reiner Zuchtthiere.

(Ein Beitrag zu den edlen Bestrebungen unserer Zeit.)

„Von „einem Freunde der Agronomischen „Zeitung in der Provinz Sachsen" erhalten wir „einen Zeitungsausschnitt zugesandt, mit der Bitte, „um Veröffentlichung des Inhaltes „zur Vorsicht „bei dem Ankauf von Zuchtmaterial". Derselbe ist „der Schlesischen landwirthschaftlichen Zeitung ent„nommen und vom Verfasser, einem wohlbekannten „Thierzüchter und Kenner, unterzeichnet, so daß wir „keinen Anstand nehmen, die Notiz um der guten „Sache willen nachstehend wiederzugeben, zumal sie „mit Dem vollkommen stimmt, was wir selber so „oft gepredigt haben. Die Verantwortung überlassen „wir freilich ganz dem Verfasser. —

„Einer unserer Bekannten war vor einigen „Jahren in Hundisburg, und wurde dort, da Herr „von Nathusius nicht zu Hause war, von einem „Verwalter herumgeführt, der bei der Besichtigung „einer Partie Böcke mit vieler Emphase das ver„schiedene Blut ankündigte, dem jeder einzelne ent„sprossen war, wobei es denn mitunter vorkam, daß „ein dergleichen Thier das Produkt mehrfacher Kreuz„ungen war. Unser Gewährsmann fragte nun bei

*) Vierteljahresschrift von Kirchhof III. Quartal 1867.
**) Nr. 12 Jahrgang 1866.

„einem dieser Böcke, der ihm recht gut gefiel, und „in dessen Adern das Blut dreier verschiedener Schaf„stämme (oder Racen, wenn man will) fließen sollte, „ob man von dieser Mischung Nachzucht gezogen „und welche Resultate man gewonnen habe. Aber „da kam er gut an. Mit Entrüstung rief der „Verwalter: „Herr, was denken Sie? glauben Sie, „daß wir dergleichen Kreuzungsprodukte zur Zucht „benutzen? Wir benutzen für uns selbst stets „das reinste Vollblut und können dies jeder„zeit belegen und beweisen." Und diese Thiere? — „fragte unser Freund — „**werden nur zum Ver„kauf gezogen!**" — war die Antwort.

Völcker
(von Mitschke-Collande).

Wenn das in der von Herrn N. selbst gerühmten Stammschäferei geschieht, wie mag es erst bei Anderen hergehen? Das sind die Bestrebungen und Resultate berühmter Stammschäfereien, welche sich zur Aufgabe gestellt haben, in kürzester Zeit leichtgläubige Schafhalter um ein Sündengeld mit Böcken zu beglücken, die allen Anforderungen entsprechen. Das ist der wahre Bockschwindel, wie er jetzt so häufig zu Tag tritt, nicht um die Schafzucht zu heben, sondern um jeden Preis Geld zu machen. So könnte es freilich eine öffentliche Stammschäferei nicht treiben, und weil kein Züchter die lange Zeit wird abwarten wollen und können, die nöthig ist, um auf dem Wege der Kreuzung einen brauchbaren neuen Stamm zu erzielen, resp. im vollen Sinne des Wortes zuchttaugliche Mestizböcke aus der beantragten Stammschäferei abgeben zu können, so gibt es wohl keinen aufrichtigeren und bessergemeinten Wunsch, als die Besitzer vorherrschender Wollschäfereien versuchen ihr Heil selbst mit wirklich reinen Fleischschafböcken. Sie werden wenigstens früher und sicherer zu einem erwünschten Resultate gelangen, und von unserer bedrohten deutschen Kammwollperiode noch eher einigen Nutzen ziehen können, als wenn sie dann noch in nebelgrauer Ferne weilenden Triesdorfer Zukunftsmestizbock abwarten wollten.

Ist Herr N. mit unserer Anschauung über den Werth reinblütiger Fleischschafböcke einverstanden, so werden sich auch Mittel und Wege finden lassen, auf entsprechende Weise in den Besitz solcher Böcke zu gelangen.

Vereins-Versammlungen.

Dinkelsbühl. Sonntag, am 1. September ist eine äußerst zahlreiche Versammlung des landwirthschaftlichen Bezirksvereines Dinkelsbühl Wassertrüdingen in Schopfloch bei sehr günstiger Witterung abgehalten worden.

Das Gutachten des Herrn Institutsgärtners Abel von Triesdorf über die Förderung der Obstbaumzucht wurde bekannt gegeben, und sodann hierüber die weitere Discussion eröffnet, bei' der namentlich Herr Abel weitere, sehr beachtungswerthe Mittheilungen machte, die, wenn auch von einer Seite einigen Widerspruch gefunden, den allgemeinen Beifall erhielten.

Herr Landwehrmajor Schmidtner von Dinkelsbühl hielt über die Entstehung der Bodenrinde, des Mergels und über dessen Nutzen für die Landwirthschaft einen belehrenden Vortrag, der von der Versammlung mit sichtlichem Interesse aufgenommen worden ist.

Herr Lehrer Christ von Schopfloch sprach sodann:
„über Hebung der Landwirthschaft durch die „Volksschule, insbesondere durch Fortbildungs„schulen,"
welcher Vortrag durch seine gediegene Ausarbeitung, durch seine praktischen Andeutungen die allgemeine, dankende Anerkennung bei der Versammlung gefunden hat.

Der Beschluß der Versammlung ging dahin, daß zunächst in Schopfloch unter der Leitung des tüchtigen und strebsamen Lehrers Herrn Christ eine landwirthschaftliche Fortbildungsschule während der Wintermonate in's Leben gerufen werden soll.

Außerhalb des Vereinslocales ließ Herr Gastwirth Lang von Dinkelsbühl, der eine Niederlage landwirthschaftlicher Maschinen und Geräthschaften von Ludwig Gelz in Schweinfurt hält, eine neu construirte Dreschmaschine arbeiten, welche wegen ihres leichten Betriebes den allgemeinen Beifall der Landwirthe gefunden hat.

Nicht unerwähnt darf der herrliche Spalierbirnbaum des Herrn Zimmermeisters Lang in Schopfloch bleiben, der sehr schön groß gezogen, wegen seines reichen Ertrages die allgemeine Bewunderung erlangt hat.

Solche Versammlungen wirken auf den Landwirth anregend und ermunternd, namentlich wenn sich Männer finden und sich hiezu bereit erklären:
gemeinfaßliche Vorträge über praktische Fragen aus dem Gebiete der Landwirthschaft zu halten,
da unverkennbar der lebendige, mündliche Vortrag auf den schlichten Landmann mehr Eindruck macht, als das Lesen einer gelehrten schriftlichen Abhandlung.

Im Namen vieler Landwirthe soll deshalb der Wunsch ausgesprochen werden, daß sich bei dergleichen Versammlungen Männer, welche praktische und theoretische Kenntnisse in der Landwirthschaft besitzen, betheiligen und auf diese Weise zu einer erhöhten Theilnahme an dem Vereine selbst mitwirken.

*) Der Bericht über die am 1. September in **Roth** stattgehabten Versammlung folgt in der nächsten Nummer.

Anzeigen.

Marktbericht.

Antwerpen, 6. September. Waizen, polnisch $37\frac{3}{4}$—$\frac{1}{2}$ Francs. Roggen, russisch $24\frac{1}{2}$ Francs. Donau Gerste $24\frac{3}{4}$—25 Frcs. Triester Hafer Francs $22\frac{3}{4}$ per 180 ℔. bayerisch.

Verviers, 6. September. Waizen, franz. 39—$39\frac{1}{2}$ Francs per 103 Kilogr. preußischer 43 bis 44 Francs per 117 Kilogr. Roggen, 25 bis $25\frac{1}{4}$ Francs per 100 Kilogr. Gerste $24\frac{1}{2}$ bis per 94 Kilogr. Hafer neuer 31—33 Francs. alter 36—37 Francs per 150 Kilogr. (100 Kilogr. = 180 ℔. bayrisch.)

Aus Schlesien 5. September. Erndtebericht sehr günstig. Schoberzahl gleich vorigem Jahr, Körnerertrag höher. Güterkäufe mehren sich, Preise im Steigen, man zahlt jetzt 150—200 Thlr. per Morgen d. i. 260—350 fl. (per 90 Dez. bayrisch), während man ihn vor ein Paar Jahren um 175 bis 260 fl. haben konnte.

Frankfurt, 9. Sept. Waizen, $15\frac{1}{4}$ fl. Roggen $11\frac{1}{2}$, Hafer $9\frac{1}{4}$ fl. per 180 ℔. bayr.

Schweinfurt, 7. Septbr. 1000 Schäffl verkauft. Waizen, 20 fl. 14 kr. bis 24 fl. 10 kr. Korn, 16 fl. 48 kr. bis 18 fl. 40 kr. Gerste 12 fl. 48 bis 14 fl. 24 kr. Hafer 5 fl. 18 kr. bis 8 fl. 12 kr. Erbsen 18 fl. 30 kr. bis 19 fl. 30 kr. Ochsen 1. Qualität 33 fl. Kühe und Rinder 1. Qual. 29 fl. Hämmel 28 fl. Kälber 29 fl. per 90 ℔. bayrisch Fleischgewicht.

Lindau 7. Sept. Theißwaizen, $33\frac{1}{2}$—34 Frcs. Banater, $32\frac{3}{4}$—$33\frac{1}{4}$ Frcs. p. 180 ℔.

München, 7. September. Leinsamen 22 bis $23\frac{1}{2}$ fl. Reps, 21—24 fl. per Schäffl.

Regensburg, 7. September. Waizen 28 fl. 43 kr. Roggen 17 fl. 40 kr. bis 16 fl. 39 kr. Gerste 13 fl. 21 bis 12 fl. 24 kr. Hafer 8 fl. 16 bis 6 fl. 51 kr. per Schäffl.

Stuttgart, 10 Septbr. Verlauf der gestrigen Landesproduktenbörse bei lebhaftem Verkehr unter fester Tendenz mit Aufschlag. Unger Waizen 7 fl. 48 kr. bis 8 fl. bayr. Kern 8 fl. bis 8 fl. 12 kr. Gerste 5 fl. Roggen, 6 fl. Dinkel, 5 fl. — 5 fl. 18 kr. Hafer 4 fl. 30 kr. per Zollzentner. Handel in Hopfen flau.

Heilsbronn, 11. September. Mittelpreise. Waizen 7 fl. 30 kr. Körner 7 fl. 45 kr. Gerste 4 fl. 41 kr. Dinkel 5 fl. 22 kr. Haber 4 fl. 27 kr. per Ctr. Zollgewicht. (Heilbr. Anz.)

Die **Allg. Hopfenzeitung** berichtet über theilweisen Rückgang der Preise.

Nürnberg, 10. Septembr. Zugeführtes Quantum 600 Ballen Preis je nach Qualität 66 bis 75 fl. Tetnang (Württemberg) 85 fl. Schwetzinger, Prima Qualität 80 fl. Mittel 70 fl. Gering 40—60 fl. Vorrath 1000 Ctr. Saaz Stadthopfen 145 fl. Bezirk 130—135 fl. Kreis 120—125 fl.

Elsaß 200 Francs per 50 Kilogr. oder 90 ℔. begehrt. Aus **England** lauten die Erndteberichte jetzt günstiger. Bayr. Hopfen erwartet man dort zu 60—72 fl. per Ctr.

Schrannenzettel.

Schranne.	Datum	Waizen		Kern		Korn		Gerste		Haber	
		Mittelpreise									
		fl.	kr.	fl.	kr.	fl.	kr.	fl.	kr.	fl.	kr.
	Sept.										
Ansbach .	11. „	26	23	25	45	17	6	—	—	7	35
Augsburg .	6.	23	31	23	27	17	16	13	42	7	16
Bamberg .	—	—	—	—	—	—	—	—	—	—	—
Beilngries .	5. „	21	15	–	—	16	28	11	50	7	42
Dinkelsbühl	4. „	26	3	26	3	8	12	12	47	7	39
Eichstätt .	—	—	—	—	—	—	—	—	—	—	—
Erlangen . .	—	—	—	—	—	—	—	—	—	—	—
Gunzenhausen	7. „	25	42	—	—	17	24	12	56	7	35
Kempten .	—	—	—	—	—	—	—	—	—	—	—
Landshut .	—	—	—	—	—	—	—	—	—	—	—
Lindau . .	—	—	—	—	—	—	—	—	—	—	—
München .	7. „	23	16	—	—	16	34	13	17	7	23
Neuburg a/D.	—	—	—	—	—	—	—	—	—	—	—
Nördlingen	7. „	25	6	25	4	19	30	13	33	7	58
Nürnberg .	7. „	25	42	—	—	17	24	12	56	7	25
Regensburg	7. „	—	—	—	—	—	—	—	—	—	—
Rothenburg .	7. „	25	14	24	6	18	40	12	48	—	—
Schwabach .	—	—	—	—	—	—	—	—	—	—	—
Schweinfurt	7. „	23	2	—	—	17	44	13	24	6	45
Weißenburg	7. „	27	6	—	—	19	18	12	55	7	47

Verantwortlicher Redakteur G. [illegible]

Druck von C. Brügel und Sohn in Ansbach.

Landwirthschaftliches Wochenblatt

Erscheint jede Woche einen halben Bogen stark und kann durch alle Poststellen bezogen werden.

Preis für's ganze Jahr sammt Postaufschlag 1 fl. Inserate werden die gespaltene Petitzeile oder deren Raum auf 4 kr berechnet.

für Mittelfranken.

(Früher landwirthschaftliche Mittheilungen.)

Organ des landwirthschaftlichen Kreis-Comité für Mittelfranken.

Nr. 38. | Ansbach, Septbr. 1867 | I. Jahrgang.

Abonnements-Erneuerung.

Diejenigen Herren Abonnenten, welche das landwirthschaftliche Wochenblatt quartalweise beziehen, werden ersucht, von dem inliegenden Bestellzettel Gebrauch machend, das Abonnement auf das mit dem 1. Oktober beginnende IV. Quartal rechtzeitig zu erneuern. Auch stellen wir an die verehrlichen kgl. Verwaltungsbehörden und landwirthschaftlichen Bezirks-Comités das ergebenste Ansuchen, gelegentlich der Quartalversammlungen ꝛc. für die weitere Verbreitung des landwirthschaftlichen Wochenblattes geneigtest wirken zu wollen.

Die Redaktion.

K. Num. 16440.

Bekanntmachung.

Die landwirthschaftliche Winterschule zu Ansbach, welche im vorigen Jahre von 14 Schülern aus den landwirthschaftlichen Bezirken Ansbach, Dinkelsbühl, Leutershausen, Uffenheim und Windsheim besucht war und von den Aeltern dieser Schüler für die Kenntnisse, welche seitens derselben in der kurzen dreimonatlichen Frist sich erworben wurden, warmen, ungeheuchelten Dank geerntet hat, wird am Montag den 4. November l. Jrs. Vorm. 9 Uhr wieder seinen 3—4 monatlichen Curs eröffnen.

Das unterfertigte Comité will es unterlassen, auf ein Herausrühmen der letztjährigen Leistungen derselben näher einzugehen, und verweist lediglich bezüglich des Zweckes und der Anlage der Schule auf seine vorjährige Bekanntmachung und auf Dasjenige, was zur Empfehlung derselben in die Presse gelangt ist, und ladet zu recht zahlreicher Betheiligung an dem Wintercurse ein.

Die Aufnahmsbedingungen für die Schüler sind unbescholtener Ruf und Entlassenseyn aus der Sonntagsschule.

Der Unterricht wird an die Schüler unentgeldlich ertheilt, dagegen haben dieselben für Quartier, Kost und Verpflegung, sowie für Schreibmaterialien und sonstige Bedürfnisse selber zu sorgen.

Die Aufnahmsgesuche müssen portofrei und belegt mit Leumundszeugniß und dem Sonntagsschulentlaßschein spätestens bis zum 20. Oktober bei dem unterfertigten Comité eingereicht seyn. Den Bittstellern, deren Aufnahme kein Hinderniß im Wege steht, wird sodann der Aufnahmsschein zugefertigt werden. Zugleich werden die Redaktionen der öffentlichen Blätter Mittelfrankens ergebenst ersucht, des guten Zweckes wegen durch unentgeltliche Aufnahme der gegenwärtigen Bekanntmachung zu deren möglichsten Verbreitung gefälligst mitwirken zu wollen.

Ansbach, den 10. September 1867.

Das landwirthschaftliche Bezirks-Comité Ansbach-Leutershausen.

Faber.

Die Knochenmühle in Lehrberg, landwirthschaftlichen Bezirkes Ansbach-Leutershausen.

Ein neues, schönes und nützliches Werk von höchster Bedeutung für die Landwirthschaft, eine Schöpfung der unausgesetzten monatlichen landwirthschaftlichen Versammlungen des Bezirkes Ansbach-Leutershausen ist die Errichtung einer Knochenmühle in Lehrberg in Verbindung mit der dortigen Dampfsägmühle. Es ist nun bald ein Jahr, daß bei einer landwirthschaftlichen Wanderversammlung in Oberzenn die Errichtung einer Knochenmühle angeregt wurde und vier Wochen darauf bei der Versammlung in Hennenbach wurde diese Errichtung zum Beschluß erhoben. Unter Hinweisung auf die Wichtigkeit des phosphorsauren Kalkes, des Hauptbestandtheiles der Knochen, für die Ernährung der Pflanzen und Thiere, machte man damals darauf aufmerksam, wie zwar der Boden bald in geringerer, bald in größerer Menge den phosphorsauren Kalk enthalte, wie der Boden aber nachgewiesenermaßen dadurch von diesem wichtigen Nahrungsmittel allmählig entblößt, sozusagen ausgeraubt werde, daß man in den zum Verkaufe kommenden Bodenprodukten, Körnern und Thieren auch einen Theil seiner Bodenkraft mitverkaufe, wofür der gewöhnliche Stalldünger keinen genügenden Ersatz biete. Dieser Verlust an Bodenkraft werde aber um so größer, als auch die Knochen derjenigen Thiere verkauft und ausgeführt werden, die bei uns selbst zur Schlachtbank kommen. Solchen Verlusten könne nur vorgebeugt werden, wenn man sogenannte künstliche Dünger, welche die dem Boden entzogenen Nährstoffe in der richtigen Menge, Zusammensetzung und erforderlichen Löslichkeit enthalten, kaufe und verwende. Jedenfalls sei es aber vor Allem ein Gebot der häuslichen Ordnung, der Sparsamkeit und Intelligenz, die Knochen, welche in der eigenen Haushaltung alljährlich anfallen, nicht mehr wie bisher zu verschleudern, oder sie an den nächsten besten Lumpensammler zu veräußern. Vielmehr solle man sie fleißig sammeln und als Dünger verwenden. Hiezu müßten sie aber besonders vorbereitet werden und nun kam man auf die neueren Knochendämpf-, Quetsch-, und Mühleneinrichtungen zu sprechen. Das thätige Vereinsmitglied, Herr Bahnmeister Waibel machte auf derartige in Schwaben bestehende, sehr vortheilhafte Einrichtungen aufmerksam, und erklärte sich bereit, ein ähnliches Werk und zwar in Verbindung mit der Lehrberger Dampfsäge zu gründen, wenn ihm die übrigen Vereinsmitglieder unterstützend an die Hand gehen würden. Es seien hiezu 2000 fl. erforderlich, welche durch 100 Aktien à 20 fl. gedeckt werden dürften. Das Aktienkapital soll mit 5% verzinst und alljährlich eine Anzahl Aktien zurückbezahlt werden, wobei das Loos zu entscheiden hätte, auch werde jedem Aktionär der Vortheil zugestanden, daß er

1) Gedämpftes Knochenmehl um 3 fl. 36 kr.
2) Superphosphat um 4 fl. 42 kr.

erhalte, während Nichtaktionäre das Erstere mit 3 fl. 48 kr., das Letztere mit 5 fl. per Zollcentner bezahlen müßten. Für 100 Pfd. rohe Knochen würde jeder Oekonom frei 50 Pfd. gedämpftes Knochenmehl oder 40 Pfd. Superphosphat erhalten.

Diese Vorschläge fanden erfreulichen Anklang und in verhältnißmäßig kurzer Zeit waren die Aktien bei den Vereinsmitgliedern untergebracht. Wir bemerken, daß sich an dem Unternehmen auch Landwirthe aus den Nachbarbezirken Heilsbronn, Erlbach, Windsheim, Rothenburg und Herrieden betheiligten. Das Geldgeschäft selbst nahm der landwirthschaftliche Kreditverein für Mittelfranken in die Hand, und jetzt sind wir in der erfreulichen Lage berichten zu können, daß seit circa 14 Tagen das Werk im schönsten Gange ist.

Schon seit einem Jahre werden im ganzen Bezirke die Knochen gesammelt und aufgespart, die Ablieferung findet regelmäßig statt und das Fabrikat findet reißenden Absatz. Wir verdanken auch dieses neue, gemeinnützige Werk vor Allem der unermüdlichen Thätigkeit des Herrn Vereinsvorstandes, kgl. Reg.-Rath **Faber**, und dem erfreulichen Zusammenwirken der Vereinsmitglieder. Möge dieses Beispiel auch in anderen Bezirken entsprechende Nachahmung finden. Gelegenheit hiezu ist überall gegeben, und das Bedürfniß ist unbestritten.

Zum Schlusse lassen wir noch eine kurze Schilderung der Einrichtung selbst folgen. Die Dampfsäge befindet sich nächst dem Bahnhofe Lehrberg, also in recht günstiger Lage. Für die Verarbeitung der Knochen selbst sind 2 große Ständer zum Verdämpfen vorhanden. Hier wird das **Knochenfett***) 2c. ausgeschieden und abgeschöpft. Von da gelangen die Knochen in einen aufrecht stehenden, verschließbaren Kessel, in welchem sie gar gedämpft werden. Die Dämpfe werden aus dem nebenbefindlichen Dampfkessel der Säge abgeleitet. Das Dämpfen dauert im Ganzen 10 Stunden, worauf man die **Gelatine**, leimhaltiges Wasser, aus dem zweiten Apparate in die im Freien befindliche Cisterne abfließen läßt und die gargedämpften Knochen auf dem Bodenraume trocknet. Hierauf bringt man sie auf das **Walzwerk**, wo sie zerkleinert und gequetscht werden. Von den Walzen gelangt die Masse auf ein **Schüttelwerk**, von hier auf einen **Mahlgang** und von diesem in den **Sortircylinder**. Da alle diese Apparate nach Art der Kunstmühleinrichtungen im Zusammenhang stehen, und von der Dampfmaschine**) in Bewegung gesetzt werden, so genügt ein tüchtiger Arbeiter mit einem Handlanger, um das Geschäft zu betreiben. Behufs Darstellung des Superphosphates ist noch ein mit Blei gefütterter Holzkasten vorhanden, in welchem die Verarbeitung des gedämpften Knochenmehles mit Schwefelsäure vorgenommen wird. Verfertiger der Einrichtung sind die Herren **Hackenmüller** und **Kirchner** aus Memmingen und muß denselben hiemit die vollste Anerkennung ausgesprochen werden, indem, was Solidität der Einrichtung in allen ihren Theilen, namentlich den **ruhigen** und **gleichmäßigen** Gang des Werkes, und die **Feinheit** des erzeugten Knochenpräparates anbelangt, Nichts zu wünschen übrig bleibt. Wir empfehlen daher schließlich nicht allein die **Knochenmühle Lehrberg**, sondern auch deren Verfertiger, die Herren **Hackenmüller** und **Kirchner** in Memmingen mit dem Bemerken bestens, daß dieselben gleichzeitig in Lehrberg bei Oekonom **Unger** und in **Hürbel** bei Gemeinde-Vorsteher **Gehring** je eine Göppeldreschmaschiene mit Strohschüttler und Putzvorrichtung aufgestellt haben, mit denen man sehr zufrieden ist. Mit Putzmühle kostet die ganze Einrichtung 300 fl., ohne solche 280 fl. franco Lehrberg.

*) Dasselbe wird zur Bereitung von Wagenschmiere und Seife verwendet.

**) Zum Betriebe kann selbstverständlich auch die billigere Wasserkraft verwendet werden; nur braucht man alsdann einen eigenen Dampferzeugungs-Apparat.

Landwirthschaftliche Versammlung.

Am Sonntag den 15. d. Mts. fand auf dem Keller des Bierbrauer **Killian** in **Obersulzbach** eine Wanderversammlung des landwirthschaftlichen Bezirksvereines **Ansbach-Leutershausen** statt.

Vorträge hielten, Herr Gutspächter **Herwig** über den **Hackfruchtbau** und Herr Bezirksthierarzt **Ott** von Ansbach hauptsächlich über die zulässige Grenze der **thierärztlichen Nothhilfe**. Den **Hackfruchtbau** betreffend, behandelte Herr Herwig den **Runkelrüben**- oder **Angersenbau** und den **Krautbau**. Die **Runkelrübe** könne als Futterpflanze nicht genug empfohlen werden. Sie liefere bei zweckmäßiger Behandlung leicht einen Ertrag von 200 Centner, und da 4 Centner Runkeln 1 Centner Heu gleich kämen, so repräsentire ein Tagwerk Feld mit Runkelrüben bestellt 50 Ctr. Heu, was gewiß von Bedeutung sei. Der beste Boden für Runkeln sei tiefgründiger, milder Lehmboden; er müsse vor Winter 10—12 Zoll tief gepflügt werden, auch im Frühjahr habe der Bepflanzung noch eine mehrmalige Bearbeitung, sowie eine sehr kräftige Düngung voranzugehen. Als Beidünger von großer Wirksamkeit wurde **Knochenmehl** empfohlen und bemerkt, daß bei Anwendung von 3 Ctr. per Tagwerk auf eine Pflanze circa 1 Loth treffe, wenn nämlich in Entfernungen von 2 Fuß gepflanzt werde. Die **Runkel** werde namentlich von keinem Ungeziefer heimgesucht, wie die Kohlrüben, nur dürfe man das Blättern nicht übertreiben, und um sie gegen das Faulen zu schützen, solle sie vorsichtig abgeschnitten, d. h. der Kopf der Rübe nicht zu sehr blosgelegt und nicht in Kellern aufbewahrt, sondern in trockenen Gruben auf dem Felde, oder in Hausgärten eingemiethet und gut mit Stroh und Erde gedeckt werden.

Krautbau betreffend, sei der beste Boden lockerer, tiefgründiger, humoser Sand, der allerdings nicht überall zu finden ist. Dennoch verlange die Einträglichkeit des Krautbaues, daß man ihm mehr Aufmerksamkeit als bisher schenke, und wurde empfohlen, statt des grobrippigen Krautes mit plattem Kopf, Versuche namentlich mit dem feinrippigen sog. Filder- und Braunschweiger Kraut zu machen. Zur Samenvermittlung biete der Verein die beste Gelegenheit.

Herr Bezirksthierarzt Ott bekämpfte in seinem Vortrage die Pfuscherei unwissender Leute, räumte aber ein, daß sachverständigen Laien mit Ausnahme ansteckender Krankheiten, auf die Dauer bis zu 6 Stunden bei den meisten Thierkrankheiten die Nothhilfe zu gestatten sein dürfte, innerhalb welcher Zeit aber jedenfalls zur weiteren Behandlung ein approbirter Thierarzt herbeizurufen sei. Ein förmlicher Antrag auf Abänderung der diesfallsigen allerhöchsten Verordnung vom Jahre 1862 wurde nicht gestellt.

Schließlich wird noch bemerkt, daß der Herr Vereinsvorstand die Beschickung der Obstausstellung in Triesdorf und die Benützung der im Monat November beginnenden landwirthschaftlichen Winterschule, sowie der nunmehr eröffneten Knochenmühle in Lehrberg empfahl.

Anzeigen.

Marktbericht.

Köln, 17. Sept. per 200 ℔. Waizen 8 Thlr. 10 Sgr.—9 Thlr. 17 Sgr. Roggen, 6 Thlr. $22^1/_2$ Sgr. bis 7 Thlr. Hafer 5 Thlr. $2^1/_2$ Sgr.—5 Thlr. $7^1/_2$ Sgr.

Kassel, 16. September. Waizen 260 ℔. $11^1/_2$—$11^3/_4$ Thlr. Roggen 240 ℔. $8^1/_4$—$8^1/_2$ Thlr. Gerste 216 ℔. 6—$6^1/_2$ Thlr. Hafer 150 ℔. $3^1/_2$—$3^2/_3$ Thlr. Reps 225 ℔. 11—$11^1/_2$ Thlr. Repskuchen 100 ℔. $1^2/_3$—$1^5/_6$ Thlr.

Köln, 16. September. 100 ℔. Fleischgewicht 15—16 Thlr. für kleines Vieh, 18—20 Thlr. für bestes Vieh. Schweine $6^1/_4$—$^1/_2$ Silbergr. d. h. $22^1/_2$—23 Kreuzer per Zollpfund.

Heilbronn, 16. September. Ungar Waizen $15^1/_2$ fl. Gerste $9^3/_4$ fl. per 200 Zollpfd. Hafer, $4^1/_2$ fl. per 100 Zollpf.

Die Allgemeine Hopfenzeitung berichtet:

Aschau, 18. September Rothhopfen 90—105 fl. Grünhopfen 75—80 fl.

Nürnberg, 19. Septbr. Verkauf lebhafter, weil der Export bereits begonnen. Preissteigerung von 4—6 fl. Guter Markthopfen 62—66 fl. Gebirgshopfen 68 fl. Hallertauer, 60—65 fl. Schwetzinger 45—64 fl.

Vom Spalter Angrenzland an der fränkischen und schwäbischen Rezat wird geklagt, daß der Hopfen neuerdings massenhaft verderbe.

Aus Hersbruck meldet man vom 18. d. M. Preise von 60—70 fl.

Kanstadt 15. Septbr. Scharrer u. Jäger bestätigen die ausgezeichnete Hopfenerndte auf den Continent; dagegen verbleibe immerhin ein Ausfall in England und Amerika zu decken, der eine mäßige Preissteigerung bei uns zur Folge haben könnte, wenn unsere Pflanzer so ruhig sein könnten, wie die überseeischen Abnehmer; allein die Hast verdirbt den Handel.

Schrannenzettel.

Schranne.	Datum	Waizen		Kern		Korn		Gerste		Haber	
		Mittelpreise									
		fl.	kr.	fl.	kr.	fl.	kr.	fl.	kr.	fl.	kr.
	Sept.										
Ansbach	18. „	24	41	—	—	17	53	—	—	7	59
Augsburg	13. „	24	42	24	34	17	32	13	57	7	8
Bamberg	7. „	24	5	—	—	17	34	13	13	7	24
Beilngries	12. „	22	56	—	—	18	2	12	14	7	18
Dinkelsbühl	11. „	27	5	27	6	19	7	13	10	7	39
Eichstätt	7. „	24	42	—	—	20	1	12	10	6	57
Erlangen	—	—	—	—	—	—	—	—	—	—	—
Gunzenhausen	19. „	26	24	—	—	18	14	13	58	8	5
Kempten	4. „	—	—	24	37	18	17	14	40	9	3
Landshut	13. „	23	12	—	—	16	43	12	25	7	42
Lindau	15. „	27	28	25	39	18	48	—	—	8	42
München	14. „	24	24	—	—	17	26	13	46	7	33
Neuburg a/D.	4. „	23	16	—	—	17	7	12	5	6	28
Nördlingen	14. „	26	27	25	53	20	32	14	1	8	1
Nürnberg	10. „	24	7	—	—	17	42	14	40	9	15
Regensburg	14. „	22	6	—	—	17	15	11	30	6	36
Rothenburg	14. „	24	40	24	22	19	12	12	48	7	30
Schwabach	—	—	—	—	—	—	—	—	—	—	—
Schweinfurt	14. „	23	9	—	—	18	50	14	5	7	40
Weißenburg	14. „	27	14	—	—	19	9	12	57	7	29

Verantwortlicher Redakteur C. Glotzen.

Druck von C. Brügel und Sohn in Ansbach.

Landwirthschaftliches Wochenblatt

Erscheint jede Woche einen halben Bogen stark und kann durch alle Poststellen bezogen werden.

Preis für's ganze Jahr sammt Postaufschlag 1 fl. Inserate werden die gespaltene Petitzeile oder deren Raum auf 4 kr berechnet.

für Mittelfranken.

(Früher landwirthschaftliche Mittheilungen.)

Organ des landwirthschaftlichen Kreis-Comité für Mittelfranken.

Nr. 39. | Ansbach, Septbr. 1867. | I. Jahrgang.

Abonnements-Erneuerung.

Wir wiederholen unser ergebenstes Gesuch um rechtzeitige gefällige Erneuerung des Abonnements auf das mit dem 1. Oktober im IV. Quartal erscheinende landwirthschaftliche Wochenblatt für Mittelfranken.

Die Redaktion.

E. Nr. 501.

Bekanntmachung.

(Abhaltung der landwirthschaftlichen Jahresversammlung in Triesdorf betr.)

Inhaltlich einer Mittheilung des k. Oberpost- und Bahnamtes Nürnberg vom 20. d. Mts. hat die Generaldirektion der k. Verkehrs-Anstalten genehmigt, daß die Schnellzüge Nr. 41 und 42 am Tage der landwirthschaftlichen Jahresversammlung den 21. Oktober l. Js. in Triesdorf anhalten dürfen.

Ansbach, den 24. Sept. 1867.

Kreis-Comité des landwirthschaftlichen Vereins für Mittelfranken.

Bekanntmachung.

(Aufnahme der Schüler und Verleihung von Freiplätzen bei der Kreis-Ackerbauschule Triesdorf bei Ansbach pro 18$^{67}/_{68}$.)

Die unterfertigte Inspektion macht hiermit bekannt, daß die Aufnahms-Gesuche von Zöglingen, welche sich in der Landwirthschaft und deren Nebenzweige oder im Garten- und Obstbau theoretisch und praktisch ausbilden wollen, bis zum 21. Oktbr. l. Js. einzureichen sind.

Der Eintritt in die Anstalt setzt den vollendeten Besuch der Werktagsschule voraus und es ist das Zeugniß derselben, sowie ein Impf- und Leumunds-Attest vorzulegen.

Außerdem haben Diejenigen, welche um Ermäßigung des jährlichen Kostgeldes von 70—125 fl., oder um eine von höchster Stelle zu vergebenden Freistelle nachsuchen wollen, noch ein Vermögens-Zeugniß in Vorlage zu bringen.

Die Zöglinge wohnen in einem neuen, geräumigen Anstalts-Gebäude mit ihren Lehrern zusammen, erhalten durch zwei Geistliche protestantischen und katholischen Religions-Unterricht und durch vier Fachlehrer ihre Ausbildung in der Landwirthschaft, Buchführung, Thierheilkunde, Stylübung, Arithmetik, Geometrie mit Feldmessen, im Zeichnen, Garten- und Obstbau und in den nöthigen Naturwissenschaften.

Als Lehrmittel besitzt die Anstalt das hiesige Staatsgut zu 578 bayr. Tgw., verbunden mit ausgedehnter Viehzucht, eine Dampfbranntweinbrennerei, Käserei, Baumplantage zu 30 Tgw. und endlich die nöthigen Sammlungen und Maschinen.

Weitere Mittheilungen über die Anstalt ertheilt:

Triesdorf, den 20. September 1867.

Königliche Inspektion der Kreisackerbauschule.

Wagner.

Landwirthschaftliche Versammlungen

Roth am Sand, den 1. Sept. Heute fand unter dem Vorsitze des Vereinsvorstandes, k. Bez.-Amtmanns Hrn. v. Zoller, eine zahlreich besuchte landwirthschaftliche Wander-Versammlung auf dem Bär'schen Bierkeller statt. Bauer Schrödel von Kornburg, dessen Strebsamkeit alle Hochachtung verdient, produzirte die von ihm selbst gebauten sog. Doppelpflüge, welche geeignet sind, auf leichtem Boden bei Bifängen zwei Furchen zumal zu ziehen. Trotz des trockenen und sehr festen Bodens war die Arbeit, welche zwei Stiere und ein Mann verrichteten, eine vollkommene und kann dieser Pflug für leichten Boden allen denen nur bestens empfohlen werden, welche den Bifangbau vorziehen. Weiter produzirte Schrödel mehrere von ihm selbst gefertigte und besetzte Dzierzonbienenstöcke. Ueber Hebung des Tabakbaues und Verarbeitung des Tabaks durch die Produzenten sprach Vereins-Sekretär Classen aus Ansbach unter Vorlage von Tabakblättern und Cigarren, welche in der Gegend von Gotha durch die Pflanzer selbst gefertigt werden.

Windsheim. Am Mittwoch den 18. d. Mts. fand gelegentlich einer Quartalversammlung unter der Leitung des k. Bezirksamtmanns Herrn Zink von Uffenheim im Gärtner'schen Lokale eine landwirthschaftliche Versammlung statt, in welcher zunächst eine Neuwahl des landwirthschaftlichen Bezirks-Comites vorgenommen wurde. Gewählt wurden als I. Vorstand: Herr Bürgermeister Lochner von Windsheim, als II. Vorstand: Herr Zeller, Bierbrauer und Oekonom von da, als Schriftführer: Herr Lehrer Dreh von da.

Muggenhof bei Nürnberg, den 19. Septbr. Heute Nachmittag hielten die 3 landwirthschaftlichen Bezirke Nürnberg, Fürth und Erlangen im Staudt'schen Gasthause eine Besprechung, deren Hauptzweck war, sich zur Verfolgung gleicher landwirthschaftlicher Interessen zu vereinigen und zu diesem Zwecke alljährlich wenigstens 2 gemeinschaftliche Versammlungen abzuhalten. Jeder Vorstand der 3 genannten Comités soll Ein Jahr den Vorsitz führen, und behufs Förderung größerer gemeinschaftlicher Unternehmungen wurde vorgeschlagen, einen Fond zu gründen, zu welchem sämmtliche Comités, ohne Rücksicht auf ihre Mitgliederzahl, in gleichem Maße beizutragen haben. Die Vorschläge gingen nach längerer Erörterung durch und wurde schließlich bestimmt, daß im Bezirke Nürnberg der Anfang mit diesen gemeinschaftlichen Versammlungen gemacht werde und Nürnberg für das erste Jahr der Vorort sein solle. Im weiteren Verlaufe der Verhandlungen hielt Vereinssekretär Classen einen Vortrag über die Gefahren, welche in den vereinigten Bezirken Nürnberg, Fürth und Erlangen durch die vielbesprochene Besteuerung dem Tabakbau drohen. Unter Hinweisung auf die hohe Bedeutung, welche die Tabakkultur in der Fruchtfolge des Nürnberger Landes erlangt hat, wurde beschlossen, ähnlich den Vorgängen in Baden, der Pfalz, Hessen und Würtemberg, durch Vermittlung der Vereinsorgane an die k. Staatsregierung eine Petition gelangen zu lassen, in welcher die Bedeutung des Tabakbaues dargelegt und behufs Abwendung der Maßregel rechnerisch nachgewiesen wird, daß bei der projektirten Besteuerung dieser Zweig des vaterländischen Handelsgewächsbaues faktisch unmöglich wird. Eine Commission von ausübenden Landwirthen, welche den kgl. Rektor Herrn Dr. Kellermann von Lichtenhof zum Obmann wählte, wurde mit der Abfassung der Petition beauftragt. Mit Bezugnahme auf verschiedene Cigarrensortimente, welche aus der Gegend von Gotha bezogen, von den dortigen Pflanzern selbst gefertigt und zur Ansicht und Probe aufgelegt wurden, empfahl Classen behufs Erhöhung des Reinertrages die eigene Verarbeitung des gebauten Tabakes. Hierauf verbreitete sich Herr Ackerbaulehrer Firsching von Lichtenhof in einem längeren Vortrag über die Wichtigkeit der Bienenzucht nach Dzierzon. Herr Rektor Dr. Reinsch von Erlangen erklärte unter Ausstellung eines wenigstens 10 Fuß hohen, prachtvollen Exemplares von Pferdezahnmais in sehr humoristischer Weise die theilweise Ernährung dieser wichtigen Futterpflanze durch sog. Luftwurzeln, sowie die Art ihrer Befruchtung, unter Hinweisung auf den getrennten Stand der männlichen und weiblichen Blüthen. Schließlich wurde beschlossen, behufs der Verloosung einen Bifang-Doppelpflug von Bauer Schrödel in Kornburg anzukaufen. Die Versammlung leitete der I. Vereinsvorstand, kgl. Bezirksamtmann Herr Esper von Nürnberg; derselben wohnten die Vereinsvorstände Herr k. Reg.-Rath Forster von Erlangen und Herr k. Bezirksamtmann von Rücker von Fürth bei.

Vereinsversammlungen finden statt:

Zu Kipfenberg, landwirthschaftlicher Bezirk Eichstätt-Kipfenberg. Sonntag den 13. Oktbr. Berathungsgegenstände: 1) Bekämpfung der Vorurtheile, welche im Bezirke Kipfenberg gegen den landwirthschaftlichen Verein bestehen. 2) Mittel, die durch Engerlinge devastirten Wiesen wieder in guten Stand zu bringen.

Zu Burgthann, landwirthschaftlicher Bezirk Altdorf. Dienstag den 1. Oktober. Berathungsgegenstände:

1) Wie kann die Pferdezucht im Bezirke Altdorf gehoben werden?
2) Was sollte geschehen, um gute Dienstboten zu bekommen?
3) Ist es rathsam, daß alle Gemeindegründe kultivirt werden?
4) Auf welche Art und Weise kann der Ertrag der Grundstücke erhöht werden?
5) Wie sollte die Bienenzucht betrieben werden?

Mit der Versammlung ist eine Verloosung landwirthschaftlicher Gegenstände im Werthe von 60 fl. verbunden.

Zu Heidenheim Samstag den 5. Oktober. Die Berathungsgegenstände betreffen die zu errichtenden landwirthschaftlichen Fortbildungsschulen, die Benützung der Gülle, Hebung der Obstbaumzucht und Abschaffung der Feldraine.

Landwirthschaftliche Mittheilungen

Bereitung von Sauerheu aus Runkelrübenblättern. In der Nähe der Stallungen schichtet man die Rübenblätter, womöglich in sehr große Miethen, von 12 bis 16 Fuß Breite und 12 bis 16 Fuß Höhe auf. Auf jede einen Fuß starke Schicht streut man Salz, auf 100 Ctr. Blätter $\frac{1}{2}$ bis $\frac{3}{4}$ Ctr.; während des Einmiethens stampft man die ganze Masse ununterbrochen so fest als irgend möglich und nachdem der ganze Haufen bis in die Spitze festgestampft ist, bestreicht man denselben mit einer 3 Zoll starken, nassen Lehmdecke, oder besser gesagt, man verklebt die ganze Miethe luftdicht. Diese Arbeit muß schnell hintereinander geschehen, damit so wenig als möglich Luft eindringt. In kurzer Zeit fängt der Lehm an zu trocknen und durch die in dem Haufen sich erzeugende Wärme aufzuspringen; alle diese Risse müssen sorgfältig wieder verstrichen werden, und wird dies so lange stattfinden, bis die Gährung im Haufen nachläßt. Um den Frost nicht zu stark eindringen zu lassen, bewirft man den Haufen später noch mit etwas Erde. Ist die Einmiethung gut geschehen, so erhält man ein gutes Futter, welches von den Thieren ungemein geliebt wird. Ist die Gährung vollkommen beendet und muß man die Miethe zur Fütterung öffnen, so kann man dieselbe ohne Schaden offen lassen, um das Futter nach Bedürfniß zu entnehmen, die Witterung übt dann keinen Einfluß mehr auf dasselbe aus.

(Nach dem land. Generalanz.)

Marktbericht.

Antwerpen, 19. Septbr. Neuer, rother **Weizen** 39, weißer 38½, Ungar 36½, bis 38, Polnischer 37¾, **Roggen** vom schwarzen Meer 24½, bis 24¾, **Donaugerste** 26 Francs per 100 ℔, **Hopfen** von Aloſt 150 Francs per 50 ℔.

Poissy, 19. Septbr. Geschäft bei sinkendem Preise still. 3256 **Ochsen** zu 1 Francs 30 Cts. bis 1 Francs 56 Cts. per Kilogr., d. i. 36 bis 48 kr. per 2 Zollpfund. 333 **Kühe** zu 1 Francs 18 Cts. bis 1 Francs 44 Cts. per Kilogr., d. i. 33 bis 40 kr. per 2 Zollpfd. 18310 **Hammel** zu 1 Francs 34 Cts. bis 1 Francs 70 Cts. per Kilogr., d. i. 38 bis 48 kr. per 2 Zollpfd.

Berlin, 20. Septbr. **Wolle** 2500 Ctr. verkauft. 1560 Ctr. gute Mittelwolle 66—76 Thlr. feine ostpreuß. 70—75 Thlr., Kammwolle 68 Thlr.

Breslau, 20. Septbr. **Wolle** 1100 Ctr. verkauft. Mittelfeine polnische und preuß. Tuchwolle 72—78 Thlr.

Wien, 21. Septbr. Getreidezufuhr stark. Ausgebot übersteigt die Nachfrage, weil Stimmung in Frankreich matt. Ab Pesth **Weizen** 5 fl. 65 kr. bis 5 fl. 70 kr. ... ℔. Ab Wien Marchfelder 84 ℔. 6 fl. 30 kr. Theiß oder Banater 6 fl. 25 kr. Lieferung pro Oktober u. Dezember prima Waare 6 fl. 15 kr. **Roggen** flau, 4 fl. — bis 4 fl. 10 kr. für 80 ℔. **Gerste** gesucht, 2 fl. 95 kr. — 3 fl. 20 kr. für 70 ℔. **Hafer** 48 ℔. 1 fl. 85 kr.

Berlin 21. September. **Roggen** pro Septbr. u. Oktober 68½ Thlr. per 2000 Zollpf.

Mainz, 20. September. **Waizen** 15¾, bis 16½, fl. **Korn** 12½, fl. **Gerste** 10½, — 11 fl. per 200 Zollpf. **Hafer** 5½, — 5¾, fl. per 120 ℔. **Erbsen** 10½, — 12 fl. **Bohnen** 13½, bis 14 fl. **Linsen**, 12 — 18 fl. pro 200 Zollpf. **Reps**, 16½, fl. per 115 ℔. **Mohn**, 21 fl. per 160 ℔.

Augsburg, 20. Septbr. Schrannenstand 2359 Schäff. **Waizen** 25 fl. 15 kr., gestiegen 33 kr. **Kern** 25 fl. 15 kr., gest. 57 kr. **Roggen** 17 fl. 56 kr., gest. 24 kr. **Gerste** 14 fl. 25 kr., gest. 28 kr. **Hafer** 7 fl. 40 kr., gest. 32 kr.

Landshut, 20. Septbr. Schrannenstand 2527 Schäff. **Weizen** 14 fl. 15 kr., gest. 1 fl. **Korn** 16 fl. 9 kr., gestiegen 25 kr. **Gerste** 13 fl. 11 kr., gest. 48 kr. **Hafer** 7 fl. 56 kr., gest. 26 kr.

München, 21. Septbr. Schrannenstand 12903 Schäff. **Weizen** 26 fl. 27 kr., gest. 2 fl. 3 kr. **Korn** 17 fl. 48 kr., gest. 22 kr. **Gerste** 14 fl. 11 kr., gest. 25 kr. **Hafer** 7 fl. 32 kr., gef. 1 kr.

Die **Allgemeine Hopfenzeitung** berichtet aus Nürnberg, daß bei starker Zufuhr von 3000 Ballen unter einem Aufschlag von 2 fl. rasch Alles vergriffen war. Die Preise bewegen sich zwischen 85 fl. prima Schwetzinger und 52 fl. secunda Markthopfen. Von Spalt keine Meldung. Saaz, Stadt 140 fl., Land 130—132 fl., Kreis 112 bis 118 fl. Frankreich und Belgien 125 — 150 Frcs. pro 50 Kilog.

Ansbach, 24. Septbr. Viehmarkt. Zufuhr 348 Stücke, verkauft 210. Umsatzsumme 30358 fl. Höchster Preis für ein Paar Ochsen 51 Karolin. Färkel 6—10 fl. Läufer 14—20 fl.

Schrannenzettel.

Schranne.	Datum	Waizen		Kern		Korn		Gerste		Haber	
		Mittelpreise									
		fl.	kr.	fl.	kr.	fl.	kr.	fl.	kr.	fl.	kr.
	Sept.										
Ansbach	21. „	24	5	—	—	17	56	—	—	7	33
Augsburg	20. „	25	15	25	57	17	56	14	25	7	40
Bamberg	—	—	—	—	—	—	—	—	—	—	—
Beilngries	—	—	—	—	—	—	—	—	—	—	—
Dinkelsbühl	18. „	27	18	27	18	19	24	14	50	8	12
Eichstätt	21. „	26	21	—	—	18	25	12	35	7	2
Erlangen	—	—	—	—	—	—	—	—	—	—	—
Gunzenhausen	—	—		—	—	—	—	—	—	—	—
Kempten	11. „	—	—	25	39	19	9	14	52	9	25
Landshut	21. „	24	14	—	—	17	9	13	11	7	56
Lindau	21. „	27	37	—	—	18	—	—	—	—	—
München	21. „	26	27	—	—	17	48	14	11	7	32
Neuburg a/D.	11. „	23	15	—	—	18	5	11	57	6	5
Nördlingen	21. „	27	36	26	45	21	14	14	50	8	6
Nürnberg	17. „	24	36	—	—	—	—	14	45	8	37
Regensburg	21. „	22	53	—	—	16	6	13	39	7	40
Rothenburg	21. „	25	14	24	50	19	—	—	—	7	24
Schwabach	—	—	—	—	—	—	—	—	—	—	—
Schweinfurt	21. „	25	46	—	—	20	22	14	45	7	32
Weißenburg	21. „	26	7	—	—	19	32	14	6	8	—

Verantwortlicher Redakteur C. Glaser.

Druck von C. Brügel und Sohn in Ansbach.

Landwirthschaftliches Wochenblatt

Erscheint jede Woche einen halben Bogen stark und kann durch alle Poststellen bezogen werden.

Preis für's ganze Jahr sammt Postaufschlag 1 fl. Inserate werden die gespaltene Petitzeile oder deren Raum auf 4 kr berechnet.

für Mittelfranken.

(Früher landwirthschaftliche Mittheilungen.)

Organ des landwirthschaftlichen Kreis-Comité für Mittelfranken.

Nr. 40. Ansbach, Septbr. 1867. I. Jahrgang.

Zur gefälligen Beachtung!

Die Herren Abonnenten werden wiederholt ersucht, die Bestellung auf das landwirthschaftliche Wochenblatt für das IV. Quartal gefälligst zu erneuern.

Die Redaktion.

Der Londoner Viehmarkt
und seine Bedeutung für den Continent, insbesondere für Deutschland.

Unter diesem Titel ist soeben im Buchhandel eine Schrift erschienen, welche die vollste Beachtung verdient. Schon der Name des Verfassers, Dr. Eduard Hartstein, Direktor der landwirthschaftlichen Akademie Poppelsdorf, bürgt für die Gediegenheit des Inhaltes. Derselbe handelt folgende Kapitel ab:

I. Kurze Beschreibung des Londoner Viehmarktes. II. Vorschläge zur Trennung des Marktes für einheimisches und fremdes Vieh. III. Das Schlächtergewerbe und die Schlachthäuser Londons. IV. Die Fleischmärkte Londons. V. Die Versorgung Londons mit Fleischsendungen von Außen. VI. Die Fleisch- und Viehpreise in London. VII. Beschickung des Londoner Viehmarktes. VIII. Art und Kosten des Verkaufes. IX. Der Transport des Viehes nach London. X. Die Bedeutung des Londoner Viehmarktes für das Ausland.

Hauptsächlich wegen Mangel an Raum wurde im Jahre 1851 der Hauptviehmarkt Londons in die Vorstadt Islington verlegt und 1857 daselbst eröffnet. Es kam hiebei eine Fläche von 109 Morgen zur Verwendung. Der eigentliche Viehmarkt bildet ein Quadrat von 780 Fuß Länge und Breite, in dessen Mitte sich ein Bankgebäude mit den nöthigen Räumlichkeiten für die Marktbeamten, das Post- und Telegraphenbureau befindet. Die eine Hälfte des Marktes dient für das Großvieh, die andere für Kälber, Schafe und Schweine. Erstere reicht für 7000 Stück Großvieh, letztere ist für 30,000 Stück Schafe mit offenen und für 1200 bis 1500 Kälber und Schweine mit theilweise bedeckten Ställen eingerichtet. Weiter schließen sich an den offenen Markt 12 Schafställe für 8000

Stück und 12 Ochsenställe für 3000 Stück an, behufs Unterbringung solcher Thiere, welche vor dem Markttage ankommen, und welche unverkauft blieben, oder nicht gleich nach dem Verkauf weggetrieben werden können. Sodann hat die Stadt zur Erleichterung des Verkehres 7 Gasthöfe nächst dem Viehmarkte eingerichtet. Die ganze Anlage kostete 3 Millionen Thaler, welche Summe durch Standgebühren etc. bis jetzt nicht ganz zu 2% verzinst wird. Der Markt wird Montag und Donnerstag abgehalten. Durchschnittlich kommen am Montag 5000 Stück Rindvieh und 18000 Stck. Schafe, am Donnerstag nur 1000 bis 1200 Stck. Rindvieh und 6000 bis 8000 Stck. Schafe zur Ausstellung. An Kleinvieh 400 bis 500 Kälber und 600 bis 700 Schweine. Man begreift diesen ungeheuern Fleischbedarf, wenn man bedenkt, daß London nach der Zählung vom 8. April v. Js. 3,654,940 Einwohner hat, welche bei dem Fleischgewicht eines Ochsen von 7 Ctr. und eines Schafes von 70 Pfd. täglich 1051 Ochsen und 5247 Schafe verzehren. Soviel über die Einrichtung des Viehmarktes. Kap. I.

Was die im II. Kapitel enthaltenen Vorschläge zur Trennung des Marktes für einheimisches und fremdes Vieh betrifft, so wurden dieselben durch die Einschleppung der Rinderpest hervorgerufen. Uebrigens sind die Interessenten keineswegs für die Vorschläge, deren Durchführung eine Abnahme der Einfuhr von fremdem Vieh, und damit eine bedeutende Steigerung der Londoner Fleischpreise zur Folge hätte.

Das Schlächtergewerbe, im III. Kapit. beschrieben, wird von circa 4000 Personen betrieben. Die Großschlächter, wovon Einzelne wöchentlich 80—100 Stück Großvieh und 500—800 Stück Schafe schlachten, verkaufen das Fleisch viertelweise an die Kleinschlächter, Fleischhändler und Fleischlieferanten; diese vermitteln den Detailverkauf in der Stadt London sowohl, als namentlich auch nach verschiedenen englischen Fabrikstädten. Das mit dem Islington-Viehmarkt verbundene große allgemeine Schlachthaus wird fast gar nicht benützt, vielmehr haben die Großschlächter ihre eigenen Schlachthäuser, die sie vorerst nicht aufgeben wollen. Als Gründe führen sie an, das öffentliche Schlachten sei zu kostspielig, indem man sich hiezu nicht seiner eigenen Leute bedienen könne und das geschlachtete Vieh zu weit transportirt werden müsse. Auch sei im eigenen Schlachthause mehr Reinlichkeit und bessere Ausnützung der Abfälle möglich, sowie man sich zum besonderen Vortheile des Publikums mit dem Schlachten mehr nach dem augenblicklichen Fleischbedarf, der besonders mit den Witterungsverhältnissen sehr wechsle, richten und jedes Bedürfniß gleichwohl rasch befriedigen könne. Endlich falle noch der in öffentlichen Schlachthäusern unvermeidliche Diebstahl namentlich an Talg etc. sehr in die Wagschale. Alle diese Nachtheile zusammen sollen nach bisherigen Erfahrungen pro Stück Großvieh einen Entgang von 6 Thlrn., pro Stck. Kleinvieh von 1 Thlr. entziffern, was bei obigem Fleischbedarf einen jährlichen Schaden von 4,700,000 Thlr. ausmacht, der durch Schlachten in den Privatschlachthäusern vermieden werde, der aber nothwendig auf die Fleischpreise geschlagen werden müßte, wenn das System der öffentlichen Schlachthäuser durchgeführt werden würde.

(Fortsetzung folgt.)

Stammschäferei betreffend.

Wenn wir noch einmal auf den letzten Artikel (in Nr. 37 d. W. L.) des Herrn Gegners erwidern, so geschieht dies nur, weil uns von jener Seite Zugeständnisse unterstellt werden, die je gemacht zu haben, wir uns bestimmt verwahren müssen.

In dem bezüglichen Artikel d. W. Bl. wird gesagt, wie wir zugegeben hätten, daß Böcke, die unseren Anforderungen hinsichtlich der Wolle und Fleischproduktion möglichst entsprächen, erst durch sorgfältige Kreuzung geschaffen werden müßten. Nirgends haben wir dies zugegeben und niemals nur daran gedacht, daß die gewünschte Stammschäferei anders beschafft werde, als durch Ankauf bereits entsprechender Thiere, wie sie norddeutsche Schäfereien vielfach aufzuweisen vermögen. Die häufig anzutreffende Kreuzung von Southdowns mit Merinos erwähnten wir nur deswegen, weil Herr X. die Behauptung aussprach, eine Stammschäferei dürfe nur nach Einer Richtung arbeiten.

Sehen wir uns aber nach der Nutzanwendung der Fabel um, so finden wir solche ausgezeichnet in der schier dreißig Jahre benöthigten Zeitdauer, die Herr X. berechnet hat, ehe die Kreuzungsböcke verwendet werden könnten. Wir wollen über diese Berechnung und Annahme nicht weiter rechten, da sie, — wie oben bemerkt — mit der Sache nichts zu thun hat.

Nach der Fabel folgt das „Gespenst der australischen Massenproduktion an ausgezeichneter Kammwolle", und damit wir auch überrascht werden, kommt von dem eifrigen Befürworter der Kreuzung unserer Wollschafe mit englischem Vieh, noch die Prophezeihung des reinsten Merinoschafes (Tuchwolle) als Schaf der Zukunft.

Dem Gespenst der austral. Massenproduktion an Kammwolle steht die Wirklichkeit des steigenden Bedarfs, die Ausbreitung der deutschen Wollfabrikation, entgegen. Allein der Zollverein muß noch jährlich über 300,000 Ctnr. Wolle im Ausland kaufen, um seine Fabriken zu versorgen. Es ist sicherer Thatsache, daß der Absatz guter Kammwolle viel weniger Schwierigkeiten macht, als der Verkauf edler Tuchwolle, wofür jedes Jahr, jeder Markt neue Beweise liefert.

Angenommen aber, das ursprüngliche reine Merinoschaf (feine Wolle) sei das der Zukunft, ist dann das Prinzip der Antragsteller, die Böcke verwenden wollen, welche nach der Woll- und Fleischproduktion hin möglichst Befriedigendes leisten, nicht das richtigere, gegenüber der Ansicht des Herrn X., der Böcke mit grober Wolle jetzt verwendet wissen will?

Unsere Abneigung gegen die von dem Herrn Gegner empfohlenen reinen Fleischschafböcke scheint in Süddeutschland auch mehr, ja fast allgemein getheilt zu werden, sonst würde doch wahrhaftig die Erscheinung nicht zu erklären sein, daß der bekannte süddeutsche Vollblut-Southdowns-Züchter diesseits und jenseits des Mains durchaus keine finanziellen Eroberungen machen kann. Den Werth reinblütiger Fleischschafböcke, den der Herr Einsender in der letzten Nummer schließlich erwähnt, durchweg in Abrede zu stellen, kann uns jedoch nicht einfallen wollen, aber — für alle landwirthschaftlichen Verhältnisse, in denen weder ein mitverbundener Fabrikbetrieb, (Brauerei, Brennerei, Zuckersiederei) noch die große Nähe eines solchen, die Cultivirung englischer Fleischschafracen, oder deren Kreuzung mit einheimischem Material räthlich macht, sondern wo — und für diese Verhältnisse sprechen wir — die lohnendste Wollproduktion in erster, und Rücksicht auf große, mastaugliche Körper in zweiter Reihe steht — für alle diese Wirthschaftslagen eignet sich nach unsrer Meinung nur die Zucht des sogenannten Merinokammwollfleischschafes, sei es deutscher (Steiger, Sachsen rc. rc.) oder französischer Abstammung.

Kurze Mittheilungen.

Mittel gegen die Wasserscheu.

Nach der „Times" soll dieses Mittel von dem verstorbenen Wundarzte Youatt, der in England einen weit verbreiteten Ruf genoß, vielfach und mit beständigem Erfolge angewendet worden seyn, wie er denn selbst in seinem Leben achtmal von tollen Hunden gebissen worden ist. Das Mittel bestand in dem gewöhnlichen und so leicht zu beschaffenden salpetersauren Silber, welches einfach nur in die Bißwunde filtrirt zu werden braucht. Die Wirkung davon ist nämlich die, daß es den Speichel zersetzt und gerade dadurch den Giftstoff zerstört.

(Die Schranne von Dr. Fraas.)

Glycerin gegen Brandwunden.

Die ausgezeichnete Wirkung des Glycerins bei Brandwunden, welche J. Fuchs bei einem ihn selbst betreffenden Unfall zu beobachten Gelegenheit hatte, läßt den Vorzug desselben gegen fast alle bisher gebräuchliche Mittel als gerechtfertigt erscheinen. Durch die Explosion einer Spiritusflamme wurde nämlich die größere Hälfte seines Gesichtes mit meist ziemlich tief gehenden Brandwunden bedeckt. Sofortiges und täglich öfters wiederholtes Bepinseln mit Glycerin verhinderte jede Blasen- und Eiterbildung und vermittelte binnen acht Tagen vollständige Heilung, ohne eine Spur von Narben zu hinterlassen.

(Burgers kurze Berichte.)

Anzeigen.

Marktbericht.

Berlin, 1. Oktober. Roggen pr. Oktob. 73½ Thlr., Frühjahr 68 Thlr. für 2000 Zoll℔.

Kassel, 29. Sept. Waizen 260 ℔ 11¾ — 12¼ Thlr. Roggen 240 ℔ 8⅚—9 Thlr. Gerste 210 ℔ 6¼—6¾ Thlr. Hafer 150 ℔ 3⅙—3¼ Thlr. Erbsen 100 ℔ 3—3¼ Thlr. Linsen 100 ℔ 3—3⅓ Thlr. Bohnen 100 ℔ 4—4⅓ Thlr. Reps 225 ℔ 11½—11¾ Thlr.

Regensburg, 28. Sept. Waizen 24 fl. 56 kr. — 21 fl. 58 kr. gef. 43 kr. Roggen 18 fl. 48 kr. — 18 fl. gef. 18 kr. Gerste 14 fl. 12 kr. — 13 fl. 21 kr. gef. 18 kr. Hafer 8 fl. 23 kr. — 7 fl. 11 kr. gef. 15 kr.

Schweinfurt, 28. Sept. Waizen 24 fl. 30 kr. Korn 20 fl. 30 kr. — 21 fl. zu 300 ℔. Gerste 13 fl. 45 kr. — 15 fl. Hafer 7 fl. 6 kr. — 8 fl. Erbsen 17 fl. 45 kr. — 18 fl. 30 kr.

Frankfurt, 30. Sept. Ochsen 1. Qual. 32 fl., 2. Qual. 30 fl. Kühe und Rinder 1. Qual. 30 fl., 2. Qual. 28—29 fl. Hämmel 1. Qual. 27 fl. Kälber 27 fl. per 100 ℔ Fleischergewicht.

Köln, 30. Sept. 15—16 Thlr. für kleines Vieh. 18—20 Thlr. für bestes Vieh per 100 ℔.

Poissy, 26. Sept. 2815 Ochsen $1_{,84}$—$1_{,98}$ Francs. 356 Kühe $1_{,64}$—$1_{,88}$ Frcs. 409 Kälber $1_{,65}$—$2_{,45}$ Frcs. 15247 Hämmel $1_{,83}$—$1_{,88}$ Frcs per zwei Zoll℔.

Ansbach, 1. Oktober Viehmarkt:

	Eintrieb:	Verkauft:	Erlös:
Ochsen:	115	81	12187 fl. 12 kr.
Stiere:	12	13	1085 fl. 54 kr.
Kühe:	16	18	1364 fl. 21 kr.
Summa	143	112	14637 fl. 27 kr.

Bericht der Allgemeinen Hopfenzeitung.

Nürnberg, 1. Oktober. Prima Hollerdauer 70—75 fl. Secunda 62—66 fl. Prima Aischgründer 66—68 fl. Secunda 60—64 fl. Hersbrucker-Altdorfer 60—66 fl. Prima Württemberger 70—75 fl., Secunda 60—65 fl. Prima Schwetzinger 70—75 fl., Secunda 50 bis 60 fl.

Schrannenzettel.

Schranne.	Datum	Waizen		Kern		Korn		Gerste		Haber	
		Mittelpreise									
		fl.	kr.	fl.	kr.	fl.	kr.	fl.	kr.	fl.	kr.
	Sept.										
Ansbach	28. „	24	30	24	—	18	27	—	—	7	44
Augsburg	27. „	25	59	26	9	17	53	15	1	7	33
Bamberg	—	—	—	—	—	—	—	—	—	—	—
Beilngries	26. „	23	—		—	17	1	12	30	6	37
Dinkelsbühl	25. „	27	2	27	2	19	33	14	57	7	46
Eichstätt	—	—	—	—	—	—	—	—	—	—	—
Erlangen	—	—	—	—	—	—	—	—	—	—	—
Gunzenhausen	26. „	25	58	—	—	18	52	14	16	7	41
Kempten	—	—	—	—	—	—	—	—	—	—	—
Landshut	28. „	25	39	—	—	17	12	13	45	7	58
Lindau	28. „	26	1	—	—	18	42	14	33	—	—
München	28. „	26	27	—	—	17	39	15	1	7	46
Neuburg a/D.	—	—	—	—	—	—	—	—	—	—	—
Nördlingen	28. „	20	20	26	10	20	6	14	48	7	54
Nürnberg	28. „	27	48	—	—	18	0	14	32	9	14
Regensburg	—	—	—	—	—	—	—	—	—	—	—
Rothenburg a. T.	28. „	25	9	25	8	19	11	—	—	7	50
Schwabach	—	—	—	—	—	—	—	—	—	—	—
Schweinfurt	25. „	25	37	—	—	20	34	14	21	7	35
Weißenburg	28. „	26	30	—	—	18	55	14	26	8	7

Verantwortlicher Redakteur G. Glasser.

Druck von C. Brügel und Sohn in Ansbach.

Landwirthschaftliches Wochenblatt

Erscheint
jede Woche einen halben Bogen stark
und kann durch alle Poststellen bezogen werden.

Preis
für's ganze Jahr sammt Postaufschlag
1 fl. Inserate werden die gespaltene
Petitzeile oder deren Raum auf 4 kr
berechnet.

für Mittelfranken.

(Früher landwirthschaftliche Mittheilungen.)

Organ des landwirthschaftlichen Kreis-Comité für Mittelfranken.

Nr. 41. Ansbach, Oktbr. 1867. **I. Jahrgang.**

Inhalt: Landwirthschaftliche Versammlungen. — Marktbericht. — Schrannenzettel.

Landwirthschaftliche Versammlungen.

Am Dienstag den 1. Oktober hielt der landwirthschaftliche Bezirksverein **Altdorf** eine stark besuchte Versammlung in **Burgthann**. Den Vorsitz führte erstmals der neugewählte Vorstand, kgl. Bezirksamtmann, Herr **Esper** von Nürnberg. Als Gast nahm der kgl. Rektor, Herr Dr. **Kellermann** von Lichtenhof, Theil und von Seiten des landwirthschaftlichen Kreiscomités war Vereinssekretär **Classen** abgeordnet. Die erste Frage: **Wie kann die Pferdezucht im Bezirke Altdorf gefördert werden?** leitete Herr Bezirksthierarzt **Uebler** von **Altdorf** ein. Als wesentliche Gründe, die einem Aufschwung der Pferdezucht entgegen stehen, bezeichnete derselbe den Mangel zuchttauglicher Stuten, die zu strenge Arbeit hochträchtiger Stuten, veranlaßt durch die ausgedehnten Hopfenanlagen, die hohen Rindviehpreise und den Mangel guter Beschäler. Die Vorschläge zur Förderung der Pferdezucht lauteten, wie folgt: 1. Verwendung zuchttauglicher Stuten, zu deren Anschaffung die Landwirthe des Bezirkes Altdorf wohl in der Lage seien. 2. Aufstellung guter Beschäler, sei es durch eine öffentliche oder durch eine Privatbeschälstation. 3. Errichtung von Fohlengärten, und 4. Abhaltung von Preisevertheilungen. Schließlich wurde der Antrag zum Beschluß erhoben, es sollen bei dem landwirthschaftlichen Kreiscomité die nöthigen Schritte behufs Errichtung einer Beschälstation im Bezirke Altdorf gethan werden.

Ueber die zweite Frage: **Was sollte geschehen, um gute Dienstboten zu bekommen?** sprachen die Herren Cantor **Leuchner** und Lehrer **Lacher**. Beide Redner gaben zu, daß die vielfachen Klagen über die Sittenlosigkeit, Faulheit und den Widerspruchsgeist der Dienstboten begründet seien; jene schlimmen Eigenschaften hätten aber vorzugsweise ihren Ursprung in der inhumanen und lieblosen Behandlung der Dienstboten durch die Dienstherrn, sowie in dem beiderseitigen Mangel an Bildung. Jene sentimentale Auffassung der Frage fand aber in der Versammlung keinen sonderlichen Anklang und wurde als Gegensatz ein energischeres Einschreiten der Gendarmerie u. s. w. empfohlen. Am meisten Anklang fand der von Herrn Seminarlehrer **Strauß** aufgestellte Satz: **Der Wirth (Dienstherr) muß voran**, nur sein Beispiel bestimmt das Verhalten der Dienstboten. Im Uebrigen wurde darauf hingewiesen, wie es zunächst Sache der Orts- und Hauspolizei sei, darüber zu wachen, daß seitens der Dienstboten in jeder Beziehung Ordnung gehalten werde, sowie, daß es in Anbetracht der Selbstständigkeit der Gemeinden nicht gerechtfertigt erscheine, in allen gemeindlichen und häuslichen Angelegenheiten die Hilfe des Staates in Anspruch zu nehmen, bevor nur durch die zunächst Betheiligten irgend etwas Ernstliches zur Abstellung der gerügten Mißstände geschehen sei. Die dritte Frage: Ist es rathsam, daß alle Gemeindegründe kultivirt werden? beantwortete Herr Gemeindevorsteher Eckstein von Winn dahin, daß vor Allem behufs der nöthigen Viehtummelplätze, und zum Ablagern von Holz und anderen Materialien bei vorkommenden Brandfällen die erforderliche Fläche reservirt bleiben, die übrigen Gemeindegründe aber der Weide erhalten, jedoch mit Bäumen, namentlich mit Eichen, bepflanzt werden sollen. Von anderer Seite wurde geltend gemacht, daß es behufs Hebung der Viehzucht keiner besonderen Tummelplätze bedürfe und es die Aufgabe der Landwirthschaft sein müsse, jeden Quadratschuh Landes der Kultur zugänglich zu machen. Auch ein Vermittlungsvorschlag kam zur Sprache, die Gemeindegründe schlagweise unter der Bedingung zu verpachten, daß sie nach einem bestimmten Plan angebaut und jedesmal im 4. Jahre nach vorhergegangener Kleegrasansaat, wozu die Gemeinde den Samen stellt, wieder so lange der allgemeinen Weide überlassen würden, bis diese zu knapp sei, worauf ein neuer Umbruch und Anbau zu folgen hätte. Auf diese Weise könnten allmählich sämmtliche Gemeindegründe in wirklich ergiebiges Weideland umgewandelt und dennoch als Gemeindeeigenthum (Allmand) erhalten werden. Die schließliche Abstimmung ergab eine Mehrheit für die Cultivirung der Gemeindegründe unter Reservirung der nöthigen Fläche für Viehtummelplätze und Materialablagerung.

Frage 4: Auf welche Art und Weise kann der Ertrag der Grundstücke erhöht werden? beantwortete Herr Gutsbesitzer Mayer von Rübleinshof. Als Grundbedingungen der Ertragssteigerung bezeichnete derselbe 1) die Herstellung guter Feldwege, 2) die Arrondirung, 3) Ent- und Bewässerung, 4) die Anwendung künstlicher Düngemittel als Beidünger, sowie Bereitung von Compost, und richtige Behandlung und Verwendung der Gülle, 5) ungeschmälerte Waldstreuabgabe und 6) Anwendung zweckmäßiger landwirthschaftlicher Geräthe und Maschinen.

Ueber Frage 6: Wie soll die Bienenzucht betrieben werden? sprach Herr Oekonom Raitenspieß aus Betzling. Derselbe erläuterte unter vielfachem Beifall die Bienenzuchtmethode nach Dzierzon als die zweckmäßigste und einträglichste, indem er aus einem mitgebrachten Dzierzonstock, die mit schweren Honigwaben gefüllten Rähmchen herausnahm und der Versammlung vorzeigte.

Hierauf folgte die Verloosung von 53 Gewinnsten, bestehend in verschiedenen landwirthschaftlichen Geräthen, Winde, Hopfenlocher, Dzierzonstock, Schaufeln, Hauen, Ketten, Rechen ꝛc. an die persönlich anwesenden 81 Vereinsmitglieder. Die Geräthe wurden aus der Vereinskasse angeschafft.

Samstag den 6. Oktober fand in Heidenheim eine landwirthschaftliche Bezirksversammlung unter Leitung des Comitévorstandes Herrn Gutsbesitzer Löhe von Polsingen statt, bei welcher das landwirthschaftliche Kreiskomité durch seinen Sekretär Classen vertreten war. Herr Löhe sprach über den Stand der bisherigen Verhandlungen wegen Errichtung landwirthschaftlicher Fortbildungsschulen. Hieraus ergab sich, daß das landwirthschaftliche Bezirkskomité Allem aufgeboten hat, einige landwirthschaftliche Fortbildungsschulen ins Leben zu rufen, daß seine Bemühungen aber bisher erfolglos geblieben sind. Die anwesenden Herren Lehrer Andreae von Heidenheim und Speidel von Ostheim erklärten, daß sie Versuche mit Errichtung landwirthschaftlicher Fortbildungsschulen machen wollen. Der weiter angekündigte Vortrag über Behandlung und Verwendung der Gülle unterblieb, weil die Versammlung sehr schwach besucht war. Auch lief keine einzige Bewerbung um den für Errichtung einer zweckmäßigen Güllengrube ausgesetzten Preis ein und um die für tüchtige Bullen ausgesetzten Preise concurrirten nur zwei Bewerber, nämlich der Herr Vereinsvorstand Löhe, welcher einen sehr schönen Bullen englischer Abstammung vorführen ließ, aber auf den Preis verzichtete, der Bullenhalter von Hechlingen, welchem das Comité für einen schönen jungen Bullen, Ellinger Schlag, eine Prämie von 10 fl. zuerkannte.

Behufs künftiger regerer Betheiligung an den Vereinsversammlungen wurde beschlossen, dieselben auf dem Lande abzuhalten, hiezu die Mitglieder speziell einzuladen und mit den Versammlungen Verloosungen von landwirthschaftlichen Geräthen und Sämereien zu verbinden.

Sehr besucht war die am Sonntag den 6. Oktober unter Leitung des Herrn Vereins-Vorstandes, k. Regierungs-Rath von Merz, in Dennenlohe stattgehabte landwirthschaftliche Wanderversammlung des Bezirksvereins Dinkelsbühl-Wassertrüdingen. Vereins-Sekretär Classen sprach über die Bedeutung der Knochenmehldüngung und empfahl unter Bekanntgabe eines von dem landwirthschaftlichen Kreiskomitó an die Bezirkskomité gerichteten authographirten Schreibens die Benützung der Lehrberger Knochenmühle durch Sammlung und Ablieferung von rohen Knochen dorthin und Bezug des Knochenmehles von da. Ferner hielten Herr Landwehrmajor Schmidtner von Dinkelsbühl eingehende Vorträge über Pflanzenbau und Herr Lehrer Christ von Schopfloch über das landwirthschaftliche Fortbildungswesen, worüber wir später specielle Mittheilung machen werden. Es ist Aussicht gegeben, daß in Schopfloch und Ehingen landwirthschaftliche Fortbildungsschulen zu Stande kommen. Nach den Berathungen hatte Herr Freiherr von Süßkind die Güte, sämmtliche Theilnehmer an der Versammlung in seinen festlich geschmückten, schönen und geräumigen Wirthschaftshof zu geleiten. Inmitten desselben war eine zierliche Pyramide von üppigen Feld- und Gartenfrüchten aller Art errichtet. Darüber spannte sich eine stattliche Guirlande, welche von zwei mächtigen, aufrecht stehenden Güllenfässern, symbolisch als Grundsäulen der Landwirthschaft dienend, getragen wurden. Entfernt davon, am Schloßweiher war eine California-Pumpe in Thätigkeit, welche mittelst langem Schlauche die Güllenfässer unter lautem Brausen mit Wasser versah. Den Hintergrund der Früchtenpyramide bildete eine stattliche Gruppe der besten landwirthschaftlichen Geräthe, Pflüge aller Art, namentlich ein vorzüglicher Kartoffelpflug, Colemann's Extirpator, Howard's Hemmender, Heurechen, Ringelwalze und vortreffliche Eggen. Der Gang in die geräumigen, hellen und trockenen Stallungen überraschte nicht weniger durch den ausgezeichneten Rindvieh- und Pferdestand. Ersterer gehört der Hauptsache nach dem Ansbacher und Ellinger Schlage an, während der Stammhalter, ein Prachtexemplar Simmenthaler Abstammung aus der Freiherrlich von Gaisberg'schen Meierei in Neudeck bei Donauwörth ist. Die täglich anfallende Milch von 36 Kühen wird um 3 Kreuzer per Maas an eine mit der Meierei pachtweise verbundene Käserei abgegeben.

Sehr sorgfältig wird die Gülle durch die Stallrinnen und gemauerte Kanäle in große Güllenbehälter geleitet, von wo aus sie mittelst Pumpen in die Fässer gebracht und auf Felder und Wiesen verführt, oder durch offene Kanäle direkt in Letztere geleitet wird. In einem besondern Lokale sind Göppeldreschmaschine mit Schüttelwerk und Putzmühle, ferner Schrotmühle und Futterschneidmaschine, Alles mit Riemenbetrieb von Rapp in Göppingen aufgestellt. Leider wurde die Besichtigung aller dieser vortrefflichen Einrichtungen durch heftigen Regen und Schneegestöber vielfach erschwert, was aber die zahlreiche Versammlung mit ihrem verehrten Vorstande an der Spitze, nicht hinderte, den klaren und unermüdlichen Demonstrationen des Herrn Freiherrn von Süßkind zu folgen. Wir glauben im Sinne aller Theilnehmer an der Versammlung zu handeln, wenn wir gegen Herrn Freiherrn von Süßkind sowohl, als gegen die ganze Gemeinde Dennenlohe, welche trotz der Ungunst der Witterung ihr Dörfchen zum Empfange der Gäste festlich schmückte, den innigsten Dank für die freundliche Aufnahme aussprechen. Als nächster Versammlungsort wurde Mönchsroth gewählt.

Vereins-Versammlungen

finden statt für den landwirthschaftlichen Bezirksverein Schwabach-Roth

Sonntag den 13. Oktober

im Gasthaus zum „goldenen Hirsch" in Schwabach, und für den landwirth. Bezirksverein Rothenburg

Samstag den 26. Oktober

im Gasthaus zum „Rappen" in Rothenburg.

Die Jahresversammlung des landwirthschaftlichen Distrikts Gunzenhausen für das Jahr 1867 findet am

Dienstag den 15. Oktober a. Vorm. 10 Uhr

im Rathhaussaale daselbst statt, in welcher über die in den Comitésitzungen gepflogenen Berathungen Vortrag erstattet und die Interessen des Vereins besprochen werden sollen; insbesondere werden Vorträge gehalten über die Frage:

1) Was hat der Landmann in der Verwaltung und in dem Betriebe seiner Besitzung namentlich in unserer Zeit zu beobachten, um nicht den schlimmen Einflüssen, welche die jetzt stattfindenden Geld- und Creditkrisen allenthalben ausüben, ausgesetzt zu sein, oder dieselben wenigstens möglichst schadlos zu überstehen?

2) Worin liegen heut zu Tage die wesentlichsten Ursachen zu den allgemeinsten Klagen über die Dienstboten, und welche von diesen lassen sich auf geeignete Weise beseitigen?

An diese Besprechungen reiht sich eine Preisvertheilung für diejenigen Landwirthe an, welche in den letzten drei Jahren öde Gründe mit gutem Erfolge zu Acker- oder Wiesenland oder zu Hopfengärten cultivirt haben, und welche die tüchtigsten Zuchtbullen halten.

Marktbericht.

Württemberg. Nürtingen, 3. Oktober. Obst 3 fl. 6 kr. — 3 fl. 30 kr. per Sack; 1 fl. 40 kr. per Ctr. Zufuhr bedeutend.

Urach, 3. Oktbr. Obst lebhafter Verkauf; Aepfel 1 fl. 30 kr.—1 fl. 38 kr., Birnen 1 fl. 40 kr. — 1 fl. 48 kr. per Ctr.

Tübingen, 4. Oktbr. Mostobst 3 fl. 12 kr. bis 4 fl. per Sack.

Berlin, 7. Oktbr. Roggen per Herbst 76½ Thlr., per Frühjahr 70¾ Thlr. per 2000 Zollpfund.

Wien, 5. Oktbr. Abermaliger Aufschlag trotz Mangel an Transportmitteln. Umsatz 25000 Metzen in Waizen. Marosicher Weizen 89 ℔. 6 fl. 55 kr. bis 6 fl. 60 kr. öster. Währung; d. i. 27 fl. 42 kr. per bayr. Schaff, Kern loco Wien 80 bis 82 ℔. 4 fl. 40 bis 4 fl. 50 kr. öster. Währung, d. i. 18 fl. 44 kr. per bayr. Schaff. Gerste loco Wien 70 ℔. 3 fl. 40 kr. öster. Währung; d. i. 14 fl. 15 kr. per bayr. Schaff; Hafer 48 ℔. 2 fl.; 20 kr. öster. Währung, 9 fl. 14 kr. per bayr. Schaff.

Mannheim, 6. Oktbr. Waizen, 16½ fl. Roggen, 12½, — 13 fl. Gerste 11¾ — 12 fl. per 180 ℔. bayr. Hafer 4 fl. 54 kr. per Ctr.

Schweinfurt, 5. Oktbr. Weizen 25 fl. bis 27 fl. 15 kr. Korn 20 — 21 fl. 45 kr. Gerste 13 fl. 45 kr. bis 16 fl. Haber 7 fl. 30 — 8 fl. 15 kr. Erbsen 17 — 19 fl.

Würzburg, 5. Oktbr. Waizen, 25 bis 28 fl. 30 kr. Kern 22 — 22 fl. 30 kr. Gerste 14 fl. 51 kr. bis 16 fl. Haber 7 fl. 48 — 8 fl. 24 kr. Erbsen 17 — 18 fl. 30 kr. Linsen 19 fl.

Scheinfeld, 2. Oktbr. Schwere Ochsen 36 — 40 Karolin mittlere 28 bis 35 Karolin, geringere 20—28 Karolin.

Ansbach, 7. Oktober Viehmarkt:

	Eintrieb:	Verkauft:	Erlös:
Ochsen:	102	61	9203 fl. 30 kr.
Stiere:	7	3	150 fl. 24 kr.
Kühe:	35	27	2253 fl. 18 kr.
Kälber:	3	3	43 fl.
Summa	147	94	11650 fl. 12 kr.

Frankfurt, 7. Oktbr. Ochsen 1. Qualität 34 fl. 2. Qual. 32½—33 fl. Kühe und Rinder 1. Qual. 30 fl. 2. Qual. 28 fl. Hämmel 29 fl. Kälber 29 fl. per 100 ℔. Fleischgewicht.

Mannheim, 2. Oktbr. Fettviehmarkt. Rinder 27- 31 fl. Ochsen 32—35 fl. per 100 ℔.

Poissy, 3. Oktbr. Verkauft: 2689 Ochsen zu 1 Francs 25 Cts. bis 1 Francs 55 Cts. per 2 Zollpfund, 269 Kühe zu 1 Francs 18 Cts. bis bis 1 Francs 44 Cts. 406 Kälber zu 1 Francs 70 Cts. bis 2 Francs 10 Cts. 18204 Hämmel zu 1 Francs 34 Cts. bis 1 Francs 70 Cts. per 2 Zollpf.

(Heilbronner Anzeiger.)

Bericht der Allgemeinen Hopfenzeitung.

Nürnberg, 8. Oktober. Hopfenzufuhr 200 — 300 Ballen. Prima Hallertauer 66—70 fl. Secunda 55—60 fl. Prima Aischgründer 62 — 66 fl. Secunda 55—60 fl. Hersbrucker-Altdorfer 50 56 fl. Prima Württemberger 66—70 fl., Secunda 60—64 fl. Prima Schwetzinger 66—70 fl., Secunda 50—60 fl. Prima Marktshopfen 52—58 fl. Secunda 48—52 fl.

Schrannenzettel.

Schranne.	Datum	Waizen		Kern		Korn		Gerste		Haber	
		Mittelpreise									
		fl.	kr.	fl.	kr.	fl.	kr.	fl.	kr.	fl.	kr.
	Okt.										
Ansbach .	5. „	25	10	—	—	18	23	—	—	7	57
Augsburg .	4. „	25	53	26	1	17	44	15	21	7	55
Bamberg .	—	—	—	—	—	—	—	—	—	—	—
Beilngries .	3. „	22	25	—	—	17	30	12	52	6	36
Dinkelsbühl	2. „	25	44	25	14	18	40	15	—	7	46
Eichstätt .	5. „	25	2	—	—	18	35	13	31	7	16
Erlangen .	—	—	—	—	—	—	—	—	—	—	—
Gunzenhausen	3. „	25	42	—	—	18	12	14	36	8	1
Kempten .	—	—	—	—	—	—	—	—	—	—	—
Landshut .	5. „	23	2	—	—	17	8	14	33	8	10
Lindau . .	5. „	28	10	—	—	—	—	—	—	9	30
München .	5. „	25	58	—	—	17	49	15	39	7	46
Neuburg a/D.	—	—	—	—	—	—	—	—	—	—	—
Nördlingen	5. „	23	36	—	—	19	52	14	50	7	40
Nürnberg .	5. „	26	57	—	—	19	1	15	39	8	54
Regensburg	—	—	—	—	—	—	—	—	—	—	—
Rothenburg a/T.	5. „	25	11	25	20	19	20	14	22	7	25
Schwabach .	—	—	—	—	—	—	—	—	—	—	—
Schweinfurt	5. „	26	34	—	—	21	18	15	19	7	58
Weißenburg	5. „	26	2	—	—	18	52	14	35	8	14

Verantwortlicher Redakteur C. [illegible]. Druck von C. Brügel und Sohn in Ansbach.

Landwirthschaftliches Wochenblatt

Erscheint jede Woche einen halben Bogen stark und kann durch alle Poststellen bezogen werden.

Preis für's ganze Jahr sammt Postaufschlag 1 fl. Inserate werden die gespaltene Petitzeile oder deren Raum auf 4 kr berechnet.

für Mittelfranken.

(Früher landwirthschaftliche Mittheilungen.)

Organ des landwirthschaftlichen Kreis-Comité für Mittelfranken.

Nr. 42. **Ansbach**, Oktbr. 1867. **I. Jahrgang.**

Der Londoner Viehmarkt

und seine Bedeutung für den Continent, insbesondere für Deutschland.

(Fortsetzung.)

IV. Die Londoner Fleischmärkte. Es bestehen deren 3 in Newgate, Leadenhall und Whitechapel, wo jedoch blos die Großschlächter ihre Waare viertelweise an die Kleinschlächter und Commissionäre abgeben, auch werden von hier aus Nachbarstädte mit Fleisch versorgt und findet wie an den Landungsplätzen und auf dem Islington-Markte, so auch hier eine strenge Controlle durch die eigens hiefür aufgestellten Thierärzte statt. Die Commissionäre, Salesmen, besorgen den Detailverkauf um 1 Pence oder 10 Pf. preuß., d. i. 3 Kreuzer per 8 Pfd., sie übernehmen aber auch lebendes Vieh, welches ihnen von auswärts zugesandt wird, lassen dasselbe schlachten und bringen das Fleisch um obige Gebühr auf den Märkten zum Verkauf. Was die Versorgung Londons mit Fleischsendungen von Außen anbelangt, so gibt hierüber das V. Kapitel Aufschluß. Zunächst ist hervorgehoben, daß während der Rinderpestperiode, in welcher der Transport lebenden Viehes auf Landstraßen und Eisenbahnen untersagt war, London dennoch reichlich und rasch mit Fleisch versorgt wurde. Es sei deßhalb die Ansicht ausgesprochen worden, daß es überhaupt besser wäre, künftig nur auf diese Art den Fleischbedarf zu decken, weil von den Schiffen und Eisenbahnen nach Islington getriebene und sofort in den Privatschlachthäusern getödtete Thiere in Folge ihres fieberhaften Zustandes, in welchem sie sich bis zum Abschlachten befinden, häufig unhaltbares und unschmackhaftes Fleisch liefern. Gegen diese Bedenken wird nun zum Vortheile des Transportes lebender Thiere nach Islington geltend gemacht, daß nach bisherigen Erfahrungen Rindfleisch und Hammelfleisch, welches von Schottland, Nordengland ꝛc. nach London kommt, immer 2 engl. Pence, d. i. 20 preuß. Pf. oder circa 6 Kreuzer auf 8 Pfd. weniger gilt, als das Fleisch von dem in London geschlachteten Vieh, ein Preisunterschied, der auf den Ochsen 6⅔ Thlr., auf den Hammel 20 Sgr., d. i. 35 Kreuzer beträgt. Sodann ist der Transport des Fleisches kostspieliger als der lebender Thiere, auch kommen die Commissionsgebühren für den Verkauf von Fleisch höher zu stehen, als für den Verkauf Letzterer, und die weniger leicht transportablen Abfälle als Herz, Leber, Füße, Eingeweide sind in London leichter und höher zu verwerthen, als auf dem Lande, endlich ist der Versandt großer Fleischmengen wegen leichter Verderbniß mit vielem Risiko verbunden, auch ist der Fleischbedarf Londons sehr schwankend und kann bei starkem Angebot den Verkäufer schwerer Verlust treffen, weil er um jeden Preis absetzen muß. Obige Gründe bestimmten auch die mit Begutachtung der vorliegenden Frage betraute Commission, die Beibehaltung des Islington-Marktes für lebendes Vieh zu beantragen. Interessant sind die statistischen Nachweise, daß das meiste als unbrauchbar confiscirte Fleisch von Thieren herrührt, welche auf dem Land geschlachtet wurden. An Fleisch von gefallenem und krankem Vieh, ferner von unterwegs verdorbenem Fleisch wurden confiscirt: im Jahre 1861 — 141,458 Pfd., 1862 — 110,046 Pfd., 1863 — 210,505 Pfd., 1864 — 229,180 Pfd., 1865 — 245,827 Pfd. Dieses wichtige Kapitel schließt mit der Bemerkung, daß die drei vereinigten Königreiche des Inselstaates den Fleischbedarf Londons lange nicht zu decken vermögen, und daß somit diese merkwürdige Stadt, welche immer größere Dimensionen annimmt, für den Viehabsatz des nahe gelegenen Continents und namentlich Deutschlands von großer Bedeutung sei.

(Fortsetzung folgt)

Landwirthschaftliche Versammlungen.

Ueber die am Sonntag den 13. Oktober d. J. in Kipfenberg stattgehabte, sehr besuchte Wanderversammlung des landwirthschaftlichen Bezirksvereins Eichstätt-Kipfenberg können wir Folgendes berichten:

Den Vorsitz führte der I. Vereins-Vorstand k. Bezirksamtmann Herr Schweithard von Eichstätt. Derselbe eröffnete die Verhandlungen damit, daß er die Bedeutung der Wanderversammlungen näher beleuchtete; sie seien das einfachste Mittel zum raschen Austausch der Erfahrungen im Gesammtgebiete der praktischen Landwirthschaft und bahnen am leichtesten den Weg zum Fortschritt, dessen der Landwirthschaftsbetrieb um so bedürftiger sei, als sämmtliche Produktionskosten und Concurrenz von allen Seiten unaufhaltsam steigen, außerdem aber auch eine Erhöhung der Grundsteuer in gewisser Aussicht stehe. Hierauf erhielt der k. Pfarrer Herr Röhm von Irlahüll das Wort zur Bekämpfung der Vorurtheile, welche im Landgerichtsbezirke Kipfenberg gegen den landwirthschaftlichen Verein bestehen.

Die Einleitung begann Herr Referent mit dem Satze: Gebet mit einem tugendhaften Leben bringt den Segen vom Himmel, der Fleiß gräbt ihn aus der Erde. Wolle es der Landwirth zu Etwas bringen, so bedürfe er vor Allem den göttlichen Segen; er müsse aber auch fleißig arbeiten, und zwar arbeiten mit Vernunft. Bei allen landwirthschaftlichen Verrichtungen werden somit die geistigen wie die körperlichen Kräfte des Menschen in Anspruch genommen. Daß hiezu besondere Belehrung Noth thue, verstehe sich von selbst, und diese Belehrung sei ein Hauptzweck des landwirthschaftlichen Vereins; er gäbe namentlich Aufschlüsse über Hebung aller Zweige des landwirthschaftlichen Betriebes, als da sind, Bodenverbesserung, Pflanzenbau, Thierzucht u. s. f. Im Vergleiche mit anderen Gegenden sei hierin im Bezirke Kipfenberg noch nicht viel geschehen, weil mehrfache Vorurtheile gegen den landwirthschaftlichen Verein und gegen landwirthschaftliche Versuche herrschen. Diese Vorurtheile bestehen nun hauptsächlich darin, daß man sage: Der landwirthschaftliche Verein habe noch Nichts bezweckt; jeder Landwirth müsse selbst wissen, wie er sich zu verhalten habe und es seie dem landwirthschaftlichen Vereine nur um die Einnahmen zu thun; auch gebe es Viele, welche Alles bekritteln, was von Oben komme. Auf diese Einwände könne man erwiedern, daß es allerdings noch nicht gelungen sei, im Bezirke Kipfenberg etwas Namhaftes zu bezwecken, weil man bisher die Vereinsbestrebungen mißkannt habe. Anderwärts, wo man regen Antheil am Vereinsleben nehme, stehe dieß entschieden besser. Man führe in Genossenschaft Kulturen aus, schaffe Dampfdreschmaschinen, Schrotmühlen ꝛc., sammle die Knochen und gründe Knochenmühlen, verwende in großer Menge Sämereien, die der Verein aus anderen Gegenden beziehe; man mache Versuche mit verschiedenen Kunstdüngern und gebe sich die Mühe, die Ernteergebnisse nach dem Gewichte zu bestimmen, um daraus den Werth jener Düngermittel kennen zu lernen. Die Gründung der Privatbeschälstationen, Zuchtbullenmärkte ꝛc. seien das Werk des landwirthschaftlichen Vereins und die allerhöchste Verordnung in Betreff der Freigebung der Schrotmühlen für landwirthschaftliche Zwecke, die Erlassung der neuen Seuchenordnung, die festgegründete Aussicht auf Aufhebung des Salzmonopoles und Erlangung eines besseren und billigeren Viehsalzes seien lauter Errungenschaften, die man der Vereinsthätigkeit zu verdanken habe. Hiezu hätten namentlich die anderwärts sehr besuchten Vereinsversammlungen, die zum Zwecke der gegenseitigen Belehrung und Aufmunterung abgehalten werden, das Meiste beigetragen; denn Jeder müsse lernen, und daß der Verein, dem es angeblich nur um die Einnahmen zu thun sei, diese Einnahmen gewissenhaft für die Vereinszwecke verwende, das könne man aus dem alljährlich erscheinenden Rechenschaftsberichte ersehen, wenn man nur wolle. Was endlich Diejenigen anbelange, welche Alles bekritteln, was von Oben komme, so werde man gegen Böswilligkeit und Unvernunft immer vergeblich ankämpfen. An diese Betrachtungen knüpfte Herr Referent den Wunsch, es möchte der landwirthschaftliche Verein namentlich für Beschaffung guter Zeitschriften und durch Aufmunterungsprämien für weitere Hebung der Landwirthschaft Sorge tragen.

Ueber die Mittel, die durch die Engerlinge ruinirten Wiesen wieder in guten Stand zu bringen, sprach Herr Gutsbesitzer Ronne von Lormannshof. Unter Hinweisung auf den großen Schaden, welchen die Engerlinge seit mehreren Jahren, namentlich auf den Altmühlwiesen anrichteten, empfahl derselbe vor Allem den Schutz der natürlichen Feinde der Engerlinge, nämlich der Maulwürfe und der Vögel. Erstere leben durchaus nicht von Pflanzen, wie man irrthümlich glaube, sondern blos von dem Ungeziefer, und namentlich von den Engerlingen, welche unsern Boden bevölkern. Das Wegfangen der Maulwürfe sollte daher amtlich verboten werden und sei in dieser Richtung besonders die allerhöchste Verordnung vom vorigen Jahre, betreffend das Verbot des Einfangens, Tödtens und Verkaufes der Vögel, zu begrüßen. Gerade die zu geringe Anzahl der Vögel sei die Hauptursache des Vorkommens so vielen Ungeziefers und könne der Schutz und Hegung der Vögel, besonders der Staaren mittelst Anlage von Brutkästen, sowie die Belehrung der Kinder hierüber durch die Herrn Lehrer nicht eifrig genug angestrebt werden. Was die Fortpflanzung der Engerlinge durch die Maikäfer anbelangt, so hätten letztere die Gewohnheit, ihre Eier in den lockersten und besten Boden zu legen. Es habe sich deßhalb bewährt, in kleinen Häufchen 5–6 Zoll hoch frischen Kuhdünger auf das Land zu bringen und denselben 2—3 Zoll hoch mit Erde zu bedecken, indem die Maikäfer gerne ihre Eier in solche Häufchen legen, welche sofort abgehoben und verbrannt werden. Schließlich empfahl Herr Ronne die Ansaat der in großer Ausdehnung ausgestandenen Wiesen mittelst Kleegras. Culturingenieur Classen, welcher im Auftrage des landwirthschaftlichen Kreis-Comité an der Versammlung Theil nahm, bezeichnete als wirksamstes Schutzmittel gegen Engerlinge und gegen Maulwürfe die Bewässerung der Wiesen, welche namentlich im Altmühlthale sehr gut durchzuführen sei; dabei brachte derselbe einen von dem landwirthschaftlichen Bezirks-Comité angeregten Plan über die Herstellung einer 145 Tagw. großen genossenschaftlichen Bewässerungsanlage in Unteremmendorf zur Vorlage und Erklärung. Nachdem der I. Herr Vorstand die Benützung der Lehrberger Knochenmühle durch Sammeln und Abliefern der Knochen dahin, sowie den Bezug des Knochenmehles von dort empfohlen hatte, wurde die Versammlung geschlossen und als Ort der nächsten Zusammenkunft Walting gewählt.

Die am Dienstag den 15. Oktober l. J. im Rathhause zu Gunzenhausen stattgehabte Jahresversammlung des landwirthschaftlichen Bezirksvereins war leider sehr schwach besucht. Der I. Vereinsvorstand, k. Bezirksamtmann Herr Richter eröffnete die Verhandlung mit der Bekanntgabe der Einnahmen und Ausgaben pro 1867, worauf Herr Lehrer Wendler von Pfofeld einen Vortrag hielt über die Frage: Was hat der Landmann in der Verwaltung und in dem Betriebe seiner Besitzung namentlich in unserer Zeit zu beobachten, um nicht den schlimmen Einflüssen, welche die jetzt stattfindende Geld- und Creditkrisis allenthalben ausüben, ausgesetzt zu sein, oder dieselben wenigstens möglichst schadlos zu überstehen? Musterhafte Ordnung sei die Grundbedingung in jedem Haushalt und am wichtigsten in der Landwirthschaft, in welcher zwischen Soll und Haben oft schwerer als in jedem anderen Geschäfte zu unterscheiden sei. Daher thue auch hier eine genaue Aufzeichnung der Einnahmen und Ausgaben, eine gewissenhafte Buchführung Noth. Außerdem sei der Gebrauch besserer landwirthschaftlicher Geräthe und die Bildung von Genossenschaften behufs Anschaffung von Maschinen, insbesondere von Dampfdreschmaschinen zu empfehlen. Der Einwand, daß man nach dem Dampfdrusch keine Beschäftigung für die Arbeiter habe, sei nicht stichhaltig, indem es in anderer Richtung durch Abheben der Wiesen, Anwänder u. s. w. vollauf zu thun gebe. Endlich wurden die verschiedenen Bodenverbesserungsarbeiten, zweckmäßige Behandlung des Düngers und der Gülle, und die Anwendung von Kunstdünger empfohlen, sowie die Betheiligung an dem Creditverein in Anregung gebracht. Culturingenieur Classen forderte die Anwesenden auf, das Ihrige dazu beizutragen, daß die Knochen sorgfältig gesammelt, an die Lehrberger

Knochenmühle abgeliefert und als Knochenmehl behufs der Düngung von dort wieder zurück genommen werden.

Preisbewerbungen in Betreff der Cultur öder Gründe sind zwei eingekommen, während zur Concurrenz um die ausgesetzten Bullenpreise sechs Stücke nämlich vier Allinger und zwei Ansbacher Schlages vorgeführt wurden. Ueber das Ergebniß der Preisevertheilung werden wir später berichten.

Vereins-Versammlungen

finden statt für den landwirthschaftlichen Bezirksverein Uffenheim,

Freitag, den 27. Oktober,
Nachmittags 2 Uhr

im Gasthause zur Post in Uffenheim.

Die stattfindenden Besprechungen betreffen die Ausdehnung des Hopfenbaues im Bezirke Uffenheim und die Aufzucht der Kälber.

Für den landwirthschaftlichen Bezirk Ansbach-Leutershausen

Sonntag den 27. Oktober,
Nachmittags 3 Uhr

im Dorn'schen Gasthause zu Bestenberg. Herr Herwig wird seinen Vortrag über den Pflanzenbau fortsetzen und außerdem soll die Frage zur Sprache kommen: Ob unter den neuen Strafgesetzen die Siebner für ihre Wirksamkeit die nöthige Unterstützung finden?

Für den landwirthschaftlichen Bezirk Heilsbronn

Sonntag den 17. November,
Nachmittags 3 Uhr

im Gasthause zur Post in Heilsbronn. Die Berathungsgegenstände betreffen die Bildung landwirthschaftlicher Ortsvereine, den Futterkräuterbau und die Pferdezucht.

Marktbericht.

Rorschach, 10. Oktober. Theißwaizen 35 3/4—36 1/4 Frcs. d. i. 16 fl. 16 fl. 48 kr. für 200 Zoll*ℓ*. oder 28 fl. per 300 *ℓ*. bayerisch. Banater 35 - 35 3/4 Francs. d. 16 fl. 30 kr. für 200 Zoll*ℓ*. oder 27 fl. 30 kr. für 300 *ℓ*. bayrisch Franco Romanshorn oder Rorschach, verzollt.

Berlin, 12. Oktbr. Roggen 75 1/2 Thlr per 2000 Zoll*ℓ*. oder $7_{,55}$ Thlr. d. i. 13 fl. 12 kr. für 180 Zoll*ℓ*.

Berlin, 10. Oktober. Abschlag zum Durchbruch gelangt. Roggen 74 1/4 Thlr. d. i. 12 fl. 59 kr. Waizen 96 3/4 Thlr. d. i. 15 fl. 52 kr. Hafer 30 1/4 Thlr. d. i. 5 fl. 17 kr. per 180 *ℓ*. bayrisch.

Breslau, 11. Oktober. Wollmarkt. Schlesische Wolle begehrt. Mittelfeine 74—80 feine und hochfeine 90 100 Thlr. Geringe Gattung wenig begehrt.

Köln, 12. Oktober. Waizen $9_{,15}$—$10_{,15}$. Roggen $7_{,84}$—$7_{,99}$. Hafer $5_{,10}$—$6_{,12}$ Thlr. per 180 *ℓ*. bayrisch.

Mainz, 11. Oktober. Waizen 17—17 1/2 fl. Korn 12 fl. Gerste 11 1/2—12 fl. per 180 *ℓ*. bayrisch. Hafer 5 1/2 fl. per 108 *ℓ*. bayrisch.

Poissy, 10. Oktober. Ochsen 3305 Stück zu $1_{,28}$—$1_{,30}$ Frcs. Kühe 389 zu $1_{,15}$—$1_{,18}$ Frcs. Kälber 450 zu $1_{,55}$ $1_{,85}$ Francs. Hämmel 19209 zu $1_{,60}$—$1_{,70}$ Francs per 2 Zoll*ℓ*.

(Heilbronner Anzeiger.)

Ansbach, 16. Oktober. Viehmarkt. Eintrieb 152 Stück. Verkauft 107 Stück Erlös 12696 fl.

Bericht der Allgemeinen Hopfenzeitung.

Nürnberg, 15. Oktober. Unbedeutende Preiserhöhung von 2—4 fl. In Spalt wurde gestern ein Kauf zu 110 fl. abgeschlossen. Prima Hollertauer 70—72 fl. Secunda 40—58 fl. Prima Aischgründer 60—68 fl., Secunda 55—60 fl. Hersbrucker, Altdorfer 48—65 fl. Prima Schwabinger 60—70 fl. Secunda 45—55 fl. Prima Markthopfen 42—56 fl. Secunda 48—52 fl.

Schrannenzettel.

Schranne.	Datum	Waizen fl.	Waizen kr.	Kern fl.	Kern kr.	Korn fl.	Korn kr.	Gerste fl.	Gerste kr.	Haber fl.	Haber kr.
		Mittelpreise									
	Okt.										
Ansbach .	12. „	25	19	—	—	18	40	—	—	8	2
Augsburg .	12. „	24	59	24	54	17	52	16	—	7	14
Bamberg .	4. „	25	45	—	—	19	21	13	45	6	23
Beilngries .	—	—	—	—	—	—	—	—	—	—	—
Dinkelsbühl	9. „	25	15	25	15	18	47	14	53	7	56
Eichstätt .	12. „	25	26	—	—	18	35	13	29	7	20
Erlangen .	12. „	26	29	—	—	19	42	—	—	8	6
Gunzenhausen	13. „	25	35	—	—	18	30	15	20	7	55
Kempten .	2. „	—	—	24	59	18	35	16	24	8	27
Landshut .	13. „	23	35	—	—	18	5	13	29	7	32
Lindau . .	13. „	29	33	—	—	—	—	—	—	9	12
München .	13. „	26	26	—	—	18	36	14	56	7	26
Neuburg a/D.	2. „	24	35	—	—	17	57	13	59	6	43
Nördlingen	13. „	24	55	—	—	20	19	14	54	7	49
Nürnberg .	13. „	27	17	—	—	20	6	15	16	8	37
Regensburg	13. „	24	47	—	—	18	53	14	6	7	36
Rothenburg a/T.	18. „	25	39	25	32	19	18	14	30	7	35
Schwabach .	—	—	—	—	—	—	—	—	—	—	—
Schweinfurt	12. „	26	—	—	—	21	30	15	12	7	37
Weißenburg	12. „	25	59	—	—	19	13	14	26	7	40

Verantwortlicher Redakteur C. Classen.

Druck von C. Brügel und Sohn in Ansbach.

Landwirthschaftliches Wochenblatt

Erscheint jede Woche einen halben Bogen stark und kann durch alle Poststellen bezogen werden.

Preis für's ganze Jahr sammt Postaufschlag 1 fl. Inserate werden die gespaltene Petitzeile oder deren Raum auf 4 kr berechnet.

für Mittelfranken.

(Früher landwirthschaftliche Mittheilungen.)

Organ des landwirthschaftlichen Kreis-Comité für Mittelfranken.

Nr. 43. Ansbach, Oktbr. 1867. I. Jahrgang.

Inhalt: Jahresversammlung des landwirthschaftlichen Kreis-Vereins von Mittelfranken zu Triesdorf pro 1867. — Anzeige. — Marktbericht. — Schrannenzettel.

Die Jahresversammlung des landwirthschaftlichen Kreisvereins für Mittelfranken zu Triesdorf.

Am Montag den 21. Okt. d. J. fand in Triesdorf die Jahresversammlung des landwirthschaftlichen Kreisvereines für Mittelfranken statt. Dieselbe war aus den meisten Bezirken zahlreich besucht und wurde um 11 Uhr von dem I. Vorstande, k. Regierungspräsidenten Herrn v. Feder mit Begrüßung der Theilnehmer eröffnet. Hierauf erstattete der I. Vereinssekretär folgenden Bericht über den Vollzug des im Vorjahr gefaßten Beschlusses und über die wichtigsten sonstigen Vorkommnisse im Vereinsleben:

Bei der am 31. Oktober v. J. zu Gunzenhausen stattgehabten landwirthschaftlichen Kreisversammlung brachte Herr Gutsbesitzer Ronne von Lohrmannshof einen dringlichen Antrag auf Errichtung einer Stammschäferei mit Bockverkauf an der Kreisviehzüchtungsanstalt zu Triesdorf eventuell auf Errichtung einer Stammschäferei für Bayern ein.

Der damals von der Kreisversammlung hierüber gefaßte Beschluß lautet:

„Es solle durch das landwirthschaftliche Kreis-„Comité an die k. Regierung von Mittelfranken, „K. d. J., die Bitte gestellt werden, die Schaf-„fung von Bezugsquellen für Zuchtwidder zu „fördern und hiebei die Errichtung einer Stamm-„schäferei für Mittelfranken mit Rücksicht auf „Güte und Menge der Wolle und ein entsprech-„endes Körpergewicht ins Auge zu fassen.“

Diesen Beschluß theilte das landwirthschaftliche Kreiscomité seinem Specialreferenten, Herrn Dürig behufs Ausarbeitung eines ausführlichen Gutachtens mit.

Unterm 17. Juni d. Js. lief bei dem landwirthschaftlichen Kreis-Comité ein weiterer Antrag desselben Betreffes von dem landwirthschaftlichen Bezirks-Comité Pappenheim ein, welcher bei der am 16. Juni in Rothenstein stattgehabten Wanderversammlung zum Beschluß erhoben wurde; derselbe lautet:

„Das landwirthschaftliche Kreis-Comité möge mit „allen Mitteln bei der kgl. Regierung darauf hin-„wirken, daß in Triesdorf eine Stammschäferei er-„richtet werde, welche den Zweck hat, geeignete „Zuchtböcke im Kreise zu verbreiten. Es möge „berücksichtigt werden, daß ein mastfähiges und „dabei wollreiches Schaf den jetzigen Marktver-„hältnissen am Besten entspricht und daß also schön „gebaute große Böcke mit raschem Wachsthum und „reichlicher Wolle von den Landwirthen gesucht „werden.“

Auch dieser Antrag wurde Herrn Dürig zur gutachtlichen Aeußerung mitgetheilt und erstattete derselben unterm 22. Juli d. Js. folgenden Bericht:

Wenn der in der Kreisversammlung zu Gunzenhausen seiner Zeit gefaßte Beschluß einer gutachtlichen Aeußerung unterstellt werden soll, wie dieß dem gehorsamst Unterzeichneten durch Hohes Kreis-Comité zur Aufgabe geworden, so glaubt derselbe solche zunächst durch Beantwortung der nachstehenden Fragen zu lösen:

1) Ist der in gedachter Versammlung ausgesprochene Wunsch nach Förderung, beziehungsweise Schaffung von Bezugsquellen für Zuchtwidder, ein berechtigter? und wenn ja

2) auf welche Weise kann derselbe seiner Realisirung bestmöglichst entgegen geführt werden?

(ad 1) Dem fraglichen Wunsche, liegt seiner ganzen Fassung nach die Absicht zu Grunde, einen hochwichtigen Thierproduktionszweig in Mittelfranken „Die Schafzucht" zu heben.

Die Nothwendigkeit derartiger Bestrebungen auf diesem Gebiete unserer Landwirthschaft, hat sowohl Seitens der Regierungs- wie speziell der Landwirthschafts-Organe bereits volle Anerkennung gefunden, welche ihr um so mehr in einer Zeit gezollt werden muß, wo commercielle und in ihrem Gefolge die wirthschaftlichen Verhältnisse in Bahnen lenken, die denselben eine erhöhte Tragweite verleihen,

Je energischer aber diese Bestrebungen bethätigt, und jemehr Hülfsmittel hiefür aufgebracht werden können, um so mehr werden wir dem erwünschten Ziele rascher entgegen kommen.

In dem gegebenen Falle kann aber kein Zweifel obliegen, daß vor Allem zwei Wege nahe liegen, die wenn sie gleichzeitig verfolgt werden, auch um so schnellere Früchte in Aussicht geben.

Die Verbreitung des Verständnisses für die allgemeinen Vorbedingungen einer rationellen Schafzucht erscheint als der eine, die Schaffung und bez. Mehrung von Bezugsquellen für geeignetes Zuchtmaterial, namentlich Zuchtwidder, wäre als der unmittelbar folgende zu bezeichnen; denn bei fast keiner anderen Sparte landwirthschaftlicher Thierzucht fällt die richtige Wahl der männlichen Zuchtthiere mehr in die Wagschale, als bei der Schafzucht, und vermehrte Bezugsquellen können diese nur begünstigen.

Seit dem Jahre 1863 ist der erstgenannte Weg, Dank der Willfährigkeit Seitens der Staatsregierung, wie des landwirthschaftlichen Kreis-Comité durch Einführung alljährlicher Schäferlehrcurse betreten, und auf diese Weise gegenüber dem schädlichsten Faktor des Aufschwunges unserer Schafzucht, der Unkenntniß und dem Vorurtheil eine der gewichtigsten Bestrebungen gemacht worden.

Der zweitbezeichnete Weg aber, welcher vornehmlich dazu dienen soll, dem verständigeren, und mit den Vorbedingungen einer rationellen Züchtung mehr vertrauten Theile der Schafhalter, durch Erschließung von Bezugsquellen für Zuchtwidder, eine Stütze zum Aufschwunge ihrer Schäferei zu bieten, wurde nicht minder schon seit geraumer Zeit verfolgt, jedoch, als ein seiner ganzen Anlage nach unfruchtbarer, verlassen.

Wenn auch unzweifelhaft feststeht, daß diese früheren Bestrebungen, ob noch so wohl vermeint, in der Art ihrer Ausführung vollkommen falsch waren, und deren Sistirung deßhalb von allen Sachverständigen um so mehr gebilligt wurde, als die hierauf verwendeten Mittel dem erstbezeichneten Wege zu Gute kamen, so kann darob nicht in Abrede gestellt werden, daß durch Vermehrung von Bezugsquellen für passende Zuchtwidder, unserem Schäfereiwesen eine erhebliche Förderung wiederfahren würde; denn manch fehlerhafter Bock käme nicht mehr zur Verwendung, und in vielen Heerden würde der fehlende 2. oder 3. Bock, ergänzt, wenn die Erwerbung erleichtert wäre. Es mag daher nicht befremden, daß, wenn auch ein vornehmlicher Weg zur Hebung unserer Schafzucht durch Gründung der Schäferschule mit unzweifelhaftem Erfolge betreten ist, sich der Wunsch nach erneuter und vollkommener Anbahnung dieses zweiten, welcher zumal den rationellen Züchtern zu Gute käme, laut wird.

Daß aber bei dem bedeutenden Schafstande Mittelfrankens, der einen Werth von eher mehr als 3 Millionen repräsentirt, jeder, auf Hebung dieses enormen landwirthschaftlichen Kapitales abzielende Wunsch, seine Rechtfertigung in sich trägt, dieser Ueberzeugung könnte sich wohl Niemand entschlagen, weßhalb die Eingangs gestellte 1. Frage unbedingt bejahend beantwortet werden darf.

Bei Erledigung der zweiten Frage: „Auf welche Weise der von der Gunzenhäuser Versammlung ausgesprochene Wunsch seiner Realisirung bestmöglich entgegengeführt werden könne, muß vor

Allem in Betracht gezogen werden, daß unter unsern mittelfränkischen Schafen zwei sehr verschiedene Raçen vertreten sind.

Während sich in unsern bergigen Distrikten, zumal im Juragebiete mit seinen quantitativ bescheidenen Weideverhältnissen das an Körperbau schwächere, doch wollreichere Merinobastardschaf eingebürgert hat, finden wir in den, vielfach der Keuperformation angehörigen üppigen Gauen das deutsche Schaf mit seinen hervorragenden Eigenschaften als Mastschaf jedoch meist sehr mangelhaft in der Wolle.

Dieser Thatsache gegenüber ist nicht zu verkennen, daß ein für alle Verhältnisse der mittelfränkischen Schäfereien passendes Material an Zuchtwiddern keineswegs geschaffen werden kann, und daß also, bei der heterogenen Art unserer Schafraçen, Eine Art von Bezugsquellen für Zuchtwidder nicht genügen könne, wenn man selbst geneigt wäre, Eine Richtung für jetzige Schafzüchtung, als durch die gegenwärtigen Conjunkturen für uns angezeigte, zu bezeichnen, nämlich: die Produktion eines kräftig gebauten mastfähigen Schafes, mit reicher Kammwolle von mittlerer Feinheit. Von dieser Anschauung ging auch die seinerzeitige Versammlung in Gunzenhausen aus, indem sie Schaffung von mehreren Bezugsquellen wünschte, und unter diesen die Errichtung einer Stammschäferei namentlich betonte.

In Würdigung des Umstandes, daß es lediglich Aufgabe der Staats- und Landwirthschafts-Organe sein könne, die allgemeine Initiative zur Schaffung und Mehrung von Bezugsquellen für Zuchtwidder zu geben, ohne sich in das Labyrinth der Züchtungsrichtungen selbst einzulassen, indem nur die Concurrenz der allein richtige Wegweiser wird, dürften sich drei Vorschläge für Beschaffung vermehrter Zuchtwidder-Bezugsquellen empfehlen.

1) Die Abhaltung von eigenen Bockmärkten, welche aus weiteren praktischen Motiven gleichzeitig mit Schafmärkten zu verbinden wären. Bei Gelegenheit solcher Bockmärkte könnte als Mittel zur Anregung eine Verloosung oder Prämiirung von solchen Böcken verbunden werden, welche die gegenüber der einen oder anderen unser Schafraçen, ausgesprochenen vortheilhaften Eigenschaften besäßen. Bei Auswahl desfallsiger Orte müßten jedoch, abgesehen von der erwünschten Bahnverbindung je solche gewählt werden, in deren Umgebung immer eine der beiden Schafraçen hauptsächlich vertreten wäre, wie z. B. Uffenheim und Weissenburg.

2) Könnten in den verschiedenen Bezirken einzelne rationelle Schafzüchter veranlaßt werden, sich mit Aufzucht von für die jeweiligen Schäfereien ihrer Umgegend passenden Böcken dauernd zu befassen. Als Aneiferung und resp. Entschädigung könnten Aversal-Dotationen oder ebenfalls Prämien dienen, mit deren Verabfolgung jedoch keinerlei weiterer Zwang oder Bevormundung verbunden sein dürfte, als daß der betreffende Züchter alljährlich eine gewisse Anzahl sprungfähiger Böcke disponibel haben müßte.

3) Die Errichtung einer Stammschäferei, wie dieß bereits als Wunsch der Gunzenhauser Versammlung niedergelegt, kann ohne Zweifel als endliche Vermehrung der Bezugsquellen für Zuchtwidder bezeichnet werden. Aber auch hier kann nur die freie Concurrenz Erfolge erzielen, und es müßte, gleichviel wo dieselbe eingerichtet werden wollte, der jeweilig leitenden Hand das „Wie" des Eintretens in die Concurrenz überlassen seyn.

Wenn nun gerade mit Rücksicht auf solche Stammschäfereien der Staatshülfe zumeist gedacht wurde, so könnte dieß jedoch nicht weiter vermeint werden dürfen, als daß auf irgend einem den öffentlichen Etats gehörigen Gute eine Zuchtschäferei aufgestellt würde, welche die alljährige Heranzucht einer gewissen Anzahl von Böcken zur Zucht im Auge zu haben hätte, ohne an andere Bedingungen als ein beliebiger Private gebunden, mit dem eine wie sub. 1 angeführte Vereinbarung getroffen wäre.

Nachdem der Kreis Mittelfranken nur Ein hiefür in Aussicht zu nehmendes Staatseigenthum in dem Gute Triesdorf besitzt, so lag es nahe, daß auch dessen schon in der Versammlung zu Gunzenhausen mit Bezugnahme auf solche Errichtung einer Zuchtschäferei an Stelle jetziger Hammelschäferei gedacht wurde.

Auch in einem, dem gehorsamst Unterzeichneten neuerlich zur gutachtlichen Aeußerung von hohem Kreis-Comité übergebenen Antrage der Bezirkswanderversammlung zu Rothenstein, ist die Bitte ausgedrückt, auf dem genannten ärarialischen Gute eine Zuchtschäferei zu bestellen.

Da jedoch der gehorsamst Unterzeichnete zur Beurtheilung der desfallsigen Opportunitätsfrage, die ihre Beantwortung kaum in den wirthschaftlichen Verhältnissen jenes Gutes allein finden wird, nicht genugsam über die anderweitig noch zur Geltung kommenden Momente informirt ist, so dürfte es seinerseits genügen auszudrücken, daß die Gründung einer zweckmäßigen Zuchtschäferei in Triesdorf, mit vornehmlicher Rücksicht auf Bockverkauf, zu einem ersprießlichen Faktor für Hebung unserer mittelfränkischen Schafzucht werden könnte.

(Schluß folgt.)

Anzeigen.

Marktbericht.

Verviers, 18. Oktober. Waizen 4[illegible] bis 50 Francs per 206 Zollℓℓ. Roggen 29[illegible] — 30 Francs per 188 Zollℓℓ. Gerste 26[illegible] Frcs. per 188 Zollℓℓ. Hafer 33—34 Francs per 300 Zollℓℓ.

Berlin, 21. Oktbr. Roggen 71¾ Thlr. per 2000 Zollℓℓ.

Köln, 21. Oktober. Waizen 8[illegible]—10. Thlr. Roggen 7[illegible]—8[illegible]. Thlr. Hafer 5[illegible]—6[illegible] Thlr. per 2000 Zollℓℓ.

Berlin, 23. Oktober. Roggen 74½ Thlr. per 2000 Zollℓℓ.

Lindau, 21. Oktober. 9287 Schaff Waizen 29 fl. 8 kr. — 30 fl. 7 kr. 305 Schaff. Kern 25 fl. 36 kr. — 27 fl. 14 kr. 138 Schaff. Korn 18 fl. 53 kr. bis 19 fl. 12 kr. Hafer 1113 Schaff 8 fl. 42 kr. — 10 fl. 6 kr. per Schaff.

Ansbach, 25. Oktober. Viehmarkt. Zutrieb 151 Stück. Verkauft 123 Stück. Umsatzsumme 15514 fl. Nachfrage nach mittelleibigen Gangochsen.

Die Allgemeine Hopfenzeitung bringt folgenden Bericht: Nürnberg, 24. Oktober. Zufuhr 1800 Ballen. Prima Hallertauer 64—72 fl. Secunda 50—62 fl. Prima Aischgründer 60—75 fl., Secunda 55—60 fl. Hersbrucker, Altdorfer 55—65 fl. Würtemberger 64—75 fl. Schwetzinger 60—70 fl. Prima MarktHopfen 54—60 fl. Secunda 48—55 fl.

Schrannenzettel.

Schranne.	Datum	Waizen		Kern		Korn		Gerste		Haber	
		Mittelpreise									
		fl.	kr.	fl.	kr.	fl.	kr.	fl.	kr.	fl.	kr.
	Okt.										
Ansbach .	19. „	25	53	—	—	19	54	—	—	7	38
Augsburg .	18. „	25	42	25	33	18	50	15	11	7	28
Bamberg .	—	—	—	—	—	—	—	—	—	—	—
Beilngries .	17. „	24	49	—	—	18	4	13	23	6	33
Dinkelsbühl	—	—	—	—	—	—	—	—	—	—	—
Eichstätt .	—	—	—	—	—	—	—	—	—	—	—
Erlangen .	—	—	—	—	—	—	—	—	—	—	—
Gunzenhausen	19. „	25	12	—	—	18	37	15	24	7	35
Kempten .	16. „	—	—	25	25	18	24	15	55	8	—
Landshut .	19. „	24	13	—	—	18	49	13	13	7	51
Lindau . .	19. „	29	38	—	—	19	5	—	—	9	18
München .	19. „	26	46	—	—	20	42	14	48	7	44
Neuburg a/D.	16. „	24	36	—	—	18	10	13	40	6	51
Nördlingen	19. „	25	39	—	—	21	33	15	26	8	11
Nürnberg .	19. „	27	—	—	—	20	17	16	30	8	27
Regensburg	19. „	25	6	—	—	20	12	14	26	7	46
Rothenburg a/T.	19. „	26	28	26	—	20	12	—	—	7	24
Schwabach .	—	—	—	—	—	—	—	—	—	—	—
Schweinfurt	—	—	—	—	—	—	—	—	—	—	—
Weißenburg	19. „	26	26	—	—	19	59	15	17	7	45

Verantwortlicher Redakteur C. Classen. Druck von C. Brügel und Sohn in Ansbach.

Landwirthschaftliches Wochenblatt

Erscheint
jede Woche einen halben Bogen stark und kann durch alle Poststellen bezogen werden.

Preis
für's ganze Jahr sammt Postaufschlag 1 fl. Inserate werden die gespaltene Petitzeile oder deren Raum auf 4 kr berechnet.

für Mittelfranken.

(Früher landwirthschaftliche Mittheilungen.)

Organ des landwirthschaftlichen Kreis-Comité für Mittelfranken.

Nr. 44. Ansbach, Novbr. 1867. I. Jahrgang.

Die Jahresversammlung des landwirthschaftlichen Kreisvereins für Mittelfranken zu Triesdorf.

(Fortsetzung.)

Der hierauf von dem landwirthschaftlichen Kreis-Comité gefaßte Beschluß lautet dahin, daß die Errichtung von öffentlichen Bockmärkten, ferner die Errichtung von Stammschäfereien durch Privaten anzustreben und thunlichst zu befördern, dagegen die Errichtung einer öffentlichen Stammschäferei in Verbindung mit der Kreisviehzüchtungsanstalt Triesdorf nicht zu begutachten sey, gleichwohl aber der Wunsch ausgesprochen werden solle, es möchte von Seite der kgl. Regierung in Triesdorf die Errichtung einer Zuchtschäferei mit Bockverkauf veranlaßt, die Wahl des den dortigen Verhältnissen entsprechenden Schafstammes aber dem freien Ermessen der kgl. Verwaltung anheim gegeben werden.

Bezüglich Errichtung der von Herrn Dürig begutachteten Bockmärkte ist das landwirthschaftliche Kreis-Comité unterm 31. August mit den landwirthschaftlichen Bezirks-Comités Weissenburg und Uffenheim in Correspondenz getreten. Von Ersterem ist noch keine Erklärung eingelaufen, dagegen hat das landwirthschaftliche Bezirks-Comité Pappenheim mit Schreiben vom 2. Oktober den dringlichen Antrag gestellt, den für Weissenburg projektirten Bockmarkt mit dem in Pappenheim neu errichteten Schafmarkt zu verbinden.

In soferne das Bezirks-Comité Weissenburg bisher keine Geneigtheit zur Errichtung eines Bockmarktes zeigte, nahm das Kreis-Comité keinen Anstand, die Errichtung eines Bockmarktes in Pappenheim dem dortigen Bezirks-Comité anheim zu geben. Gleichzeitig wurde demselben empfohlen, zur Belebung des Marktes aus renomirten sächsischen Schäfereien tüchtige Kammwollböcke, sowie das Beste an Böcken und Mutterschafen zum Zwecke der Verloosung auf dem Pappenheimer Markte aufzukaufen.

Was die Errichtung eines Bock- und Schafmarktes in Uffenheim anbelangt, so hat das dortige landwirthschaftliche Bezirks-Comité mittelst Schreibens vom 14. Oktober seine Zustimmung hiezu mit dem Bemerken erklärt, daß der Stadtmagistrat Uffenheim veranlaßt worden sey, die Genehmigung der kgl. Kreisregierung hiezu einzuholen.

In soferne endlich Seitens der kgl. Inspektion der Kreisackerbauschule Triesdorf gleichzeitig Einleitung zur Errichtung der beantragten Zuchtschäferei mit Bockverkauf getroffen ist, dürfte der bei der vorjährigen Kreisversammlung gefaßte Beschluß als vollzogen zu betrachten sein.

Rechnungs-Ergebniß pro 1866.

Die Rechnung pro 1866 schließt ab:

mit einer Einnahme von 11,483 fl. 9½ kr.
mit einer Ausgabe von . 12,544 fl. ½ kr.
somit Mehrausgabe von . 1,060 fl. 51 kr.

welcher Passivrest in den Ausgabe-Etat pro 1867 übertragen ist.

Die revidirte Rechnung liegt sammt Belegen und Inventar nach §. 41 der Vereinssatzungen zur Einsicht und Erinnerung auf.

Hinsichtlich der wichtigsten Vorkommnisse im Vereinsleben mag folgendes zur Kenntnißnahme dienen:

A. Mitgliederstand.

Im Jahre 1866 waren es 2788 Mitglieder. Im Jahre 1867 bleiben sich die Zu- und Abgänge ziemlich gleich, so daß der Mitgliederstand als unverändert betrachtet werden kann.

B. Berathungen und Versammlungen.

Die in den Sitzungen des landwirthschaftlichen Kreis-Comités gepflogenen Berathungen und abgegebenen Gutachten betrafen das Vereinsbeschälwesen; das Regnungsergebniß pro 1866 und den Etat pro 1867, den von der kgl. Regierung von Mittelfranken mitgetheilten Etat der Baumplantage in Triesdorf; die von dem landwirthschaftlichen Bezirks-Comité Ansbach beantragte Aufhebung des Gewährschaftsgesetzes; die Erhebung der Ernteergebnisse pro 1866; die Gründung eines landwirthschaftlichen Laboratoriums; die Abhaltung des Schäferlehrkurses pro 1867; die Verloosung der Hafnerischen Baumplantage in Cadolzburg; die Herausgabe des landwirthschaftlichen Wochenblatts für Mittelfranken; die Abhaltung der Fohlenpreisvertheilung in Windsheim; die Ausübung des Privatbeschälgeschäftes; die Verlegung der III. Roßmesse zu Ansbach auf den letzten Montag des Monats März; die Erbauung von Vizinaleisenbahnen von Ansbach über über Spalt nach Beilngries und von Altdorf nach Nürnberg; die Gewährung eines Zuschusses zum Bockankauf für die Gemeinde Willburgstetten; die Abordnung zum 3. internat. thierärztlichen Congreß in Zürich; die Beschaffung von Zuchtwiddern und Errichtung einer Stammschäferei in Triesdorf.

Die meisten landwirthschaftlichen Bezirks-Comité halten regelmäßige Wanderversammlungen ab, an welchen das landwirthschaftliche Kreis-Comité durch Abordnung seines I. Sekretärs nach Thunlichkeit sich betheiligt.

C. Landwirthschaftliches Fortbildungswesen.

Landwirthschaftliche Fortbildungsschulen im Sinne der höchsten Ministerialentschließung vom 25. Januar 1865 wurden errichtet in dem Bezirksamte

Beilngries 4: zu Greding, Beilngries, Thalmässing und Berching;
Dinkelsbühl 7: zu Segringen, Weidelsbach, Wittelshofen, Ehingen, Lentersheim, Oberschwaningen und Schopfloch;
Eichstätt 2: zu Pollenfeld und Möggenlohe;
Feuchtwangen 2: zu Feuchtwangen u. Weidelbach,
Fürth 3: zu Kraftshof, Großgründlach und Buschschwabach;
Gunzenhausen 2: zu Gunzenhausen u. Heidenheim;
Hersbruck 3: zu Reichenschwand, Hensenfeld und Vorra;
Neustadt 2: zu Unterschweinach und Oberroßbach;
Nürnberg 2: zu Kleinreuth und Höfen;
Rothenburg 1: zu Rothenburg;
Scheinfeld 1: zu Mkt. Einersheim;
Schwabach 3: zu Dietersdorf, Kornburg und Wendelstein;
Uffenheim 1: zu Uffenheim;
Weissenburg 1: Langenaltheim;
Heilsbronn 2: zu Windsbach und Eschenbach.

Insoferne diese neu errichteten Fortbildungsschulen erst mit dem gegenwärtigen Monat Oktober beginnen, so kann über deren Erfolg noch nichts Näheres berichtet werden; dagegen ist das Kreis-Comité in der Lage, die Mittheilung zu machen, daß die im November v. Js. zu Ansbach eröffnete und im März d. Js. geschlossene landwirthschaftliche Winterschule ein sehr erfreuliches Resultat geliefert hat. Sie war von 14 aus der Sonntagsschule entlassenen Söhnen ausübender Landwirthe der Bezirke Ansbach, Dinkelsbühl, Uffenheim und Neustadt besucht und das Ergebniß der am Schlusse statt gehabten öffentlichen Prüfung war nach dem Urtheile des als Commissär abgeordneten Generalsekretärs Herrn Adam Müller von München ein im vollsten Maße befriedigendes.

D. Landwirthschaftliche Culturen, Ent- und Bewässerung.

Die im vorigen Jahre auf 12 Gütern begonnenen Düngungsversuche mit Stallmist und Phosphaten wurden auch heuer fortgesetzt; die Resultate sind aber noch nicht vollständig bekannt und wird mit dem Ergebniß auf den später zu erstattenden Jahresbericht verwiesen.

Die Ausführung größerer, schon seit längerer Zeit projektirter Bewässerungsanlagen wurde durch die Einsprache der betheiligten Wasserwerksbesitzer bisher verzögert, und da diese in der Regel mit großer Energie geltend gemachten Einreden ihren Zweck, nämlich die Einschüchterung der Wiesenbesitzer, nicht verfehlen, so ist wohl erklärlich, warum das Bewässerungswesen verhältnißmäßig langsam voranschreitet. Uebrigens werden die technischen Vorarbeiten für Ausführung genossenschaftlicher Bewässerungsanlagen unbekümmert um diese Einreden fortgesetzt, und gelegentlich der landwirthschaftlichen Wanderversammlungen eine Aufklärung der beiderseitigen Interessenten angestrebt, um seiner Zeit mit Ausführung der Projekte vorgehen zu können.

Entwässerungsanlagen fanden im Laufe des Jahres wegen allgemeiner Trockenheit gleichfalls wenig Eingang und beschränkten sich auf Drainirungen von kleinerem Umfang. Behufs Heranbildung und Aufstellung von Culturarbeitern fand in den Monaten März und April d. Js. in Triesdorf ein 4 wöchiger, hauptsächlich auf praktischer Anschauung beruhender Lehrkurs statt, an welchem sich 9 Personen aus verschiedenen Bezirken des Kreises betheiligten. Für den Unterhalt dieser Leute haben die betreffenden Distriktsräthe in Summe 1062 fl. bewilligt.

(Schluß folgt.)

Landwirthschaftliche Wanderversammlung.

Samstag Nachmittag den 26. Oktober hielt der landwirthschaftliche Bezirksverein Rothenburg eine zahlreich besuchte Versammlung im Gasthaus zum Rappen daselbst ab. Der I. Vorstand, Herr Gutspächter Groß von Hartershofen theilte zunächst den Einlauf mit. Derselbe betraf das landwirthschaftliche Fortbildungswesen und die Benützung der Lehrberger Knochenmühle. Hinsichtlich des ersteren Punktes hatte Schullehrer Babel von Lohr die schriftliche Anzeige gemacht, daß es ihm gelungen sei, eine landwirthschaftliche Fortbildungsschule im Sinne der höchsten Ministerialentschließung zu errichten; es seien bereits 15 Theilnehmer angemeldet. Ferner wurde eine Zuschrift des landwirthschaftlichen Bezirkscomités Ansbach, betreffend die Betheiligung an der landwirthschaftlichen Winterschule daselbst, verlesen und die Einrichtung derselben bekannt gegeben. Herr Oberlehrer Wich hielt einen eingehenden Vortrag über die Bedeutung des landwirthschaftlichen Fortbildungsunterrichtes, in welchem er namentlich hervorhob, wie Angesichts des raschen Fortschrittes in der Industrie und im Handel, des lebhaften Verkehrs mit dem Auslande, der täglich zunehmenden Concurrenz, welche einen bedeutenden Einfluß auf unsere Absatzverhältnisse ausübe, der bevorstehenden socialen Gesetzgebung, welche zwar eine freiere Bewegung im Gemeinde- und Privatleben in Aussicht stelle, aber auch erhöhte Pflichten auferlege, eine bessere Bildung des Bauernstandes Noth thue. In gleicher Richtung sprach der k. Bezirksamtsassessor Herr Müller, welcher unter Hinweisung auf die oben erwähnte höchste Ministerialentschließung die anwesenden Gemeindevorsteher und Lehrer aufforderte, Alles aufzubieten, um weitere landwirthschaftliche Fortbildungsschulen in's Leben zu rufen. Betreffend die Benützung der Lehrberger Knochenmühle wurde ein hierauf bezügliches Ausschreiben des landwirthschaftlichen Kreiscomités verlesen, und forderte der anwesende I. Vereinssekretär Classen unter Hinweisung auf die Bedeutung der Knochendüngung dazu auf, fleißig alle Knochen zu sammeln, und dieselben gegen Knochenmehl an die Lehrberger Knochenmühle auszutauschen.

Hierauf fand die Aushändigung der von dem landwirthschaftlichen Generalcomité dem I. Vereinsvorstande, Herrn Groß, für seine ausgezeichneten Leistungen im Gesammtlandwirthschaftsbetriebe zuerkannten goldenen Vereinsdenkmünze, Diplom und Preisbuch durch den II. Vorstand, Herrn Posthalter Münich in feierlicher Weise statt. Die warmen, anerkennenden Worte, welche der II. Herr Vorstand hiebei sprach, giengen Jedermann von Herzen, das drückte die Herrn Groß allgemein dargebrachte Gratulation zur Genüge aus. Gleichzeitig erhielt Herr Roth, Oekonom aus Hohbach, ein Ehrendiplom für seine Leistungen in der Bienenzucht. Beide Preisträger sprachen schließlich ihren Dank für die ihnen zu Theil gewordene Auszeichnung aus.

Im weiteren Verlaufe der Verhandlungen wurde die möglichste Beschränkung des Weideganges und die thunlichste Durchführung der Stallfütterung empfohlen, und unter Bestätigung der Erfahrung, daß Vieh, welches längere Zeit auf der Weide zubringe, zahmer sei, auch festere Klauen bekomme und daher mehr gesucht werde, der Wunsch ausgesprochen, es möchten die Gemeindeverwaltungen dahin wirken, daß die Weide zwar nicht ganz abgeschafft, aber doch nur auf die Zeit beschränkt werde, innerhalb welcher das Vieh noch genügende Nahrung finde. Bezüglich der Hebung der Pferdezucht wurde die Einrichtung weiterer Fohlengärten empfohlen und hiefür aus dem zu diesem Zwecke errichteten öffentlichen Fond ein nahmhafter Zuschuß, sowie Abgabe des zur Umlanderung nöthigen Holzes um die Reviertaxe in Aussicht gestellt. Endlich wurde die Errichtung eines Bockmarktes in Verbindung mit dem in Rothenburg bestehenden Schafmarkt zum Beschluß erhoben.

Anzeigen.

Wir laden die Herren Oekonomen zum Besuch unserer Ausstellung freundlichst ein und empfehlen unser gut ausgestattetes Lager von:

Göppeldreschmaschinen in 3 Sorten.
Häckselschneidern von fl. 48 — fl. 130.
Schrotmühlen von fl. 48 — fl. 100.
zur Ansicht und Probe. Besonders erlauben wir uns auf eine neue Art:
Franz. Schrotmühlen, auch zu dem feinsten Mehlmahlen anzuwenden, à fl. 73,
aufmerksam zu machen.

Perm. Maschinen-Ausstellung
Scharrer u. Comp.
in Nürnberg,
Marien-Vorstadt 105,
vis à vis Europäischem Hof.

Marktbericht.

Paris, 26. Oktbr. Waizen 38—30 Frcs. d. i. 17 fl. 44 kr. bis 18 fl. 12 kr. per 180 ℔. oder 29 fl. 18 kr. bis 30 fl. per 300 ℔. bayrisch.

Wien, 26. Oktbr. Franco Wien spesenfrei pro 180 ℔. bayrisch prima Theiß oder Banater Waizen 28½—29¼, prima Roggen 22¼—22¾, Gerste 18½ bis 19 Francs in Gold, d. i. 22 fl. 9 kr. bis 22 fl. 54 kr. für 300 ℔. Waizen.

Berlin, 28. Oktober. Roggen 72¼ Thlr. per 2000 Zoll℔.

Mannheim, 27. Oktober. Waizen 16¹ fl. Roggen 14 fl. Gerste 12 fl. per 180 ℔. bayrisch.

Frankfurt, 28. Oktbr. Ochsen I. Qual. 31 fl., 2. Qual. 29 fl., Kühe und Rinder I. Qual. 29 fl. 2. 26¹, fl. Hämmel I. Qual. 26 fl. Kälber 1. Qual. 31 fl.

Köln, 28 Oktober. 16—17 Thlr. für kleines Vieh 18—19 Thlr. für bestes Vieh per 100 Zoll℔. Fleischgewicht.

(Heilbronner Anzeiger.)

Bericht der Allgemeinen Hopfenzeitung:

Nürnberg, 24. Okt. Zufuhr 1000 Ballen. Wegen vieler geringer Sorten Abschlag von 3 bis 4 fl.

Schrannenzettel.

Schranne.	Datum	Waizen		Kern		Korn		Gerste		Haber	
		Mittelpreise									
		fl	kr	fl	kr	fl	kr	fl	kr	fl	kr
	Okt.										
Ansbach .	26. „	25	5	—	—	19	31	—	—	7	35
Augsburg .	30. „	27	44	28	2	21	1	15	22	7	56
Bamberg .	26. „	26	16	—	—	21	25	15	10	8	11
Beilngries .	—	—	—	—	—	—	—	—	—	—	—
Dinkelsbühl	23. „	26	46	26	45	20	22	15	18	8	4
Eichstätt .	26. „	27	57	—	—	21	2	14	24	7	39
Erlangen .	26. „	26	2	—	—	19	39	—	—	8	31
Gunzenhausen	24. „	25	32	—	—	19	25	15	26	7	30
Kempten .	—	—	—	—	—	—	—	—	—	—	—
Landshut	—	—	—	—	—	—	—	—	—	—	—
Lindau .	—	—	—	—	—	—	—	—	—	—	—
München .	—	—	—	—	—	—	—	—	—	—	—
Neuburg a/D.	—	—	—	—	—	—	—	—	—	—	—
Nördlingen	26. „	25	31	25	49	21	35	15	49	8	33
Nürnberg .	26. „	27	39	—	—	20	29	15	40	8	27
Regensburg	—	—	—	—	—	—	—	—	—	—	—
Rothenburg. .	26. „	26	24	26	9	20	46	15	15	6	40
Schwabach .	26. „	—	—	—	—	—	—	—	—	—	—
Schweinfurt	—	26	56	—	—	22	15	15	38	8	8
Weißenburg	26. „	27	50	—	—	22	50	15	40	8	2

Verantwortlicher Redakteur C. Claßen. Druck von C. Brügel und Sohn in Ansbach.

Landwirthschaftliches Wochenblatt

Erscheint jede Woche einen halben Bogen stark und kann durch alle Poststellen bezogen werden.

Preis für's ganze Jahr sammt Postaufschlag 1 fl. Inserate werden die gespaltene Petitzeile oder deren Raum auf 4 kr berechnet.

für Mittelfranken.

(Früher landwirthschaftliche Mittheilungen.)

Organ des landwirthschaftlichen Kreis-Comite für Mittelfranken.

Nr. 45. | Ansbach, Novbr. 1867. | I. Jahrgang.

Inhalt: Jahresversammlung des landwirthschaftlichen Kreis-Vereins von Mittelfranken zu Triesdorf pro 1867. (Schluß.) — Landwirthschaftliche Wanderversammlungen. — Anzeige. — Marktbericht. — Schrannenzettel.

Die Jahresversammlung des landwirthschaftlichen Kreisvereins für Mittelfranken zu Triesdorf.

(Schluß.)

E. Thierzucht.

1. Pferdezucht

Der Stand der Hengste auf den 5 Vereinsbeschälstationen ist unverändert geblieben; auch war die Frequenz nahezu dieselbe wie im Vorjahre, so daß durchschnittlich auf den Hengst 60 Stuten gerechnet werden können, von welchen nahezu an 50 % Fohlen gefallen sind.

Am 17. May fand in Windsheim eine Preisevertheilung für die von den dortigen Vereinshengsten abstammenden 1½ und 2½ jährigen Hengst- und Stutenfohlen statt. Es wurden 43 Fohlen vorgeführt und hievon von dem Preisgericht 31 als concurrenzfähig erkannt.

2. Rindviehzucht.

Die bestehenden Zuchtbullenmärkte wurden auch heuer wieder in Verbindung mit den größeren Viehmärkten in Ansbach, Eichstätt, Ellingen, Scheinfeld und Rothenburg abgehalten; dieselben waren übrigens auffallend geringer besucht als die früheren, welche Erscheinung den wiederholt beklagten Mangel an tüchtigen Zuchtbullen genügend bestätigt.

Die Rinderpest, welche im Kreise in einem einzigen Stalle in vermindertem Grade auftrat, hat keine weiteren Fortschritte gemacht, was wir der energischen Handhabung der allerhöchsten Verordnung vom 6. Dezember 1866 zu verdanken haben.

3. Schafzucht.

An dem Schäferlehrkurse pro 1867 haben sich 16 Schäfer betheiligt; das Resultat der am Schlusse vorgenommenen öffentlichen Prüfung war wiederholt vollkommen befriedigend. In Betreff der übrigen, das Schäfereiwesen berührenden Punkte wird auf die im Eingange erwähnten Verhandlungen, betreffend die Beschaffung von Zuchtwiddern, verwiesen.

Im anfänglichen Programm für die Jahresversammlung war als Besprechungsgegenstand die Bedeutung der agrikulturchemischen Versuchsstationen aufgenommen; da jedoch der Referent, Herr Professor Reichelt, verhindert war, an der Versammlung Theil zu nehmen, so wurde als Thema die Gründung bäuerlicher Musterwirthschaften gewählt. Die Einleitung übernahm der I. Vereinssekretär Classen. Es wurde hervorgehoben, daß allerdings mancherlei lobenswerthe Leistungen in einzelnen Zweigen der Landwirthschaft namhaft gemacht werden können, von einer durchgreifenden rationellen Umgestaltung des bäuerlichen Gesammtlandwirthschaftsbetriebes sei jedoch keine Rede. Vergebens suche man nach einer gehörigen Tiefkultur, der Bifangbau behaupte noch die alte Herrschaft, die Dreifelderwirthschaft, allerdings mit theilweiser Benützung der Brache, bestehe noch allgemein, der künstliche wie der natürliche Futterbau habe nur in einigen Gegenden des Kreises einen nennenswerthen Aufschwung genommen, die Düngerbereitung und Düngerbenützung liege im Argen, dagegen bestehe noch überall die leidige Nachfrage nach Waldstreu. Man sei gewohnt mit großer Selbstbefriedigung von der mittelfränkischen Thierzucht zu sprechen, und dennoch lasse sie sehr viel zu wünschen übrig; namentlich müsse die übliche Bullenhaltung als ein ganz wunder Fleck bezeichnet werden, und wenn, was nicht bestritten werde, unsere Viehmärkte ein gewisses Renomé hätten, so sei dieß ein Beweis dafür, daß bei Aufstellung besserer Zuchtthiere sowie bei sorgfältiger Aufzucht, Wart und Pflege weit günstigere Resultate erzielt werden müßten. Fasse man alle diese Erscheinungen zusammen, so könne man sich nicht verhehlen, daß der bäuerliche Gesammtlandwirthschaftsbetrieb noch eines namhaften Aufschwunges bedürftig sei. Diesen anzustreben, erscheine als Hauptaufgabe des Vereins und wurde als nächstes Ziel die Gründung bäuerlicher Musterwirthschaften empfohlen. Der hierüber von der Jahresversammlung gefaßte Beschluß lautet

1) auf Anerkennung des Bedürfnisses bäuerlicher Musterwirthschaften, und
2) auf Bildung einer Commission, welche die erforderlichen Vorschläge behufs Gründung der Musterwirthschaften auszuarbeiten hat.

Bezüglich der Zuchtbullenhaltung brachte das landwirthschaftliche Bezirkscomité Rothenburg einen Antrag, vertreten durch Herrn Gutsbesitzer Pabst dahin lautend ein, daß Seitens der Vereinsorgane die Revision der allerhöchsten Verordnung vom 4. Mai 1857, Hebung der Rindviehzucht betreffend, angeregt und hiebei nach dem Vorgange in Baden eine schärfere Controlle bezüglich der Anschaffung und Haltung der Bullen befürwortet werden wolle. Der kgl. Regierungsrath Herr Meinel erläuterte die oben erwähnte Verordnung, worauf die Versammlung in Uebereinstimmung mit dem Antrage den Beschluß faßte: Es solle bei höchster Stelle die Erlassung einer neuen Verordnung im Sinne des Antrages angestrebt und zugleich der Wunsch ausgesprochen werden, daß der zu erwartende dießfallsige Entwurf zunächst einer besonderen Kommission behufs Geltendmachung etwaiger Erinnerungen übergeben werden möchte.

Hierauf sprach Herr Verwalter Kallert von Stein über Obstbenützung, insbesondere über Mostbereitung und Dörren des Obstes und Errichtung von Gemeindedörröfen. Auf den Wunsch des Herrn Beneficiaten Koch von Gnotzheim wurde beschlossen, um den Druck seines Obstkalenders zu ermöglichen, eine empfehlende Bekanntmachung behufs Einleitung der Subscription zu erlassen.

Mit der Jahresversammlung war eine aus den meisten Bezirken reichlich beschickte und durch Herrn Institutsgärtner Abel mit vielem Fleiß geordnete Obstausstellung verbunden, welche 1613 Aepfelsorten, 603 Birnsorten, 2 Sorten Zwetschgen, 12 Sorten Nüsse, 14 Sorten trockenes Obst, zusammen 2246 Sorten umfaßte. Außerdem stellte Herr Reichsrath von Faber in Stein 48 Sorten Kartoffeln aus. In der folgenden Nummer werden wir ein Verzeichniß derjenigen Bezirke, Anstalten und Privaten mittheilen, welche sich an der Ausstellung betheiligten, und bemerken nur noch, daß das Ergebniß der Bestimmung, welche erst mit der allmähligen Reife des Lagerobstes erfolgen kann, seiner Zeit jedem Aussteller, so weit er es wünschte, zukommen wird. Von großem Interesse für die Theilnehmer an der Versammlung war auch eine durch Herrn Professor Munker in Nürnberg ausgestellte Pumpe, welche durch die Lokomobile der Merkendorfer Dampfdreschgenossenschaft in Bewegung gesetzt, aus einem Weiher wohl einen Eimer Wasser in der Sekunde, also 3600 Eimer in der Stunde auf eine benachbarte Wiese lieferte. Ueber die Anwendung dieser Pumpe für Culturzwecke werden wir später weitere Mittheilungen machen.

Landwirthschaftliche Wanderversammlungen.

Die Mitglieder des landwirthschaftlichen Bezirksvereins Ansbach-Leutershausen versammelte sich am Sonntag den 27. Okt. c. in Vestenberg. Herr Gutspächter Herwig von Röshof beendigte seinen Vortrag über Hackfruchtbau, indem er die Kultur der sogen. Scherrübe, (Bodenkohlraben) Riesenmöhre und Stoppelrübe erörterte. Hiebei empfahl Herr Baron Theodor von Crailsheim die Rübenblätter, welche oft nicht rasch genug verfüttert werden können, durch Einsalzen von dem Verderben zu retten. Ueber die Frage: Ob unter den neuen Strafgesetzen die Siebner für ihre Wirksamkeit die nöthige Unterstützung finden? sprach sich der I. Vereinsvorstand, k. Regierungsrath Herr Faber dahin aus, daß die nutzbringende Anwendung des Art. 32 des Polizeistrafgesetzbuches behufs Sicherung der Vortheile des Siebenerinstituts voraussetze, daß die Vorschriften der Siebenerordnung nöthigenfalls mit Hilfe des Art. 28 des zu den neuen Strafgesetzbüchern erlassenen Einführungsgesetzes von den Polizeibehörden sogar durch Geldstrafen aufrecht erhalten werden können. Allein für Aufrechthaltung der Autorität der Siebener und Aufrechthaltung der Siebenerordnung selbst sei dieß zu wenig, indem jeder Eingriff in die Siebenerordnung nicht alsofort unmittelbar strafbar erklärt sei, sondern erst dann Strafe eintreten könne, wenn nach Aufforderung Seitens der Polizeibehörde, eigenmächtige Handlungen, durch die zuständigen Siebener ordnen zu lassen, Ungehorsam entgegen gesetzt werde. An diesen Vortrag reihte sich folgender Beschluß:

„Es sei durch die Vereinsorgane bei „höchster Stelle der Antrag zu stellen, „bei Revision des Polizeistrafgesetz„buches jeden Eingriff in das Siebener„geschäft und jeden Verstoß gegen die „Siebenerordnung als ein polizeilich „strafbares Real aufzunehmen.

Bei dieser Versammlung fand gleichzeitig die Aushändigung des Herrn Herwig zuerkannten Centralfestpreises, bestehend in der großen, silbernen Vereinsdenkmünze, nebst Preisbuch und Diplom in feierlicher Weise statt.

Eine weitere landwirthschaftliche Versammlung fand am 27. Oktober d. Jrs. in Uffenheim unter dem Vorsitze des I. Vereinsvorstandes kgl. Bezirksamtmanns Herrn Zink statt. Nach Bekanntgabe des Einlaufes über Beschickung der Obstausstellung in Triesdorf, Sammeln der Knochen und deren Ablieferung nach Lehrberg, und Errichtung eines Zuchtwiddermarktes in Uffenheim, wurde zunächst die Jahresrechnung veröffentlicht. Hierauf brachte der anwesende Maschinenfabrikant, Herr Blumenthal aus Darmstadt die Anschaffung einer Dampfdreschmaschine zur Sprache, und machte den Vorschlag vom 12. November an, auf seine Rechnung in Uffenheim einen achttägigen Probedrusch zu veranstalten, damit man sich überzeugen könne, daß seine Maschinen nicht nur jede Fruchtgattung vollkommen rein ausdreschen, sondern auch das Gemischte ebenso rein putzen und sortiren. Der Vorschlag wurde angenommen. Im weiteren Verlaufe der Verhandlungen wurde der Antrag gestellt und zum Beschluß erhoben, es solle von dem landwirthschaftlichen Bezirksverein Uffenheim an den Herren Landtagsabgeordneten des Bezirkes das Ansuchen gestellt werden, dahin zu wirken, daß die Dotation des landwirthschaftlichen Gesammtvereins künftig entsprechend erhöht werde. Ferner wurde beschlossen, gegen die hohe Kammern der Abgeordneten den Dank des landwirthschaftlichen Bezirksvereins Uffenheim für die unbedingte Annahme des Zollvereinsvertrages per Telegramm auszusprechen. Endlich hielten Herr Oberlehrer Bauer Vorträge über Hopfenbau, und Herr Bezirksthierarzt Ströbel über die Aufzucht der Kälber. Kulturvorarbeiter Oesterlen wurde aufgestellt um Knochen zu sammeln, und Knochenmehl sowie verschiedene landwirthschaftliche Sämereien zu verstellen.

Landwirthschaftliche Winterschule in Ansbach.

Dieselbe wurde am 4. Nov. mit 21 Schülern, welche aus der Sonntagsschule entlassen sind, eröffnet. Die Namen derselben sind: 1. Hufnagel, Johann von Haunoldshofen, 2. Emmert, Johann von da, 3. Eberlein, Georg von Binswangen, 4. Wachmeier, Johann von Hürbel, 5. Sturm, Georg von Gebersdorf, 6. Schultheiß, Johann von Zellrüglingen, 7. Stützer, Johann von Vestenberg, 8. Fischer, Johann von Frohnhof, 9. Horn, Johann von Gunzendorf, 10. Burkhard,

Johann von Neuses, 11. Scherzer, Leonhard von Hohenau, 12. Wellhöfer, Johann von da, 13. Hufnagel, Johann von Birkenau, 14. Wellhöfer, Johann von Mittelrachstetten, 15. Seubelt, Heinrich von Colmberg, 16. Arnold, Leonhard von Dezmannsdorf; die bisher Genannten gehören dem landwirthschaftlichen Bezirke Ansbach-Leutershausen an. 17. Zill, Georg von Lenkersheim, 18. Haag, von da, 19. Singer, Adam von Neuherberg; diese Drei dem landwirthschaftlichen Bezirke Uffenheim-Windsheim angehörig, 20. Strattner, Johann von Dietenhofen, landwirthschaftlichen Bezirks Erlbach, 21. Emmendörfer, Josef von Gebsattel, landwirthschaftlichen Bezirks Rothenburg.

Marktbericht.

Heilbronn, 4. Nov. Verkauft 14560 Ctr. Obst; Umsatzsumme 23296 fl.

Berlin, 4. November. Roggen 72$\frac{1}{2}$ Thlr. per 2000 Zoll℔.

Kassel, 3. Nov. Waizen 200 ℔. 12$\frac{1}{2}$—13 Thlr. Roggen 240 ℔. 9$\frac{1}{2}$ — 9$\frac{3}{4}$ Thlr. Gerste 210 ℔. 6$\frac{5}{6}$ — 7$\frac{1}{6}$ Thlr. Erbsen 100 ℔. 3$\frac{11}{12}$ — 4$\frac{1}{3}$ Thlr. Wicken 100 ℔. 2$\frac{1}{3}$ — 2$\frac{8}{9}$ Thlr. Rapskuchen 1$\frac{5}{6}$ — 2 Thlr.

Köln, 4. Nov. Waizen 8$\frac{9}{10}$—9$\frac{1}{2}$ Thlr. Hafer 5$\frac{7}{10}$ — 5$\frac{9}{10}$ Thlr. per 200 Zoll℔.

Mannheim, 3. Nov. Waizen 17$\frac{1}{4}$—17$\frac{1}{2}$ fl. Roggen 14 fl. Gerste 11$\frac{3}{4}$—12 fl. per 200 Zoll℔.

Frankfurt, 4. Nov. Ochsen 1. Qual. 33 fl., 2. Qual. 31$\frac{1}{2}$ fl., Kühe und Rinder 1. Qual. 30 fl., 2. 28 fl., Hämmel 1. Qual. 26 fl. Kälber 29 fl. per 100 ℔.

Köln, 4. Nov. Kleines Vieh 16—17 Thlr.; Bestes Vieh 18—20 Thlr. per 100 ℔.

(Heilbronner Anzeiger.)

Bericht der Allgemeinen Hopfenzeitung:

Nürnberg, 5. Novbr. Zufuhr in voriger Woche 4000 Ballen.
Spalt, Stadt, 105, 110 und 115 fl.; Land, 70 fl.
Prima Hallertauer 64 — 72 fl., Secunda 50 — 62 fl.
Prima Aischgrunder 60 — 75 fl., Secunda 55 — 60 fl.
Hersbrucker, Altdorfer 55 — 65 fl.
Prima Württemberger 60 — 66 fl.
Prima Schwetzinger 60 — 70 fl., Secunda 45 — 55 fl.
Prima Markthopfen 50 — 56 fl., Secunda 46 — 50 fl.

Schrannenzettel.

Schranne.	Datum	Waizen		Kern		Korn		Gerste		Haber	
		Mittelpreise									
		fl.	kr.	fl.	kr.	fl.	kr.	fl.	kr.	fl.	kr.
Ansbach	Nov. 2. „	25	14	—	—	19	54	—	—	7	46
Augsburg	—	—	—	—	—	—	—	—	—	—	—
Bamberg	—	—	—	—	—	—	—	—	—	—	—
Beilngries	1. „	25	10	—	—	18	45	14	6	6	21
Dinkelsbühl	—	—	—	—	—	—	—	—	—	—	—
Eichstätt	—	—	—	—	—	—	—	—	—	—	—
Erlangen	—	—	—	—	—	—	—	—	—	—	—
Gunzenhausen	—	—	—	—	—	—	—	—	—	—	—
Kempten	—	—	—	—	—	—	—	—	—	—	—
Landshut	—	—	—	—	—	—	—	—	—	—	—
Lindau	—	—	—	—	—	—	—	—	—	—	—
München	2. „	27	28	—	—	21	38	15	30	8	3
Neuburg a/D.	—	—	—	—	—	—	—	—	—	—	—
Nördlingen	2. „	26	22	26	45	22	10	16	2	8	22
Nürnberg	—	—	—	—	—	—	—	—	—	—	—
Regensburg	2. „	25	20	—	—	20	27	14	34	7	42
Rothenburg a/T.	2. „	25	36	26	41	20	52	15	36	—	—
Schwabach	—	—	—	—	—	—	—	—	—	—	—
Schweinfurt	—	—	—	—	—	—	—	—	—	—	—
Weißenburg	2. „	28	3	—	—	22	53	15	51	8	13

Verantwortlicher Redakteur C. Classen. Druck von C. Brügel und Sohn in Ansbach.

Landwirthschaftliches Wochenblatt

Erscheint jede Woche einen halben Bogen stark und kann durch alle Poststellen bezogen werden.

Preis für's ganze Jahr sammt Postaufschlag 1 fl. Inserate werden die gespaltene Petitzeile oder deren Raum auf 4 kr. berechnet.

für Mittelfranken.

(Früher landwirthschaftliche Mittheilungen.)

Organ des landwirthschaftlichen Kreis-Comité für Mittelfranken.

Nr. 46. Ansbach, Novbr. 1867. I. Jahrgang.

Der Londoner Viehmarkt.

Aus der Schrift von Dr. Hartstein.

(Fortsetzung.)

VI. Die Fleisch- und Viehpreise in London.

Die meisten Städte Englands beziehen ihr Fleisch von London; es ist also hier billiger als dort. Der Unterschied beträgt nahezu 6 kr. per Pfund. Das Fleisch wird durchweg nach der Qualität bezahlt; man unterscheidet vier Hauptklassen des Fleisches, wovon jede wieder 3–6 Unterklassen hat, und wechselt der Preis der einzelnen Qualitäten eines und desselben Schlachtstückes zwischen 56 und 6 kr. per Pfund, so daß auch der Arbeiter täglich Fleisch essen kann. Im Laufe der letzten fünfzehn Jahre sind die Fleischpreise um nahezu 60 Prozent gestiegen. Im Jahre 1852 betrug der Durchschnittspreis 16½ Kreuzer, 1866 schon 25⅓ Kreuzer per Pfund; vergleichen wir damit unsere Fleischpreise, welche uns allerdings schon hoch genug vorkommen, so ist es wohl erklärlich, daß sich die Ausfuhr unseres Viehes nach England gut rentiren muß. Nach sorgfältigen Erhebungen stellten sich die Fleischpreise in London pro Herbst 1866 wie folgt:

Rindfleisch, Alles pro 100 ℔. Schlächtergewicht.

Ochsen, bester Qualität, englisches und schottisches Vieh 25 Thlr. 8 Sgr. oder 44 fl. 24 kr.

Bestes ausländisches Vieh 23 Thlr. 22 Sgr. oder 41 fl. 30 kr.

Mittelsorte 19 Thlr. 2 Sgr. oder 33 fl. 23 kr.

Zuchtstiere und alte Kühe 16 Thlr. 14 Sgr. oder 28 fl. 48 kr.

Hammelfleisch.

Vorzügliches englisches Vieh 26 Thlr. 29 Sgr. oder 47 fl. 15 kr.

Mittlere Sorte 21 Thlr. 24 Sgr. od. 38 fl. 9 kr.

Geringes Vieh 16 Thlr. 19 Sgr. od. 29 fl. 9 kr.

Schweinefleisch.

Je nach Qualität 20 Thlr. 20 Sgr. oder 36 fl. 10 kr.

Kalbfleisch.

Je nach Qualität 22 Thlr. 29 Sgr. oder 40 fl. 12 kr.

Hienach berechnet sich ein Mastochse bester englischer Sorte von 800 Pfund Schlächtergewicht auf circa 355 fl.; ein vom Ausland bezogener, aber mittlerer Qualität von demselben Gewicht auf circa 265 fl. Die Rinderpest hatte wenig Einfluß auf die Fleischpreise in London, weil aus Furcht vor der Ansteckung viel englisches Vieh auf den Markt gebracht wurde, außerdem aber die Zufuhr vom Continent sehr stark war und also nie ein Mangel im Angebot stattfand.

VII. Beschickung des Londoner Viehmarktes

Früher wurde auch mageres für die Mastung bestimmtes Vieh nach Islington gebracht; seit der Rinderpest wird jedoch blos noch Mastvieh zugelassen. Wie sich die Frequenz steigerte, geht aus folgenden Zahlen hervor. Es wurden zugeführt:

1854	Ochsen und Kühe .	263394.
1865	„ „ „ .	313264.
1854	Kälber	24853.
1865	„	33711.
1854	Schafe und Lämmer	1498926.
1865	„ „ „	1514421.
1854	Schweine	34280.
1865	„	32179.

Mit Aufhebung der Eingangszölle auf fremdes Vieh und andere landwirthschaftliche Erzeugnisse hat die Einfuhr von fremdem Vieh ungeheuer zugenommen.

1842	wurden eingeführt	2096	Ochsen u. Kühe,
1865	„ „	227528	„ „ „
1842	„ „	56	Kälber,
1865	„ „	55743	„
1842	„ „	323	Schafe u. Lämmer,
1865	„ „	914170	„ „ „
1842	„ „	205	Schweine,
1865	„ „	132943	„

Unter diesen letzteren Zahlen sind sowohl diejenigen Thiere, welche auf den Islingtoner Markt gebracht, als die direkten Zusendungen von lebenden und geschlachteten Thieren an Fleischer und Commissionäre begriffen.

Die Haupthafenplätze des Continentes für Einschiffung der Thiere nach England sind Dortrecht, Bremen, Hamburg, Harlingen, Medemblick, Rotterdam und Tönningen.

Von englischem Vieh haben die Shorthorns und ihre Kreuzungen, von Schafen die Southdowns, von Schweinen die kleineren Sorten von 150 bis 200 Pfund der Berkshire- und Essex-Race ihrer Frühreife und großen Mastfähigkeit halber den Vorrang. — Der Preisunterschied zwischen Fleisch von englischen Thieren und fremden beträgt aber jetzt nur noch 17½ kr. auf 8 Pfund, also circa 2 kr. per Pfund; mittlere Gattungen sind fast gleich im Preis und fremdes Vieh von geringer Qualität wird in der Regel etwas besser bezahlt, weil es mehr Talg liefert. Am gesuchtesten von dem eingeführten fremden Rindvieh sind die Kreuzungen von den Shorthorns und dem Niederungsvieh, ebenso die aus Holland und Holstein eingeführten Kreuzungen von englischen Fleischschafen und den Marschschafen. Aber auch die Kreuzungen von Southdowns und Merinos sind beliebt und werden gut gemästete Exemplare mit 10 Thlr., d. s. 17 fl. 30 kr. bezahlt. Der Widerwillen, den die Engländer gegen Fleisch von fremdem Vieh hatten, ist beseitigt; im Gegentheil man könnte ohne Einfuhr die Fleischpreise in London gar nicht mehr erschwingen, und damit ist sowohl den Engländern als uns geholfen. (Fortsetzung folgt.)

Obstausstellung in Triesdorf.

Bei der am 21. Oktober 1867 in Triesdorf stattgehabten Obstausstellung haben sich folgende Aussteller betheiligt.

(A. bedeutet Aepfel, B. Birnen, Z. Zwetschgen, N. Nüsse.)

A. Durch die landwirthschaftlichen Bezirkscomité eingesendet:

1) Scheinfeld, von Rittergutsbesitzer Zeltner in Obersteinach 25 A., 8 B.,

2) Heidenheim, von Oekonom Huber auf dem Bergershof 20 A.; 15 B.,

3) Schillingsfürst, von den Oekonomen Leonh. Schwarz und Mich. Metzger von Endsee, von den Gemeinden Gastenfelden, Brunst und Endsee 33 A., 7 B.,

4) Rothenburg a/T. von Regierungsrath von Praun, Lehrer Lauer in Dettwang, Lehrer Wich in Rothenburg, Wirth Vorläufer, Vorsteher Hörber, Gutspächter Groß, und Dombacher zu Hartershofen, Posthalter Münch in Rothenburg, Gutsbesitzer Roth zu Hobach, Müllermeister Wirth zu Tauberscheckenbach 75 A., 7 B., 1 Z., 3 N.,

5) Schwabach, von Lehrer Andreä in Leerstetten, Lehrer Heckl von Abenberg, den Gemeinden Wernfels und Theilenberg 33 A., 16 B., 2 N., 1 Kasten Dürrobst.

6) Ansbach-Leutershausen, von den Gemeinden Eib, Egenhausen, Flachslanden, Fladengreuth, Obersulzbach, Sondernohe, Urphertshofen, Weihenzell, Wernsbach; von der Staatserziehungs-Anstalt Bruckberg, Lehrer Beerwind in Leuters-

hausen, Revierförster Uebeleisen in Flachslanden 95 A., 20 B.,

7) Uffenheim, von Friedrich Haas in Uffenheim und Kaufmann Bullenheimer in Uffenheim 18 A., 9 B.,

8) Dinkelsbühl, von Wilhelm Brandt, Frd. Seidelmann, Oekonom, Posthalter Patzleberg, Oekonom Dollinger von Weisslingen 44 A., 39 B.,

9) Gunzenhausen, von Bäckermeister Dobel, Vorsteher Reinwald von Gräfensteinberg, Vorsteher Kirsch von Frickenfelden, Vorsteher Minamaier von Westheim, Oekonom Michael Bäls von Sausenhofen 54 A., 15 B.,

10) Kloster Heilsbronn, von Oekonom Heckel auf dem Berghof, Kaufmann Schröppel in Heilsbronn 55 A., 21 B., 1 Dürrobst,

11) Neustadt a/Aisch, von den Gemeinden Unterschweinach u Oberroßbach 59 A., 33 B., 1 N.

12) Weißenburg a/S. von verschiedenen Gemeinden und Privaten 17 A., 3 B.,

13) Hersbruck, von verschiedenen Gemeinden und Privaten 360 A., 105 B.,

14) Fürth, Gemeinde Roßstall 23 A., 12 B., 1 Z.

B. Direkt sendeten ein:

15) Kgl. Baumplantage Triesdorf 133 A., 36 B.,

16) Hofgärtnerei Ansbach, 30 A., 15 B.,

17) Frherrl. von Pöllnitz'sche Schloßgärtnerei Frankenberg, 23 A. 3 B.,

18) Frhrl. von Schwarz'sche Schloßgärtnerei Henfenfeld 37 A., 9 B.,

19) Gräfl. von Du Ponteil'sche Schloßgärtnerei Thürrnhofen 20 A., 4 B., 1 Pfirsich,

20) Gartenbau-Verein Nürnberg, 65 A., 50 B.,

21) Obstbaumschule von J. L. Haffner in Kadolzburg 42 A., 44 B., und Obstsäfte,

22) Dentler und Sohn, Baumschulenbesitzer in Nürnberg 13 A., 7 B.

23) Reichsrath Lothar von Faber in Stein, 68 A., 30 B.,

24) Beneficiat Koch in Gnotzheim bei Heidenheim 22 A., 28 B.,

25) Baumeister Förg in Ansbach 19 A., 1 B.,

26) Karl Leuchs in Lichtenau 16 A., 5 B.,

27) Karl Leuchs Bierbrauer in Lichtenau 2 A.,

28) Lehrer Wörner in Kirnberg bei Rothenburg a/T. 60 A., 11 B.,

29) Lehrer Behringer in Bürglein bei Kloster Heilsbronn 9 A., 4 B.,

30) Lehrer Speidel von Ostheim bei Gunzenhausen 51 A., 18 B.,

31) Lehrer Fickenscher, in Obernzenn, 2 A., 2 B.,

32) Kgl. Revierförster Leykamm, in Burggriesbach 4 A.,

33) Kgl. Revierförster Rein in Lindenbühl 22 A., 7 B., 1 Z., 6 N. 12 Dürrobst,

34) Kgl. Revierförster Wich, in Aurach 38 A., 7 B.,

35) Kgl. Revierförster Griesmeyer, in Absberg 1 Pfirsig,

36) Verwalter Büttenmeister in Asbachhof bei Uffenheim 5 A., 5 B.,

37) Apotheker Ziegler in Weidenbach 16 A., 5 B.,

38) Apotheker Koppen in Ansbach 1 B,

39) Julius Hetzel in Ansbach 5 A.,

40) Joh. Pet. Meyer, in Rübleinshof bei Altdorf 1 A.,

41) Posthalter Rathäus, in Windsheim 2 A.,

42) Schreinermeister Hagenah in Gunzenhausen 4 A. 1 B.

Gleichzeitig stellte Reichsrath L. Faber in Stein 48 Kartoffelsorten aus.

Zusammenstellung.

Aepfel	1613	Sorten
Birn	693	„ „
Zwetschgen	2	„ „
Pfirsich	2	„ „
Wallnüsse	12	„ „
Dürrobst	14	„ „
	Summa: 2246	Sorten.

Landwirthschaftliche Wanderversammlung.

Die am Sonntag den 4. Nov. in Strassenhof unter dem Vorsitze des Comitévorstandes, kgl. Regierungsrathes Herrn Faber von Ansbach stattgehabte landwirthschaftliche Wanderversammlung wurde zunächst mit der Aushändigung der Herrn Revierförster Habermann in Egenhausen von dem Generalcomité des landwirthschaftlichen Vereines für seine Verdienste um Hebung der Landwirthschaft, zuerkannten großen silbernen Vereinsdenkmünze nebst Preisbuch und Diplom eröffnet. Hierauf wurden sehr schöne Proben, Leinen- und Hanfgarn, sowie wergenes Garn der mechanischen Lohnspinnerei von Kerler und Comp. in Memmingen vorgezeigt und die Benützung der Spinnerei empfohlen. Die Frage über die Beschaffung entsprechender Zuchtwidder leitete Vereinssekretär Classen ein. Unter Hinweisung auf den bereits vorhandenen sehr schönen, kräftigen und allgemein gesuchten fränkischen Bastardschafstamm mit entsprechender Kammwolle, wurde empfohlen, die Mutterheerden alljährlich sorgfältig auszubraden und darauf hinzuarbeiten, daß man sowohl bezüglich des ausschließlichen Kammwollcharakters, als bezüglich eines kräftigen Körperbaues mehr Ausgeglichenheit in die Heerden bringe, denn nur eine nach diesen beiden Richtungen stattfindende möglichste Gleichförmigkeit sämmtlicher Thiere bringen den höchsten Ertrag aus einer Schäferei. Hiezu gehöre aber auch, daß man bessere Zuchtwidder als bisher aufstelle. Deren Beschaffung sei bisher ein Vorrecht der Schäfer gewesen, die sich nicht viel um Erfüllung der obigen Bedingungen gekümmert hätten.

(Schluß folgt.)

Marktbericht.

Lüttich 11. Novbr. Waizen 42½ Francs per 103 Kilogr. d. i. 19 fl. 51 kr. per 206 Zoll-Pf. oder 185½ Pf. bayrisch; also 32 fl. per 300 Pf. bayrisch. Roggen 29½ Francs per 93 Kilogr. d. i. 13 fl. 45 kr. für 186 Zoll-Pf. od. 167½ Pf. bayrisch; also für ein Durchschnittsgewicht von 1 bayr. Schaff mit 280 Pf. — 23 fl.

Paris, 9. Novbr. Waizen lebhaft, 49 52 Francs pr 120 Kilogr. d. i. 23 fl. 34 kr. für 240 Zoll-Pf. oder 216 Pf. bayrisch; also 32 fl. 42 kr. per 300 Pf. bayrisch. Roggen 31—31½ Francs. per 115 Kilogr. d. i. 14 fl. 30 kr. per 230 Zoll-Pf. oder 207 Pf. bayrisch.

Berlin, 12. November. Roggen, per November 75½ Thlr. per 2000 Zoll-Pf. oder 13 fl. 15 kr. für 160 Pf. bayrisch.

Stettin, 11. Novbr. Waizen 96—103 Thlr. per 2000 Zoll-Pf. d. i. 17 fl. 36 kr. per 180 Pf. bayrisch. Roggen 76—78 Thlr. für 2000 Zoll-Pf. oder 13 fl. 28 kr. für 160 Pf. bayrisch.

Regensburg, 9. Novbr. Waizen 26 fl. —28 fl. 38 kr. Roggen 20 fl. 46 kr. bis 19 fl. 37 kr. Gerste 14 fl. 49 kr. bis 13 fl. 51 kr. Haber 8 fl. 21 kr. bis 7 fl. 17 kr.

München 9. Novbr. Zufuhr 21627 Schaff. Verkauft 17043 Schaff. Waizen 27 fl. 43 kr. gest. 15 kr. Korn 20 fl. 39 kr. gefallen 59 kr. Gerste 15 fl. 46 kr. gest. 10 kr. Haber 8 fl. 5 kr. gef. 3 kr.

Frankfurt, 11. Nov. Zutrieb an Rindvieh gering, Preise hoch. Ochsen 1. Qual. 33 bis 34 fl., 2. Qual. 32 fl., Kühe und Rinder 1. Qual. 31 fl., 2. Qual. 29 fl. Hämmel 25½ fl. bis 26 fl., Kälber 30 fl. per 100 Pf. Fleischgewicht.

Köln, 11. Nov. Kleines Vieh 16—17 Thlr.; Bestes Vieh 18—20 Thlr. per 100 Pf.

(Heilbronner Anzeiger.)

Ansbach, den 12. November. Viehmarkt 700 Stück, verkauft 400 Stück Umsatzsumme 60000 fl. Mittelleibige Gangochsen 24—33 Karolin.

Bericht der Allgemeinen Hopfenzeitung:

Nürnberg, 12. Novbr. Prima Hallertauer 58—62 fl. Secunda 48—55 fl. Geringere Qual. 40—46 fl. Prima Aischgründer 58—62 fl. Secunda 48—54 fl. Hersbrucker, Altdorfer 48—56 fl. Prima Würtenberger 50—56 fl. Secunda 45—52 fl. Prima Markthopfen 47—52 fl. Geringere Qual. 40—45 fl.

Schrannenzettel.

Schranne.	Datum	Waizen		Kern		Korn		Gerste		Haber	
		Mittelpreise									
		fl.	kr.	fl.	kr.	fl.	kr.	fl.	kr.	fl.	kr.
	Nov.										
Ansbach	13. „	25	32	25	31	19	55	—	—	7	55
Augsburg	—	—	—	—	—	—	—	—	—	—	—
Bamberg	—	—	—	—	—	—	—	—	—	—	—
Beilngries	7. „	25	29			19	27	14	15	7	3
Dinkelsbühl	—	—	—	—	—	—	—	—	—	—	—
Eichstätt	—	—	—	—	—	—	—	—	—	—	—
Erlangen	—	—	—	—	—	—	—	—	—	—	—
Gunzenhausen	9. „	27	2	—	—	21	44	15	5	8	10
Kempten	—	—	—	—	—	—	—	—	—	—	—
Landshut	9. „	25	22	—	—	20	4	14	30	7	14
Lindau	9. „	31	4	28	1	—	—	—	—	9	24
München	9. „	27	43	—	—	20	39	15	46	8	5
Neuburg a/D.	—	—	—	—	—	—	—	—	—	—	—
Nördlingen	9. „	27	14	26	51	22	25	16	2	8	23
Nürnberg	9. „	26	31	—	—	20	22	16	32	8	59
Regensburg	9. „	25	28	—	—	20	15	—	—	7	59
Rothenburg a/T.	9. „	25	18	25	—	20	49	15	16	7	16
Schwabach	—	—	—	—	—	—	—	—	—	—	—
Schweinfurt	9. „	26	34	—	—	22	30	14	42	8	—
Weißenburg	9. „	27	32	—	—	22	38	15	56	8	5

Verantwortlicher Redakteur G. Classen.

Druck von C. Brügel und Sohn in Ansbach.

Landwirthschaftliches Wochenblatt

Erscheint jede Woche einen halben Bogen stark und kann durch alle Poststellen bezogen werden.

Preis für's ganze Jahr sammt Postaufschlag 1 fl. Inserate werden die gespaltene Petitzeile oder deren Raum auf 4 kr. berechnet.

für Mittelfranken.

(Früher landwirthschaftliche Mittheilungen.)

Organ des landwirthschaftlichen Kreis-Comité für Mittelfranken.

Nr. 47. Ansbach, Novbr. 1867. I. Jahrgang.

Inhalt: Bekanntmachung. — Landwirthschaftliche Wanderversammlungen — Anzeigen. — Marktbericht. — Schrannenzettel.

Bekanntmachung.

Ad Num. 657.

An die landwirthschaftlichen Bezirks-Comités.

Heranbildung von Baumeistern und tüchtigen Ackerknechten betr.

Die Direktion der kgl. Central-Landwirthschaftsschule Weihenstephan beabsichtigt, an Stelle ihrer sonstigen Knechte solche Männer in Dienst zu nehmen, welche sich zu tüchtigen Ackerknechten oder kleinern Baumeistern heranbilden wollen. Indem wir die von der Direktion mitgetheilten näheren Bestimmungen hiemit bekannt geben, ersuchen wir die verehrlichen landwirthschaftlichen Bezirkscomités, gelegentlich der landwirthschaftlichen Versammlungen, diesen Gegenstand auf die Tagesordnung setzen, und wegen etwaiger eingegangener Meldungen mit der genannten Direktion direkt in Verkehr treten zu wollen.

Ansbach, den 18. November 1867.

Kreiscomité des landwirthschaftlichen Vereins für Mittelfranken.

I. Vorstand:
Dr. von Feder.

Classen, Sekr.

* * *

Aufnahmsbedingungen.

1) Jeder Eintretende muß im Militär ausgedient haben.

2) Außer körperlicher Gesundheit und Kraft bedarf er in jeder Beziehung beste Bezeugungen, namentlich auch bezüglich guter Schulbildung.

3) Er hat in der Eigenschaft eines Knechtes auf dem Staatsgute Weihenstephan wenigstens zwei Jahre zu dienen und wird ihm jede zu ermöglichende Gelegenheit geboten, sich auf alle bezüglichen Arbeiten zu musterhafter Leistung auszubilden. Wer in drei Jahren das Erforderte nicht leistet, kann wohl unter Umständen als Knecht noch hier behalten werden, verliert aber die Berechtigung, sich ferner um die Eigenschaft eines Oberknechtes oder kleinen Baumeisters hier zu bewerben.

4) Es findet Verwendung bei Wart und Pflege aller Hausviecharten (Pferde, Ochsen, Kühe, Schafe, Schweine) statt, wie auch zu jeder Art von Handarbeit oder Gespanndienst. Der Letztere bildet aber jederzeit die Hauptsache.

5) Allen gegebenen Vorschriften ist pünktlichst nachzukommen, im Besonderen aber die hier gegebene Gesindeordnung zu beachten.

6) Die so Aufgenommenen erhalten Kost und Pflege,

wie die übrigen Knechte und an Lohn im ersten Jahre 80 fl., im zweiten Jahre 90 fl. — Von diesem Lohne werden per Jahr 10 fl. vorweg zurückgezogen und an den Baumeister des Staatsgutes für seine speciellen Unterweisungen abgegeben.

7) Am Ende jedes Jahres findet eine Prüfung durch Wettarbeiten statt und wird hierzu öffentlich eingeladen.

8) Wer nach Ablauf von zwei oder spätestens drei Jahren in diesen Prüfungen wohl bestanden und außerdem stets eine gute Aufführung bewiesen hat, erhält ein Zeugniß mit der Bezeichnung als Oberknecht. Bei ganz vorzüglicher Aufführung, Umsicht und Leistung kann eine Empfehlung als Baumeister für kleinere Wirthschaft (Pfarrwirthschaften ꝛc.) hinzugefügt werden.

9) Vorläufig werden in vorgedachter Art 5—6 Mann aufgenommen. Dienstesantritt zu Lichtmeß (2. Februar.) Anmeldungen nebst betreffenden Zeugnissen sind bis spätestens 15. Dezember hierselbst einzureichen.

Landwirthschaftliche Wanderversammlungen.

Zu Strassenhof, landwirthschaftlichen Bezirks Ansbach-Leutershausen am Sonntag den 10. November 1867.

(Schluß.)

Seitens des Vereins werde daher die Errichtung besonderer Zuchtwiddermärkte in Verbindung mit den Schafmärkten angestrebt, zu deren Belebung man schöne Widder aufkaufen und verkaufen wolle. Es sei daher vor Allem nöthig, junge, schöne Bocklämmer, welche von kräftigen Müttern unserer sogenannten Rauhbastarden abstammen, nicht zu kastriren, sondern sie zur Zucht und als Material für den ersten in Uffenheim stattfindenden Bockmarkt laufen zu lassen. Diese Vorschläge fanden in der zahlreich besuchten Versammlung allgemeinen Beifall, und sprach namentlich Herr Sternwirth Haag von Oberdachstetten, ein anerkannt tüchtiger Schafzüchter, die Ueberzeugung aus, daß die Bockmärkte ihren beabsichtigten Zweck nicht verfehlen werden. Ein weiterer Vorschlag, zum Zwecke der Verloosung gleichzeitig entsprechende Böcke des Kammwollfleischschafstammes aus Sachsen anzukaufen, wurde abgelehnt, da man die Vererbungsfähigkeit dieser Thiere nicht kenne und auch zu befürchten stehe, daß sie unter unseren örtlichen Verhältnissen rasch zurückgehen werden.

Herr Domänenpächter Herwig von Röshof sprach ferner über die Kultur der Hülsenfrüchte, Bohnen, Erbsen, Wicken und Linsen. Ihre Vorzüge bestehen darin, daß sie sich in unseren Fruchtwechsel bequem einreihen lassen und in ihrem Stroh ein werthvolles Futter liefern. Die Bohne, (Pferdebohne), verlangt einen tiefgründigen Thonboden, der rein und gehörig in Kraft sei. Das hiezu bestimmte Feld sei im Herbst zu stürzen, im Laufe des Winters zu düngen und der Dünger vor der Saat unterzuackern. Um die Bohnen bearbeiten zu können, empfehle sich die Reihensaat; als Nachfrucht gedeihe besonders Weizen, man solle deßhalb die Bohnen nicht überreif werden lassen, sondern der nachfolgenden Bestellung halber früher abräumen, wobei man in Bohnen immer eine schöne Körnerernte mache, besonders aber ein kräftiges Futterstroh erhalte.

Die Erbse verlange gleichfalls schweren Boden, gedeihe aber auch auf Mellben. Behandlung und Fruchtfolge sei wie bei der Bohne und um eine entsprechende Erndte, namentlich auch in gutem, kräftigem Futterstroh zu erzielen, solle man frühe säen und bald erndten, wobei man in der Regel auch vor dem Befallen und vor den Blattläusen geschützt sei. Die Versammlung wollte das Düngen zu Erbsen nicht gut heißen, weil man zu wenig Körner bekomme; es sei gebräuchlich, nach Erbsen zu brachen. Herwig bekämpft dieses Verfahren, weil hiebei der Vortheil, ein gutes Futterstroh zu erzielen, verloren gehe, und um Schafweide zu erzielen, solle man statt zu brachen, nur künstliche Weideschläge anlegen. Die Wicke könne nach jeder Frucht gebaut werden und gedeihe auch auf leichteren, jedoch mehr feuchtem Boden. Den Hauptwerth habe die Wicke als Grünfutter, besonders nach mißrathenem Klee; im Allgemeinen sei sie des theuren Samens halber nicht besonders zu empfehlen. Schließlich wurde noch angerathen, die Wicke als Gemisch mit Hafer oder Bohnen zu bauen. Die Linse liebe einen tiefen, gut kultivirten Mittelboden und ihre Fruchtfolge und Behandlung sei die der übrigen Hülsenfrüchte.

Am 13. November d. Js. hielt der landwirthschaftliche Bezirksverein Neustadt unter dem Vorsitze seines ersten Vorstandes k. Bezirksamtsassessor Herrn Westermann eine zahlreich besuchte Wanderversammlung in Hambühl ab, an welcher auch Vereinsmitglieder aus dem landwirthschaftlichen Bezirke Bibart Theil nahmen. Zunächst sprach Herr Lehrer Dürr von Hambühl mit vielem Beifall über das landwirthschaftliche Fortbildungswesen, worauf eine lebhafte Unterhaltung über diesen wichtigen Gegenstand folgte und namentlich auch die Fortsetzung der landwirthschaftlichen Abendunterhaltungen und Ortsvereine, die Anschaffung und das Lesen guter landwirthschaftlicher Schriften rc. empfohlen wurde. Sodann hielt Herr Bezirksthierarzt Hollenbach einen Vortrag über Viehversicherungs-Vereine, deren Nutzen und Organisation. Es zeigte sich hiefür ein reges Interesse und der Anklang, welchen die aufgelegten Statutenentwürfe fanden, gibt Hoffnung auf ein baldiges Zustandekommen solcher Vereine. Auch ein Antrag, „Die Landtags-Abgeordneten des Bezirkes zu ersuchen, für entsprechende Erhöhung der Position für den landwirthschaftlichen Verein zu wirken" wurde zum Beschluß erhoben und der Versammlung die Mittheilung gemacht, daß behufs des Sammelns der Knochen für die durch die Vereinsthätigkeit gegründete Knochenmühle in Lederberg demnächst für den Bezirk Neustadt eine eigene Person werde aufgestellt werden. Ein weiterer Antrag, dahin zu wirken, daß in dem neuen Gewerbsgesetz die Vormerkung gemacht werde, daß von Hufbeschlagschmieden auch künftighin der Nachweis ihrer Befähigung vor einer Commission von Sachverständigen geliefert werden solle, wovon im Entwurf zum Gewerbegesetz bis jetzt nichts zu lesen sei, wurde aus dem Grunde nicht weiter verfolgt, weil die Kammer der Abgeordneten bereits mit Lesung des Entwurfes begonnen habe. Bei dieser Wanderversammlung fand zugleich die Aushändigung der dem Gemeindevorsteher König von Hambühl und Dienstknecht Grünbaum von Dietersheim bewilligten Centralfestpreise statt.

Heilsbronn, 17. Nov. Heute fand hier im Gasthaus zur Post die erste Wanderversammlung unter dem neugewählten I. Vorstande des landwirthschaftlichen Bezirksvereins Heilsbronn k. Bezirksamtmann Herrn Stahl statt. In warmen Worten sprach derselbe über den dermaligen Stand der Landwirthschaft und über die wichtige Aufgabe, welche sich der Verein bezüglich der Förderung der landwirthschaftlichen Interessen gestellt habe, wobei er namentlich hervorhob, wie sehr es anzuerkennen sei, daß sich die Vereinsmitglieder auf die an sie ergangene Einladung in so großer Anzahl und namentlich auch aus so weiter Entfernung eingefunden hätten. Die zur Berathung ausgesetzten Gegenstände betreffen das landwirthschaftliche Fortbildungswesen und die landwirthschaftlichen Ortsvereine, den künstlichen Futterbau und die Pferdezucht. Ueber das landwirthschaftliche Fortbildungswesen sprach namentlich Herr Lehrer Schneider von Dürrenmungenau, indem er auseinandersetzte, daß in der Volksschule selbst nicht mehr als bisher geleistet werden könne; es sei aber in Anbetracht der Forderungen der Zeit dringend nöthig, das in der Volksschule Erlernte künftig nicht allein besser als bisher zu befestigen, sondern auch weiter fort zu entwickeln; diese doppelte Aufgabe falle der landw. Fortbildungsschule zu, leider werde dieß von Eltern und Schülern noch zu wenig erkannt und bedürfe es deßhalb von Seiten des Vereines des kräftigsten Zuspruches und reichlicher Unterstützung, um das neue Institut lebensfähig zu erhalten. Ueber die landw. Ortsvereine, theilte Herr Lehrer Behringer von Bürglein seine Erfahrungen mit, und empfahl als besonders zweckentsprechend, das Vorlesen und Erklären der auf die Landwirthschaft Bezug habenden Gesetze und Verordnungen; hiedurch könnten namentlich vielfache Prozesse vermieden und große Kosten erspart werden. Bezüglich des künstlichen Futterbaues wies Vereinssekretär Classen auf das bestehende Mißverhältniß zwischen Körner- und Futterbau hin und empfahl dem künstlichen Futterbau eine solche Ausdehnung zu geben, daß man mit Zurechnung der Wiesen wenigstens die Hälfte des ganzen Besitzthumes hiefür bestimme. Nur so könne der Futter- und Streunoth abgeholfen, die Wirthschaft in Gleichgewicht erhalten und dauernd die höchsten Erträge erzielt werden. Zu den fraglichen Futterpflanzen, welche sich für den Heilsbronner Bezirk eignen, seien außer dem Roth- und Doldenklee, für welchen die Grasseinsaat empfohsen wird, zu zählen, der Monatsklee oder die Luzerne, namentlich auch die sog. Sandluzerne, welch' Letztere auf dem leichtesten Boden wachse, wenn er nur Kalk enthalte. Ferner wegen hohen Futterwerthes des Strohes, Pferdebohnen, Erbsen, Linsen und Wicken, deren Körner ja ohnedieß einen vortrefflichen Futterschrot liefern; endlich Futterrunkeln und sogen. Scheerrüben. Pferdezucht betreffend theilte Herr Bezirksthierarzt Herrmann von Windsbach seine Anschauung in einem sehr ausführlichen Vortrage dahin lautend mit, daß bei mangelndem Stutenmaterial das Verlangen nach schweren Hengsten ungerechtfertigt sei; auch passe unser Boden gar nicht für die Zucht schwerer Pferde.

(Schluß folgt.)

Anzeigen.

Marktbericht.

Berlin, 19. November. Roggen, 75½, bis 76 Thlr.; für 2000 Zoll-℔. d. s. 131 fl. 28 kr. bis 133 fl. für 1800 ℔. bayrisch.

Kassel, 17. November. Waizen, 260 Zoll-℔. 12½, bis 13 Thlr. d. s. 234 ℔. bayrisch. 21 fl. 52 kr. Roggen, 240 Zoll-℔. 9⅚—10 Thlr. d. s. 216 ℔. bayrisch. 16 fl. 55 kr. bis 17 fl. 30 kr. Haser 150 Zoll-℔. 3⅚—4⅙ Thlr. d. s. 135 ℔. bayrisch 6 fl. 43 kr. bis 7 fl. 17 kr. Brauergerste 210 Zoll-℔. 7⅙—7⅓ Thlr. d. s. 189 ℔. bayrisch 12 fl. 41 kr. bis 13 fl. 7 kr.

Mannheim, 12. Nov. Tabak, 12–16 fl.

Regensburg, 16. Novbr. Waizen, 26 fl. 27 kr.—23 fl. 41 kr. Roggen 20 fl. 14 kr. bis 19 fl. 19 kr. Gerste 15 fl. 6 kr. bis 14 fl. 18 kr. Haser 8 fl. 33 kr. bis 6 fl. 40 kr.

Stuttgart, 18 November. Ungar Waizen 9 fl. 12 kr. Kern, 9—9 fl. 6 kr. Roggen, 6 fl. 45 kr. Haser 4 fl. 40 kr. Alles für 90 ℔. bayrisch.

Verviers 15. Novbr. Waizen 42⅚—43 Francs. per 103 Kilgr. d. s. 19 fl. 57 kr. — 20 fl. 4 kr. per 206 Zoll-℔. oder 185 ℔. bayrisch, also 32 fl. 24 kr. per 300 ℔. bayrisch. Roggen 30½, Francs per 94 Kilogr. d. s. 14 fl. 7 kr. für 168 Zoll-℔. oder 169 ℔. bayr. Gerste 25 Francs per 94 Kilogr. oder 11 fl. 40 kr. per 169 ℔. bayr. Haser 33½—33¾, Francs per 150 Kilogr. d. s. 15 fl. 34 kr. per 300 Zoll-℔. oder 270 ℔. bayrisch.

Schrannenzettel.

Schranne.	Datum	Waizen		Kern		Korn		Gerste		Haber	
		Mittelpreise									
		fl.	kr.	fl.	kr.	fl.	kr.	fl.	kr.	fl.	kr.
	Nov.										
Ansbach	20. „	25	49	26	—	19	49	—	—	8	5
Augsburg	—	—	—	—	—	—	—	—	—	—	—
Bamberg	—	—	—	—	—	—	—	—	—	—	—
Beilngries	14. „	21	35			19	6	14	—	7	13
Dinkelsbühl	13. „	28	4	28	4	20	57	16	28	8	19
Eichstätt	—	—	—	—	—	—	—	—	—	—	—
Erlangen	—	—	—	—	—	—	—	—	—	—	—
Gunzenhausen	14. „	26	35	—	—	21	16	15	49	8	22
Kempten	—	—	—	—	—	—	—	—	—	—	—
Landshut	13. „	24	56	—	—	19	20	14	33	8	1
Lindau	—	—	—	—	—	—	—	—	—	—	—
München	16. „	27	25	—	—	23	19	14	42	9	22
Neuburg a/D.	—	—	—	—	—	—	—	—	—	—	—
Nördlingen	16. „	27	22	25	58	22	3	16	19	8	30
Nürnberg	—	—	—	—	—	—	—	—	—	—	—
Regensburg	16. „	25	24	—	—	19	51	14	43	8	6
Rothenburg	16. „	26	—	25	51	20	30	14	30	7	30
Schwabach	—	—	—	—	—	—	—	—	—	—	—
Schweinfurt	—	—	—	—	—	—	—	—	—	—	—
Weißenburg	16. „	26	51	—	—	21	50	15	47	8	31

Verantwortlicher Redakteur C. Classen. Druck von C. Brügel und Sohn in Ansbach.

Landwirthschaftliches Wochenblatt

Erscheint jede Woche einen halben Bogen stark und kann durch alle Poststellen bezogen werden.

Preis für's ganze Jahr sammt Postaufschlag 1 fl. Inserate werden die gespaltene Petitzeile oder deren Raum auf 4 kr. berechnet.

für Mittelfranken.

(Früher landwirthschaftliche Mittheilungen.)

Organ des landwirthschaftlichen Kreis-Comité für Mittelfranken.

Nr. 48. Ansbach, Novbr. 1867. I. Jahrgang.

Bekanntmachung.

(Abhaltung des Schäferlehrkurses pro 1868 in Triesdorf betr.)

Im Monate Januar 1868 beabsichtigen wir wieder einen hauptsächlich auf praktischer Anschauung beruhenden dreiwöchentlichen Lehrkurs für Schäfer in Triesdorf abzuhalten.

Der Unterricht umfaßt folgende Gegenstände:

Wart und Pflege der Schafe und Lämmer im gesunden und kranken Zustande.

Kennzeichen und Behandlung der wichtigsten Schafkrankheiten.

Züchtungsgrundsätze und Auswahl der geeigneten Zuchtthiere.

Wollkunde, Wasch, Schur, Verpackung und sonstige Behandlung der Wolle.

Behandlung der natürlichen und Anlage der künstlichen Weiden.

Es werden hiemit junge, strebsame Schäfer von Gemeinden und Privaten des Regierungsbezirkes aufgefordert, an dem Schäferlehrkurse Theil zu nehmen und sich unter Vorlage eines Heimathscheines und Leumundszeugnisses längstens bis zum **20. Dezember 1868** bei dem betreffenden Bezirkscomité zu melden.

Hiemit ersuchen wir zugleich sämmtliche k. Verwaltungsbehörden, landwirthschaftliche Bezirkscomité, Gemeindeverwaltungen, Landwirthe und Lehrer des Kreises, junge Schäfer zur Theilnahme an dem Lehrkurse aufzufordern. Jeder Schäfer der sich vorschriftsmäßig meldet und zugelassen ist, erhält auf die Dauer des Kurses aus der Vereinskasse zur Bestreitung seiner Auslagen einen Zuschuß von 36 kr. per Tag.

Ansbach, den 26. November 1867.

Kreiscomité.
I. Vorstand:
Dr. von Feder.

Classen, Sekr.

Bekanntmachung.

(Den landwirthschaftlichen Fortbildungsunterricht betr.)

Diejenigen landwirthschaftlichen Fortbildungsschulen, welche noch nicht im Besitze der besonders empfohlenen Bücher sind, (Lesebuch der Landwirthschaft von Ad. Müller, à 1 fl. 12 kr., Landwirthschaftlicher Katechismus von Steiger à 30 kr., Anwendung der Rechenkunst auf die Landwirthschaft von Stehle à 36 kr.), können solche von dem landwirthschaftlichen Kreis-Comité um die beigesetzten Preise beziehen.

Ansbach, den 27. November 1867.

Kreiscomité.
I. Vorstand:
Dr. von Feder.

Classen, Sekr.

Der Londoner Viehmarkt.

Von Dr. Hartstein.

(Fortsetzung.)

VIII. Art und Kosten des Verkaufs.

Wie schon früher bemerkt, haben die sogenannten Mäkler oder Commissionäre den Viehhandel vollständig in Händen. Man setzt sie von der Stückzahl, Gattung des Viehes, Zeit der Ankunft per Schiff im Hafen, oder per Eisenbahn auf dem Bahnhofe in Kenntniß, worauf die Mäkler zum Empfang des Transportes und vollständigen Pflege der Thiere Alles in Bereitschaft halten; namentlich ist hier zu bemerken, daß die Eigenthümer der Thiere, sobald diese einmal auf die Schiffe verladen sind, zu welchem Zwecke allerdings die Agenten der Dampfschifffahrtsgesellschaften auch rechtzeitig avisirt werden müssen, weder für Treiber noch für Verpflegung weiter zu sorgen haben. Aber auch hinsichtlich des Absatzes und Verkaufspreises und der schließlichen Abrechnung ist man den Mäklern vollständig in die Hände gegeben; übrigens haben sie für den richtigen Eingang und Ablieferung des Erlöses einzustehen. In der Regel geschieht Letzteres durch Banquiers mittelst Wechsel auf die Bank von England; nach Wunsch können Wechsel aber auch auf deutsche Häuser bezogen werden.

Die fixirten Verkaufskosten für die verschiedenen Viehgattungen berechnen sich nach den Angaben einer der bedeutendsten Viehmäkler, John Giblett, wie folgt:

Kosten.	Ein Ochs Thlr.	Ein Ochs Sgr.	Ein Schaf Thlr.	Ein Schaf Sgr.	Ein Kalb Thlr.	Ein Kalb Sgr.	Ein Schwein Thlr.	Ein Schwein Sgr.
Provision	1	10	—	7½	—	25	—	20
Marktgebühren	—	15	—	2¼	—	3¾	—	3¾
Treiberlohn und Fuhrkosten	—	7½	—	1¾	—	10	—	10
Futterkosten p. Tag	—	10	—	1¼	—	5	—	5
Zahlungs-, Werft- und Clarirungskosten	1	—	—	6	—	4	—	5
Summa	[illegible]	[illegible]	—	[illegible]	1	18[illegible]	1	13[illegible]
	fl.	kr.	fl.	kr.	fl.	kr.	fl.	kr.
oder	5	58	—	52	2	51	2	34

Hienach erscheint es geboten nur gut gemästete schwere und preiswürdige Stücke zur Ausfuhr zu bringen. Daß der Verkauf durch Mäkler seine großen Bedenken hat, ist nicht zu verkennen; wenn sie unehrlich handeln wollen, was ja ganz in ihrem Belieben steht, so ist man gar nicht einmal im Stande dieß nachzuweisen, denn die täglichen Notirungen der Fleischpreise geben hiefür keine Belege. Besonders bedenklich ist es, wenn ein Mäkler große Transporte von verschiedenen Händlern gleichzeitig und überhaupt, d. h. ohne das einzelne Stück zu wiegen oder zu tariren, an einen Großschlächter verkauft; wie er dann die Forderung jedes einzelnen Händlers abgleicht, das ist ganz seine Sache. Versuche, sein Vieh ohne Mäkler abzusetzen, wären jedenfalls zu kostspielig und am Ende doch vergeblich; auch Vorschläge, den Londoner Viehhändlern oder Großschlächtern den Ankauf ihres Bedarfes im Auslande selbst zu überlassen, um direkt mit ihnen verkehren zu können, führten bisher zu keinem Ziel. Vorerst wird man also noch immer von den Mäklern abhängig bleiben, und sich mit der Versicherung begnügen müssen, daß die Londoner Mäkler meist ehrliche und besonders sachverständige Leute seien, denen schon wegen der gegenseitigen Concurrenz daran gelegen sein müsse, durch reelle und prompte Verkaufsabschlüsse sich ihre Kundschaft zu erhalten.

Als besonders empfehlenswerthe, reelle Mäkler notirt Dr. Hartstein:

John Giblett & Son, Cattle salesmen, London 63 West-Smithfield. (Spricht Deutsch).

John Honk, Cattle salesmen, London Stonebridgehouse, Tottenham. (Spricht Deutsch).

Thomas Coubson, Cattle salesmen, London.

(Fortsetzung folgt.)

Landwirthschaftliche Wanderversammlungen.

Heilsbronn, den 17. November. (Schluß.) Besonders nothwendig erscheine bei dem immer fühlbarer werdenden Mangel an größeren Hutungen die Errichtung geräumiger Fohlengärten und wurde unter Zusicherung namhafter Geldzuschüsse aus Centralfonds die Gründung von Fohlengärten in Altendettelsau und Ketteldorf in Aussicht genommen. Am Schlusse der Berathung stellten die Vereinsmitglieder aus dem Rezatgrunde den Antrag, es möchte Fürsorge getroffen werden, daß nicht allein die öffentliche Beschälstation in Windsbach erhalten bleibe, sondern auch wie bisher dort ein Thierarzt seinen Sitz behalte. Bezüglich der Versorgung der Lehrberger Knochenmühle mit Knochen wurde beschlossen, im Bezirke einen eigenen Sammler aufzustellen, dem noch gleichzeitig der Verschleuß von Knochenmehl und landwirthschaftl. Sämereien übertragen werden soll. Endlich wurde beschlossen, an die Landtagsabgeordneten des Bezirkes gleichfalls das Ansuchen zu stellen, für die Erhöhung der Dotation des landwirthschaftlichen Vereins zu wirken. Künftig sollen per Jahr 6 Wanderversammlungen im landwirthschaftlichen Bezirke Heilsbronn abgehalten werden.

Burgbernheim, den 24. November 1867. Die auf heute von dem landwirthschaftlichen Bezirks-Comité Windsheim im Gasthaus zum „weißen Roß" dahier anberaumte landwirthschaftliche Wanderversammlung erfreute sich einer zahlreichen Theilnahme. Der neugewählte erste Vorstand Herr Bürgermeister Lochner von Windsheim hieß die Versammlung willkommen, verbreitete sich in einer längeren Auseinandersetzung über die Vereinszwecke und lud hierauf, da ein förmliches Programm über die zu besprechenden Gegenstände nicht aufgestellt war, die Theilnehmer zur freien Besprechung landwirthschaftlicher Fragen ein. Vereinssekretär Classen bezeichnete mit Bezugnahme auf die Eröffnungsrede des Herrn Vorstandes als einen wesentlichen Vereinszweck die Beförderung der Arrondirung, und wies unter Beleuchtung der hiemit verbundenen Vortheile darauf hin, wie wohlthuend dieselbe für die circa 000 Tagw. umfassende sehr zerstückelte Ortsflur Burgbernheim wäre. Herr Landrath Wirth von Burgbernheim schloß sich dieser Anschauung an und wies darauf hin, daß sich die Arrondirung beispielsweise auf der 200–300 Tagw. umfassenden Burgbernheimer Gewanne „unteres weißes Feld" wohl durchführen ließe. Ein von Herrn Oekonom Sturm wegen Beeinträchtigung der Schäferei erhobenes Bedenken wurde von Herrn Gutspächter Groß, Vorstand des landwirthschaftlichen Bezirkscomité Rothenburg durch die Bemerkung widerlegt, daß man, allerdings das erforderliche Einverständniß und den guten Willen der Betheiligten vorausgesetzt, gerade bei arrondirtem Besitz am leichtesten künstliche Weideschläge schaffen könne, welche die Schäfereien weit mehr zu heben geeignet wären, als unser bisheriger Weidebetrieb. Schließlich wurde der Wunsch ausgesprochen, daß Seitens des landwirthschaftlichen Kreiscomité die Ausarbeitung eines Entwurfes über die Arrondirung der Burgbernheimer Gewanne „unteres weißes Feld" veranlaßt und hierüber einer späteren Versammlung Mittheilung gemacht werden möchte. Hierauf sprach Herr Gutspächter Groß über einige Bedingungen der Ertragssteigerung. Vor Allem sei es die sorgfältigere Behandlung des Stallmistes und der Gülle, welche bisher ganz außer Acht gelassen worden sei; außerdem seien alle wirthschaftlichen Abfälle, namentlich Knochen, wollene Lumpen, Asche ꝛc. zum Zwecke der Düngung fleißig zu sammeln. Was die Viehzucht betreffe, aus der man nun eigentlich die Hauptrente ziehen könne, so sehe man allerdings wohl schöne Ochsen und Hämmel, allein Kühe und Jungvieh werden zu schlecht gehalten, weil es an Futter fehle. Die Viehhaltung sei bei der gegenwärtigen Nachfrage und Bezahlung kein nothwendiges Uebel mehr, und erfordere deßhalb große Vorsicht. Dieß gelte namentlich in Betreff der Aufzucht der Kälber, welche man 8 Wochen säugen lassen und nach dem Abbinden durch genügende Beigaben von Leinkuchen und Haferschrot kräftig füttern solle. Mit vielem Beifall sprach ferner Herr Lehrer Bech von Windsheim, Schriftführer des Vereins, über das landwirthschaftliche Fortbildungswesen, wobei mit besonderer Befriedigung die Mittheilung vernommen wurde, daß die landwirthschaftliche Fortbildungsschule in Burgbernheim von 24 Jünglingen fleißig besucht werde. Schließlich wurde auch hier behufs gründlicher Förderung der landwirthschaftlichen Interessen beschlossen, an die Herren Landtagsabgeordneten des Bezirkes die Bitte zu richten, bei Berathung des Etats das k. Staatsministerium des Handels und der öffentlichen Arbeiten die Erhöhung der Dotation des landwirthschaftlichen Vereins beantragen zu wollen.

Wanderversammlung des landwirthschaftlichen Bezirkscomité Eichstätt zu Walting

Sonntag den 1. Dezember 1867.

Berathungsgegenstände: Wirksamkeit der Hagelversicherungsvereine und Hebung der Viehzucht.

Anzeigen.

Marktbericht.

Verviers 15. Novbr. Waizen, inländ. 43¾—42 Francs. per 103 Kilgr. oder 206 Zoll-Pfd. 185,4 Pfd. bayrisch oder 32 fl. 25 kr. per 300 Pfd. bayrisch. Preuß. Waizen 45¼—45¾ Francs. per 117 Kilgr. d. i. 234 Zoll-Pfd. oder 210,6 Pfd. bayrisch. d. i. 30 fl. 12 kr. per 300 Pfd. bayrisch. Roggen 29¾—30½ Francs per 94 Kilogr. oder 169,2 Pfd. bayr. Gerste 25 Francs per 94 Kilgr. oder 169,2 Pfd. bayr. Hafer 33¼—34½ Francs per 150 Kilogr. oder 270 Pfd. bayrisch.

Frankfurt, 23. Novbr. Heu 1 fl. 45 kr. Stroh 1 fl. 18 kr. Eier Hundert 2 fl. 42 kr. Kraut 2 fl. 54 kr. bis 3 fl.

Schweinfurt, 23. Novbr. Waizen, 27—27 fl. 45 kr. Korn, 22 fl. 40 kr. bis 23 fl. (per Schäff. 300 Pfd.). Gerste 15 fl. bis 15 fl. 54 kr. Haber 7 fl. 30 kr. bis 8 fl. 54 kr. Erbsen 18—21 fl.

München 23. Novbr. 21909 Schäff. Mittelpreise. Waizen, 27 fl. 51 kr. gestieg. 26 kr. Korn 20 fl. 20 kr. gest. 4 kr. Gerste 15 fl. 44 kr. gest. 4 kr. Hafer, 8 fl. 24 kr. gestiegen 2 kr.

Frankfurt, 25. Novbr. Ochsen 1. Qual. 33 fl. 2. Qual. 30—31 fl. Kühe und Rinder 1. Qual. 30 fl. 2. Qual. 28 fl., Hämmel 25—26 fl. Kälber, 30 fl. per 100 Pfd. Fleischgewicht.

Köln, 25. Novbr. 15—16 Thlr. für kleines 17½—18½ Thlr. für bestes Vieh per 100 Pfd. Zollgewicht. d. i. 27 fl. 7 kr. für Ersteres und 31 fl. 30 kr. für Letzteres per 90 Pfd. bayr. Fleischgewicht.

(Heilbronner Anzeiger.)

Ansbach, 26. November:

	Eintrieb:	Verkauft:	Erlös:
Ochsen:	168	159	22368 fl. 47 kr.
Stiere:	11	14	1297 fl. 42 kr.
Kühe:	75	18	3169 fl. 42 kr.
Kälber:	3	2	25 fl. 25 kr.
		Summa	26859 fl. 36 kr.

Allgemeine Hopfenzeitung. Nürnberg, 26. Nov. Spalter Stadtgut 100—110 fl. Nebenlagen 60—70 fl. Prima Hallertauer 58—65 fl. Secunda 48—52 fl. Tertia 40—44 fl. Prima Aischgrund 55—60 fl. Secunda 48—50 fl. Hersbruck, Altdorf 48—52 fl. Prima Würtenberger 59—60 fl. Secunda 42—50 fl. Prima Schwetzinger 55—60 fl. Secunda 45—52 fl. Prima Marktkopfen 48—50 fl. Geringere 40—44 fl.

Schrannenzettel.

Schranne.	Datum	Waizen fl.	Waizen kr.	Kern fl.	Kern kr.	Korn fl.	Korn kr.	Gerste fl.	Gerste kr.	Haber fl.	Haber kr.
	Nov.	Mittelpreise									
Ansbach	23. „	25	36	—	—	19	49	—	—	8	6
Augsburg	22. „	26	12	25	15	19	4	15	16	8	15
Bamberg	23. „	26	42	—	—	21	12	15	19	9	30
Beilngries	—	—	—	—	—	—	—	—	—	—	—
Dinkelsbühl	20. „	27	49	27	43	20	49	15	43	7	59
Eichstätt	23. „	26	22	—	—	20	25	14	59	8	9
Erlangen	23. „	26	18	—	—	19	41	—	—	8	27
Gunzenhausen	21. „	26	39	—	—	21	24	15	42	8	20
Kempten	20. „	—	—	26	42	20	13	16	17	8	34
Landshut	22. „	25	9	—	—	19	28	14	32	8	17
Lindau	—	—	—	—	—	—	—	—	—	—	—
München	23. „	27	51	—	—	20	20	15	44	8	24
Neuburg a/D.	20. „	24	50	—	—	19	7	14	17	7	45
Nördlingen	23. „	26	9	25	54	21	25	16	12	8	27
Nürnberg	23. „	29	4	—	—	20	2	16	29	8	44
Regensburg	—	—	—	—	—	—	—	—	—	—	—
Rothenburg a/T.	23. „	25	—	24	54	20	—	—	—	—	—
Schwabach	—	—	—	—	—	—	—	—	—	—	—
Schweinfurt	23. „	27	7	—	—	22	40	15	38	8	39
Weißenburg	23. „	26	4	—	—	21	41	15	30	8	36

Verantwortlicher Redakteur C. Klassen. Druck von C. Brügel und Sohn in Ansbach.

Landwirthschaftliches Wochenblatt

Erscheint jede Woche einen halben Bogen stark und kann durch alle Poststellen bezogen werden.

Preis für's ganze Jahr sammt Postaufschlag 1 fl. Inserate werden die gespaltene Petitzeile oder deren Raum auf 4 kr. berechnet.

für Mittelfranken.

(Früher landwirthschaftliche Mittheilungen.)

Organ des landwirthschaftlichen Kreis-Comité für Mittelfranken.

Nr. 49 und 50. Ansbach, Dezember 1867. I. Jahrgang.

Einladung.

Wir ersuchen die bisherigen verehrlichen Herrn Abonnenten des landwirthschaftlichen Wochenblattes, die Bestellung auf den mit dem 1. Januar 1868 beginnenden II. Jahrgang noch vor Ablauf des Monats Dezember gefälligst erneuern, sowie zur thunlichsten Erweiterung unseres Leserkreises das Ihrige beitragen zu wollen.

Die Redaktion.

Bekanntmachung.

(Abhaltung des Schäferlehrkurses pro 1868 in Triesdorf betr.)

Im Monate Januar 1868 beabsichtigen wir wieder einen hauptsächlich auf praktischer Anschauung beruhenden dreiwöchentlichen Lehrkurs für Schäfer in Triesdorf abzuhalten.

Der Unterricht umfaßt folgende Gegenstände:

Wart und Pflege der Schafe und Lämmer im gesunden und kranken Zustande.

Kennzeichen und Behandlung der wichtigsten Schafkrankheiten.

Züchtungsgrundsätze und Auswahl der geeigneten Zuchtthiere.

Wollkunde, Wasch, Schur, Verpackung und sonstige Behandlung der Wolle.

Behandlung der natürlichen und Anlage der künstlichen Weiden.

Es werden hiemit junge, strebsame Schäfer von Gemeinden und Privaten des Regierungsbezirkes aufgefordert, an dem Schäferlehrkurse Theil zu nehmen und sich unter Vorlage eines Heimathscheines und Leumundszeugnisses längstens bis zum 20. Dezember 1868 bei dem betreffenden Bezirkscomité zu melden.

Hiemit ersuchen wir zugleich sämmtliche k. Verwaltungsbehörden, landwirthschaftliche Bezirkscomité, Gemeindeverwaltungen, Landwirthe und Lehrer des

Kreises, junge Schäfer zur Theilnahme an dem Lehrkurse aufzufordern. Jeder Schäfer der sich vorschriftsmäßig meldet und zugelassen ist, erhält auf die Dauer des Kurses aus der Vereinskasse zur Bestreitung seiner Auslagen einen Zuschuß von 36 kr. per Tag.

Ansbach, den 26. November 1867.

Kreiscomité.
I. Vorstand:
Dr. von Feder.

Classen, Sekr.

Bekanntmachung.

(Den landwirthschaftlichen Fortbildungsunterricht betr.)

Diejenigen landwirthschaftlichen Fortbildungsschulen, welche noch nicht im Besitze der besonders empfohlenen Bücher sind, (Lesebuch der Landwirthschaft von Ad. Müller, à 1 fl. 12 kr., Landwirthschaftlicher Katechismus von Steiger à 30 kr., Anwendung der Rechenkunst auf die Landwirthschaft von Stehle à 36 kr.), können solche von dem landwirthschaftlichen Kreis-Comité um die beigesetzten Preise beziehen.

Ansbach, den 27. November 1867.

Kreiscomité.
I. Vorstand:
Dr. von Feder.

Classen, Sekr.

Der Londoner Viehmarkt.

Aus der Schrift von Dr. Hartstein.

(Schluß.)

IX. Der Transport des Viehes nach London.

Hinsichtlich des Viehtransportes sind Billigkeit und Sicherheit zwei Hauptbedingungen. Was Billigkeit anbelangt, so ist durch die große Concurrenz der Verkehrsmittel zu Wasser und zu Land eine namhafte Ermäßigung der Frachtsätze ermöglicht worden. Betreffend die Frage der Sicherheit wäre zunächst der zum Schutze gegen das Einschleppen der Seuchenkrankheiten in England angeordneten Untersuchung der vom Continent eingeführten Thiere gedacht. Neben der durch einen eigenen Thierarzt stattfindenden Marktcontrolle wird das eingeführte Vieh schon vor seiner Landung im Hafen genau untersucht. Mit Lungenseuche oder Rinderpest behaftete oder nur verdächtige Thiere werden sofort getödtet und vernichtet. Bei Maul- und Klauenseuche müssen die davon befallenen Thiere zwar auch im Hafen sofort geschlachtet werden, außer den kranken Theilen ist jedoch eine Verwerthung des Fleisches gestattet. Uebrigens ist neuerdings angeordnet, daß sogar der gesammte Viehtransport bei welchem kranke Stücke entdeckt wurden, entweder im Hafen geschlachtet werden oder daselbst entsprechende Quarantaine halten muß, was mit großen Kosten und Verlusten für die Besitzer verbunden ist. Wird daher das Vieh schon vor dem Einschiffen in den deutschen, holländischen und französischen Häfen einer genauen thierärztlichen Untersuchung unterworfen, wie dieß jetzt gebräuchlich ist, und kranke oder verdächtige Stücke ausgemustert, so können viele Unannehmlichkeiten und Verluste vermieden werden.

Für den Seetransport sind von den verschiedenen Transportgesellschaften eigene Schiffe gebaut u. eingerichtet, welche das Ein- und Ausladen sehr erleichtern, und den Thieren hinreichend Raum und namentlich auch Schutz gegen die Witterungseinflüsse gewähren. Beispielsweise wird angeführt, daß auf einem der neuen Viehtransportschiffe der General Steam Navigation Company „Maas" 670 Stück Ochsen in $3^1/_4$ Stunden eingeladen und sogar in 50 Minuten ausgeladen werden können. Die Verpflegung geschieht durch die Schiffsmannschaft und läßt Nichts zu wünschen übrig, was man auch der großen Concurrenz der Transportgesellschaften zu verdanken hat. Die gewöhnliche Ueberfahrtszeit nach London beträgt von Töningen aus 40—44 Stunden, von Hamburg 40—44 Stunden, von Bremen 30—36 Stunden, von Rotterdam 20—24 Stunden, von Ostende 15—20 Stunden, von Boulogne 9—12 Stunden. Schweine sind am schwierigsten, Rindvieh leichter und am leichtesten Schafe zu transportiren. Die Beschädigungen, welchen die Thiere beim Seetransport ausgesetzt sind, bestehen hauptsächlich in Quetschungen; aber auch Beinbrüche kommen vor. Die Versicherungen des Viehes gegen Unglücksfälle auf der See finden der vielen Clauseln wegen, welche die Versicherungsgesellschaften in die Police aufnehmen, wenig Anklang. Die Frachtsätze der wichtigsten Routen von Rotterdam, Hamburg, Antwerpen und Geestemünde nach London sind folgende:

Von Rotterdam nach London.

per Haupt Großvieh 8 fl. 45 kr.
" " Schaf . 1 fl. 10 kr.
" " Schwein 1 fl. 10 kr.—1 fl. 45 kr.

Von Hamburg nach London

per Haupt Großvieh 11 fl. 40 kr.
" " Schaf (Merinos) 52 kr.
" " Schwein 1 fl. 28 kr.

Von Antwerpen nach London

per Haupt Großvieh 8 fl. 45 kr.
" " Schaf . 52 kr.
" " Schwein 1 fl. 28 kr.
" " Kalb . 2 fl. 55 kr.

Von Gestemünde nach London.

per Haupt Großvieh 11 fl. 40 kr.
" " Schaf . 52 kr.
" " Schwein 1 fl. 45 kr.
" " Kalb . 1 fl. 45. kr.

Ueber den Transport auf den verschiedenen deutschen und holländischen Eisenbahnen gibt Dr. Hartstein sehr interessante Aufschlüsse, deren detaillirte Mittheilung uns hier zu weit führen würde. Im Allgemeinen sei nur bemerkt, daß ein Laderaum von 120 Quadratfuß für 6 Stück Großvieh oder für 80 Schafe berechnet ist. Zum Schaftransport hat man neuerdings Eisenbahnwagen mit doppeltem Boden, auf welchen man also 100 Schafe unterbringen kann. Die Frachtsätze der einzelnen Eisenbahnverwaltungen sind bekanntlich sehr verschieden. Man kann annehmen, daß behufs Anfertigung eines Kostenüberschlages pro Meile und Waggen mit 120 Quadratfuß Laderaum 1 fl. 29 kr. inclusive freier Fahrt des Treibers genügen.

X. Die Bedeutung des Londoner Viehmarktes für das Ausland.

Aus dem bisher Gesagten geht hervor, daß London, welches noch immer im Wachsen begriffen ist, und dessen Fleischbedarf hiemit gleichen Schritt hält, auf die Zufuhr vom Auslande angewiesen bleibt. Groß kann der Gewinn, den die Londoner Schlächter hiebei machen, nicht sein, das beweisen uns die angeführten Preisverhältnisse zwischen hier und dort. Allein jene rührigen Leute begnügen sich mit einem geringeren Profit am einzelnen Stück und setzen dafür ihr Kapital öfters um, so daß ihnen am Ende vom Jahr dennoch ein namhafter Ertrag bleibt. Nach Dr. Hartstein ist eine wesentliche Vermehrung des Viehexportes nach London namentlich von Süddeutschland und Oesterreich zu erwarten. Der Händler Joh. Alef aus Köln liefert allein aus Würtemberg und Bayern allwöchentlich 100—180 Mastochsen nach Islington. Der Transport geht von München oder Stuttgart über Mainz nach Antwerpen oder Geestemünde, wo der Seetransport beginnt. Die Transportkosten sollen von München nach London pr. Haupt Großvieh 22 Thlr. oder 38 fl. 30 kr., von Stuttgart oder Heilbronn aus 15 Thlr. oder 26 fl. 15 kr. betragen. Auf der ganzen Route wird das Vieh nur einmal, in Bischofsheim, bei Mainz, zur Fütterung ausgeladen. Von Wien aus betreibt der Händler Hirschler das Geschäft, indem er jeden Samstag von Februar bis Juni einen Separatzug von 18—20 Wagen mit 140—150 Stück Großvieh direkt nach London abgehen läßt. Der Transport dauert sieben Tage. In 36—40 Stunden wird Eisenach erreicht, wo man die Thiere auslädet, füttert und 12 Stunden ruhen läßt. Von hier aus geschieht der Weitertransport ohne Unterbrechung bis Geestemünde, wo man Mittwoch frühe anlangt. Donnerstag 8 Uhr Morgens oder Mittags 1 Uhr beginnt die Seeüberfahrt, und trifft man in der Regel in der Nacht von Freitag auf Samstag in London ein; am folgenden Montag kommen die Thiere zum Verkauf nach Islington. Hirschler schlägt nach seinen bisherigen Erfahrungen die bei dem Transporte vorkommenden Verluste durch Quetschungen und Beinbrüche auf nicht ganz ein Procent an. Nach seinen weiteren Mittheilungen betragen die Gesammttransportkosten einschließlich der Fütterung und sonstigen Ausgaben pr. Stück 33⅓ Thaler oder 58 fl. 20 kr. Nur schweres Vieh lohnt einen solchen Transport. Das von Hirschler exportirte hat 680—970 ℔ Schlächtergewicht und wird in London um 133⅓—183⅓ Thlr., d. h. 233 fl. bis 320 fl. verkauft. Ausführliche weitere Angaben enthält die Schrift namentlich für die norddeutschen Verhältnisse. Schließlich wird wiederholt darauf hingewiesen, wie wichtig es sei, blos schweres Vieh auszuführen, wie es sich aber auch besonders empfehle, daß deutsche Viehzüchter den Export und direkten Verkauf in London genossenschaftlich in die Hand nehmen. Nur so lasse sich der höchste Ertrag erzielen, und stehe als Rückwirkung auf unsere vaterländischen Verhältnisse der endliche Aufschwung unserer Thierzucht und unserer gesammten Landwirthschaft zu erwarten, dessen sich England schon längst erfreue.

Landwirthschaftliche Wanderversammlungen.

Walting, 1. Dez. 1867. Ueber die heute unter dem Vorsitze des I. Vorstandes, k. Bezirksamtmanns Hrn. Schweikhardt dahier stattgehabte Wanderversammlung der Mitglieder der landwirthschaftlichen Bezirksvereins Eichstätt-Kipfenberg können wir Folgendes berichten. Zunächst muß anerkannt werden, daß die Theilnahme eine sehr zahlreiche war, was hauptsächlich der rühmlichen Thätigkeit des Herrn Landrathes Wittmann von Walting zu verdanken ist. Nach erfolgter Bekanntgabe der hohen Regierungsentschließung und des Schreibens von dem landwirthschaftlichen Kreis-Comité, betreffend das Sammeln der Knochen, deren Ablieferung an die Lehberger Knochenmühle, und Rücknahme des Knochenmehles, es sei durch Kauf oder Tausch, Aufstellung von eigenen Sammlern für diesen Zweck, welche die gesammelten Knochen nach Lehberg abzuliefern und das dort fabrizirte, gedämpfte und aufgeschlossene Knochenmehl, sowie andere anerkannt gute künstliche Dünger und erprobte Sämereien abzusetzen haben, sprach Sekr. Classen über die Bedeutung und Wirksamkeit der Hagelversicherungsvereine. Der Vortrag verbreitete sich über die Grundbestimmungen der empfehlenswerthesten Versicherungsgesellschaften und hieran reihte sich die Bekanntgabe einer tabellarischen Zusammenstellung der muthmaßlichen Prämien-Sätze sämmtlicher Ortseinwohner von Walting, welche namentlich im heurigen Jahre zweimal sehr empfindlich vom Hagelschlag betroffen wurden. Der Zusammenstellung war ein von dem königl. Rentamte Kipfenberg gefertigter Steuerkataster-Auszug zu Grunde gelegt und für die Versicherung selbst wurgen zunächst nur die Hauptkörnerfrüchte Waizen, Roggen, Gerste und Hafer unter Annahme einer Dreifelderwirthschaft empfohlen. Es würde zu weit führen, hier den Besitzstand der 43 Betheiligten und den berechneten Prämienbetrag einzeln aufzuführen. Wir beschränken uns daher darauf, das summarische Resultat der Berechnung wiederzugeben. Bei einem Gesammt-Ackerbestand der Markung Walting von 583 Tagw. wurde angenommen, daß 388 Tagw. in der bezeichneten Weise mit Sommer- und Winterhalmfrüchten bebaut seien. Als Ertrag per Tagwerk wurden $2^1/_2$ Schaff Weizen, à 36 fl., 3 Schaff Roggen, à 30 fl., 4 Schff. Gerste à 20 fl. und 5 Schaff Hafer, à 16 fl., sammt Strohwerth zu Grunde gelegt. Hieraus entziffert sich ein Gesammtwerth an Körnern und Stroh von 32,962 fl., welchem bei einem Prozentsatz von $^5/_6$ ein Prämienbetrag von 274 fl. 33 kr. entspreche, der von sämmtlichen Gutsbesitzern Waltings zu bezahlen sein würde. Wenn nun auch dieser Betrag nicht hoch genannt werden könne, im Verhältniß zu der Entschädigungssumme, welche man im Falle einer totalen Hagelbeschädigung zu gewärtigen habe, so falle es doch immer schwer, im Frühjahr, wo beim Landwirthe in der Regel das baare Geld knapp sei, rechtzeitig, d. h. schon Ende April sich zu versichern und die Prämie sofort zu bezahlen. Mit Rücksicht hierauf müsse empfohlen werden, seine Zuflucht zum landwirthschaftlichen Creditverein zu nehmen, welcher für jedes seiner Mitglieder die Versicherungs-Prämie rechtzeitig gegen halbjährige Rückzahlung entrichte, aber Grundbedingung sei, dem Kreditvereine beizutreten, was mit geringen Monatseinlagen von 15 Kreuzern zu 4 Prozent verzinslich geschehen könne, während die durch den Verein vorschußweise bezahlten Versicherungsprämien mit 5 Prozent zu verzinsen seien. Um den Einwand zu entkräften, daß es eben schließlich dennoch schwer falle, in der Wirthschaft den Betrag der Versicherungsprämie, welche ja immer wieder an den Kreditverein zurückbezahlt werden müsse, zu erübrigen, wurde nachgewiesen, daß jeder Landwirth diesen Betrag buchstäblich auf der Straße finden könne, wenn er nur seine Augen öffnen wolle. Jedermann wisse, daß der Odel einen hohen Düngerwerth habe, und dennoch lasse man ihn unbenützt weglaufen. Man könne den Werth des Odels, wie folgt, in Zahlen ausdrücken. Die wirksamen Bestandtheile des täglich von einem Stück Großvieh erzeugten Urins hätten einen durchschnittlichen Werth von $1^1/_2$ kr., der Gesammtwerth per Jahr sei also ca. 9 fl. per St. Bei einem Wiesenbesitz, von 130 Tgw., wie ihn Walting hat, werden mit Hinzurechnung des wahrscheinlichen Kleebaues und des verfügbaren Futterstrohes wenigstens 120 Stücke Großvieh gehalten, woraus sich ein Werth des erzeugten Otels von 1080 fl. nachweisen lasse, der auf der Strasse verloren gehe, und der obige Prämie von 274 fl., für welche die Gesammt-Flur von Walting gegen Hagel versichert werden könnte, um das Dreifache übersteige. Aehnliche Ersparnisse ließen sich noch in verschiedenen anderen Wirthschaftszweigen durch einen rationellen Betrieb machen und sei man also keineswegs berechtigt zu sagen, man könne den Aufwand für die Versicherungsprämie nicht aufbringen. Zur Erreichung einer allgemeineren Betheiligung, wodurch allein eine Ermäßigung der Prämiensätze erfolgen kann, wurde Zwangsversicherung, eventuell die Bedingung der Versicherung bei Gewährung von Hypothekdarlehen und die Nichtgestattung von Collekten für Hagelbeschädigte empfohlen. Hierauf stellte Herr Gutsbesitzer Lange von Pfinz folgende dringliche Anträge, welche sofort angenommen wurden: 1) soll anschließend an die diesfallsigen Kundgebungen aus Schwaben und Neuburg an die hohe Kammer der Abgeordneten eine gegen die beabsichtigte bedeutende Steuererhöhung gerichtete Vorstellung eingereicht, eventuell eine gleichmäßige Vertheilung der Steuererhöhung auf sämmtliche Steuerpflichtige erbeten werden, 2) seien die HH. Abgeordneten des Bezirkes um Befürwortung einer entsprechenden Erhöhung der Dotation des landwirthschaftlichen Vereins behufs Förderung der landwirthschaftlichen Interessen zu ersuchen und 3) solle hinsichtlich der Gewerbegesetzgebung an die hohe Kammer der Reichsräthe die Bitte gestellt werden, darauf zu bestehen, daß die Schmiede, welche den Hufbeschlag ausüben wollen, wie bisher einen Befähigungsnachweis zu liefern haben. Den landw. Fortbildungs-Unterricht betreffend, konstatirte der I. Herr Vorstand, daß in den Orten Wachenzell, Ruppertsbuch und Irlahüll je eine landwirthschaftliche Fortbildungsschule in's Leben getreten sei. Schließlich traten dem landwirthschaftlichen Vereine 12 neue Mitglieder bei und wurde für die nächste Versammlung Schernfeld gewählt.

Muggenhof, den 5. December 1867. Jahresversammlung des landwirthschaftl. Bezirksvereins **Nürnberg**, unter dem Vorsitze des I. Vorstandes, k. Bezirksamtmanns Herrn Esper, welcher nach erfolgter Begrüßung der anwesenden Vereinsmitglieder Herrn Ackerbaulehrer Firsching von Lichtenhof aufforderte, Bericht über den zur Verloosung angekauften Schrödel'schen Doppelpflug zu erstatten; hiernach eignet sich der fragliche Pflug, welcher schon früher im landwirthschaftlichen Wochenblatte erwähnt wurde, und auf zwei Seiten gleichzeitig angeaint, blos zum Bifangbau auf leichtem Boden und bei größerem Grundbesitz, wo es sich darum handle, Zeit zu gewinnen. Bei günstigerer Wirkung soll dieser Pflug in Gegenwart der Vereinsmitglieder probirt werden. Bezüglich der Centralfestpreiseverteilung wurde erwähnt, daß die Herren Kunstgärtner Dentler u. Sohn in Nürnberg für ihre Leistungen in der Obstbaumzucht, und Hr. Ackerbaulehrer Firsching von Lichtenhof in Anerkennung seiner Verdienste um Hebung der Bienenzucht, je die große silberne Vereinsdenkmünze, Hr. Oekonom Beuller v. Malmsbach das Ehrendiplom für Leistungen in der Waldkultur erhielten. Hierauf erfolgte die Mittheilung der Jahresrechnung, gegen welche keine Erinnerung geltend gemacht wurde. Im weiteren Verlaufe der Berathungen sprach der II. Vorstand, k. Rector Herr Dr. Kellermann von Lichtenhof, über die Anlage beweglicher Abtrittfässer (fosses mobiles), wie sie angeblich schon seit 300 Jahren in Graz (Steiermark) bestehen; sie erleichtern sehr die vollständige Gewinnung des flüssigen und festen Abtrittdüngers, und ihre Anwendung sichert namentlich die vollkommene Reinhaltung der Brunnen, weshalb auch der Magistrat Nürnberg gegen das landwirthschaftl. Bezirkscomité die Absicht ausgesprochen habe, ähnliche Einrichtungen in der Stadt Nürnberg ins Leben zu rufen, wenn Aussicht vorhanden sei, daß die umliegenden Landwirthe die transportablen Fässer rechtzeitig abholen werden. Eine zweckentsprechende Einrichtung der Art, worüber Zeichnungen vorgelegt wurden, soll in Bälde in Lichtenhof eröffnet und zur Besichtigung eingeladen werden. Ein weiterer Bericht des I. Vorstandes beklagt die geringe Theilnahme an den landwirthsch. Fortbildungsschulen in Höfen und Kleinreuth, und wurden die Anwesenden aufgefordert, das ihrige zur lebhafteren Frequenz beizutragen. Ferner wurde unter Bekanntgabe der diesfallsigen Regierungsentschließung das Sammeln der Knochen und deren Ablieferung an die Lehberger

Knochenmühle empfehlen. Bezüglich des Viehsalzes wurde der Wunsch ausgesprochen, es möchten die Vereinsorgane dahin zu wirken suchen, daß dasselbe nicht mit Stoffen denaturirt werde, welche den einzelnen Viehgattungen wenn auch nicht schädlich, doch zuwider sind. Auch das im landwirthschaftl. Wochenblatte Nr. 47 enthaltene Ausschreiben bezüglich der Heranbildung von Oberknechten in Weihenstephan kam zum Vortrage, und schließlich wurde bezüglich Erhöhung der Dotation des Vereins beschlossen, den Abgeordneten des Bezirks zu bitten, diesen Gegenstand in der Kammer zu vertreten.

Vereinsversammlungen finden statt: Sonntag den 15. December d. J. Versammlung des landwirthsch. Bezirksvereins Schwabach-Roth in Schwabach. Sonntag den 29. December d. J. Versammlung des landw. Bezirksvereins Ansbach-Leutershausen zu Schalkhausen.

Kurze Mittheilungen.

Ueber die Düngung mit Staßfurter Kalisalz.

Dem Amtsblatte für die landwirthschaftlichen Vereine des Königreichs Sachsen sind nachstehende Sätze entnommen:

1) Ohne ausreichenden Regen bleibt jedes Düngemittel unwirksam; das Jahr 1865 zeichnete sich wenigstens] in den Niederungen überall durch seltene Trockniß aus, und da jedes Salz ätzend wirkt, weil meistens eine Kopfdüngung stattfand, so war es natürlich, daß diese mehr nachtheilig als vortheilhaft sein mußte. Der Versuch der Auflösung im Wasser, welcher in Bräunsdorf bei Freiberg stattfand, zeigte einen sehr günstigen Erfolg, weil hier die Bedingungen der Wirksamkeit dargeboten waren.

2) Jedes Salz wirkt auf den Samen und die Wurzeln ätzend, wenn es nicht vorher aufgelöst, genügend vertheilt wird; die Lauge aus Holzasche beweist dieses auch bei dem Kali. Es ist darum natürlich, daß da, wo solches mit dem Samen und den feinen Wurzeln ungelöst in Berührung kam, Nachtheile entstanden.

3) Kein Boden ist heut zu Tage so reich an Kali, daß solches nicht wirken müßte; wo Holzasche einen Erfolg zeigt, muß dieser auch bei dem schwefelsauren Kali hervortreten, wenn dasselbe richtig angewendet, eine Beseitigung der unter Umständen nachtheilig wirkenden Beimischungen erzielt wird. Zu diesen ist vor Allem das Kochsalz zu zählen. Dieses, in geringen Mengen angewendet, wirkt aber nicht nachtheilig, sondern vortheilhaft, es wird von dem Boden, wenn es aufgelöst ist, nicht festgehalten, sondern in den Untergrund geschwemmt, während Ammoniak, Phosphorsäure, Kali von der Ackerkrume aufgenommen werden. In wie weit ferner Magnesiasalze in der Menge, wie sie in diesem Düngemittel vorkommen, von Nachtheil sein können, muß weiteren Untersuchungen vorbehalten bleiben.

4) Durch die sehr günstigen Erfolge der gleichzeitigen Anwendung von Kalk ist dargethan, daß dieser nicht allein die Nachtheile der schädlichen Beimischungen beseitigt, sondern auch die Wirkung der Kalisalze erhöht, indem sie in einem für die Ernährung der Pflanzen geeigneteren Zustand übergeführt werden.

5) Kali ist ein einseitiges Düngemittel, kann als solches allein nicht wirksam sein, wenn die übrigen Nährstoffe der Pflanze im Boden fehlen; man darf sich darum nicht getäuscht sehen, wenn dieses allein keine Wirkung zeigt.

6) Was sich für die Anwendung in der Praxis hieraus ergiebt, ist: a) Man bringe das Kalisalz zu einer Zeit in den Boden, wo genügende Feuchtigkeit vorhanden oder zu erwarten ist, daß es sich auflöst und vertheilt. b) Man streue dasselbe nicht auf eine junge Saat, bringe es nicht mit den Samen und feinen Wurzeln in Berührung, man arbeite es unter, menge es tüchtig mit dem Boden. c) Man wende solches nicht als alleinige Düngung an, sondern mit anderen Düngemitteln zugleich oder auf einem noch kräftigen Boden. d) Man menge solches in Quantitäten von nicht über 3 Ctr. pr. sächs. Acker ($2^{1}/_{6}$ preuß. Morgen) mit der doppelten Menge gelöschten Kalks. e) Das im vorigen Jahre angewandte Kali ist noch im Boden, muß seine Wirkung noch zeigen, sie tritt vielleicht bei dem Kalken am ersten hervor.

(Vierteljahresschrift v. Kirchhof.)

Mittel gegen Maikäfer.

Die Ztschr. „Aus der Natur“ enthält folgende beachtenswerthe Mittheilung: Vor einigen

Jahren fand Kirchner in Kaplitz in der Erde am Fuße eines Pappelbaumes etwa 100 Larven der spanischen Fliegen im Kampfe mit einer zehnmal größeren Menge von Maikäfern. Nach acht Wochen waren letztere sämmtlich aufgefressen. Hiernach kam Kirchner zu der Vermuthung, daß die Weibchen der spanischen Fliege zur Zeit des Eierlegens von dem Hollunderbaum, auf dem er alljährlich einige dieser Käfer gesammelt, zu der 200 Schritte entfernten Pappel in die Erde gingen, damit ihre Larven mit denen der Maikäfer zusammen kämen und diese ihnen zur Nahrung dienten. Hiernach wäre die Vertheilung einzelner Eschen und Hollunderbäume in Baumpflanzungen, welche viel von Maikäfern zu leiden haben, sehr zu empfehlen. Die spanische Fliege würde sich auf ihren Nährpflanzen entweder von selbst einfinden, oder sie könnte daselbst leicht angesiedelt werden.

(Vierteljahresschrift von Kirchhof.)

Anzeigen.

Marktbericht.

Amsterdam, 6 Dezbr. Waizen still; bunter polnischer 520 fl. für 2400 Kilogr. oder 4320 ℔. bayrisch. Roggen still.

Odessa, 320 fl. Petersburg **312—314 fl.** per 2100 Kilogr oder 3780 ℔. bayr.

Wien, 7. Dezbr. Zufuhren wegen anhaltendem Regenwetter unterbrochen, zugleich neue Steigerung in Frankreich, daher Behauptung der vorwöchentlichen Preise umsomehr als die Course sich erholt haben. Waizen fest 6 fl. 80 kr. für für 88/89 ℔. Ab Wien 88/89 ℔. zu 7 fl. 40 — 7 fl. 50 kr. Roggen 80/81 ℔. zu 4 fl. 75 —90 kr. Gerste 3 fl. 70 kr.—4 fl. Hafer 2 fl. 10½ kr. An der heutigen Fruchtbörse wurden notirt, per 100 Kilogr. oder 180 ℔. bayrisch, ab Wien: prima Theißwaizen 30½—31 oder 14 fl. 28 kr. Roggen 21½—22, oder 10 fl. 12 kr. Gerste 20—21, oder 9 fl. 42 kr. Mais 18—18½ Frcs. oder 8 fl. 30 kr.

Berlin, 7. Dezember. Schluß flau. Roggen 75¼ Thlr. pro Dezbr. 73¼ Thlr. per Frühjahr für 2000 Zoll℔. oder 1800 ℔. bayrisch.

Breslau 6. Dezbr. Waizen 68 Thlr. Roggen 69½ Thlr. per 200 Zoll℔.

Berlin, 6. Dezbr. Wollmarkt etwas belebter. Gute Mittelwolle 63—66 Thlr., bessere Qualitäten 65—70 Thlr.

Augsburg, 6. Dezbr. Schrannenbestand 2667 Schaff, 2623 verkauft. Waizen 25 fl. 51 kr. Korn 24 fl. 59 kr. Roggen 19 fl. 32 kr. Gerste 15 fl. 10 kr. Hafer 7 fl. 48 kr.

Landshut, 6. Dezbr. Bestand 4797 Schaff. Waizen 24 fl. gefallen 33 kr. Korn 19 fl. 51 kr. gef. 33 kr. Gerste 14 fl. 34 kr. gef. 11 kr. Hafer 8 fl. 8 kr. gef. 4 kr.

München 7. Dezbr. Zufuhr 24374 Schaff. Waizen, 27 fl. 5 kr. gef. 14 kr. Korn 20 fl. 6 kr. gef. 4 kr. Gerste 15 fl. 36 kr. gef. 6 kr. Hafer, 8 fl. 2 kr.

Würzburg, 7. Dezbr. Waizen 24 fl. 30 kr. bis 28 fl. 30 kr. Korn, 22 fl. bis 23 fl. 30 kr. Gerste 14 fl. 45 kr. bis 16 fl. Hafer 8 fl. 36 kr. bis 9 fl. 48 kr.

Paris, La Vilette 5. Dezbr. 1285 Ochsen zu 1 Francs 26 bis 1 Francs 58 Cts. 148 Kühe zu 1 Frcs. 12 bis 1 Francs 44 Cts., 100 Kälber zu 1 Frcs. 36 bis 1 Frcs. 78 Cts. 7268 Hämmel zu 1 Frcs. 45 bis 1 Frcs. 75 Cts. per 2 Zoll℔. (Heilbronner Anzeiger.)

Ansbach, 10. Dezbr. Ochsen 175, Stiere 7, Kühe 18. Im Ganzen 136 Stück verkauft. Umsatz 19360 fl. 27 kr.

Schrannenzettel.

Schranne.	Datum	Waizen		Kern		Korn		Gerste		Haber	
		Mittelpreise									
		fl	kr	fl	kr	fl	kr	fl	kr	fl	kr
	Dez.										
Ansbach	11. „	24	52	24	45	19	22	—	—	8	10
Augsburg	6. „	25	51	24	59	19	32	15	10	7	48
Bamberg	7. „	26	6	—	—	21	17	15	16	8	30
Beilngries	—	—	—	—	—	—	—	—	—	—	—
Dinkelsbühl	4. „	25	51	25	51	19	11	15	32	7	43
Eichstätt	7. „	25	9	—	—	20	38	14	16	7	35
Erlangen	7. „	25	23	—	—	19	53	—	—	8	17
Gunzenhausen	5. „	25	48	—	—	20	42	15	21	8	28
Kempten	5. „	—	—	26	57	20	26	16	12	8	33
Landshut	6. „	24	—	—	—	19	5	14	34	8	8
Lindau	—	—	—	—	—	—	—	—	—	—	—
München	7. „	27	5	—	—	20	6	15	36	8	2
Neuburg a/D.	4. „	23	54	—	—	19	4	13	53	7	11
Nördlingen	7. „	23	59	24	2	20	26	16	16	8	9
Nürnberg	7. „	26	48	—	—	20	33	16	11	8	44
Regensburg	—	—	—	—	—	—	—	—	—	—	—
Rothenburg a/T.	7. „	23	48	24	24	20	18	—	—	7	30
Schwabach	—	—	—	—	—	—	—	—	—	—	—
Schweinfurt	7. „	26	41	—	—	20	21	15	38	8	2
Weißenburg	7. „	25	51	—	—	55	55	15	20	8	33

Verantwortlicher Redakteur G. Glassen.

Druck von C. Brügel und Sohn in Ansbach.

Landwirthschaftliches Wochenblatt

Erscheint
jede Woche einen halben Bogen stark
und kann durch alle Poststellen bezogen werden.

Preis
für's ganze Jahr sammt Postaufschlag
1 fl. Inserate werden die gespaltene
Petitzeile oder deren Raum auf 4 kr.
berechnet.

für Mittelfranken.

(Früher landwirthschaftliche Mittheilungen.)

Organ des landwirthschaftlichen Kreis-Comité für Mittelfranken.

Nr. 51. Ansbach, Dezember 1867. I. Jahrgang.

Einladung zum Jahres-Abonnement pro 1868.

Bekanntmachung.

(Ausstellung der süddeutschen Ackerbaugesellschaft betr.)

Im Nachgange veröffentlichen wir das Programm der süddeutschen Ackerbaugesellschaft, betreffend die Abhaltung einer Ausstellung von Zucht- und Fettvieh in Frankfurt a/M., und empfehlen den mittelfränkischen Landwirthen möglichst zahlreiche Betheiligung, zu deren Erleichterung wir bei höchster Stelle die Genehmigung einer Frachtermäßigung nachsuchen werden.

Ansbach, den 19. Dezember 1867.

Kreiscomité.
I. Vorstand:
Dr. von Feder.

Classen, Sekr.

Programm

zu der von der süddeutschen Ackerbaugesellschaft und dem Frankfurter landwirthschaftlichen Vereine vom **7. bis 10. Mai 1868 in Frankfurt a. M.** zu veranstaltenden Ausstellung von Zucht- und Fettvieh.

§. 1. Eingeladen sind Aussteller aus **Deutschland**, einschließlich der **deutsch-österreichischen Kronländer** und **aus der Schweiz**.

§. 2. Die Ausstellung findet statt auf dem **Klapperfelde** und den anliegenden Räumlichkeiten.

§. 3. Es werden ausgestellt als Zucht- und Mastvieh: **Rindvieh, Schafe, Ziegen** und **Schweine**.

§. 4. Sämmtliche Anmeldungen erfolgen schriftlich, franco, mindestens 4 Wochen vor Eröffnung der Ausstellung, mittelst Ausfüllung gedruckter Formulare, welche von dem **Generalsecretariate der süddeutschen Ackerbaugesellschaft, zu Frankfurt am Main, Schwanenstraße No. 2** zu beziehen sind.

Ueber die erfolgten Anmeldungen, sowie über den gezahlten Einsatz wird dem Aussteller ein Certificat zugesandt.

§. 5. Anmeldungen, welche nach dem 7. April 1868 erfolgen, können nur Berücksichtigung finden, soweit es der Raum gestattet, auch kann deren Eintrag in den Catalog nicht garantirt werden.

§. 6. Für jedes zur Ausstellung angemeldete Thier ist gleichzeitig mit der Anmeldung ein Einsatz zu zahlen und zwar:

1. für ein jedes Stück Rindvieh . . fl. 3. —
2. für einen jeden Schafbock, oder jedes Loos von 3 Hämmeln oder Schafen . „ 1. 45
3. für einen Ziegenbock . . . . „ 1. —

Einladung zum Jahres-Abonnement pro 1868.

4. für eine Ziege . . . . fl. — 30
5. für jedes Schwein . . . . " 1. 45

Junge, noch saugende Thiere, welche sich bei den Müttern befinden, sind in sämmtlichen Categorien hiervon befreit.

§. 7. Die Ausstellung dauert während den Tagen vom 7. bis einschließlich 10. Mai 1868; die Aussteller sind verpflichtet, die auszustellenden Thiere am 4. und 5. Mai in den Ausstellungsraum zu bringen, und bis zum Schlusse der Ausstellung auf dem ihnen angewiesenen Raume zu belassen.

§. 8. Erfolgt die Stellung der angemeldeten Thiere nicht, oder nicht rechtzeitig, so verfällt der Einsatz als Reugeld.

§. 9. Kranke, oder einer Ansteckung verdächtige Thiere werden unbedingt zurückgewiesen, und hat deren Eigenthümer keinen Anspruch auf Erstattung des eingezahlten Einsatzes.

§. 10. Streustroh erhält jeder Aussteller gratis; Futtermittel werden zu festen, möglichst billigen Preisen auf dem Ausstellungsplatze geliefert.

§. 11. Die Aussteller haben sich den Anordnungen des Ausstellungs-Comités unweigerlich zu fügen.

§. 12. Für preiswürdige Thiere einer jeden Abtheilung werden Prämien ertheilt.

§. 13. Die Prämien sollen nur an ganz preiswürdige Thiere gegeben werden; sind solche in der betreffenden Abtheilung nicht vorhanden, so können die Preisrichter nach §. 15 verfahren, eventuell verbleibt der Preis der Vereinskasse.

§. 14. Die Auswahl der zu prämiirenden Thiere wird einem, von der süddeutschen Ackerbaugesellschaft und dem Frankfurter landwirthschaftlichen Vereine gemeinschaftlich zu wählenden Preisrichter-Collegium übertragen.

§. 15. Den Preisrichtern einer jeden Abtheilung ist gestattet, innerhalb der von ihnen zu prämiirenden Thiergattungen Uebertragungen von Prämien der einen Unterabtheilung in die andere derselben Gattung vorzunehmen, falls in einer der aufgeführten Unterabtheilungen zur Prämiirung geeignete Thiere überhaupt nicht, oder in nicht genügender Menge vorhanden sind, und das Gesammtcollegium der Preisrichter diese Uebertragung genehmigt.

Prämien-Uebertragungen von einer Thiergattung in die andere sind unstatthaft.

§. 16. Die Preisvertheilung erfolgt am ersten Tage der Ausstellung, Vormittags.

Die prämiirten Thiere werden dem Publikum gekennzeichnet.

Nähere Mittheilungen über das Preisrichter-Collegium und die zu ertheilenden Prämien, sowie sonstige die Ausstellung betreffende Einrichtungen wird baldmöglichst erfolgen.

Gleichzeitig mit der oben angezeigten Viehausstellung wird auch eine internationale Ausstellung und ein Markt landwirthschaftlicher Maschinen und Geräthe, in Frankfurt am Main stattfinden, worüber demnächst ein besonderes Programm erscheinen wird.

Frankfurt a/Main, den 9. Dezember 1867.

Das von der süddeutschen Ackerbaugesellschaft und dem Frankfurter landwirthschaftlichen Verein gewählte
Ausstellungs-Comité.

Ergebniß von Düngerversuchen.

Im Jahre 1866 wurden auf Veranlassung des Vereins für Gründung landwirthschaftlicher Versuchsstationen in Mittelfranken von mehreren öffentlichen Anstalten und ausübenden Landwirthen gleichmäßige Düngerversuche unternommen, die sich zunächst auf 4 Jahre erstrecken, und wobei der Reihe nach Hackfrüchte, Sommerfrucht mit Klee, Klee, Winterfrucht zum Anbau gelangen. Die hiebei zur Anwendung gekommene Einmalige Düngung betrug per Tagwerk beim Ersten Viertel der Anbaufläche 400 Centner Stallmist.

Zweiten Viertel 400 Centner Stallmist und 6 Ctr. feinstes Knochenmehl.

Dritten Viertel 400 Centner Stallmist und 6 Ctr. Superphosphat.

Vierten Viertel 12 Ctr. Knochenmehl.

Das Ergebniß des 1866. Hackfruchtbaues haben wir im landw. Wochenblatt Nr. 1 u. 2. Jahrgang 1867 mitgetheilt. Wir lassen nunmehr das Ergebniß des heurigen Sommerfruchtbaues folgen.

Versuch von	Vorjährige Düngung per Tagwerk	Tagwerk	Körner Schäff.	Körner Metzen	Körner Centn.	Körner Pfund	Gewicht pr. Schäff. Centn.	Gewicht pr. Schäff. Pfund	Stroh Bund	Stroh Centn.	Stroh Pfund	Abfall Centn.	Abfall Pfund	Bemerkungen
a. Haber mit Klee.														
1. Königliche Polizeianstalt Rebdorf	1. 400 Ctr. Mist	1_{00}	—	5	1	35	1	63	17	2	55	—	29	Witterung bei der Saat und Ernte sehr schön.
	2. do. u. 6 Ctr. Knochenmehl	"	1	1 1/2	2	19	1	78	25	4	84	—	35	Stand sehr schön.
	3. do. u. 6 Ctr. Superphosphat	"	1	2 1/2	2	54	1	80	21	3	58	—	32	
	4. 12 Ctr. Knochenmehl	"	1	1	2	4	1	74	33	5	92	—	40	
2. Graf Du Monteil in Thürnhofen	1. Wie oben	1_{40}	2	3	4	50	1	80	120	8	40	—	—	Desgleichen.
	2. do.	"	2	1	3	90	1	80	120	8	40	—	—	
	3. do.	"	2	—	3	68	1	84	120	8	40	—	—	
	4. do.	"	1	5	3	33 1/3	1	82	118	8	26	—	—	
b. Gerste mit Klee.														
3. Landwirthschaftliches Institut Lichtenhof	1. Wie oben	1_{00}	—	3	1	27	2	52	—	4	11	—	—	Gerste hat sehr durch Frost v. 25. Mai gelitten.
	2. do.	"	—	2 u. [illegible]	1	11	2	58	—	3	53	—	—	
	3. do.	"	—	2	—	84	2	52	—	3	32	—	—	
	4. do.	"	—	1 u. 26 1/2 Maß	—	74	2	43	—	3	10	—	—	Klee ausgebrannt.
4. Reichsrath v. Faber in Stein	1. Wie oben	4_{00}	2	3_{9}	7	72	2	40_{4}	70	7	12	1	99 1/2	Im Frühjahr schön; blieb wegen Trockenheit kurz und reifte zu bald.
	2. do.	"	3	6_{9}	11	36	2	93	105	11	43 1/2	1	52	
	3. do.	"	4	4_{20}	13	71	2	92_{8}	118	12	53 1/2	2	76 1/2	
	4. do.	"	4	1_{7}	12	50	2	92	112	11	2 1/2	2	78	
5. Oekonom Stahl in Unterweihersbuch	1. Wie oben	1_{94}	1	1	3	39	2	90	37	2	95	—	86	Hat im Frühjahr durch naßkalte Witterung, später durch Trockenheit gelitten.
	2. do.	"	1	3 1/2	4	67	2	92 1/2	48	4	52	—	58	
	3. do.	"	1	4 3/4	5	19	2	93	50	4	60	1	2	
	4. do.	"	1	3	4	40	2	92	45	4	36	—	56	
6. Oekonom Beyold in Unterweihersbuch	1. Wie oben	1_{98}	1	1	3	25	2	80	38	3	12	—	89	Desgleichen.
	2. do.	"	1	4 1/8	4	85	2	85	47	4	62	—	65	
	3. do.	"	2	5/8	6	18	2	92	66	5	74	1	23	
	4. do.	"	1	6 1/4	5	40	2	88	60	5	24	1	18	
7. Ziegeleibesitzer Bachmann in Ansbach	1. Wie oben	1_{00}	1	1 1/2	—	—	2	80	62	—	—	6	84	
	2. do.	"	1	1 3/4	—	—	2	86	72	—	—	7	25	
	3. do.	"	1	2 1/4	—	—	2	90 1/2	76	—	—	7	32	
	4. do.	"	1	1/3	—	—	2	82	61	—	—	7	1	
8. Gutspächter Groß in Hortershofen	1. Wie oben	1_{00}	—	—	2	10	2	46	—	2	66	—	10	
	2. do.	"	—	—	2	20	2	48	—	2	79	—	11	
	3. do.	"	—	—	2	98	2	68	—	4	8	—	14	
	4. do.	"	—	—	2	35	2	65	—	3	20	—	13	

NB. Die Berichte von Freiherrn von Süßkind in Dennenlohe, von der k. Kreisackerbauschule in Triesdorf, von Gutsbesitzer Löhe in Polsingen und Gutsbesitzer Löhe in Gutsberg sind noch nicht eingelaufen.

Anzeigen.

Marktbericht.

Zürich, 17. Dezbr. Während der verflossenen Woche Roggen auf den schweizerischen Märkten etwas gewichen. Mehl in Paris auch etwas billiger. Waizen dagegen auf allen französischen Märkten etwas gestiegen. Haltung in Österreich fest; noch immer Klagen über Transporthemmnisse.

Kassel, 15. Dezember. Geschäft flau. Waizen 234 ℔ bayer. $12^{1}/_{12}$ Thlr., d. i. 22 fl. Roggen 216 ℔ bayer. $9^{5}/_{12}$ Thlr., d. i. 16 fl. 45 kr. Hafer 135 ℔ bayer. $3^{5}/_{6}$ Thlr., d. i. 6 fl. 42 kr. Gerste 169 ℔ bayer. $7^{1}/_{4}$ Thlr., d. i. 13 fl. 7 kr.

Berlin, 18. Dez. Roggen pro Dezember $74^{1}/_{4}$ Thlr., pro Frühjahr $72^{1}/_{2}$ Thlr., per 2000 Zollpfd., d. i. 1800 ℔ bayerisch.

Breslau, 17. Dezbr. Waizen 90 Thlr., Roggen 69 Thlr. per 1800 ℔ bayerisch.

Lindau, 14. Dezbr. Geschäft ruhig, Preise unverändert. Prima Waizen $37—37^{1}/_{4}$ Francs, d. i. 17 fl. 16 kr. per 180 ℔ bayerisch.

(Heilbronner Anzeiger.)

Ansbach, 17. Dezbr. Viehmarkt. Eintrieb 100 Stück. Verkauft 74 Stück. Umsatz 9542 fl. 48 kr.

Bericht der allgemeinen Hopfenzeitung.

Nürnberg, 17. Dezember. Geschäft etwas lebhafter. Ordinäre Waare 32—38 fl. Mittelwaare 40—42 fl. Bessere Waare 42—46 fl. Zufuhr 100 Ballen.

Schrannenzettel.

Schranne.	Datum	Waizen		Kern		Korn		Gerste		Haber	
		Mittelpreise									
		fl.	kr.	fl.	kr.	fl.	kr.	fl.	kr.	fl.	kr.
	Dez.										
Ansbach	14. „	24	46	24	10	19	13	—	—	8	21
Augsburg	13. „	25	43	25	14	19	47	15	36	7	53
Bamberg	—	—	—	—	—	—	—	—	—	—	—
Beilngries .	12. „	23	59	—	—	18	30	13	45	6	36
Dinkelsbühl	—	—	—	—	—	—	—	—	—	—	—
Eichstätt .	14. „	24	33	—	—	20	14	14	18	7	42
Erlangen .	—	—	—	—	—	—	—	—	—	—	—
Gunzenhausen	12. „	25	45	—	—	20	30	15	23	8	26
Kempten .	—	—	—	—	—	—	—	—	—	—	—
Landshut .	14. „	23	41	—	—	19	30	14	48	7	50
Lindau . .	14. „	29	51	—	—	20	42	—	—	6	9
München .	14. „	26	35	—	—	20	23	15	36	7	58
Neuburg a/D.	—	—	—	—	—	—	—	—	—	—	—
Nördlingen	14. „	24	48	—	—	20	52	16	23	7	52
Nürnberg .	10. „	26	3	—	—	19	15	16	46	8	34
Regensburg	14. „	25	1	—	—	19	42	14	54	8	3
Rothenburg a/T.	14. „	24	24	23	20	20	8	—	—	7	30
Schwabach .	—	—	—	—	—	—	—	—	—	—	—
Schweinfurt	—	—	—	—	—	—	—	—	—	—	—
Weißenburg	14. „	25	36	—	—	19	55	15	13	8	34

Verantwortlicher Redakteur C. Classen. Druck von C. Brügel und Sohn in Ansbach.

Landwirthschaftliches Wochenblatt

Erscheint jede Woche einen halben Bogen stark und kann durch alle Poststellen bezogen werden.

Preis für's ganze Jahr sammt Postaufschlag 1 fl. Inserate werden die gespaltene Petitzeile oder deren Raum auf 4 kr. berechnet.

für Mittelfranken.

(Früher landwirthschaftliche Mittheilungen.)

Organ des landwirthschaftlichen Kreis-Comité für Mittelfranken.

Nr. 52. **Ansbach**, Dezember 1867. **I. Jahrgang.**

Einladung zum Jahres-Abonnement pro 1868.

Bekanntmachung.

(Den Haus- und Landwirthschaftskalender pro 1868 betr.)

Nachstehend veröffentlichen wir eine Erklärung des landwirthschaftlichen General-Comités d. d. München, den 19. Dezember 1867, den Haus- und Landwirthschaftskalender pro 1868 betreffend. Wir geben uns der Hoffnung hin, diese Erklärung werde die Herren Geistlichen bestimmen, jenen bedauerlichen Vorgang, dem wir völlig ferne stehen, zu vergessen, und dem landwirthschaftlichen Vereine ihre Mitgliedschaft und segensreiche Unterstützung in Förderung seiner Interessen fortzuerhalten.

Ansbach, den 27. Dezember 1867.

Kreiscomité.
I. Vorstand:
Dr. von Feder.
Classen, Sekr.

Erklärung.

Der in einem eingesendeten Aufsatze „über die Taube" Seite 82 des landwirthschaftlichen Kalenders allegirte, höchst ungeeignete Denkvers war von Seite der Redaction sofort zum Abstriche vorgemerkt; der Vollzug ist jedoch in Folge eines beklagenswerthen Uebersehens beim Drucke unterblieben.

Nachdem der landwirthschaftliche Verein seit seinem mehr als halbhundertjährigen Bestehen durch zahlreiche öffentliche Anerkennungen und Auszeichnungen den Beweis geliefert haben dürfte, wie sehr er die verdienstvolle Mitwirkung der Geistlichkeit stets zu ehren und zu schätzen wußte, so wird es kaum der ausdrücklichen Versicherung bedürfen, daß das vorerwähnte höchst bedauerliche Vorkommniß nur auf einem Versehen beruhen konnte, weshalb denn auch die in einem Correspondenzartikel der Nummer 288 des Volksboten versuchte Unterstellung der Absichtlichkeit von Seite des unterzeichneten General-Comités mit Entschiedenheit hiedurch zurückgewiesen wird.

München den 11. Dezember 1867.

General-Comité des landwirthschaftlichen Vereins für Bayern
II. Vorstand:
Freiherr von Lerchenfeld-Aham.
Generalsecretär:
Adam Müller.

Wanderversammlung des landwirthschaftlichen Bezirksvereines Windsheim.

Windsheim, den 26. Dezember. Die heute dahier im Lokale des Herrn Gastgebers Zeller

Einladung zum Jahres-Abonnement pro 1868.

stattgehabte landwirthschaftliche Wanderversammlung erfreute sich einer besonderen lebhaften Betheiligung. Der I. Vorstand, Herr Bürgermeister *Lochner*, eröffnete die Verhandlungen mit einer herzlichen Begrüßung der Theilnehmer; hiebei wies derselbe darauf hin, wie bei der allmähligen Steigerung der Anforderungen an die Steuerkräfte vor Allem eine allgemeine Ertragssteigerung Noth thue. Der Weg hiezu sei gebahnt durch die im Jahre 1848 erfolgte Befreiung des Grund und Bodens von allen feudalen Lasten und Fesseln, sowie durch die spätere Culturgesetzgebung, und es handle sich jetzt nur noch darum, daß sich der Landwirth diese Freiheit durch einen rationellen Betrieb seiner Wirthschaft auch gehörig zu Nutzen mache, daß er dem landwirthschaftlichen Fortschritte huldige Die Förderung des letzteren habe sich vor Allem der landwirthschaftliche Verein zur Aufgabe gemacht; als ein wesentliches Förderungsmittel betrachte man die Besprechung landwirthschaftlicher Fragen in öffentlichen Versammlungen und es sei gewiß als ein sehr günstiges Zeichen zu betrachten, daß die zweite in diesem Winter veranstaltete Wanderversammlung sich einer so überaus zahlreichen Betheiligung zu erfreuen habe. —

Nach erfolgter Aushändigung des der Gemeinde *Buch* für ihre Verdienste um die Waldkultur zuerkannten Centralfest-Preises hielt Vereinssekretär *Classen* folgenden Vortrag über die *Benützung des Wassers* und über den *Uferschutz*:

Die Grundbedingung einer jeden Ertragssteigerung sei ein sicherer *Futterbau*; den sichersten Futterertrag gewähren aber vor Allem die *Wässerwiesen*, darum sollte man da, wo Wasser zur Verfügung steht, mit dessen Benützung zur Bewässerung nicht länger säumen, was namentlich den Bewohnern des Aischgrundes anzurathen sei. Wenn der Aischgrund auch im Allgemeinen als *wasserarm* bezeichnet werden müsse, so schließe das die Möglichkeit der Durchführung großer genossenschaftlicher Bewässerungsanlagen und einen günstigen Erfolg keineswegs aus. Vor Allem müsse man unterscheiden zwischen *Winter-* und *Sommerwässerung*. Erstere sei bei Weitem die wichtigste; denn sie verleihe den Wiesen die *volle Düngung* und außerdem die nöthige *Winterfeuchtigkeit*. Letztere, nämlich die Sommerwässerung, diene nur mehr zur Erfrischung der Gräser und leiste höchstens das, was der Gärtner mit dem Gießen bezwecken wolle. Wisse man ja recht gut, daß in Jahrgängen, in welchen es kein sogenanntes *Gieß* gebe, in der Regel nur wenig Futter zu hoffen sei, während Jahre, wie das heuerige, durch die anhaltenden Winter- und Frühjahrs-Fluthungen überaus viel und kräftigeres Futter lieferten, als wenn den ganzen Sommer über mit hellem Wasser bewässert worden wäre. Man solle also ja nicht glauben, daß nur da Bewässerungsanlagen möglich seien, wo Jahr aus, Jahr ein Wasserüberfluß bestehe; vielmehr könne nicht genug empfehlen werden, an allen Gräben, Bächen und Flüssen die Einrichtung zu treffen, um wenigstens das trübe Winterfluthwasser, welches alljährlich in hinreichender Menge und überaus reich an düngenden Bestandtheilen zur Verfügung steht, gründlich ausnützen zu können. Wie häufig es vorkomme, daß im Winter und Frühjahre die Gräben, Bäche und Flüsse gerade voll laufen, aber nicht austreten, daß es also *kein Gieß* gebe, wisse Jedermann; daß aber dann immer eine schlechte Futterernte folge, sei ebenso bekannt. Man suche also durch gemeinschaftliche Staueinrichtungen ein *künstliches Gieß* zu schaffen, d. h. die Gräben, Bäche und Flüsse, welche unseren kostbarsten Boden abschwemmen, unsere Dungstätten ausspülen, so aufzustauen, daß sie den ganzen Wiesengrund übergießen, dadurch also düngen und mit der nachhaltigen Winterfeuchtigkeit versehen müssen. Gegen eine solche periodische Mitbenützung des Wassers zur Zeit der Fluth, wozu aber gleichfalls die polizeiliche Genehmigung einzuholen sei, könne kein Wasserwerkbesitzer mit Erfolg eine Einsprache erheben. Ferner wurde den Anwesenden empfohlen, zur Erzielung eines sicheren Uferschutzes die in Oberfranken, namentlich in der Gegend von Lichtenfels, mit so großem Erfolge ausgeführten Andpflanzungen von *Korbweiden* zu versuchen. Der Schutz sei nicht nur ein ganz sicherer, sondern die Pflanzungen werfen bei richtiger Behandlung in kürzester Zeit einen Ertrag ab, der den des besten Weizenlandes weit übertreffe. Der Absatz der Korbweiden biete keine Schwierigkeit, denn noch jetzt führten die Korbflechtereien Oberfrankens alljährlich für bedeutende Summen Weiden aus Frankreich ein. Versuchsweise möchten die Gemeinden, namentlich die Stadt

Windsheim, welche große Strecken kahler Flußufer besitze, mit gutem Beispiele vorangehen.

Im weiteren Verlaufe der Verhandlungen sprach Herr Landrath **Wirth** von Burgbernheim den Wunsch aus, es möchte Seitens des landwirthschaftlichen Vereines bei der k. Kreisregierung empfohlen werden, in der Kreisviehzüchtungsanstalt Triesdorf sämmtliche mittelfränkische Viehstämme aufzustellen und rein fortzuzüchten, ebenso auf dem dortigen Staatsgute eine größere Fläche bloßen Culturversuchen zu widmen. Endlich kam Herr Gastwirth **Zeller** auf die Bedeutung des Zollvereinsvertrages für die Landwirthschaft zu sprechen und glaubte am Schlusse als Abgeordneten zum Zollparlament Herrn **Crämer** von **Doos** als die einzige mögliche Persönlichkeit empfehlen zu müssen.

Kurze Mittheilungen.

Einiges über die Verbreitung der Bienenzucht mit beweglichem Bau.

(Unlieb verspätet.)

Bezug nehmend auf den, in Nr 35 des Landwirthschaftlichen Wochenblattes stehenden „Aufruf zur Föderung und Verbreitung der Bienenzucht mit beweglichem Bau nach Dzierzon'scher Methode" in welchem besonders auch auf die Nützlichkeit von Vereinen, die für diesen Zweck arbeiten, hingewiesen ist und zur Gründung solcher aufgefordert wird, möchten auch wir aus unserm neuen Verein Einiges mittheilen, welches dafür zeugt, wie gut und zweckmäßig das Gründen von solchen Vereinen ist.

Im heurigen Frühjahre wollte sich der hiesige Lehrer Bienen anschaffen und zwar verfertigte er sich Stöcke nach Dzierzons Methode. Wie Allem, was neu ist, kein rechter Glaube geschenkt wird, so ging es auch hier; wer diese Stöcke sah, ging achselzuckend weiter. Einige Bienenzüchter jedoch ließen sich auf Anregung des Lehrers nach gegebenem Muster einige Stöcke verfertigen, und bevölkerten sie noch. Als die Bienen in denselben anfingen zu bauen, und die Leute sahen wie man da Honig herausnehmen kann ohne eine Biene abzuschwefeln und wie man eben seine Bienen ganz in seiner Gewalt hat, gefielen ihnen diese Stöcke immer mehr, das Interesse für die Bienenzucht wurde immer größer und auf den Vorschlag, einen Bienenverein zu gründen, in welchem diese neue Methode besprochen werden soll, wurde von Vielen eingegangen und so trat denn Anfangs Juli der Verein für Bruckberg und Umgegend ins Leben. Die monatlichen Versammlungen werden fast immer von sämmtlichen Mitgliedern und vielen Nichtmitgliedern besucht und in ihnen wird mit großem Interesse auf das Neueste aus der deutschen Bienenzeitung und dem landwirthschaftlichen Wochenblatt gehört. Es sprechen diese Versammlungen den Leuten immer mehr zu, wenn sie so sehen und hören, wie man seine Erfahrungen und Meinungen gegenseitig austauscht und Aufklärungen ertheilt, und deshalb hat sich auch der Verein bisher bei jeder Versammlung eines Zuwachses von Mitgliedern zu erfreuen gehabt. So z. B. zeichneten sich an unserer letzten Versammlung, bei welcher zuerst der oben erwähnte Aufruf vorgelesen, dann viel über das Einwintern der Bienen gelesen und gesprochen und am Schlusse aus dem landwirthschaftlichen Wochenblatte der Artikel: „Die Knochenmühle in Lehrberg" vorgelesen wurde, an welch letzteren sich eine lange Debatte knüpfte, sieben Mitglieder ein.

Durch solche Versammlungen kann gar manches alte Vorurtheil, mit welchem die Bienenzucht und besonders auch die Landwirthschaft noch zu kämpfen hat, beseitigt werden, und deßhalb stimmen wir mit ein in die Bitte des Zirndorfer Zeidlervereins: Es wolle Jeder, dem es möglich ist, das Seine dazu beitragen, daß solche Vereine gegründet und durch dieselben Gutes und Nützliches erzielt werde.

Bruckberg, den 12. October 1867.

Der Ausschuß des Zeidlervereins für Bruckberg und Umgegend.

Scheuenpflug Vorstand,
Appold, I. Zeidlermeister,
Michael Stürmer,
Braun, Schriftführer.

Englische landwirthschaftliche Maschinen von der Pariser Universal-Ausstellung.

Die in landwirthschaftlichen Kreisen schon seit einer Reihe von Jahren durch Einführung und Verbreitung bewährter Maschinen und Geräthe rühmlichst bekannte Firma J. P. Lanz Com. in Mannheim hat auf der Pariser Ausstellung eine größere Anzahl der besten englischen landwirthschaftlichen Maschinen angekauft und in ihrem Ausstellungslokale in Mannheim zur Ansicht, Prüfung und Verkauf aufgestellt. Es befinden sich darunter in jeweils verschiedenen Sorten und Constructionen:

Eilf Futterschneidmaschinen, neun Rübenschneidmaschinen, sieben Schrot und Quetschmühlen, sodann Dampf-Dreschmaschinen, Locomobilen, Göpel-Dreschmaschinen, Putzmühlen, die besten Erntemaschinen (Mähmaschinen, Pferderechen und Heuwender) Bodenbearbeitungsgeräthe aller Arten, Weinpressen, Traubenraspeln und Aepfelmühlen.

J. P. Lanz und Com. wollten durch diese Einkäufe und Ausstellung den Landwirthen, welche nicht in Paris waren, Gelegenheit bieten, das Beste der dort gewesenen Maschinen hier sehen und prüfen zu können und diese mit ganz besonderer Sorgfalt verfertigten Maschinen ihren Kunden sichern.

Die genannte Firma beweist auch neuerdings dadurch wieder, wie sehr ihr darum zu thun ist, den Landwirthen stets das Neueste und Beste zu bieten und glauben wir daher auf die Einladung der Herren J. P. Lanz u. Com. zum Besuch ihrer Ausstellung diesmal speciell aufmerksam machen zu sollen.

Der Besuch ist jedem Landwirthe unentgeldlich gestattet.

Anzeigen.

Marktbericht.

Verviers, 20. Dezember. Waizen und Roggen still. Gerste unbeachtet. Hafer fest. Waizen, inländischer 185 Ct. bayrisch 39¹/₄, bis 39¹/₂, Francs oder 18 fl. 20 kr. d. i. 30 fl. für 300 Ct. bayrisch. Preussischer Waizen 43–43¹/₂, Francs oder 20 [illegible] 11 kr. für 185 Ct. bayr. d. i. 32 fl. 42 kr. für 300 Ct. bayrisch. Roggen, 29¹/₂–30 Francs oder 13 fl. 53 kr. für 169 Ct.; Gerste 25–27 Francs oder 12 fl. 8 kr. für 169 Ct. Hafer 32–33¹/₂ Francs oder 15 fl. 17 kr. für 270 Ct. bayrisch.

Wien, 21. Dezb. Zu Pesth Waizen [illegible] Ct. 6 fl. 90 kr.; ab Raab 7 fl. Zu Wien [illegible] Ct. 7 fl. 35–45 kr. Roggen 80 Ct. 5 fl. 70 kr. Gerste [illegible] Ct. 3 fl. 30–75 kr. Hafer 48 Ct. 2 fl. 10 kr. öster. Währung. Leinkauf u. Wegner notiren frankirt, spesenfrei: Wien, 100 Kilogr. oder 180 Ct. bayer. Prima Theißwaizen 30¹/₂–31 Francs Gold (20 Frcs. 9 fl. 30 kr, d. i. 14 fl. 36 kr. oder 24 fl. 19 kr. per 300 Ct. bayr. Roggen 21–22 Francs oder 10 fl. 18 kr. Gerste 18–18¹/₂ Francs oder 8 fl. 39 kr.

Berlin 23. Dezb. Roggen matt. 1800 Ct. bayr. 72³/₄ Thl. oder 127 fl. 18 kr. also 180 Ct. 12 fl. 44 kr.

Mannheim 22. Dezb. Waizen 17¹/₄ fl. Roggen 14–14¹/₄ fl. Gerste 11¹/₄–11¹/₂ fl. per 180 Ct. bayr. Hafer 4¹/₂ fl. per 90 Ct.

Frankfurt 23. Dezb. In Folge geringeren Fleischbedarfes für England ein Abschlag von 2 fl. per Ctr. Zutrieb 320 Ochsen, 60 Kälber, 160 Kühe u. 300 Hämmel. Ochsen 1. Qual. 32 fl. 2. Qual. 30 fl. Kühe und Rinder 1. Qual. 29 fl. 2. Qual. 27 fl. Hämmel 26 fl. Kälber 30 fl. per 100 Ct. Fleischergewicht.

Köln 23. Dezb. Zutrieb 150 Ochsen 97 Kühe. Kleines Vieh 15–16 Thl. Bestes Vieh 17–18 Thl. per 100 Ct.

(Heilbr. Anzeiger)

Ansbach 24. Dezb. Zutrieb 103 Ochsen 13 Stiere, 19 Kühe, 6 Kälber zusammen 140 St. Verkauft 109. Umsatz 14610 fl. 27 kr.

Schrannenzettel.

Schranne.	Datum	Waizen		Kern		Korn		Gerste		Haber	
		Mittelpreise									
	Dez.	fl.	kr.	fl.	kr.	fl.	kr.	fl.	kr.	fl.	kr.
Ansbach	21. „	24	44	25	10	19	41	—	—	8	8
Augsburg	—	—	—	—	—	—	—	—	—	—	—
Bamberg	—	—	—	—	—	—	—	—	—	—	—
Beilngries	19. „	22	51	—	—	18	24	14	—	7	18
Dinkelsbühl	24. „	26	58	—	—	19	42	15	48	7	42
Eichstätt	21. „	24	24	—	—	20	2	14	24	7	36
Erlangen	—	—	—	—	—	—	—	—	—	—	—
Gunzenhausen	19. „	25	5	—	—	19	37	15	16	8	19
Kempten		—	—	—	—	—	—	—	—	—	—
Landshut	21. „	23	1			19	1	14	8	7	32
Lindau		—	—	—		—	—	—	—	—	—
München	21. „	26	27	—		20	20	15	37	7	43
Neuburg a/D.	—	—	—	—	—	—	—	—	—	—	—
Nördlingen	21. „	24	41	—	—	21	—	16	26	7	46
Nürnberg	21. „	21	53	—	—	19	30	16	36	8	35
Regensburg	21. „	23	39	—	—	19	13	14	41	7	52
Rothenburg	21. „	23	6	22	23	20	15	—	—	—	—
Schwabach		—	—	—	—	—	—	—	—	—	—
Schweinfurt		—	—	—	—	—	—	—	—	—	—
Weißenburg	—	—	—	—	—	—	—	—	—	—	—

Verantwortlicher Redakteur G. Glasser. Druck von C. Brügel und Sohn in Ansbach.